# Inhalt

**Vorwort** ............................................. 6
**Aussprache** ...................................... 7
**Abkürzungen** .................................... 9

## 1 Auf einen Blick ............................ 11
Oft gesagt und oft gehört ...................... 12
Zahlen/Maße/Gewichte ......................... 13
Zeitangaben ......................................... 16
*Uhrzeit 16   Sonstige Zeitangaben 17   Wochentage 18*
*Monate 19   Jahreszeiten 19   Feiertage 19   Datum 20*
Wetter ................................................ 21
*Wortliste Wetter 22   Wortliste Farben 24*

## 2 Kontakte ..................................... 25
Begrüßung/Vorstellung/Bekanntschaft ...... 26
Alleine unterwegs/Verabredung ............... 27
Besuch ............................................... 28
Abschied ............................................ 30
Bitte und Dank .................................... 30
Entschuldigung/Bedauern ...................... 31
Glückwunsch ....................................... 31
Verständigungsschwierigkeiten ............... 32
Meinungsäußerung ............................... 33
Angaben zur Person ............................. 33
*Alter 33   Beruf/Studium/Ausbildung 34*
*Wortliste Berufe/Studium/Ausbildung 34*

## 3 Unterwegs .................................... 41
Ortsangaben ....................................... 42
Auto/Motorrad/Fahrrad ......................... 42
*Auskunft 42   An der Tankstelle 44   Parken 45*
*Eine Panne 46   In der Werkstatt 47   Verkehrsunfall 48*
*Auto-/Motorrad-/Fahrradvermietung 50*
*Wortliste Auto/Motorrad/Fahrrad 51*
Flugzeug ............................................ 56
*Im Reisebüro/Am Flughafen 56*
*An Bord 57   Ankunft 58   Wortliste Flugzeug 58*
Eisenbahn .......................................... 60
*Im Reisebüro/Auf dem Bahnhof 60   Im Zug 64*
*Wortliste Eisenbahn 65*
Schiff ................................................. 66
*Auskunft 66   An Bord 67   Wortliste Schiff 68*
An der Grenze ..................................... 70
*Paßkontrolle 70   Zollkontrolle 71   Wortliste Grenze 71*
Nahverkehrsmittel ................................ 73
Taxi ................................................... 76
Zu Fuß ............................................... 76
*Wortliste Unterwegs in der Stadt 77*

**4** **Unterkunft** 79
Auskunft 80
Hotel/Pension/Privatzimmer 80
*An der Rezeption 80    Gespräche mit dem Hotelpersonal 82*
*Beanstandungen 85    Abreise 85*
*Wortliste Hotel/Pension/Privatzimmer 86*
Ferienhäuser/Ferienwohnungen 88
*Wortliste Ferienhäuser/Ferienwohnungen 89*
Camping 90
Jugendherberge 91
*Wortliste Camping/Jugendherberge 91*

**5** **Gastronomie** 93
Essen gehen 94
Im Restaurant 95
Bestellung 95
Beanstandungen 97
Die Rechnung 97
Einladung zum Essen/Essen in Gesellschaft 98
*Wortliste Gastronomie 99*
Speisekarte/Getränkekarte 103 / 106

**6** **Kultur und Natur** 107
Auf dem Verkehrsbüro 108
Sehenswürdigkeiten/Museen 108
*Wortliste Sehenswürdigkeiten/Museen 109*
Ausflüge 118
*Wortliste Ausflüge 119*
Veranstaltungen/Unterhaltung 120
*Theater/Konzert/Kino 120*
*Wortliste Theater/Konzert/Kino 121*
*Bar/Diskothek/Nachtclub 123*
*Wortliste Bar/Diskothek/Nachtclub 124*

**7** **Am Strand/Sport** 125
Im Schwimmbad/Am Strand 126
Sport 127
*Wortliste Strand/Sport 128*

**8** **Einkaufen/Geschäfte** 133
Fragen/Preise 134
*Wortliste Geschäfte 135*
Lebensmittel 136
*Wortliste Lebensmittel 137*
Drogerieartikel 142
*Wortliste Drogerieartikel 142*
Tabakwaren 144
Kleidung/Lederwaren/Reinigung 145
*Wortliste Kleidung/Lederwaren/Reinigung 146*

Bücher und Schreibwaren .......................................... 149
    *Wortliste Bücher und Schreibwaren* 149
Haushaltswaren ...................................................... 150
    *Wortliste Haushaltswaren* 150
Elektro- und Fotoartikel ........................................... 151
    *Wortliste Elektro- und Fotoartikel* 152
Beim Optiker ........................................................ 153
Beim Uhrmacher/Juwelier ......................................... 153
    *Wortliste Uhrmacher/Juwelier* 154
Beim Friseur ........................................................ 154
    *Wortliste Friseur* 155

**9**   **Allgemeine Dienste** ........................................ 157
Geldangelegenheiten ............................................... 158
    *Wortliste Geldangelegenheiten* 159
Auf der Post ........................................................ 163
    *Postlagernd* 164    *Telegramme/Telefax* 164
    *Wortliste Post* 165
Telefonieren ........................................................ 167
    *Wortliste Telefonieren* 169
Auf der Polizei ..................................................... 170
    *Wortliste Polizei* 171
Fundbüro ........................................................... 172

**10**   **Gesundheit** ................................................ 173
In der Apotheke .................................................... 174
    *Wortliste Apotheke* 174
Arztbesuch .......................................................... 176
Beim Zahnarzt ...................................................... 179
Im Krankenhaus .................................................... 180
    *Wortliste Arzt/Zahnarzt/Krankenhaus* 180

**11**   **Geschäftsreise** ........................................... 187
Der lange Weg zum Geschäftspartner ............................. 188
    *Wortliste Weg zum Geschäftspartner* 189
Verhandlung/Konferenz/Messe .................................... 189
    *Wortliste Verhandlung/Konferenz/Messe* 190
Ausstattung ......................................................... 193
    *Wortliste Ausstattung* 193

**Kurzgrammatik** ................................................... 194

**Wörterbuch Deutsch–Niederländisch** ...................... 222

**Wörterbuch Niederländisch–Deutsch** ...................... 256

# Vorwort

Das PONS Reisewörterbuch Niederländisch ist ein „Verständigungsführer". Mit ihm lernen Sie nicht nur einzelne Wörter, sondern wie Sie sich tatsächlich im Ausland verständigen können.

Für Alltagssituationen, in die Sie bei Ihrer Reise geraten, sind die gebräuchlichsten Redewendungen aufgeführt. Diese sind dialogisch aufgebaut, so daß Sie nicht nur wissen, was Sie zu sagen haben, sondern auch die entsprechenden Antworten verstehen können.
Beachten Sie die blauen Punkte. Sie markieren Äußerungen oder Sätze, mit denen Sie auf Ihrer Auslandsreise am häufigsten konfrontiert werden.

Das PONS Reisewörterbuch Niederländisch ist in 11 Themenbereiche gegliedert. Es begleitet Sie auf allen Etappen Ihrer Auslandsreise: auf der Anreise oder bei der Ankunft im Hotel, am Strand genauso wie bei einem Treffen mit Geschäftsfreunden.
Zu jedem dieser Themenbereiche finden Sie die wichtigsten Redewendungen mit thematisch geordneten Wortlisten. In ihnen sind die wichtigsten Begriffe aufgeführt, die in den jeweiligen Situationen vorkommen können.
Mit Hilfe dieser Wortlisten sowie des zusätzlichen Wörterbuchteils am Ende des Buches können Sie die aufgeführten Beispielsätze den konkreten Situationen individuell anpassen.

Darüber hinaus sind alle niederländischen Begriffe und Redewendungen in Lautschrift angegeben. Die Kurzgrammatik hilft Ihnen, sich rasch über den Aufbau der niederländischen Sprache zu orientieren.

Bilder und nützliche Tips informieren Sie und stimmen Sie auf kulturelle Besonderheiten und die landschaftlichen Reize der Niederlande ein.

# Aussprache

| | | | |
|---|---|---|---|
| ' | vor einer Silbe bedeutet, daß die nachfolgende Silbe betont ist. | | |
| : | bedeutet, daß der vorhergehende Laut lang zu sprechen ist. | | |
| [i:] | wie in Tier | dier | [di:r] |
| [i] | wie in Minute | tien | [tin] |
| [ɪ] | wie in Kind, etwas offener als [i] | wind | [wɪnt] |
| [e:] | wie in reden, Beet, mehr | regen<br>weer | ['re:xən]<br>[we:r] |
| [ɛ] | wie in Bäcker, rette | kerk<br>rest | [kɛrk]<br>[rɛst] |
| [ɛi] | wie in Bär, aber kurz, übergehend in [i] wie Legion | leiden<br>lijden | ['lɛidən]<br>['lɛidən] |
| [a:] | wie in haben, Waage, Kahn | wagen<br>aarde | ['wa:xən]<br>['a:rdə] |
| [a] | wie in Klang | dat | [dat] |
| [y:] | wie in Hüte, kühn | uur | [y:r] |
| [y] | wie in Hütte, Ypsilon | minuut | [mi'nyt] |
| [ø:] | wie in böse, Öhrchen | sleutel | ['slø:təl] |
| [œ] | wie in möchte | huis | [hœis] |
| [ə] | wie in bitte, nie betont | regen<br>twintig<br>vrolijk | ['re:xən]<br>['twɪntəx]<br>['vro:lək] |
| [ʌ] | wie in frz. le | lucht | [lʌxt] |
| [u:] | wie in Kur, Uhr | boer | [bu:r] |
| [u] | wie in Burg | boek | [buk] |
| [w] | wie in Wasser, aber kaum stimmhaft | wind<br>eeuw | [wɪnt]<br>[e:w] |
| [o:] | wie in Ofen, Boot, Ohr | olie<br>school | ['o:li]<br>[sxo:l] |
| [ɔ] | wie in offen, Sonne | zon | [zɔn] |
| [ɔu] | wie in Auto, Rauch, kaum | gouden<br>auto | ['xɔudən]<br>['ɔuto:] |

| [œi] | wie in F**eui**lleton | huis | [hœis] |
| | | buiten | ['bœitən] |
| [p] | wie in **P**ol, aber schwächer | papier | [pɑ:'pi:r] |
| [b] | wie in **B**ohne | boer | [bu:r] |
| [t] | wie in **T**eller | tien | [tin] |
| [d] | wie in **D**elle | dier | [di:r] |
| [c] | wie in Hü**tch**en | kaartje | ['ka:rcə] |
| [k] | wie in **K**ahn | kerk | [kɛrk] |
| [g] | wie in **G**ans | migraine | [mi'grɛ:nə] |
| | | melkboer | ['mɛlgbu:r] |
| [f] | wie in **f**allen | fles | [flɛs] |
| [v] | wie in **V**ioline | vet | [vɛt] |
| [s] | wie in rei**ß**en, la**s**sen | smaak | [sma:k] |
| [z] | wie in rei**s**en, le**s**en | zon | [zɔn] |
| [ʃ] | wie in Ti**sch**, die Lippen jedoch nicht gerundet | meisje | ['mɛiʃə] |
| [ʒ] | wie in **G**arage, Lo**g**e | garage | [xɑ:'ra:ʒə] |
| [j] | wie in **J**ahr | jaar | [ja:r] |
| [x] | wie in a**ch**, no**ch**, zwischen Vokalen nicht so hart gesprochen | lucht | [lʌxt] |
| | | school | [sxo:l] |
| | | regen | ['re:xən] |
| [h] | wie in **H**aus | huis | [hœis] |
| [l] | wie in **L**uft | lucht | [lʌxt] |
| [r] | wie in **R**egen | regen | ['re:xən] |
| [m] | wie in **M**arkt | markt | [mɑrkt] |
| [n] | wie in **N**ummer | nummer | ['nʌmər] |
| [ŋ] | wie in A**ng**st | angst | [ɑŋst] |
| | | bank | [bɑŋk] |

● Die Diphthonge werden im Niederländischen in ihren beiden Bestandteilen deutlich hörbar ausgesprochen, z. B.
   reis [rɛ.is] Reise
Die Endung -*en* wird meistens wie unbetontes [ə] ausgesprochen, z. B.   wegrijden ['wɛxrɛidə(n)] losfahren
   vrouwen ['vrɔuwə(n)] Frauen

# Das niederländische Alphabet

| | | | | | | | | |
|---|---|---|---|---|---|---|---|---|
| A | a | [ɑ:] | J | j | [je:] | S | s | [ɛs] |
| B | b | [be:] | K | k | [kɑ:] | T | t | [te:] |
| C | c | [se:] | L | l | [ɛl] | U | u | [y:] |
| D | d | [de:] | M | m | [ɛm] | V | v | [ve:] |
| E | e | [e:] | N | n | [ɛn] | W | w | [we:] |
| F | f | [ɛf] | O | o | [o:] | X | x | [ɪks] |
| G | g | [xe:] | P | p | [pe:] | IJ | ij | [ɛi] |
| H | h | [hɑ:] | Q | q | [ky:] | Z | z | [zɛt] |
| I | i | [i:] | R | r | [ɛr] | | | |

# Abkürzungen im Reisewörterbuch

| | | |
|---|---|---|
| *acc* | Akkusativ, 4. Fall | accusatief |
| *adj* | Adjektiv, Eigenschaftswort | bijvoeglijk naamwoord |
| *adv* | Adverb, Umstandswort | bijwoord |
| *B* | Belgien, belgisch | België, Belgisch |
| *conj* | Konjunktion, Bindewort | voegwoord |
| *dat* | Dativ, 3. Fall | datief |
| *el* | Elektrizität | elektriciteit |
| etw | etwas | iets |
| *f* | Femininum, weiblich | vrouwelijk |
| jdm | jemandem | iemand |
| jdn | jemanden | iemand |
| *jur* | juristisch | juridisch |
| *m* | Maskulinum, männlich | mannelijk |
| *mil* | Militärwesen | militair |
| *n* | Neutrum, sächlich | onzijdig |
| *NL* | Niederlande, niederländisch | Nederland, Nederlands |
| *pers prn* | Personalpronomen | persoonlijk voornamwoord |
| *pl* | Plural, Mehrzahl | meervoud |
| *pol* | Politik | politiek |
| *poss prn* | Possessivpronomen | bezittelijk voornamwoord |
| *prn* | Pronomen, Fürwort | voornamwoord |
| *rel* | kirchlich, geistlich | kerkelijk |
| s. | sich | zich |
| *sing* | Singular, Einzahl | enkelvoud |
| *tele* | Telefon, Telegraf | telefoon |
| *ugs* | umgangssprachlich | in de omgangstaal |
| *verb* | Verb, Zeitwort | werkwoord |

# Allgemeine Abkürzungen

| | | |
|---|---|---|
| ANWB | Algemene Nederlandse Wielrijders Bond | Königlich Niederländischer Touringclub |
| a.j.b | alsjeblieft | bitte/Du-Form |
| a.U.b | alstublieft | bitte/Sie-Form |
| bl | bladzijde | Seite |
| BO | betaalde oproep | R-Gespräch |
| BTW | Belasting over de Toegevoegde Waarde | Mehrwertsteuer |
| CS | Centraal Station | Hauptbahnhof |
| enz | enzovoort | und so weiter |
| fl | gulden | Gulden |
| GWK | Grenswisselkantoor | Geldwechsel an der Grenze |
| Hr | Heer | Herr |
| KLM | Koninklijke Nederlandse Luchtvaart Maatschappij | Königlich Niederländische Luftfahrtgesellschaft |
| KNAC | Koninklijke Nederlandse Automobiel Club | Königlich Niederländischer Automobilclub |
| M | Metro | Untergrundbahn |
| Mevr/ Mw | Mevrouw | Frau |
| maw | met andere worden | mit anderen Worten |
| NBT | Nationaal Bureau voor Toerisme | Niederländische Fremdenverkehrszentrale |
| NJHC | Nederlandse Jeugdherberg Centrale | Niederländische Jugendherbergsorganisation |
| NLM | Nederlandse Luchtvaart Maatschappij | Niederländische Luftfahrtgesellschaft |
| NNTB | Nederlands Nationaal Toeristen Bureau | Niederländische Fremdenverkehrsorganisation |
| NRC | Nationaal Reserveringscentrum | Nationales Reservierungszentrum |
| NS | Nederlandse Spoorwegen | Niederländische Eisenbahnen |
| NV | Naamloze Vennootschap | Aktiengesellschaft |
| PTT | Post Telegraaf Telefoon | Postamt |
| VVV | Vereniging voor Vreemdelingenverkeer | Fremdenverkehrsverein |
| WC | watercloset | Toilette |
| WW | Wegenwacht | Straßenwacht |
| Z | Zelfbediening | Selbstbedienung |
| zoz | zie ommezijde | siehe Rückseite |

**1** **Auf einen Blick**
Met één oogopslag

## Oft gesagt und oft gehört
### Vaak gezegd en beluisterd

| | |
|---|---|
| Ja. | Ja. [jɑ:] |
| Nein. | Nee. ['ne:] |
| Bitte. | *(Sie)* Alstublieft. [ɑlsty'blift]<br>*(Du)* Alsjeblieft. [ɑlʃə'blift] |
| Danke. | Dank U wel. [dɑŋk y 'wɛl] |
| Wie bitte? | Wat zegt U? ['wɑt 'zɛxt y'] |
| Selbstverständlich. | Vanzelfsprekend. [vɑnzɛlf'spre:kənt] |
| Einverstanden! | Akkoord! [ɑ'ko:rt] |
| Okay! | Okay!, In orde! [o:'ke:, ɪn 'ɔrdə] |
| Verzeihung! | Pardon! [par'dɔn] |
| Einen Augenblick, bitte. | Een ogenblik, alstublieft/alsjeblieft!<br>[ən o:xən'blɪk ɑlsty'blift/ɑlʃə'blift] |
| Genug! | Genoeg! [xə'nux] |
| Hilfe! | Help! [hɛlp] |
| Wer? | Wie? [wi] |
| Was? | Wat? [wɑt] |
| Welcher/Welche/Welches? | Welk(e)? [wɛlk(ə)] |
| Wem? | Aan wie? [ɑ:n wi] |
| Wen? | Wie? [wi] |
| Wo? | Waar? [wa:r] |
| Wo ist/Wo sind …? | Waar is/Waar zijn …?<br>[wa:r ɪs/wa:r zɛin] |
| Woher? | Waarvandaan? [wa:rvan'da:n] |
| Wohin? | Waarheen? Waarnaartoe?<br>[wa:r'he:n,wa:rna:r'tu] |
| Warum? | Waarom? [wa:r'ɔm] |
| Weshalb? | Hoezo? [hu'zo:] |
| Wofür? | Waarvoor? [wa:r'vo:r] |
| Wozu? | Waarom? Waartoe? [wa:'rɔm, wa:r'tu] |

| | |
|---|---|
| Wie? | Hoe? [hu] |
| Wieviel? | Hoeveel? [ˈhuveːl, huˈveːl] |
| Wie lange? | Hoelang? [huˈlɑŋ] |
| Wann? | Wanneer? [wɑˈneːr] |
| Ich möchte … | Ik wil …, Ik zou graag … [ɪk ˈwɪl, ɪk zɔu ˈxrɑːx] |
| Gibt es …? | Is er … ? *(sing)* [ˈɪs ɛr] <br> Zijn er … ? *(pl)* [ˈzɛin ɛr] |

## Zahlen/Maße/Gewichte

### Getallen/Maten/Gewichten

| | |
|---|---|
| 0 | nul [nʌl] |
| 1 | één [eːn] |
| 2 | twee [tweː] |
| 3 | drie [dri] |
| 4 | vier [viːr] |
| 5 | vijf [vɛif] |
| 6 | zes [zɛs] |
| 7 | zeven [ˈzeːvən] |
| 8 | acht [ɑxt] |
| 9 | negen [ˈneːxən] |
| 10 | tien [tin] |
| 11 | elf [ɛlf] |
| 12 | twaalf [twɑːlf] |
| 13 | dertien [ˈdɛrtin] |
| 14 | veertien [ˈveːrtin] |
| 15 | vijftien [ˈvɛiftin] |
| 16 | zestien [ˈzɛstin] |
| 17 | zeventien [ˈzeːvəntin] |
| 18 | achttien [ˈɑxtin] |

| | |
|---|---|
| 19 | negentien ['ne:xəntin] |
| 20 | twintig ['twɪntəx] |
| 21 | één-en-twintig ['e:nən'twɪntəx] |
| 22 | twee-en-twintig ['twe:ən'twɪntəx] |
| 23 | drie-en-twintig ['dri:ən'twɪntəx] |
| 24 | vier-en-twintig ['vi:rən'twɪntəx] |
| 25 | vijf-en-twintig ['vɛifən'twɪntəx] |
| 26 | zes-en-twintig ['zɛsən'twɪntəx] |
| 27 | zeven-en-twintig ['ze:vənən'twɪntəx] |
| 28 | acht-en-twintig ['ɑxtən'twɪntəx] |
| 29 | negen-en-twintig ['ne:xənən'twɪntəx] |
| 30 | dertig ['dɛrtəx] |
| 31 | één-en-dertig ['e:nən'dɛrtəx] |
| 32 | twee-en-dertig ['twe:ən'dɛrtəx] |
| 40 | veertig ['ve:rtəx] |
| 50 | vijftig ['vɛiftəx] |
| 60 | zestig ['zɛstəx] |
| 70 | zeventig ['ze:ventəx] |
| 80 | tachtig ['tɑxtəx] |
| 90 | negentig ['ne:xəntəx] |
| 100 | honderd ['hɔndərt] |
| 101 | honderdéén ['hɔndərt'e:n] |
| 200 | tweehonderd ['twe:hɔndərt] |
| 300 | driehonderd ['drihɔndərt] |
| 1000 | duizend ['dœizənt] |
| 2000 | tweeduizend ['twe:dœizənt] |
| 3000 | drieduizend ['dridœizənt] |
| 10000 | tienduizend ['tindœizənt] |
| 100000 | honderdduizend ['hɔndərdœizənt] |
| 1000000 | miljoen [mɪl'jun] |

| | |
|---|---|
| 1. | eerste ['e:rstə] |
| 2. | tweede ['twe:də] |
| 3. | derde ['dɛrdə] |
| 4. | vierde ['vi:rdə] |
| 5. | vijfde ['vɛifdə] |
| 6. | zesde ['zɛsdə] |
| 7. | zevende ['ze:vəndə] |
| 8. | achtste ['ɑxtstə] |
| 9. | negende ['ne:xəndə] |
| 10. | tiende ['tində] |
| 1/2 | een half [ən 'hɑlf] |
| 1/3 | een derde [ən 'dɛrdə] |
| 1/4 | een vierde, een kwart [ən 'vi:rdə, ən 'kwɑrt] |
| 3/4 | drie-vierde, drie kwart ['dri'vi:rdə, 'dri'kwɑrt] |
| 3,5 % | drie(-en) een half procent ['dri(ən) ən 'hɑlf pro:'sɛnt] |
| 27 °C | zevenentwintig graden Celcius ['ze:vənən'twintəx 'xra:dən 'sɛlsiʌs] |
| –5 °C | vijf graden Celcius onder nul ['vɛif 'xra:dən 'sɛlsiʌs 'ɔndər nʌl] |
| 1992 | negentien(honderd) twee en negentig [ne:xəntin(hɔndərt) 'twe:əne:xəntəx] |
| Millimeter | millimeter ['milime:tər] |
| Zentimeter | centimeter ['sɛntime:tər] |
| Meter | meter ['me:tər] |
| Kilometer | kilometer ['kilo:me:tər] |
| Meile | mijl ['mɛil] |
| Seemeile | zeemijl ['ze:mɛil] |
| Quadratmeter | vierkante meter ['vi:rkɑntə 'me:tər] |
| Quadratkilometer | vierkante kilometer ['vi:rkɑntə 'kilo:me:tər] |
| Ar | are ['a:rə] |
| Hektar | hectare (hektare) [hɛkt'a:rə] |
| Liter | liter ['litər] |
| Gramm | gram *n* [xrɑm] |
| Pfund | pond *n* [pɔnt] |
| Kilogramm | kilogram *n* ['kilo:xrɑm] |
| Dutzend | dozijn *n* [do:'zɛin] |

## Zeitangaben

## Tijdaanduidingen

| Uhrzeit | Tijd (Stip) |
|---|---|
| Wieviel Uhr ist es? | Hoe laat is het? [hu ˈlaːt ɪs ət] |
| Können Sie mir bitte sagen, wie spät es ist? | Kunt U mij (alstublieft)/Kun je me (alsjeblieft) zeggen hoe laat het is? [kʌnt y mɛi (alstyˈblift)/kʌn jə mə (alʃəˈblift) ˈzɛxən hu laːt ət ɪs] |
| Es ist (genau/ungefähr) … | Het is (precies/ongeveer) … [ət ˈɪs (prəˈsis/ɔŋxəˈveːr)] |
| 3 Uhr. | drie uur. [ˈdri ˈyːr] |
| 5 nach 3. | vijf over drie. [ˈvɛif ˈoːvər ˈdri] |
| 3 Uhr 10. | tien over drie. [ˈtin ˈoːvər ˈdriː] |
| Viertel nach 3. | kwart over drie. [kwart ˈoːvər ˈdri] |
| halb 4. | half vier. [half ˈviːr] |
| Viertel vor 4. | kwart voor vier. [ˈkwart voːr ˈviːr] |
| 5 vor 4. | vijf voor vier. [ˈvɛif voːr ˈviːr] |
| 1 Uhr. | één uur. [eːn ˈyːr] |
| 12 Uhr mittag/Mitternacht. | twaalf uur ’s middags/’s nachts. [ˈtwaːlf ˈyːr ˈsmɪdaxs/snaxs] |
| Geht diese Uhr richtig? | Loopt deze klok gelijk? [ˈloːpt ˈdeːzə ˈklɔk xəˈlɛik] |
| Sie geht vor/nach. | Hij loopt voor/achter. [hɛi loːpt ˈvoːr/ˈaxtər] |
| Es ist spät/zu früh. | Het is laat/te vroeg. [ət ɪs ˈlaːt/tə ˈvrux] |
| Um wieviel Uhr?/Wann? | Hoe laat?/Wanneer? [hu ˈlaːt/waˈneːr] |
| Um 1 Uhr. | Om één uur. [ɔm ˈeːn ˈyːr] |
| Um 2 Uhr. | Om twee uur. [ɔm ˈtweːˈyːr] |
| Gegen 4 Uhr. | Omstreeks vier uur. [ˈɔmstreːks ˈviːr ˈyːr] |
| In einer Stunde. | Over een uur. [ˈoːvər ən ˈyːr] |
| In zwei Stunden. | Over twee uur. [ˈoːvər ˈtweː ˈyːr] |
| Nicht vor 9 Uhr morgens. | Niet voor negen uur ’s morgens. [ˈnit ˈvoːr ˈneːxən ˈyːr ˈsmɔrxəns] |
| Nach 8 Uhr abends. | Na acht uur ’s avonds. [ˈnaː ˈaxt yːr ˈsaːvɔns] |

| | |
|---|---|
| Zwischen 3 und 4. | Tussen drie en vier (uur). [tʌsən ˈdri ɛn ˈviːr (ˈyːr)] |
| Wie lange? | Hoe lang? [hu ˈlaŋ] |
| Zwei Stunden (lang). | Twee uur (lang). [ˈtweː ˈyːr (laŋ)] |
| Von 10 bis 11. | Van tien tot elf. [van ˈtin tɔt ˈɛlf] |
| Bis 5 Uhr. | Tot vijf uur. [tɔt ˈvɛif ˈyːr] |
| Seit wann? | Sinds wanneer? [sɪns waˈneːr] |
| Seit 8 Uhr morgens. | Sinds acht uur 's morgens. [sɪns ˈaxt yːr ˈsmɔrxəns] |
| Seit einer halben Stunde. | Sinds een half uur. [sɪns ən ˈhalf yːr] |
| Seit acht Tagen. | Sinds acht dagen. [sɪns ˈaxt daːxən] |

## Sonstige Zeitangaben · Overige tijdaanduidingen

| | |
|---|---|
| abends | 's avonds [ˈsaːvɔnts] |
| alle halbe Stunde | om het half uur [ˈɔm ət half ˈyːr] |
| alle zwei Tage | om de dag [ɔm də ˈdax] |
| am Sonntag/am Wochen- ende | in het weekend (*auch:* weekeind(e)) [ɪn ət ˈweːkɛint (ˈweːkɛində)] |
| bald | binnenkort, gauw [bɪnəˈkɔrt, xɔu] |
| diese Woche | deze week [deːzə ˈweːk] |
| gegen Mittag | tegen twaalven [teːxə ˈtwaːlvən] |
| gestern | gisteren [ˈxɪstərən] |
| heute | vandaag [vanˈdaːx] |
| heute morgen/abend | vanmorgen/vanovond [vanˈmɔrxən/vaˈnaːvɔnt] |
| in 14 Tagen | over veertien dagen [ˈoːvər ˈveːrtin daːxən] |
| innerhalb einer Woche | binnen een week [ˈbɪnən ən ˈweːk] |
| jeden Tag | iedere dag [ˈidərə ˈdax] |
| jetzt | nu [ny] |
| kürzlich | kort geleden [kɔrt xəˈleːdən] |

| | |
|---|---|
| letzten Montag | vorige maandag ['vɔrəxə 'mɑːndɑx] |
| manchmal | af en toe [ɑf ɛn 'tu] |
| mittags | tussen de middag ['tʌsən də 'mɪdɑx] |
| morgen | morgen ['mɔrxən] |
| morgen früh/abend | morgen vroeg/morgenavond ['mɔrxən vrux/'mɔrxə'naːvɔnt] |
| morgens | 's morgens ['smɔrxəns] |
| nachmittags | 's middags [s 'mɪdɑxs] |
| nächstes Jahr | volgend jaar ['vɔlxənt 'jaːr] |
| nachts | 's nachts [snɑxs] |
| stündlich | elk uur [ɛlk 'yːr] |
| täglich | dagelijks ['daːxələks] |
| tagsüber | overdag [oːvər'dɑx] |
| übermorgen | overmorgen ['oːvər'mɔrxən] |
| übers Wochenende | van het weekend [van ət 'wikɛnt] |
| um diese Zeit | om deze tijd [ɔm 'deːzə tɛit] |
| vor zehn Minuten | tien minuten geleden ['tin mi'nytə xə'leːdən] |
| vorgestern | eergisteren [eːr'xɪstərən] |
| vormittags | 's morgens ['smɔrxəns] |

## Wochentage / Weekdagen

| Wochentage | Weekdagen |
|---|---|
| Montag | maandag ['maːndɑx] |
| Dienstag | dinsdag ['dɪnzdɑx] |
| Mittwoch | woensdag ['wunzdɑx] |
| Donnerstag | donderdag ['dɔndərdɑx] |
| Freitag | vrijdag ['vrɛidɑx] |
| Samstag | zaterdag ['zaːtərdɑx] |
| Sonntag | zondag ['zɔndɑx] |

| Monate | Maanden |
|---|---|
| Januar | januari [jɑnyˈwɑːri] |
| Februar | februari [febryˈwɑːri] |
| März | maart [mɑːrt] |
| April | april [aˈprɪl] |
| Mai | mei [mɛi] |
| Juni | juni [ˈjyni] |
| Juli | juli [ˈjyli] |
| August | augustus [ɔuˈxʌstəs] |
| September | september [sɛpˈtɛmbər] |
| Oktober | oktober [ɔkˈtoːbər] |
| November | november [noːˈvɛmbər] |
| Dezember | december [deːˈsɛmbər] |

| Jahreszeiten | Jaargetijden |
|---|---|
| Frühling | voorjaar, lente [ˈvoːrjaːr, ˈlɛntə] |
| Sommer | zomer [ˈzoːmər] |
| Herbst | herfst [hɛrfst] |
| Winter | winter [ˈwɪntər] |

| Feiertage | Feestdagen |
|---|---|
| Neujahr | nieuwjaarsdag [niːwjaːrzˈdɑx] |
| Karfreitag | Goede Vrijdag [xudə ˈvrɛidɑx] |
| Ostern | Pasen [ˈpaːsən] |
| Ostermontag | Paasmaandag, tweede Paasdag [paːsˈmaːndɑx, ˈtweːdə ˈpaːsdɑx] |
| Geburtstag der Königin-mutter (30.4.) | koninginnedag [koːnɪˈŋɪnədɑx] |
| 1. Mai | één mei [eːn ˈmɛi] |
| Tag der Befreiung (5.5. *NL*) | bevrijdingsdag [bəˈvrɛidɪŋzdɑx] |

| | |
|---|---|
| Christi Himmelfahrt | Hemelvaartsdag [ˈheːməlvaːrtsdɑx] |
| Pfingsten | Pinksteren [ˈpɪŋkstərən] |
| Pfingstmontag | Pinkstermaandag, tweede Pinksterdag [ˈpɪŋkstərˈmaːndɑx, ˈtweːdə ˈpɪŋkstərdɑx] |
| Fronleichnam | Sacramentsdag [sɑːkraːˈmɛntsdɑx] |
| Krönungstag Leopolds I. (20.7. B) | eedafleggingsdag [ˈeːdɑflɛxɪŋzdɑx] |
| Allerheiligen (1.11.) | Allerheiligen [ɑlərˈhɛiləxən] |
| Tag der Befreiung (11.11. B) | bevrijdingsdag [bəˈvrɛidɪŋzdɑx] |
| Fest des Königshauses (15.11. B) | Feest van de Dynastie [ˈfeːst vɑn də dinɑsˈti] |
| Nikolaus | Sinterklaas [sɪntərˈklaːs] |

*In den Niederlanden Tag der Bescherung*

| | |
|---|---|
| Weihnachten | Kerstmis [ˈkɛrstmɪs] |
| 1. Weihnachtsfeiertag | eerste Kerstdag [ˈeːrstə kɛrzˈdɑx] |
| 2. Weihnachtsfeiertag | tweede Kerstdag [ˈtweːdə kɛrzˈdɑx] |
| Silvesterabend | Oudejaarsavond [ɔudəjaːrsˈaːvɔnt] |

*Gesetzliche Feiertage in den Niederlanden sind:* **nieuw-jaarsdag, Pasen\*, koninginnedag, bevrijdingsdag, Hemel-vaartsdag, Pinksteren\*, Kerstmis\*.** *(\* jeweils nur der 1. Tag)*

*Gesetzliche Feiertage in Belgien sind:* **nieuwjaarsdag, Pasen, één mei, Hemelvaartsdag, Pinksteren, eedafleggingsdag, bevrij-dingsdag, Feest van de Dynastie, Kerstmis.**

| Datum | Datum |
|---|---|
| Den Wievielten haben wir heute? | De hoeveelste is het vandaag? [də ˈhuveːlstə ɪs ət vanˈdaːx] |
| Heute ist der 1. Mai. | Vandaag is het de eerste mei. [vanˈdaːx ɪs ət də ˈeːrstə ˈmɛi] |

## Wetter

### Het weer

| | |
|---|---|
| Wie wird das Wetter heute? | Wat voor weer wordt het vandaag? ['wɔt voːr 'weːr wɔrt ət van'daːx] |
| Wir bekommen schönes/ schlechtes/unbeständiges Wetter. | We krijgen mooi/slecht/onbestendig weer. [wə 'krɛixən 'moːi/'slɛxt/ ɔnbə'stɛndəx weːr] |
| Es bleibt schön/schlecht. | Het blijft mooi/slecht weer. [ət 'blɛift moːi/slɛxt 'weːr] |
| Es wird wärmer/kälter. | Het wordt warmer/kouder. [ət wɔrt 'warmər/'koudər] |
| Es soll regnen. | Het gaat regenen. [ət xaːt 're:xənən] |
| Es ist kalt/heiß/schwül. | Het is koud/warm/benauwd. [ət ɪs 'kout/'warm/bə'nout] |
| Es zieht ein Gewitter auf. | Het onweer komt opzetten. [ət 'ɔnweːr kɔmt 'ɔpzɛtən] |
| Wir bekommen Sturm. | We krijgen onweer/storm. [wə 'krɛixən 'ɔnweːr/stɔrm] |
| Es ist neblig/windig. | Het is mistig./Het waait. [ət ɪs 'mɪstəx/ət waːit] |

*Im Herbst und Winter leuchtet auf den Straßen und oft auch auf der Autobahn das Schild **mist!** auf. Machen Sie sich auf dichte Nebelbänke gefaßt!*

| | |
|---|---|
| Die Sonne scheint. | De zon scheint. [də 'zɔn 'sxɛint] |
| Der Himmel ist wolkenlos/bedeckt. | De lucht is onbewolkt/bedekt. [də lʌxt ɪs ɔm'bəwɔlkt/bə'dɛkt] |
| Wieviel Grad haben wir heute? | Hoeveel graden is het vandaag? ['huveːl 'xraːdən ɪs ət van'daːx] |
| Es ist 20 Grad Celsius. | Het is twintig graden Celsius. [ət ɪs 'twɪntəx 'xraːdən 'sɛlsiʌs] |
| Wie ist der Straßenzustand in Friesland? | Hoe is de toestand van de wegen in Friesland? ['hu ɪs də 'tustant van də 'weːxən ɪn 'frislant] |

Die Sicht beträgt nur
20 m/weniger als 50 m.

Het zicht bedraagt slechts 20 meter/
minder dan 50 meter.
[ət ˈzɪxt bəˈdraːxt slɛxts twɪntəx meːtər/
ˈmɪndər dan ˈfɛiftəx meːtər]

Es wird gewarnt vor
Windstößen/Wind-
stärke 8/9.

Er wordt gewaarschuwd voor windsto-
ten/windkracht 8/9.
[ɛr wɔrt xəˈwaːrsxywt voːr ˈwɪntstoːtən/
ˈwɪntkraxt axt/ˈneːxən]

## Wortliste Wetter

| | |
|---|---|
| Barometer | barometer [ˈbaːroːmeːtər] |
| bewölkt | bewolkt [bəˈwɔlkt] |
| Blitz | bliksem [ˈblɪksəm] |
| Bö | (wind)vlaag [ˈ(wɪnt)vlaːx] |
| Dämmerung | schemering [ˈsxeːmərɪŋ] |
| diesig | heiig [ˈhɛijəx] |
| Donner | donder [ˈdɔndər] |
| Ebbe | eb, laagwater [ɛp, laːxˈwaːtər] |
| Eis | ijs *n* [ɛis] |
| feucht-kühl | kil [kɪl] |
| Flaute | flauwte, windstilte [ˈflɔutə, ˈwɪntstɪltə] |
| Flut | vloed [vlut] |
| ~höhe | vloedpeil [ˈvlutpɛil] |
| ~deich | nooddijk [ˈnoːdɛik] |

| | |
|---|---|
| Graupel | hagelkorrel [ˈhaːxəlkɔrəl] |
| graupelartig | hagelachtig [ˈhaːxəlaxtəx] |
| Hagel | hagel [ˈhaːxəl] |
| heiß | heet [heːt] |
| heiter | helder [ˈhɛldər] |
| Hitze | hitte [ˈhɪtə] |
| ~welle | hittegolf [ˈhɪtəxɔlf] |
| Hoch | hogedrukgebied *n* [hoːxəˈdrʌkxəbit] |
| kalt | koud [kɔut] |
| Klima | klimaat *n* [kliˈmaːt] |
| Luft | lucht [lʌxt] |
| ~druck | luchtdruk [ˈlʌxdrʌk] |
| naß | nat [nat] |
| Nebel | mist [mɪst] |
| Niederschlag | neerslag [ˈneːrslax] |
| Nieselregen | motregen [ˈmɔtreːxən] |
| Regen | regen [ˈreːxən] |
| ~schauer | regenbui [ˈreːxənbœi] |
| regnerisch | regenachtig [ˈreːxənaxtəx] |
| schwül | benauwd [bəˈnɔut] |
| Sonne | zon [zɔn] |
| Sonnen|aufgang | zonsopgang [zɔnsˈɔpxaŋ] |
| ~untergang | zonsondergang [zɔnsˈɔndərxaŋ] |
| sonnig | zonnig [ˈzɔnəx] |
| sternenklar | met een heldere sterrenhemel |
| | [mɛt ən ˈhɛldərə ˈstɛrənheːməl] |
| | |
| Temperatur | temperatuur [ˈtɛmpəraˈtyːr] |
| Tief | depressie [deːˈprɛsi] |
| Überschwemmung | overstroming [oːvərˈstroːmɪŋ] |
| warm | warm [warm] |
| wechselhaft | onbestendig [ˈɔnbəstɛndəx] |
| Wetter|bericht | weerbericht *n* [ˈweːrbərɪxt] |
| ~vorhersage | weersvoorspelling [ˈweːrsvoːrspɛlɪŋ] |
| Wind | wind [wɪnt] |
| ~stärke | windkracht [ˈwɪntkraxt] |
| Wolke | wolk [wɔlk] |
| Wolkenbruch | wolkbreuk [ˈwɔlkbrøːk] |

## Wortliste Farben

| | |
|---|---|
| beige | beige [ˈbɛːʒə] |
| blau | blauw [blɔu] |
| braun | bruin [brœin] |
|   kastanien~ | kastanjebruin [kasˈtanjəbrœin] |
| farbig | gekleurd [xəˈklʌːrt] |
|   ein~ | effen [ˈɛfən] |
|   mehr~ | veelkleurig [ˈveːlklʌːrəx] |
| gelb | geel [xeːl] |
| golden | goudkleurig [ˈxɔutklʌːrəx] |
| grau | grijs [xrɛis] |
| grün | groen [xrun] |
| lila | lila, paars [ˈlilaː, paːrs] |
| orange | oranje [oˈranjə] |
| rosa | rose [ˈrɔːzə] |
| rot | rood [roːt] |
| schwarz | zwart [zwart] |
| silbern | zilverkleurig [ˈzɪlvərklʌːrəx] |
| türkis | turkooizen [tyrˈkwas] |
| violett | violet [vijoːˈlɛt] |
| weiß | wit [wɪt] |
| | |
| hell … | licht … [ˈlɪxt] |
| dunkel … | donker … [ˈdɔŋkər] |

**2** **Kontakte**
Contacten

## Begrüßung/Vorstellung/Bekanntschaft
## Begroeting/Voorstellen/Kennismaking

| | |
|---|---|
| Guten Morgen! | Goedenmorgen! [xuiə'mɔrxən] |
| Guten Tag! | Dag!/Goedendag! ['dax/xuiə'dax] |
| Guten Abend! | Goedenavond! [xuiə'na:vɔnt] |
| Hallo!/Grüß dich! | Hallo!/Dag! [ha'lo:/dax] |
| Wie ist Ihr Name, bitte? | Hoe heet U? [hu 'he:t y] |
| Wie heißt du? | Hoe heet je? [hu he:t jə] |
| Mein Name ist …/Ich heiße … | Mijn naam is …/Ik heet … [mɛin 'na:m is/ɪk 'he:t] |

Darf ich bekannt machen? Das ist …
Mag ik voorstellen? Dit is … ['max ɪk 'fo:rstɛlən 'dɪt ɪs]

    Frau X.
    (Mevr.) mevrouw X. [mə'vrɔu]

    Fräulein X.
    juffrouw/mevrouw X. ['jʌfrɔu/mə'vrɔu]

    Herr X.
    (Dhr.) meneer/mijnheer X. [mə'ne:r]

    mein Mann.
    mijn man. [mən 'man]

    meine Frau.
    mijn vrouw. [mən 'vrɔu]

    mein Sohn.
    mijn zoon. [mən 'zo:n]

    meine Tochter.
    mijn dochter. [mən 'dɔxtər]

    mein Bruder/meine Schwester.
    mijn broer/mijn zuster. [mən 'bru:r/mən 'zʌstər]

    mein Freund/meine Freundin.
    mijn vriend/mijn vriendin. [mən 'vrint/mən vrin'dɪn]

    mein Kollege/meine Kollegin.
    mijn collega. [məŋ kɔ'le:xa:]

| | |
|---|---|
| Wie geht es Ihnen/dir? | Hoe gaat het met U/jou? [hu 'xa:t ət mɛt 'y/'jɔu] |
| Wie geht's? | Hoe gaat het? [hu 'xa:tət] |
| Danke. Und Ihnen/dir? | Dank U wel. En met U/jou? [daŋk y 'wɛl. 'ɛmɛt 'y/'jɔu] |
| Woher kommen Sie/kommst du? | Waar komt U/kom je vandaan? ['wa:r kɔmt y/kɔm jə van'da:n] |
| Ich bin aus … | Ik kom uit … [ɪk kɔm œit] |
| Sind Sie/Bist du schon lange hier? | Bent U/je hier allang? ['bɛnt y/'bɛnjə 'hi:r a'laŋ] |

Ich bin seit … hier.
Ik ben hier sinds … [ɪk 'bɛn hiːr 'sɪnts]

Wie lange bleiben Sie/bleibst du?
Hoe lang denkt U/denk je hier te blijven? ['hulɑŋ dɛŋkt y/dɛŋkjə hiːr tə 'blɛivən]

Sind Sie/Bist du zum ersten Mal hier?
Ben je/Bent U hier voor de eerste keer?
['bɛn jə/'bɛnt y hiːr voːr də 'eːrstə keːr]

Sind Sie/Bist du allein?
Bent U/Ben je alleen?
[bɛnt y/bɛnjə aˈleːn]

Nein, ich bin mit meiner Familie hier/mit Freunden unterwegs.
Nee, ik ben hier met mijn familie./Nee, ik ben met vrienden op stap.
[neː ɪk bɛn hiːr mɛt mən faːˈmili/neː ɪk bɛn mɛt 'vrindən ɔp stap]

Sind Sie/Bist du auch im Hotel Astoria/auf dem Campingplatz?
Logeert U/Logeer je ook in Hotel Astoria? [loˈʒeːrt y/loˈʒeːr jə 'oːk ɪn hoːˈtɛl aˈstoːrijaː]
Kampeert U/Kampeer je op de camping? [kɑmˈpeːrt y/kɑmˈpeːr jə ɔp də 'kɛmpɪŋ]

## Alleine unterwegs/Verabredung

## Alleen op stap/Afspraak

Warten Sie/Wartest du auf jemanden?
Wacht U/Wacht je op iemand?
['wɑxt y/'wɑxcə ɔp 'imant]

Haben Sie/Hast du für morgen schon etwas vor?
Bent U/Ben je voor morgen al iets van plan? ['bɛnt y/bɛn jə voːr 'mɔrxən al 'its van 'plan]

Wollen wir zusammen hingehen?
Zullen we er samen heengaan?
['zʌlən wə ɛr 'saːmən 'heːŋxaːn]

Wollen wir heute abend miteinander ausgehen?
Zullen wij vanavond samen uitgaan?
['zʌlən wə vaˈnaːvɔnt 'saːmən 'œitxaːn]

Darf ich Sie/dich zum Essen einladen?
Mag ik U/je voor het eten uitnodigen?
[max ɪk y/jə voːr ət 'eːtən 'œitnoːdəxən]

Wann treffen wir uns?
Wanneer treffen we elkaar?
[waˈneːr 'trɛfən wə ɛlˈkaːr]

Darf ich Sie/dich abholen?
Mag ik U/je afhalen?
['max ɪk y/jə 'afhaːlən]

Wann soll ich kommen?
Wanneer kan ik komen?
[ˈwaneːr kan ɪk ˈkoːmən]

Treffen wir uns um
9 Uhr …
Ik verwacht U om 9 uur …/
We ontmoeten elkaar om 9 uur …
[ɪk vərˈwaxt y ɔm ˈneːxən ˈyːr/
wə ɔntˈmutən ɛlˈkaːr ɔm neːxən yːr]

  vor dem Kino.
  voor de bioscoop. [ˈvoːr də biɔsˈkoːp]

  auf dem … Platz.
  op het … plein. [ɔp ət ˈplɛin]

  im Café.
  in het café. [ɪn ət kaːˈfeː]

Sind Sie verheiratet?
Bent U getrouwd? [ˈbɛnt y xəˈtrɔut]

Hast du einen Freund/
eine Freundin?
Heb je een vriend/een vriendin?
[ˈhɛp jə ən ˈvrint/ən vrɪnˈdɪn]

Darf ich Sie/dich nach
Hause bringen?
Mag ik U/je naar huis brengen?
[ˈmax ɪk y/jə naːr ˈhœis ˈbrɛŋən]

Ich bringe Sie/dich noch
zum/zur …
Ik breng U/je nog naar …
[ɪk brɛŋ y/jə nɔx naːr …]

Kann ich Sie/dich wie-
dersehen?
Zien we elkaar nog?
[ˈzin wə ɛlˈkaːr nɔx]

Ich hoffe, Sie/dich bald
wiederzusehen.
Ik hoop U/je gauw weer te zien.
[ɪk ˈhoːp y/jə xɔu ˈwɛːr tə ˈzin]

Vielen Dank für den net-
ten Abend.
Dank U voor de prettige avond.
[ˈdaŋk y voːr də ˈprɛtəxə ˈaːvɔnt]

Lassen Sie mich bitte in
Ruhe!
Laat U mij alstublieft met rust.
[ˈlaːt y mɛi alstyˈblift mɛt ˈrʌst]

Hau ab!
Verdwijn! [vərˈdwɛin]

Jetzt reicht's!
Nu is het genoeg! [ˈny ɪs ət xəˈnux]

---

## Besuch

### Visite

Entschuldigen Sie,
wohnt hier Herr/Frau/
Fräulein X?
Neemt U mij niet kwalijk, woont hier
meneer/mevrouw/juffrouw X?
[neːmt y mə nit ˈkwaːlək, woːnt hiːr
məˈneːr/məˈvrɔu/ˈjʌfrɔu]

Nein, er/sie ist umgezo-
gen.
Nee, hij/zij is verhuisd.
[ˈneː ˈhɛi/ˈzɛi ɪs vərˈhœist]

Wissen Sie, wo er/sie jetzt wohnt?

Weet U waar hij/zij nu woont?
['we:t y 'wa:r hɛi/zɛi ny 'wo:nt]

Kann ich mit Herrn/ Frau/Fräulein X sprechen?

Kan ik meneer/mevrouw/juffrouw X spreken? ['kan ɪk mə'ne:r/mə'vrɔu/ 'jʌfrɔu ... spre:kən]

Wann ist er/sie zu Hause?

Wanneer is hij/zij thuis?
[wa'ne:r ɪs 'hɛi/'zɛi 'tœis]

Kann ich eine Nachricht hinterlassen?

Kan ik een boodschap achterlaten?
['kan ɪk ən 'bo:tsxap 'axtərla:tən]

Ich komme später noch einmal vorbei.

Ik kom later nog eens langs.
[ɪk kɔm 'la:tər 'nɔx əns 'laŋs]

• Kommen Sie/Komm herein.

Komt U/Kom binnen.
['kɔmt y/kɔm 'bɪnən]

• Nehmen Sie/Nimm bitte Platz.

Gaat U/Ga zitten, alstublieft/ alsjeblieft.
[xa:t y/xa 'zɪtən alsty'blift/alʃə'blift]

Ich soll Sie/dich von Paul grüßen.

Ik moet U/je de groeten doen van Paul.
[ɪk mut y/jə də 'xrutən dun van 'pɔul]

• Was darf ich Ihnen/dir zu trinken anbieten?

Wat kan ik U/je te drinken aanbieden?
['wat kan ɪk y/jə tə 'drɪŋkən 'a:nbidən]

Auf Ihr/dein Wohl!

Proost, op Uw/je gezondheid!
['pro:st ɔp yw/jə xə'zɔnthɛit]

• Können Sie nicht zum Mittagessen bleiben?

Kunt U niet blijven lunchen?
['kʌnt y nit 'blɛivən 'lʌnʃən]

Vielen Dank. Ich bleibe gern, wenn ich nicht störe.

Dank U. Ik blijf graag, als ik niet stoor.
['daŋk y. ɪk blɛif 'xra:x als ɪk nit 'sto:r]

Es tut mir leid, aber ich muß jetzt gehen.

Het spijt me, maar ik moet nu gaan.
[ət 'spɛit mə, ma:r ɪk mut ny 'xa:n]

*Besuchen Sie Ihre neuen Bekannten, kommen zum Kaffee oder Tee?*
*Bringen Sie einen **kleinen** Strauß Blumen mit – den Sie bitte **eingepackt** der Hausfrau übergeben.*

## Abschied
## Afscheid

| | |
|---|---|
| Auf Wiedersehen! | Tot ziens! [tɔt 'sins] |
| Bis bald! | Tot gauw! [tɔt 'xɔu] |
| Bis später! | Tot straks! [tɔt 'straks] |
| Bis morgen! | Tot morgen! [tɔt 'mɔrxən] |
| Gute Nacht! | Welterusten! [wɛl'trʌstə] |
| Tschüß! | Dag! ['da:x] |
| Alles Gute! | Het beste! [ət 'bɛstə] |
| Viel Vergnügen! | Veel plezier! [ve:l plə'zi:r] |
| Gute Reise! | Goede reis! ['xujə rɛis] |
| Ich lasse von mir hören. | Ik laat (nog) van me horen. [ɪk 'la:t (nɔx) van mə 'ho:rən] |
| Grüßen Sie/Grüß … von mir. | Doet U/Doe … de groeten van mij. ['dut y/du … də 'xrutən va'mɛi] |

## Bitte und Dank
## Verzoeken en danken

| | |
|---|---|
| Ja, bitte. | Ja, alstublieft. ['ja alsty'blift] |
| Nein, danke. | Nee, dank U wel. ['ne: daŋk y 'wɛl] |
| Darf ich Sie um einen Gefallen bitten? | Wilt U mij een plezier doen? ['wɪlt y mɛi ən plə'zi:r dun] |
| Gestatten Sie? | Pardon!, Mag ik? [par'dɔn 'max ɪk] |
| Können Sie mir bitte helfen? | Kunt U mij alstublieft helpen? ['kʌnt y mɛi alsty'blift 'hɛlpən] |
| Danke. | Dank U. [daŋk y] |
| Vielen Dank. | Dank U wel. [daŋk y 'wɛl] |
| Danke, sehr gern. | Dank U, graag! ['daŋk y xra:x] |
| Danke, gleichfalls! | Dank U wel, hetzelfde! [daŋk y 'wɛl ət'sɛlvdə] |

| | |
|---|---|
| Das ist nett, danke. | Dat is aardig, dank U wel. [dɑt ɪs ˈɑːrdəx dɑŋk y ˈwɛl] |
| Vielen Dank für Ihre Hilfe/Mühe. | (Hartelijk) Dank voor Uw hulp/voor de moeite. [(hɑrtələk) ˈdɑŋk voːr yw ˈhʌlp/voːr də ˈmuːitə] |
| Bitte sehr./Gern geschehen. | Graag./Graag gedaan. [xraːx/xraːx xəˈdaːn] |

---

## Entschuldigung/Bedauern
## Excuses/Spijt

| | |
|---|---|
| Entschuldigung! | Neemt U mij niet kwalijk. [ˈneːmt y mɛi nit ˈkwaːlək] |
| Ich muß mich entschuldigen. | Ik moet me verontschuldigen. [ɪk ˈmut mə vərɔntˈsxʌldəxən] |
| Das tut mir leid. | Dat spijt me. [dɑt ˈspɛit mə] |
| Es war nicht so gemeint. | Het was niet zo bedoeld. [ət ˈwas nit zo bəˈdult] |
| Schade! | Jammer! [ˈjamər] |
| Es ist leider nicht möglich. | Het is jammer genoeg niet mogelijk. [ət ɪs ˈjamər xəˈnux nit moˈxələk] |
| Vielleicht ein andermal. | Misschien een andere keer. [mɪˈsxin ən ˈandərə keːr] |

---

## Glückwunsch
## Felicitatie

| | |
|---|---|
| Herzlichen Glückwunsch! | Hartelijk gefeliciteerd. [ˈhartələk xəfeˈlisiteːrt] |
| Alles Gute! | Het beste! [ət ˈbɛstə] |
| Alles Gute zum Geburtstag/Namenstag! | Gefeliciteerd met je verjaardag/naamdag! [xəfeˈlisiˈteːrt mɛt jə vərˈjaːrdax/ˈnaːmdax] |
| Viel Erfolg! | Succes! [sykˈsɛs] |
| Viel Glück! | Veel geluk! [veːl xəˈlʌk] |

Gute Besserung!

Beterschap! [ˈbeːtərsxɑp]

Schöne Feiertage!

Prettige feestdagen!
[ˈprɛtəxə ˈfeːsdaːxən]

Frohe Weihnachten/
Ostern!

Vrolijk Kerstfeest!/Prettige Kerstda-
gen! [ˈvroːlək ˈkɛrstfeːst/ˈprɛtəxə
ˈkɛrstdaːxən]

---

## Verständigungsschwierigkeiten

### Moeilijkheden bij het zich verstaanbaar maken

Wie bitte?

Wat zegt U? [ˈwɑt ˈzɛxt yˈ]

Ich verstehe Sie/dich
nicht. Bitte, wiederholen
Sie/wiederhole es.

Ik begrijp U/je niet. Wilt U/Wil je het
alstublieft herhalen? [ɪk bəˈxrɛip y/jə nit.
ˈwɪlt y/ˈwɪl jə ət alstyˈblift hɛrˈhaːlən]

Bitte sprechen Sie/sprich
etwas langsamer/lauter.

Wilt U/Wil je alstublieft iets langza-
mer/harder spreken. [ˈwɪlt y/ˈwɪl jə
alstyˈblift its ˈlɑŋsaːmər/ˈhardər ˈspreːkən]

Ich verstehe/habe ver-
standen.

Ik begrijp het/heb het begrepen.
[ɪk bəˈxrɛip ət/hɛp ət bəxreːpən]

Sprechen Sie/Sprichst
du …
  Deutsch?
  Englisch?
  Französisch?

Spreekt U/Spreek je …
[ˈspreːkt y/spreːk jə]
  Duits? [ˈdœits]
  Engels? [ˈɛŋəls]
  Frans? [ˈfrɑns]

Ich spreche nur wenig …

Ik spreek alleen maar 'n beetje …
[ɪk spreːk aˈleːn maːr ən ˈbeːcə]

Was heißt … auf nieder-
ländisch?

Wat is … in het Nederlands?
[ˈwɑt ɪs … ɪn ət ˈneːdərlɑns]

Was bedeutet das?

Wat betekent dat? [wɑt bəˈteːkənt dɑt]

Wie spricht man dieses
Wort aus?

Hoe spreek je dit woord uit?
[ˈhu spreːk jə ˈdɪt ˈwoːrt œit]

Schreiben Sie/Schreibe
es mir bitte auf!

Wilt U/Wil je het alstublieft voor me
opschrijven? [ˈwɪlt y/wɪl jə ət alstyˈblift
ˈvoːr mə ˈɔpsxrɛivən]

Buchstabieren Sie/Buch-
stabiere es bitte!

Wilt U/Wil je het alstublieft spellen?
[ˈwɪlt y/wɪl jə ət alstyˈblift ˈspɛlən]

## Meinungsäußerung
### Meningsuiting

| | |
|---|---|
| Das gefällt mir (nicht). | Dat staat mij (niet) aan. [dat staːt mɛi (nit) ˈaːn] |
| Ich möchte lieber … | Ik hou meer van … [ˈɪk hɔu ˈmeːr van] |
| Am liebsten wäre mir … | Het liefst had ik … [ət lifst hat ɪk] |
| Das wäre nett. | Dat is aardig. [dat ɪs ˈaːrdəx] |
| Mit Vergnügen. | Met plezier. [mɛt pləˈziːr] |
| Prima! | Prima! [ˈprimaː] |
| Ich habe keine Lust dazu. | Daar heb ik geen zin in. [ˈdaːr hɛp ɪk xeːn ˈzɪn ɪn] |
| Ich will nicht. | Dat wil ik niet./Ik wil niet. [ˈdat ˈwɪl ɪk nit/ɪk ˈwɪl nit] |
| Das kommt nicht in Frage. | (Daar is) Geen sprake van! [(ˈdaːr ɪs) xeːn ˈspraːkə van] |
| Auf gar keinen Fall. | In geen geval. [ɪŋ ˈxeːŋ xəˈval] |
| Ich weiß noch nicht. | Ik weet het nog niet. [ɪk ˈweːt ət nɔx nit] |
| Vielleicht. | Misschien. [mɪˈsxin] |
| Wahrscheinlich. | Naar alle waarschijnlijkheid. [naːr ˈalə waːrˈsxɛinləkhɛit] |

## Angaben zur Person
### Personalia

| Alter | Leeftijd |
|---|---|
| Wie alt sind Sie/bist du? | Hoe oud bent U/ben je? [hu ˈɔut ˈbɛnt y/bɛn jə] |
| Ich bin 39. | Ik ben negenendertig. [ɪk bɛn ˈneːxənɛnˈdɛrtəx] |
| Wann haben Sie/hast du Geburtstag? | Wanneer bent U/ben je jarig? [waˈneːr bɛnt y/bɛn jə ˈjaːrəx] |
| Ich bin am 12. April 1954 geboren. | Ik ben op twaalf april negentienvierenvijftig geboren. [ɪk bɛn ɔp ˈtwaːlf aˈprɪl neːxəntinˈviːrɛnviftəx xəˈboːrən] |

## Beruf/Studium/Ausbildung

## Beroep/Studie/Opleiding

Was machen Sie/machst du beruflich?
Wat bent U/ben je van beroep?
['wat 'bɛnt y/bɛn jə van bə'rup]

Ich bin Arbeiter/in.
Ik ben arbeider/arbeidster.
[ɪk bɛn 'arbɛit(st)ər]

Ich bin Angestellte/r.
Ik ben beambte. [ɪk bɛn bə'amtə]

Ich bin Beamter/Beamtin.
Ik ben ambtenaar/ambtenares.
['ɪk bɛn 'amtənaː'r(ɛs)]

Ich bin Freiberufler.
Ik heb een vrij beroep.
[ɪk 'hɛp ən 'vrɛi bə'rup]

Ich bin Rentner/in.
Ik ben met pensioen.
[ɪk 'bɛn mɛt pɛn'ʃun]

Ich bin arbeitslos.
Ik ben werk(e)loos. [ɪk bɛn 'wɛrkəloːs]

Ich arbeite bei …
Ik werk bij … [ɪk wɛrk bɛi]

Ich gehe noch zur Schule.
Ik zit nog op school.
[ɪk 'sɪt nɔx ɔp 'sxoːl]

Ich gehe ins Gymnasium.
Ik zit op het gymnasium.
[ɪk sɪt ɔp ət xɪm'naːsijəm]

Ich bin Student/in.
Ik ben student/studente.
[ɪk bɛn sty'dɛnt(ə)]

Wo/Was studieren Sie/studierst du?
Waar/Wat studeert U/studeer je?
[waːr/wat sty'deːrt y/sty'deːr jə]

Ich studiere … in Leiden.
Ik studeer … in Leiden.
[ɪk sty'deːr … ɪn 'lɛidən]

Was für Hobbies haben Sie/hast du?
Wat voor een hobby heeft U/heb je?
[wat foːr ən 'hɔbi heːft y/hɛp jə]

## Wortliste Berufe/Studium/Ausbildung

Altenpfleger/in
bejaardenverzorger/bejaardenverzorgster [bə'jaːrdəvər'zɔrx(st)ər]

Angestellte/r
beambte [bə'amtə]

Anglistik
anglistiek, Engels [aŋxlɪ'stik, ɛŋəls]

Apotheker/in
apotheker [aːpoː'teːkər]

Arbeiter/in
arbeider/arbeidster ['arbɛid(st)ər]

| | |
|---|---|
| Archäologie | archeologie [ɑrxeːjoːloːˈxi] |
| Architekt/in | architekt/e [ɑrxiˈtɛkt(ə)] |
| Architektur | architektuur [ɑrxitɛkˈtyːr] |
| Arzt/Ärztin | dokter, arts [ˈdɔːktər, arts] |
| Arzthelfer/in | doktersassistent/e [ˈdɔktərsasistɛnt(ə)] |
| Auszubildende/r | leerling/e [leːrlɪŋ(ə)] |
| Automechaniker | automonteur [ˈoːtoːmɔntøːr] |
| Bäcker/in | bakker [ˈbakər] |
| Beamter/Beamtin | ambtenaar/ambtenares [ˈamtənaːr/amtnaˈrɛs] |
| Berufsschule | vakschool [ˈvaksxoːl] |
| Betriebswirt/in | bedrijfseconoom/bedrijfseconome [bəˈdrɛifseːkoːˈnoːm(ə)] |
| Betriebswirtschaft | bedrijfseconomie [bəˈdrɛifseːkoːnoːˈmi] |
| Bibliothekar/in | bibliothecaris/bibliothecaresse [biblijoteːˈkarɪs/biblijoteːkaˈrɛsə] |
| Biologe/in | bioloog/e [bijoːˈloːx(ə)] |
| Biologie | biologie [bioːloːˈxi] |
| Briefträger/in | postbode [ˈpɔstboːdə] |
| Buchhalter/in | boekhouder/boekhoudster [ˈbukhɔud(st)ər] |
| Buchhändler/in | boekhandelaar/boekhandelares [ˈbukhandəlaːˈr/ˈbukhandəlaːˈrɛs] |
| Chemie | scheikunde, chemie [ˈsxɛikəndə, xeːˈmi] |
| Chemiker/in | chemicus [ˈxeːmikʌs] |
| Dachdecker/in | dakdekker/dakdekster [ˈdakdɛk(st)ər] |
| Datentypist/in | datatypist/e [ˈdaːtaːtiˈpɪst(ə)] |
| Dekorateur/in | decorateur/decoratrice [deːkɔraˈtʌːr/deːkɔraˈtrisə] |
| Designer/in | designer [diˈzaːinər] |
| Dolmetscher/in | tolk [tɔlk] |
| Dozent/in | docent/e [doːˈsɛnt(ə)] |
| Drogist/in | drogist/e [droːˈxɪst(ə)] |
| EDV-Fachmann/frau | computerdeskundige [kɔmˈpjutərdɛsˈkʌndəxə] |
| Eisenbahner/in | spoorwegman/spoorwegvrouw [ˈspoːrwɛxman/spoːrwɛxfrɔu] |
| Elektriker/in | elektricien/ne [eːlɛktriˈʃɛː/eːlɛktriˈʃɛn] |
| Erzieher/in *(Kindergarten)* | kleuterleider/kleuterleidster [ˈkløːtərlɛit(st)ər] |
| Facharbeiter/in | vakwerker/vakwerkster [ˈvakwɛrk(st)ər] |
| Fahrlehrer/in | rijinstructeur/rijinstructrice [ˈrɛiɪnstrʌktʌːr/ˈrɛiɪnstrʌkˈtrisə] |

| | |
|---|---|
| Fischer | visser [ˈvisər] |
| Florist/in | florist/e [flɔˈrɪst(ə)] |
| Förster/in | boswachter/es [ˈbɔswaxtər/ˈbɔswaxtəˈrɛs] |
| Fotograf/in | fotograaf/fotografe [foːtoːˈxraːf(ə)] |
| Friseur, Friseuse | kapper/kapster, coiffeur/coiffeuse [ˈkap(st)ər, kwaˈfʌːr/kwaˈføːzə] |
| Gärtner/in | tuinier/ster [tœiˈniːr(stər)] |
| Gastwirt/in | gastronoom/gastronome, waard/in [xastroːˈnoːm(ə), waːrt/waːrˈdɪn] |
| Geographie | aardrijkskunde, geografie [ˈaːrtrɛikskəndə, xeːjoːxraːˈfi] |
| Geologie | geologie [xeːjoːloːˈxi] |
| Germanistik | germanistiek, duits [xɛrmaːnɪsˈtik, dœits] |
| Geschäftsführer/in | bedrijfsleider/bedrijfsleidster [bəˈdrɛifslɛid(st)ər] |
| Geschichte | geschiedenis [xəˈsxidənɪs] |
| Glasbläser | glasblazer [ˈxlasblaːzər] |
| Glaser | glazenmaker [ˈxlaːzəmaːkər] |
| Handelsschule | handelsschool [ˈhandəlsxoːl] |
| Handwerker/in | ambachtsman/ambachtsvrouw [ˈambaxsman/ˈambaxsfrɔu] |

| | |
|---|---|
| Haus\|frau | huisvrouw [ˈhœisfrɔuw] |
| ~mann | huisman [ˈhœisman] |
| ~meister/in | concierge [kɔnˈʃɛrʒə] |
| Hebamme | vroedvrouw [ˈvrutfrɔuw] |
| Heilpraktiker | praktizijn [praktizɛin] |
| Hochschule | hogeschool [hoːxəˈsxoːl] |
| Informatik | informatica [ɪnfɔrˈmaːtikaː] |
| Ingenieur/in | ingenieur [ɪnʒənˈjʌːr] |
| Installateur/in | loodgieter [loːtxitər] |
| Institut | instituut n [ɪnstiˈtyt] |
| Journalist/in | journalist/e [ʒuːrnaːˈlɪst(ə)] |
| Jura | rechten [ˈrɛxtən] |
| Juwelier | juwelier [jywəˈliːr] |
| Kassierer/in | kassier [kaˈsir] |
| Kaufmann/frau | koopman/koopvrouw [ˈkoːpman/ˈkoːpvrɔu] |
| Kellner/in | kelner/in [ˈkɛlnər(ˈɪn)] |
| Koch/Köchin | kok/kokkin [ˈkɔk, kɔˈkɪn] |
| Konditor/in | banketbakker/banketbakster [baŋˈkɛtbak(st)ər] |
| Kraftfahr\|er/in | vrachtwagenchauffeur/vrachtwagen-chauffeuse [ˈvraxtwaːxənsjoˈfʌːr/ vraxtwaːxənsjoˈføːzə] |
| ~zeugmechaniker/in | automonteur/automontrice [ˈoːtoːmɔntʌːr/ˈoːtoːmɔntrisə] |
| Kranken\|gymnast/in | fysiotherapeut/e [ˈfisijoːteːraˈpøːt(ə)] |
| ~pfleger | verpleger [vərˈpleːxər] |
| ~schwester | verpleegster [vərˈpleːxstər] |
| Künstler/in | kunstenaar/kunstenares [ˈkʌnstənaːr/ˈkʌnstənaˈrɛs] |
| Kunst\|akademie | academie voor beeldende kunsten, kunstacademie [akaːdeːˈmi voːr ˈbeːldəndə ˈkʌnstən, ˈkʌnstakaːdeːˈmi] |
| ~geschichte | kunstgeschiedenis [ˈkʌnstxəsxidənɪs] |
| Laborant/in | laborant/e [laːbɔˈrant(ə)] |
| Landwirt/in | boer/in, landbouwer [buˈr(ɪn), ˈlandbɔuwər] |
| Lehrer/in | leraar/lerares [ˈleːraːr/leːraːˈrɛs] |
| Lehrling | leerling/e [ˈleːrlɪŋ(ə)] |
| Leiter/in | leider/leidster, chef/cheffin, directeur [ˈlidər/ˈlɛitster, ʃɛf/ʃɛˈfɪn, dirɛktʌːr] |
| Makler/in | makelaar [ˈmaːkəlaːr] |
| Maler/in | schilder/es [ˈsxɪldər(ɛs)] |
| Mannequin | (f) mannequin [manəkɛ̄ː] (m) model [moːˈdɛl] |

| | |
|---|---|
| Maschinenbau | machinebouw [maˈʃinəbɔuw] |
| Masseur/in | masseur/masseuse [maˈsʌːr/maˈsøːzə] |
| Mathematik | wiskunde [ˈwɪskəndə] |
| Matrose | matroos [maˈtroːs] |
| Maurer | metselaar [ˈmɛtsəlaːr] |
| Mechaniker/in | monteur/montrice, werktuigkundige [mɔnˈtʌːr/mɔnˈtrisə, wɛrktœixˈkʌndəxə] |
| Medizin | medicijnen [meːdiˈsɛinən] |
| Meteorologe/in | weerman/weervrouw [weːrˈman/weːrvrɔu] |
| Metzger/in | slager [ˈslaːxər] |
| Monteur | monteur [mɔnˈtʌːr] |
| Musik | muziek [myˈzik] |
| Musiker/in | musicus/musicienne [ˈmyzikəs/mysiˈʃɛn] |
| Notar/in | notaris [noːˈtaːrɪs] |
| Optiker/in | opticien [ɔptiˈʃɛː] |
| Pfarrer/in | (ev.) dominee, predikant [ˈdoːmineː, preːdiˈkant] (kath.) pastoor [pasˈtoːr] |
| Pförtner/in | portier [pɔrˈtir] |
| Pharmazie | farmacie [farmaˈsi] |
| Philosophie | filosofie [filoˈsoːfi] |
| Physik | natuurkunde [naːˈtyːrkəndə] |
| Physiker/in | fysicus [ˈfisikəs] |
| Pilot/in | piloot/pilote [piˈloːt(ə)] |
| Politikwissenschaft | politicologie [poːlitikoˈloːxi] |
| Polizist/in | politieagent/e [poːˈlitsiaˈxɛnt(ə)] |
| Postbeamter/beamtin | postbeambte [ˈpɔstbəamtə] |
| Professor/in | professor, hoogleraar [proːˈfɛsɔr, hoːxˈleːraːr] |
| Psychologe/in | psycholoog/psychologe [psixoˈloːx(ə)] |
| Psychologie | psychologie [psixoloːˈxi] |
| Rechtsanwalt/anwältin | advocaat/advocate [atfoˈkaːt(ə)] |
| Redakteur/in | redacteur/redactrice [reːdakˈtʌːr/reːdakˈtrisə] |
| Reiseleiter/in | reisleider/reisleidster [ˈrɛislɛid/(st)ər] |
| Rentner/in | met pensioen [mɛt pɛnˈʃun] |
| Restaurator/in | restaurateur/restauratrice [rɛstoːraˈtʌːr/rɛstoːraˈtrisə] |
| Richter/in | rechter [ˈrɛxtər] |
| Romanistik | romanistiek, romaanse talen [roːˈmaːnɪsˈtɪk, roːˈmaːnsə taːlən] |
| Sachbearbeiter/in | administratief medewerk(st)er [atministraːˈtif ˈmeːdəwɛrk(st)ər] |

| | |
|---|---|
| Schauspieler/in | acteur/actrice [ɑkˈtʌːr/ɑkˈtrisə] |
| Schlosser/in | monteur [mɔnˈtʌːr] |
| | bankwerker [ˈbɑŋkwɛrkər] |
| Schneider/in | kleermaker/modiste [ˈkleːrmɑːkər/moːˈdɪstə] |
| Schreiner/in | schrijnwerker/schrijnwerkster [sxrɛinwɛrk(st)ər] |
| Schriftsteller/in | auteur, schrijfster [oːˈtʌːr, ˈsxrɛifstər] |
| Schuhmacher/in | schoenmaker/schoenmaakster [ˈsxunmɑːk(st)ər] |
| Schule | school [sxoːl] |
| Gesamtschule | middenschool [ˈmɪdəsxoːl] |
| Grundschule | basisschool, lagere school [ˈbɑːsɪsxoːl, ˈlaːxərə sxoːl] |
| Gymnasium | vwo *n*, atheneum *n*, gymnasium *n* [veːweːˈoː, aːtəˈneːəm, xɪmˈnaːsijəm] |
| Hauptschule | mavo [ˈmaːvoː] |
| Realschule | havo [ˈhaːvoː] |
| Sekundarstufe I/II | voortgezet onderwijs *n* [ˈvoːrtxəzɛt ˈɔndərwɛis] |
| Schüler/in | leerling/e [ˈleːrlɪŋ(ə)] |
| Sekretär/in | secretaris/secretaresse [sɪkrəˈtaːrɪs/sɪkrətaˈrɛsə] |
| Slawistik | slavistiek [slaˈvɪˈstik] |
| Sozialarbeiter/in | sociaal werk(st)er [soːˈʃɑːl wɛrk(st)ər] |
| Soziologie | sociologie [soːʃoˈloːˈxi] |
| Steuerberater/in | belastingadviseur/belastingadviseuse [bəˈlastɪŋatfizʌːr/bəˈlastɪŋatfiˈsøːsə] |
| Steward/ess | steward/ess [ˈscuwərt/scuwarˈdɛs] |
| Student/in | student/e [styˈdɛnt(ə)] |
| Studienfach | studievak *n* [ˈstydivak] |
| Studium | studie [ˈstydi] |
| Taxifahrer/in | taxichauffeur/taxichauffeuse [ˈtaksiʃoːˈfʌːr, ˈtaksiʃoːˈføːzə] |
| Techniker/in | technicus [ˈtɛxnikəs] |
| Technische Hochschule | Technische Hogeschool [ˈtɛxnisə hoːxəˈsxoːl] |
| Technische(r) Zeichner/in | technisch tekenaar/tekenares [ˈtɛxnis ˈteːkəna ːr/teːkənaːˈrɛs] |
| Theaterwissenschaft | theaterwetenschap [teːˈjaːtərweːtəsxap] |
| Theologie | theologie [teːjoˈloːˈxi] |
| Therapeut/in | therapeut/e [teːraˈpœiːt(ə)] |
| Tierarzt/ärztin | dierenarts [ˈdiːrənarts] |
| Übersetzer/in | vertaler/vertaalster [vərˈtaːl(st)ər] |

| | |
|---|---|
| Uhrmacher/in | horlogemaker/horlogemaakster [hɔrˈloːʒəmaːk(st)ər] |
| Umweltbeauftragte/r | milieuwachter [mɪlˈjøːwɑxtər] |
| Universität | universiteit [ynivɛrsiˈtɛit] |
| Verkäufer/in | verkoper/verkoopster [vərˈkoːp(st)ər] |
| Vertreter/in | vertegenwoordiger/vertegenwoor-digster [vərteːxəˈwoːrdəx(st)ər] |
| Vorlesungen | colleges [kɔˈleːʒəs] |
| Werkzeugmacher/in | gereedschapsmaker/gereedschaps-maakster [xəˈreːtsxɑpsmaːk(st)ər] |
| Wirtschafts|prüfer/in | accountant [ʌˈkountənt] |
| ~wissenschaftler/in | econoom/econome [eːkoːˈnoːm(ə)] |
| Wissenschaftler/in | wetenschapper [ˈweːtənsxɑpər] |
| Zahnarzt/ärztin | tandarts [ˈtɑntarts] |
| Zahntechniker/in | tandtechnicus [ˈtɑntɛxnikəs] |
| Zimmermann | timmerman [ˈtɪmərmɑn] |

**3** **Unterwegs**
Op reis

## Ortsangaben
### Plaatsvermeldingen

| | |
|---|---|
| links | links [lɪŋks] |
| rechts | rechts [rɛxs] |
| geradeaus | rechtdoor [rɛxˈdoːr] |
| vor | voor [voːr] |
| hinter | achter [ˈɑxtər] |
| neben | naast [naːst] |
| gegenüber | tegenover [teːxənˈoːvər] |
| hier | hier [ˈhiːr] |
| dort | daar [daːr] |
| nah | dichtbij [dɪxˈbɛi/dɪxtˈbɛi] |
| weit | ver [vɛr] |
| nach | naar [ˈnaːr] |
| Straße | straat [straːt] |
| Kreuzung | kruispunt [ˈkrœispʌnt] |
| Kurve | bocht [bɔxt] |

## Auto/Motorrad/Fahrrad
### Auto/Motor/Fiets

**Auskunft**

**Inlichtingen**

Entschuldigung, wie komme ich bitte nach …?

Hoe rijd ik naar …?
[ˈhu ˈrɛit ɪk ˈnaːr]

Können Sie mir die Strecke/das auf der Karte zeigen?

Kunt U mij alstublieft de route/dat op de kaart aanwijzen?
[ˈkʌnt y mɛi alstyˈblift də ˈrutə/dat ɔp də ˈkaːrt ˈaːnwɛizən]

Wie weit ist das?

Hoe ver is dat? [hu ˈvɛr ɪs ˈdat]

Mit dem Fahrrad benötigt man 1 Stunde.

Het is een uur fietsen.
[ət ɪs ən ˈyːr ˈfitsən]

# Hinweise und Informationen

| | |
|---|---|
| **Alleen bussen** | Nur Busse |
| **Douane** | Zoll |
| **Eenrichtingsverkeer** | Einbahnstraße |
| **EHBO (eerste hulp bij ongelukken)** | Erste Hilfe |
| **Einde snelweg** | Ende der Schnellstraße |
| **Fietsers oversteken** | Radfahrer kreuzen |
| **Fietspad** | Radweg |
| **Gevaarlijke bocht** | Gefährliche Kurve |
| **Inhalen verboden** | Überholverbot |
| **Kruisweg** | Kreuzung |
| **Let op** | Achtung |
| **Onbewaakte overweg** | Unbeschrankter Bahnübergang |
| **Parkeerschijf verplicht** | Parken nur mit Parkscheibe |
| **Parkeren beperkt** | Eingeschränktes Halteverbot |
| **Rechts houden** | Rechts fahren |
| **Rondgaand verkeer** | Kreisverkehr |
| **Slecht wegdek** | Schlechte Straße |
| **Slipgevaar** | Rutschgefahr |
| **Tweerichtingsverkeer** | Gegenverkehr |
| **Uitgezonderd (brom)fietsers** | Ausgenommen Fahrräder/ Mopeds |
| **Verkeerslichten** | Ampel |
| **Voorrang verlenen** | Vorfahrt beachten |
| **Voorsorteren** | Rechtzeitig einordnen |
| **Wandelpad** | Spazier-/Wanderweg |
| **Wegversmalling** | Straßenverengung |
| **Wegomlegging** | Umleitung |
| **Werk in uitvoering** | Bauarbeiten |
| **Zachte berm** | Unbefestigter Seitenstreifen |
| **Ziekenhuis** | Krankenhaus |

Bitte, ist das die Straße nach …?

Pardon, is dat de weg naar …?
[par'dɔn, is 'dat də 'wɛx na:r]

Wie komme ich zur Autobahn nach …?

Hoe kom ik op de snelweg naar …?
['hu 'kɔm ɪk ɔp də 'snɛlwɛx na:r]

Immer geradeaus bis … Dann …
   bei der Ampel
   an der nächsten Ecke

Steeds maar rechtdoor tot … Dan …
['ste:ts ma:r rɛx'do:r tɔt … dan …]
   bij het stoplicht [bɛi ət 'stɔplɪxt]
   bij de volgende hoek
   [bɛi də 'vɔlxəndə huk]

links/rechts abbiegen.

links/rechts afslaan.
['lɪŋks/'rɛxs 'afsla:n]

Folgen Sie den Schildern.

Volg de borden./Houd de route aan die aangegeven wordt. [vɔlx də 'bɔrdən/ hou də 'rutə a:n di 'a:ŋxəxe:vən wɔrt]

Gibt es auch eine wenig befahrene Straße nach …?

Is er ook een niet zo drukke straat?
[ɪs ər o:k ən 'nit zo: 'drʌkə 'stra:t]

Dieser Weg ist mit dem Fahrrad gut zu befahren.

Deze weg fietst lekker.
[de:zə 'wɛx 'fitst 'lɛkər]

Sie sind hier falsch.
Sie müssen zurückfahren bis …

U bent hier verkeerd.
U moet terugrijden tot …
[y 'bɛnt hi:r vər'ke:rt. y mut 'trʌxrɛidən tɔt]

## An der Tankstelle

## Bij het pompstation

Wo ist bitte die nächste Tankstelle?

Waar is het dichtstbijzijnde pompstation?
[wa:r is ət 'dɪxst'bɛizɛində 'pɔmpsta:ʃɔn]

Ich möchte … Liter …
   Normalbenzin.
   Gas.
   Super.
   Diesel.
   … bleifrei/verbleit/mit
   … Oktan.

Ik wil graag … liter [ɪk wɪl xra:x … 'liter]
   gewone benzine. [xə'wo:nə bɛn'zinə]
   gas. [xas]
   super. ['syper]
   diesel. ['dizəl]
   loodvrij/verlood/met … octaan.
   [lo:t'vrɛi/vər'lo:t/mɛt … ɔk'ta:n]

Super bitte, für 20 Gulden.

Voor twintig gulden super, alstublieft.
[vo:r 'twɪntəx 'xʌldən 'syper, alsty'blift]

Volltanken, bitte.

Vol, alstublieft. ['vol, alsty'blift]

Prüfen Sie bitte …

Controleert U alstublieft …
[kɔntrɔˈleːrt y alstyˈblift]

  den Ölstand.
  den Reifendruck.

  het oliepeil. [ət ˈoːlipɛil]
  de bandenspanning.
  [də ˈbandəspanɪŋ]

Sehen Sie bitte auch das Kühlwasser nach.

Wilt U alstublieft ook het koelwater controleren? [ˈwɪlt y alstyˈblift oːk ət ˈkuːlwaːtər kɔntrɔˈleːrən]

Könnten Sie mir einen Ölwechsel machen?

Kunt U de olie verversen?
[ˈkʌnt y də ˈoːli vərˈvɛrsən]

Ich möchte den Wagen waschen lassen.

Ik wil de wagen graag laten wassen. [ɪk ˈwɪl də ˈwaːxən ˈxraːx ˈlaːtən ˈwasən]

Ich möchte eine Straßenkarte dieser Gegend, bitte.

Ik had graag een wegenkaart van deze streek. [ɪk hat ˈxraːx ən ˈweːxəkaːrt van deːzə streːk]

Wo sind bitte die Toiletten?

Kunt U me zeggen waar de W.C.'s zijn?
[kʌnt y mə ˈzɛxən waːr də weːˈseːs zɛin]

## Parken

## Parkeren

Gibt es hier in der Nähe eine Parkmöglichkeit?

Is hier in de buurt een parkeergelegenheid? [ɪs ˈhiːr ɪn də ˈbyːrt ən parˈkeːrxələˈgənhɛit]

Wo finde ich …
  einen (bewachten) Fahrradabstellplatz?
  einen Fahrradständer?

Waar is … [waːr ɪs]
  een fietsenstalling (oder bewaking)?
  [ən ˈfitsənstaˈlɪŋ (ˈɔndeər bewaːkɪŋ)]
  een fietsenrek? [ən ˈfitsərɛk]

Kann ich den Wagen hier abstellen?

Kan ik de auto hier neerzetten?
[ˈkan ɪk də ˈɔutoː hiːr ˈneːrzɛtən]

Könnten Sie mir 25 cent/einen Gulden für die Parkuhr wechseln?

Kunt U alstublieft een kwartje/gulden voor de parkeermeter wisselen?
[kʌnt y alstyˈblift ən ˈkwartjə/ˈxʌldən voːr də parˈkeːrmeːtər ˈwɪsələn]

Ist der Parkplatz bewacht?

Wordt de parkeerplaats bewaakt?
[wɔrt də parˈkeːrplaːts bəˈwaːkt]

● Wir sind leider voll besetzt.

We zijn helaas helemaal bezet.
[wə zɛin heːˈlaːs ˈheːləmaːl bəˈzɛt]

| | |
|---|---|
| Wie lange kann ich hier parken? | Hoe lang kan ik hier parkeren? ['hu 'laŋ kan ɪk hi:r par'ke:rən] |
| Wie hoch ist die Parkgebühr pro … | Hoe hoog is het parkeergeld per … ['hu 'ho:x ɪs ət par'ke:rxɛlt pɛr] |
| Stunde? | uur? ['y:r] |
| Tag? | dag? ['dɑx] |
| Nacht? | nacht? ['nɑxt] |
| Ist das Parkhaus die ganze Nacht geöffnet? | Is de parkeergarage de hele nacht open ? [ɪs də par'ke:rxɑra:ʒə də 'he:lə nɑxt 'o:pən] |

## Eine Panne                          Pech

| | |
|---|---|
| Ich habe eine Panne/ einen Platten. | Ik heb pech/een lekke band. [ɪk hɛp 'pɛx/ən 'lɛkə 'bɑnt] |
| Würden Sie bitte den Pannendienst anrufen? | Wilt U alstublieft de wegenwacht bellen? ['wɪlt y ɑlsty'blift də 'we:xəwɑxt 'bɛlən] |
| Meine Auto-/Motorradnummer ist … | Mijn kenteken is … [mɛin 'kɛnte:kən ɪs] |
| Würden Sie mir bitte einen Mechaniker/den Abschleppdienst schicken? | Wilt U mij alstublieft een monteur/de sleepdienst/takeldienst sturen? ['wɪlt y mɛi ɑlsty'blift ən mɔn'tʌ:r/də 'sle:pdinst/'ta:kəldinst 'sty:rən] |
| Könnten Sie mir mit Benzin aushelfen? | Kunt U mij met benzine uit de nood helpen? ['kʌnt y mɛi mɛt bɛn'zinə œit də 'no:t hɛlpən] |
| Könnten Sie mir beim Reifenwechsel helfen? | Kunt U mij helpen bij het (ver)wisselen van de band? ['kʌnt y mɛi 'hɛlpən bɛi ət (vər)'wɪsələn vɑn də 'bɑnt] |
| Würden Sie mich bis zur nächsten Werkstatt/ Tankstelle abschleppen? | Zoudt U mij tot de eerstvolgende garage/het eerstvolgende pompstation kunnen slepen? ['zɔut y mɛi tɔt də 'e:rstvɔlxəndə xɑ:'ra:ʒə/ət 'e:rstvɔlxəndə 'pɔmpsta:ʃɔn kʌnən 'sle:pən] |

## In der Werkstatt

## In de garage

Wo ist hier in der Nähe eine Werkstatt?

Waar is hier in de buurt een garage?
[ˈwaːr ɪs ˈhiːr ɪn də ˈbyːrt ən ɡaˈraːʒə]

Wo finde ich eine Fahrradreparatur?

Waar is een fietsenmaker? [waːr ɪs ən ˈfitsəmaːkər]

Mein Wagen springt nicht an.

Mijn wagen slaat niet aan.
[mɛin ˈwaːxən ˈslaːt nit ˈaːn]

Ich weiß nicht, woran es liegt.

Ik weet niet wat er aan mankeert
[ɪk weːt nit wat ər aːn maŋˈkeːrt]

Können Sie mit mir kommen/mich abschleppen?

Kunt U me begeleiden/wegslepen?
[kʌnt y mə bəxəˈlɛidən/wɛxsleːpən]

Mit der dem Motor stimmt was nicht.

Met de motor klopt iets niet.
[mɛt də ˈmoːtər ˈklɔpt its nit]

Die Bremsen funktionieren nicht.

De remmen doen het niet.
[də ˈrɛmən dun ət ˈnit]

… ist/sind defekt.

… is/zijn kapot. [ɪs/zɛin kaːˈpɔt]

Der Wagen verliert Öl.

Er druppelt olie uit de motor.
[ɛr ˈdrʌpəlt ˈoːli œit də ˈmoːtər]

Können Sie mal nachsehen?

Kunt U het even nakijken?
[ˈkʌnt y ət ˈeːvən ˈnaːkɛikən]

Wechseln Sie bitte die Zündkerzen aus.

Ik had graag nieuwe bougies.
[ɪk hat ˈxraːx ˈniːwə buˈʒis]

Haben Sie (Original-)Ersatzteile für diesen Wagen?

Heeft U (originele) onderdelen voor deze auto? [heːft y (ɔriʒiˈneːlə) ˈɔndərdeːlən voːr deːzə ˈɔutoː]

Machen Sie bitte nur die nötigsten Reparaturen.

Repareert U alstublieft alleen het allernoodzakelijkste.
[reːpaːˈreːrt y alstyˈbliːft aˈleːn ət alərnoːtˈsaːkələkstə]

Wann ist der Wagen/das Motorrad fertig?

Wanneer is de wagen/de motor klaar?
[waˈneːr ɪs də ˈwaːxən/də moːtər ˈklaːr]

Was wird es kosten?

Hoeveel zal het gaan kosten?
[ˈhuveːl zal ət xaːn ˈkɔstən]

## Verkehrsunfall

### Verkeersongeluk

Es ist ein Unfall passiert.

Er is een ongeluk gebeurd.
[ɛr ɪs ən 'ɔŋxəlʌk xə'bʌ:rt]

Rufen Sie bitte schnell …
   einen Krankenwagen.
   die Polizei.
   die Feuerwehr.

Belt U direkt … ['bɛlt y di'rɛkt]
   een ziekenwagen. [ən 'zikəwa:xən]
   de politie. [də po'litsi/po:'lisi]
   de brandweer. [də 'brantwe:r]

Können Sie sich um die
Verletzten kümmern?

Kunt U zich met de gewonden bezig-
houden? [kʌnt y zɪx mɛd də xə'wɔndən
'be:zəxɔudən]

Haben Sie Verbands-
zeug?

Heeft U verbandmiddelen?
['he:ft y vər'bantmɪdələn]

Es war meine/Ihre
Schuld.

Het was mijn/Uw schuld.
[ət wɑs 'mɛin/yw 'sxʌlt]

Sie haben …
   die Vorfahrt nicht be-
   achtet.
   die Kurve geschnitten.

   die Fahrspur gewech-
   selt, ohne zu blinken.

U hebt … [y 'hɛpt]
   geen voorrang verleend.
   [xe:n 'vo:raŋ vər'le:nt]
   de bocht afgesneden.
   [də 'bɔxt 'ɑfxəsne:dən]
   zonder te knipperen de rijstrook ver-
   anderd. ['zɔndər tə 'knɪpərən də
   'rɛistro:k vər'andərt]

Sie sind zu schnell gefahren.

U hebt te snel gereden.
[y hɛpt tə 'snɛl xə're:dən]

Sie sind zu dicht auf-
gefahren.

U bent te dicht opgereden.
[y bɛnt tə dɪxt 'ɔpxəre:dən]

Sie sind bei Rot über die
Kreuzung.

U reed bij rood licht over het kruispunt.
[y re:t bɛi 'ro:t lɪxt 'o:vər ət 'krœispʌnt]

Ich bin … km/h gefah-
ren.

Ik heb … kilometer per uur gereden.
[ɪk hɛp … 'kilo:me:tər pɛr y:r xəre:dən]

*Die Höchstgeschwindigkeit beträgt in den Niederlanden in
geschlossenen Ortschaften 50 km/h (Mopeds 30 km/h), auf
Landstraßen 80 km/h (Mopeds 40 km/h), auf Autostraßen und
Autobahnen 100 km/h. Auf den Vorder- und Rücksitzen besteht
Anschnallpflicht.*

Gilt nicht für
Radfahrer

Stadtmitte

Zu diesen Uhrzeiten
kann man jederzeit
die Brücke überqueren

Radweg — nicht
für Mopeds

Ausgenommen
Fahrräder und Mopeds

Wohnviertel

Sollen wir die Polizei holen, oder können wir uns so einigen?

Halen wij de politie of komen wij tot een overeenstemming?
[ˈhaːlən wɛi də poːˈlitsi ɔf ˈkoːmən wɛi tɔt ən oːvəˈreːnstɛmiŋ]

Ich möchte den Schaden durch meine Versicherung regeln lassen.

Ik wil de schade via mijn verzekering laten regelen [ɪk wɪl də ˈsxaːdə ˈviːjaː mɛin vərˈzeːkəriŋ ˈlaːtən ˈreːxələn]

Ich gebe Ihnen meine Anschrift und Versicherungsnummer.

Ik geef U mijn adres en verzekerings-nummer. [ɪk ˈxeːf y mɛin aːˈdrɛs ɛn vərˈzeːkəriŋsnʌmər]

Geben Sie mir bitte Ihren Namen und Ihre Anschrift/Namen und Anschrift Ihrer Versicherung.

Geeft U mij alstublieft Uw naam en Uw adres/Uw verzekering op.
[ˈxeːft y mɛi alstyˈblift yw ˈnaːm ɛn yw aːˈdrɛs/yw vərˈzeːkəriŋ ɔp]

Können Sie für mich Zeuge sein?

Kunt U getuige voor mij zijn?
[ˈkʌnt y xəˈtœixə voːr mɛi ˈzɛin]

Vielen Dank für Ihre Hilfe.

Hartelijk dank voor Uw hulp.
[ˈhartələk ˈdaŋk voːr yw ˈhʌlp]

## Auto-, Motorrad-, Fahrradvermietung

## Auto-, motor-, fietsverhuur

Ich möchte für ... Tage/ eine Woche ...

Ik ben van plan voor ... dagen/een week ... [ɪk bɛn van ˈplan voːr ... ˈdaːxən/ ˈeːn weːk]

    einen (Gelände-) Wagen
    ein Motorrad
    ein Moped

    een (terrein)wagen [ən tɛˈrɛin)ˈwaːxən]
    een motor  [ən ˈmoːtɔr]
    een brommer/bromfiets [ən brɔmər/ˈbrɔmfits]

    ein Mofa
    ein Fahrrad
mieten.

    een snorfiets  [ən ˈsnɔrfits]
    een fiets [ən fits]
huren. [hyːrən]

Wie hoch ist die Tages-/ Wochenpauschale?

Hoeveel kost het per dag/per week?
[ˈhuveːl kɔst ət pər dax/pər weːk]

Wieviel verlangen Sie pro gefahrenen km?

Hoeveel vraagt U per kilometer?
[ˈhuveːl ˈvraːxt y pər ˈkiloːmeːtər]

Wieviel muß ich als Kaution hinterlegen? | Hoeveel moet ik als borgsom storten?
['huve:l mut ɪk als 'bɔrxsɔm 'stɔrtən]

Ich nehme den/das .... | Ik neem de ... [ɪk ne:m də]

• Möchten Sie eine Zusatzversicherung? | Wenst U een aanvullingsverzekering?
[wɛnst y ən 'a:nvʌlɪŋsvər'ze:kərɪŋ]

Ist das Fahrzeug vollkaskoversichert? | Bestaat er een all-riskverzekering?
[bə'sta:t ɛr ən ɔ:l'rɪskvərze:kərɪŋ]

• Darf ich Ihren Führerschein sehen? | Mag ik Uw rijbewijs zien?
['max ɪk yw 'rɛibəwɛis zin]

Kann ich den Wagen gleich mitnehmen? | Kan ik de auto meteen meenemen?
['kan ɪk də 'ɔuto: mə'te:n 'me:ne:mən]

Ist es möglich, das Fahrzeug in ... abzugeben? | Is het mogelijk de auto in ... terug te geven [ɪs ət 'mo:xələk də 'ɔuto: ɪn ... 'trʌx tə 'xe:vən]

## Wortliste Auto/Motorrad/Fahrrad

abbiegen | afslaan, sloeg af, afgeslagen
['afsla:n, slux 'af, 'afxəsla:xən]
abblenden | dimmen ['dɪmən]
Abblendlicht | dimlicht *n* ['dɪmlɪxt]
Abschleppdienst | sleepdienst, takeldienst
['sle:pdinst, 'ta:kəldinst]
abschleppen | wegslepen ['wɛxsle:pən]
Abschlepp|seil | sleepkabel ['sle:pka:bəl]
  ~wagen | takelauto, takelwagen
['ta:kəlɔuto:, 'ta:kəlwa:xən]
Achse | as [as]
  Hinter~ | achteras ['axtəras]
  Vorder~ | vooras ['vo:ras]
Alarmanlage | alarminstallatie [a'larmɪnsta'la:tsi/
a'larmɪnsta'la:si]
Allradantrieb | vierwielaandrijving ['vi:rwila:ndrɛivɪŋ]
Ampel | stoplicht *n* ['stɔplɪxt]
Anhänger | aanhanger ['a:nhaŋər]
Anlasser | startmotor ['startmo:tɔr]
auskuppeln | ontkoppelen [ɔnt'kɔpələn]
Auspuff | uitlaat ['œitla:t]
Autobahn | autosnelweg, autobaan
['ɔ:to:'snɛlwɛx, 'ɔ:to:ba:n]

| | |
|---|---|
| Automatik(getriebe) | automatische versnellingsbak ['o:to:'ma:tisə vər'snɛlɪŋsbak] |
| Auto\|mobilclub | ANWB [a: ɛn we: 'be:] |
| ~reifen | autoband ['ɔuto:bant] |
| Baustelle | bouwterrein *n* ['bɔutɛrɛin] |
| Benzin | benzine [bɛn'zinə] |
| ~kanister | benzineblik *n* [bɛn'zinəblɪk] |
| ~pumpe | brandstofpomp ['brantstɔfpɔmp] |
| blenden | verblinden [vər'blɪndən] |
| Blinker | knipperlicht *n*, clignoteur ['knɪpərlɪxt, klinjo:'tʌ:r] |
| Bremsbelag | rembekleding ['rɛmbəkle:dɪŋ] |
| Bremse | rem [rɛm] |
| bremsen | remmen ['rɛmən] |
| Brems\|flüssigkeit | remolie ['rɛmo:li] |
| ~hebel | rempedaal ['rɛmpəda:l] |
| ~lichter | remlichten ['rɛmlɪxtən] |
| Bußgeld | bekeuring [bə'kʌ:rɪŋ] |
| Defekt | fout [fɔut] |
| Dichtung | pakking ['pakɪŋ] |
| Düse | sproeier ['sprujər] |
| Einspritzpumpe | injectorpomp ['ɪn'jɛktɔrpɔmp] |
| Ersatz\|rad | reservewiel *n* [rə'zɛrvəwil] |
| ~teile | reserveonderdelen [rə'zɛrvəɔndərde:lən] |
| Fahrrad | fiets [fits] |
| Drei-/Zehngangrad | fiets met drie/tien versnellingen [fits mɛt dri/tin vər'snɛlɪŋən] |
| Rennrad | racefiets ['re:sfits] |
| ~anhänger | fietskar ['fitskar] |
| ~kette | fietsketting ['fitskɛtɪŋ] |
| ~pumpe | fietspomp ['fitspɔmp] |
| ~schlüssel | fietssleutel ['fitslø:təl] |
| ~ständer | fietsenrek ['fitsərɛk] |
| ~tasche | fietstas ['fitstas] |
| ~tour | fietstocht ['fitstɔxt] |
| ~weg | fietspad ['fitspat] |
| Fahrspur | rijstrook ['rɛistro:k] |
| Fehlzündung | overslaan (van de motor) ['o:vərsla:n (van də 'mo:tɔr)] |
| Felge | velg [vɛlx] |
| Fernlicht | groot licht *n* [xro:t 'lɪxt] |
| Flickzeug | reparatiedoosje [re:pa:'ra:tsi'do:ʃə] |
| Führerschein | rijbewijs *n* ['rɛibəwɛis] |

| | |
|---|---|
| Fußbremse | voetrem ['vutrɛm] |
| Gang | versnelling [vərˈsnɛlɪŋ] |
|   erster ~ | eerste versnelling [eːrstə vərˈsnɛlɪŋ] |
|   Leerlauf | vrijloop(stand) [ˈvrɛiloːp(stant)] |
|   Rückwärts~ | in de achteruit [ɪn də axtəˈrœit] |
| Gangschaltung | schakeling [ˈsxɑːkəlɪŋ] |
| Gas geben | gas geven, gaf, gegeven |
| | ['xɑs ˈxeːvən, xɑf, xəˈxeːvən] |
| Gaspedal | gaspedaal *n* [ˈxɑspedaːl] |
| Gebläse | compressor [kɔmˈprɛsɔr] |
| gebrochen | gebroken [xəˈbroːkən] |
| Gepäckträger | bagagedrager [baːˈxaːʒədraːxər] |
| Getriebe | versnellingsbak [vərˈsnɛlɪŋzbak] |
| Handbremse | handrem [ˈhɑntrɛm] |
| Hebel | hendel/handel [ˈhɛndəl] |
| Heizung | verwarming [vərˈwarmɪŋ] |
| Hinterrad | achterwiel *n* [ˈɑxtərwil] |
|   ~antrieb | achterwielaandrijving |
| | [ˈɑxtərwilaːndrɛivɪŋ] |
| Hupe | claxon [ˈklaksɔn] |
|   Licht~ | lichtsignaal *n* [ˈlɪxtsinjaːl] |
| Kabel | kabel [kaːbəl] |
| Karosserie | carrosserie [kaːrɔsəˈri] |
| Keilriemen | V-snaar [ˈveːsnaːr] |
| Klingel | bel [bɛl] |
| klopfen *(Motor)* | pingelen [ˈpɪŋələn] |
| Kofferraum | kofferruimte [ˈkɔfərœimtə] |
| Kolben | zuiger [ˈzœixər] |
| Kotflügel | spatbord [ˈspɑdbɔrt] |
| Kugellager | kogellager [ˈkoːxəlaːxər] |
| Kühler | radiator [raːdiˈjaːtɔr] |
| Kühlwasser | koelwater *n* [ˈkulwaːtər] |
| Kupplung | koppeling [ˈkɔpəlɪŋ] |
| Kupplungshebel | koppelingshendel [ˈkɔpəlɪŋshɛndəl] |
| Kurz\|reiseversicherung | kort-op-reisverzekering |
| | [kɔrtɔpˈrɛisvərzeːkərɪŋ] |
|   ~schluß | kortsluiting [ˈkɔrtslœitɪŋ] |
| Landstraße | provinciale weg [proːvɪnˈʃaːlə ˈwɛx] |
| Lastwagen | vrachtauto [ˈvraxtɔutoː] |
| Lenker *(Zweirad)* | stuur *n* [styːr] |
| Lenkrad | stuur *n* [styːr] |
| Lichtmaschine | dynamo [diˈnaːmoː] |
| Luft\|filter | luchtfilter [ˈlʌxtfɪltər] |
|   ~pumpe | luchtpomp [ˈlʌxtpɔmp] |

| | |
|---|---|
| Mantel *(Reifen)* | buitenband ['bœitəbant] |
| Mofa | snorfiets ['snɔrfits] |
| Moped | bromfiets, brommer ['brɔmfits, brɔmər] |
| Motor | motor ['mo:tɔr] |
| ~haube | motorkap ['mo:tɔrkap] |
| ~rad | motor(fiets) ['mo:tɔr(fits)] |
| ~roller | scooter ['skutər] |
| Nabe | naaf [na:f] |
| Nierengurt | bekkengordel ['bɛkəxɔrdəl] |
| Notrufsäule | praatpaal ['pra:tpa:l] |
| Nummernschild | nummerbord *n* ['nʌmərbɔrt] |
| Oktanzahl | octaangehalte [ɔk'ta:nxəhaltə] |
| Öl | olie ['o:li] |
| ~meßstab | oliemeter ['o:lime:tər] |
| ~wechsel | olie verversen ['o:li vər'vɛrsən] |
| Panne | pech [pɛx] |
| Pannendienst | wegenwacht ['wɛ:xəwaxt] |
| Papiere | papieren [pa'pirən] |
| Park\|haus | parkeergarage [par'ke:rxa:ra:ʒə] |
| ~platz | parkeerplaats [par'ke:rpla:ts] |
| ~scheibe | parkeerschijf [par'ke:rsxɛif] |
| ~schein | parkeerbiljet *n* [par'ke:rbɪl'jɛt] |
| ~uhr | parkeermeter [par'ke:rme:tər] |
| Pedal | pedaal *n* [pə'da:l] |
| Platten | lekke band ['lɛkə 'bant] |
| Promille | promillage *n* [pro:mɪ'la:ʒə] |
| PS | PK [pe: 'ka:] |
| Rad | wiel *n* [wil] |
| Radarkontrolle | radarcontrole ['ra:darkɔn'tro:lə] |
| Radkreuz | wielnaaf ['wilna:f] |
| Raststätte | parkeerplaats [par'ke:rpla:ts] |
| Reflektor | reflector [rə'flɛktɔr] |
| Regenjacke | regenjas ['re:xəjas] |
| Reifen | band [bant] |
| Rück\|licht | achterlicht *n* ['axtərlɪxt] |
| ~spiegel | achteruitkijkspiegel [axtər'œitkɛikspixəl] |
| ~trittbremse *(Fahrrad)* | terugtraprem ['trʌxtraprɛm] |
| Sattel | zadel *n* ['za:dəl] |
| Schalthebel | versnellingshendel [vər'snɛlɪŋshɛndəl] |
| Scheibenwischer | ruitenwisser ['rœitəwɪsər] |
| Scheinwerfer | koplamp ['kɔplamp] |
| Schiebedach | schuifdak *n* ['sxœivdak] |
| Schlauch *(Reifen)* | binnenband ['bɪnəbant] |

| | |
|---|---|
| schmieren | doorsmeren [ˈdoːrsmeːrən] |
| Schmirgelpapier | schuurpapier [ˈsxyrpaːpiːr] |
| Schnellstraße | snelweg [ˈsnɛlwɛx] |
| Schraube | schroef [sxruf] |
| Schrauben\|mutter | moer [muːr] |
| ~schlüssel | sleutel [ˈsløːtəl] |
| ~zieher | schroevedraaier [ˈsxruvədraːjər] |
| Schutzblech | spatbord [ˈspɑdbɔrt] |
| Sicherheitsgurt | veiligheidsriem [ˈvɛiləxhɛitsrim] |
| Sicherung | zekering [ˈzeːkərɪŋ] |
| Speichen | spaken [spaːkən] |
| Standlicht | parkeerlicht n [parˈkeːrlɪxt] |
| Starthilfekabel | startkabel [ˈstɑrtkaːbəl] |
| Stau | file [ˈfilə] |
| Steckschlüssel | steeksleutel [ˈsteːksløːtəl] |
| Stoß\|dämpfer | schokbreker [ˈsxɔkbreːkər] |
| ~stange | bumper [ˈbʌmpər] |
| Straßenkarte | wegenkaart, landkaart |
| | [ˈweːɣəkaːrt, ˈlɑntkaːrt] |
| Sturzhelm | valhelm [ˈvɑlhɛlm] |
| Tachometer | snelheidsmeter [ˈsnɛlhɛitsmeːtər] |
| Tank | tank [tɛŋk] |
| ~stelle | pompstation n [ˈpɔmpstaːʃən] |
| Teilkasko | verzekering met beperkte cascodekking |
| | [vərzeːkərɪŋ mɛt bəˈpɛrktə ˈkɑskoːdɛkɪŋ] |
| trampen | liften [ˈlɪftən] |
| Tramper | lifter [ˈlɪftər] |
| Tretlager | trapaslager [ˈtrɑpɑslaːxər] |
| Umleitung | omleiding [ˈɔmlɛidɪŋ] |
| Ventil | *(im Motor)* klep [klɛp] |
| | *(am Reifen)* ventiel n [vɛnˈtil] |
| Vergaser | carburator [kɑrbyˈraːtɔr/kɑrbyraːˈtʌːr] |
| Verteiler | stroomverdeler [ˈstroːmvərdeːlər] |
| Vollkasko(versicherung) | allrisk(-verzekering) |
| | [ɔlˈrɪsk(vərˈzeːkərɪŋ)] |
| Vorder\|licht | koplicht, koplampen |
| | [ˈkɔplɪxt, ˈkɔplɑmpən] |
| ~rad | voorwiel n [ˈvoːrwil] |
| ~radantrieb | voorwielaandrijving |
| | [ˈvoːrwilaːnˈdrɛivɪŋ] |
| Wagen\|heber | krik [krɪk] |
| ~wäsche | autowassen n [ˈɔutoːwɑsən] |
| Warn\|blinker | knipperlicht n [ˈknɪpərlɪxt] |
| ~dreieck | gevarendriehoek n [xəˈvaːrədrihuk] |

| | |
|---|---|
| Wegweiser | richtingbord [ˈrɪxtɪŋbɔrt] |
| Werk\|statt | garage [xaːˈraːʒə] |
| ~zeug | gereedschap [xəˈreːtsxɑp] |
| Windschutzscheibe | voorruit [ˈvoːrœit] |
| Zünd\|kerze | bougie [buˈʒi] |
| ~schloß | contactslot *n* [kɔnˈtaktslɔt] |
| ~schlüssel | contactsleuteltje *n* [kɔnˈtaktslø:təlcə] |
| Zündung | ontsteking [ˈɔntsteːkɪŋ] |
| Zylinder | cilinder [siˈlɪndər] |
| ~kopf | cilinderkop [siˈlɪndərkɔp] |

## Flugzeug

## Vliegtuig

**Im Reisebüro/Am Flughafen** | **In het reisbureau/Op het vliegveld**

Wo ist der Schalter der …-Fluggesellschaft?

Waar is het loket van de … luchtvaart-maatschappij? [ˈwaːr ɪs ət loˈkɛt van də … ˈlʌxtvaːrtmaːtsxaˈpɛi]

Wann fliegt die nächste Maschine nach …?

Wanneer vliegt de volgende machine naar …? [ˈwaˈneːr vlixt də ˈvɔlxəndə maːˈʃinə naːr …]

Ich möchte einen (einfachen) Flug nach … buchen.

Ik wil een (enkele) vlucht naar … boeken. [ɪk ˈwɪl ən (ˈɛŋkələ) ˈvlʌxt naːr … ˈbukən]

Sind noch Plätze frei?

Zijn er nog plaatsen vrij? [ˈzɛin ɛr nɔx ˈplaːtsən ˈvrɛi]

Gibt es auch Charter-flüge?

Zijn er ook chartervluchten? [ˈzɛin ɛr oːk ˈʃartərvlʌxtən]

| | |
|---|---|
| Was kostet der Flug Touristenklasse/1. Klasse? | Hoeveel kost de vlucht in de touristenklas/eerste klas? ['huve:l kɔst də 'vlʌxt ɪn də tu'rɪsteklas/'e:rstə 'klas] |
| Wieviel Gepäck ist frei? | Hoevel bagage mag je vrij meenemen? ['huve:l ba'xa:ʒə max jə 'vrɛi 'me:ne:mən] |
| Was kostet das Kilo Übergepäck? | Hoeveel kost overgewicht per kilo? [hu've:l 'kɔst 'o:vərgəwɪxt pɛr 'kilo] |
| Ich möchte diesen Flug stornieren/umbuchen. | Ik zou deze vlucht graag willen annuleren/overboeken. [ɪk 'zou 'de:zə vlʌxt xra:x 'wɪlən any'le:rən/o:vərbukən] |
| Wann muß ich am Flughafen sein? | Wanneer moet ik op het vliegveld zijn? [wa'ne:r mut ɪk ɔp ət 'vlixvɛlt 'zɛin] |
| Wo ist der Informationsschalter/Warteraum? | Waar is de informatiebalie/wachtkamer? ['wa:r ɪs də ɪnfɔr'ma:tsi'ba:li/'waxtka:mər] |
| Kann ich das als Handgepäck mitnehmen? | Is dit nog handbagage? [ɪs 'dɪt nɔx 'handba:xa:ʒə] |
| Hat die Maschine nach … Verspätung? | Heeft de machine naar … vertraging? ['he:ft də ma'ʃinə na:r … vər'tra:xɪŋ] |
| Wieviel Verspätung hat sie? | Hoeveel vertraging heeft ze? ['huve:l vər'tra:xɪŋ he:ft zə] |
| Ist die Maschine aus … schon gelandet? | Is het vliegtuig uit … al geland? [ɪs ət 'vlixtœix œit … al xə'lant] |
| • Letzter Aufruf. Die Passagiere nach …, Flug-Nr. …, werden gebeten, sich zum Ausgang … zu begeben. | Laatste oproep. De passagiers naar …, vlucht nummer … wordt verzocht zich naar uitgang … te begeven. [la:tstə ɔprup də pasa:'ʒi:rs na:r … 'vlʌxt nʌmər … wɔrt vər'zɔxt zɪx na:r 'œitxaŋ … bə'xe:vən] |

## An Bord

## Aan boord

| | |
|---|---|
| • Bitte das Rauchen einstellen! Anschnallen, bitte! | Sigaretten doven! Gordels vastmaken! [sixa'rɛtən 'do:vən 'xɔrdəls 'vastma:kən] |
| Was ist das für ein Fluß/See? | Hoe heet die rivier/dat meer? [hu 'he:t 'di ri'vi:r/dat 'me:r] |
| Wo sind wir jetzt? | Waar zijn we nu? [wa:r 'zɛin wə 'ny:] |
| Wann landen wir in …? | Wanneer landen we in …? [wa'ne:r 'landən wə 'ɪn] |

● Wir landen in etwa … Minuten.
We landen over ongeveer … minuten.
[wə ˈlandən oːvər ˈɔŋxəveːr … miˈnytən]

Wie ist das Wetter in …?
Hoe is het weer in …? [ˈhu ɪs ət ˈweːr ɪn]

## Ankunft

## Aankomst

▶ auch **Kap.9 – Fundbüro**

Ich finde mein Gepäck/ meinen Koffer nicht.
Ik vind mijn bagage/koffer niet.
[ɪk ˈvɪnt mən baːˈxaːʒə/ˈkɔfər nit]

Mein Gepäck ist verlorengegangen.
Mijn bagage is verdwenen.
[mən baːˈxaːʒə ɪs vərˈdweːnən]

Mein Koffer ist beschädigt worden.
Mijn koffer is beschadigd.
[mən ˈkɔfər ɪs bəˈsxaːdəxt]

An wen kann ich mich wenden?
Tot wie kan ik me wenden?
[tɔt ˈwi kan ɪk mə ˈwɛndən]

Von wo fährt der Bus zum Air Terminal ab?
Waarvandaan vertrekt de bus naar de Air Terminal? [ˈwaːrvanˈdaːn vərˈtrɛkt də ˈbʌs naːr də ˈɛːr ˈtʌrminəl]

## Wortliste Flugzeug

▶ auch Wortliste Eisenbahn

| | |
|---|---|
| Abflug | vertrek *n* [vərˈtrɛk] |
| Air Terminal | air terminal [ˈɛːr ˈtʌrminəl] |
| Anflug | het aanvliegen [ət ˈaːnvlixən] |
| Anhänger *(am Koffer)* | label *n* [ˈleːbəl] |
| Ankunft | aankomst [ˈaːŋkɔmst] |
| Ankunftszeit | arrival-time [ʌˈraːivəlˈtaːim] |
| Anschluß | aansluiting [ˈaːnslœitɪŋ] |
| anschnallen, sich | vasthaken [ˈvasthaːkən] |
| Anschnallgurt | veiligheidsriem [ˈvɛiləxɛitsrim] |
| auschecken | uitchecken [ˈœi(t)ʃɛkən] |
| Auslandsflug | vlucht naar het buitenland [ˈvlʌxt naːr ət ˈbœitənlant] |
| Besatzung | bemanning [bəˈmanɪŋ] |
| an Bord | aan boord [aːn boːrt] |
| Bordkarte | instapkaart [ˈɪnstapkaːrt] |
| buchen | boeken [ˈbukən] |
| Buchung | boeking [ˈbukɪŋ] |
| Business class | business class [ˈbɪznɪsklaːs] |

| | |
|---|---|
| Chartermaschine | chartermachine, chartervliegtuig *n* ['ʃartərma:ʃinə, 'ʃartərvlixtœix] |
| Direktflug | non-stopvlucht ['nɔnstɔpvlʌxt] |
| Düsenmaschine | straalvliegtuig *n* ['stra:lvlixtœix] |
| Economy class | economy class [i'kɔnəmi kla:s] |
| einchecken | inchecken ['ɪnʧɛkən] |
| Fenstersitz | (zit-)plaats aan het raam [('zɪt) pla:ts a:n ət 'ra:m] |
| Flug | vlucht [vlʌxt] |
| ~gast | passagier [pɑsa:'ʒi:r] |
| ~gesellschaft | luchtvaartmaatschappij ['lʌxtva:rtma:tsxɑpɛi] |
| ~hafen | luchthaven, vliegveld *n* ['lʌxtha:vən, 'vlixfɛlt] |
| ~hafenbus | airbus ['ɛ:rbʌs] |
| ~hafengebühr | luchthavenbelasting ['lʌxtha:vəbə'lɑstɪŋ] |
| ~plan | luchtdienstregeling ['lʌxdinstre:xəlɪŋ] |
| ~schein | ticket ['tɪkət] |
| ~steig | *(Ankunft)* aankomstpier ['a:ŋkɔmstpi:r] *(Abflug)* vertrekpier [vər'trɛkpi:r] |
| ~strecke | vliegtraject *n* ['vlixtra:jɛkt] |
| ~zeit | vliegtijd ['vlixtɛit] |
| ~zeug | vliegtuig *n* ['vlixtœix] |
| Gang | gang [xɑŋ] |
| Gepäck | bagage [ba:'xa:ʒə] |
| ~abfertigung | inklaring ['ɪŋkla:rɪŋ] |
| ~ausgabe | bagagebureau *n* [ba:'xa:ʒəby'ro:] |
| Handgepäck | handbagage ['hɑntba:xa:ʒə] |
| Heck | achterkant ['ɑxtərkant] |
| Hubschrauber | helikopter [he:li'kɔptər] |
| Inlandsflug | binnenlandse vlucht ['bɪnəlantsə vlʌxt] |
| Kapitän | kapitein [ka:pi'tɛin] |
| KLM-Fahrradflug | KLM-fietsdoos [ka:ɛl'ɛm 'fitsdo:s] |
| Kofferkuli | bagagewagentje [ba:'xa:ʒə'wa:xəncə] |
| landen | landen ['lɑndən] |
| Landung | landing ['lɑndɪŋ] |
| Last minute-Flug | last-minutevlucht [lɑst'mɪnʌtvlʌxt] |
| Linienmaschine | lijnvliegtuig *n* ['lɛinvlixtœix] |
| Luftsicherheitsgebühr | vliegveiligheidsbelasting ['vlixvɛiləxɛitsbə'lɑstɪŋ] |
| Nichtraucher | niet-roker ['nitro:kər] |
| Not\|ausgang | nooduitgang ['no:tœitxɑŋ] |
| ~landung | noodlanding ['no:tlɑndɪŋ] |
| ~rutsche | noodglijbaan [no:t'xlɛiba:n] |

| | |
|---|---|
| Passagier | passagier [pɑsɑːˈʒiːr] |
| Pilot | piloot [piˈloːt] |
| planmäßiger Abflug | departure volgens de dienstregeling [diˈpɑːrcʌr ˈvɔlxəns də ˈdinstreːxəliŋ] |
| Raucher | roker [ˈroːkər] |
| Reiseziel | reisdoel n, bestemming [ˈrɛizdul, bəˈstɛmiŋ] |
| Rollfeld | landingsbaan [ˈlɑndɪŋzbɑːn] |
| Schalter | loket n [loːˈkɛt] |
| Schwimmweste | zwemvest n [ˈzwɛmvɛst] |
| Sicherheitskontrolle | veiligheidscontrole [ˈvɛiləxɛitskɔnˈtrɔlə] |
| Steward/eß | steward/stewardess [ˈstjuwərt/stjuwərˈdɛs] |
| stornieren | annuleren [ɑnyˈleːrən] |
| umbuchen | overboeken [ˈoːvərbukən] |
| Verspätung | vertraging [vərˈtraːxɪŋ] |
| zollfreier Laden | belastingvrije winkel, tax-freeshop [bəˈlɑstɪŋvrɛiə ˈwɪŋkəl, ˈtɛksfreːˈʃɔp] |
| Zwischenlandung | tussenlanding [ˈtʌsəlɑndɪŋ] |

## Eisenbahn

### Trein

| **Im Reisebüro/ Auf dem Bahnhof** | **In het reisbureau/Op het station** |
|---|---|
| Eine einfache Fahrt 2. Klasse/1. Klasse nach …, bitte. | Een enkele reis tweede klas/eerste klas naar …, alstublieft. [ən ˈɛŋkələ rɛis ˈtweːdə ˈklas/ˈeːrstə ˈklas naːr … alstyˈblift] |
| Zweimal … hin und zurück, bitte. | Twee retour …, alstublieft. [ˈtweː rəˈtuːr … alstyˈblift] |
| Gibt es eine Ermäßigung für Kinder/kinderreiche Familien/Studenten? | Is er (een) korting/reductie voor kinderen/grote gezinnen/studenten? [ˈɪs ɛr (ən) ˈkɔrtɪŋ/rəˈdʌksi voːr ˈkɪndərən/ˈxroːtə xəˈzɪnən/stydɛntən] |
| Bitte eine Platzkarte für den Zug um … Uhr nach … | Een kaartje voor de trein van … uur naar … alstublieft. [ən ˈkaːrcə voːr də ˈtrɛin van … ˈyːr naːr … alstyˈblift] |
| • Einen Fensterplatz? | Een plaats bij het raam? [ən ˈplaːts bɛi ət ˈraːm] |

## Hinweise und Informationen

| | |
|---|---|
| **Aankomst** | Ankunft |
| **Badkamer** | Bad |
| **Bagage depot** | Gepäckaufbewahrung |
| **Bellen** | Klingeln |
| **Bezet** | Besetzt |
| **Dames** | Damen |
| **Duwen** | Drücken |
| **Eetkamer** | Speisesaal |
| **Geen toegang** | Eintritt verboten |
| **Gereserveerd** | Reserviert |
| **Gesloten** | Geschlossen |
| **Heet** | Heiß |
| **Heren** | Herren |
| **Ingang** | Eingang |
| **Inlichtingen** | Informationen |
| **Kloppen** | Anklopfen |
| **Koud** | Kalt |
| **Niet roken** | Nichtraucher |
| **Nooduitgang** | Notausgang |
| **Open** | Geöffnet |
| **Perron** | Bahnsteig |
| **Plaatsbewijzen** | Platzkarten |
| **Reserveringen** | (Platz-)Reservierungen |
| **Roken toegestaan** | Raucher |
| **Roltrap** | Rolltreppe |
| **Spoor** | Gleis |
| **Trekken** | Ziehen |
| **Uitgang** | Ausgang |
| **Vertrek** | Abfahrt |
| **Vrij** | Frei |
| **Wachtkamer** | Wartesaal |

Ich möchte einen Liege-
wagenplatz/Schlafwa-
genplatz für den Zug um
20 Uhr nach …

Ik wil graag een ligplaats/plaats in de
slaapwagen voor de trein om twintig
uur naar … [ɪk wɪl ˈxraːx ən ˈlɪxplaːts/
ˈplaːts ɪn də ˈslaːpwaːxən voːr də ˈtrɛin ɔm
twɪntəx yːr naːr …]

Gibt es einen Autoreise-
zug nach …?

Is er een autotrein naar …?
[ˈɪs ɛr ən ˈɔutotrein naːr]

Was kostet das für ein
Auto mit vier Personen?

Hoeveel kost dat voor een auto met
vier personen? [ˈhuveːl ˈkɔst dat voːr ən
ˈɔuto mɛt ˈviːr pɛrˈsoːnən]

Ich möchte diesen Koffer
als Reisegepäck aufgeben.

Ik wil deze koffer als bagage opgeven.
[ɪk ˈwɪl deːzə ˈkɔfər als baˈxaːʒə ˈɔpxeːvən]

Wo kann ich mein Fahr-
rad aufgeben?

Waar moet ik mijn fiets opgeven?
[waːr mut ɪk mən ˈfits ˈɔpxeːvən]

● Wollen Sie Ihr Gepäck
versichern?

Wilt U Uw bagage verzekeren?
[ˈwɪlt y yw baːˈxaːʒə vərˈzeːkərən]

Geht das Gepäck mit
dem …-Uhr-Zug ab?

Gaat de bagage met de trein van … uur
mee? [xaːt də baːˈxaːʒə med də trɛin van
… yːr meː]

Wann kommt es in …
an?

Wanneer komt het in … aan?
[waˈneːr kɔmt ət ɪn … ˈaːn]

Hat der Zug aus … Ver-
spätung?

Heeft de trein van … vertraging?
[ˈheːft də trɛin van … vərtraˈxɪŋ]

Habe ich in … Anschluß
nach …/an die Fähre?

Heb ik in … aansluiting op … /op
de veerboot/pont? [ˈhɛp ɪk ɪn …
ˈaːnslœitɪŋ ɔb …/ ˈɔbdə ˈveːrboːt/pɔnt]

(Wo) Muß ich umstei-
gen?

(Waar) Moet ik overstappen?
[(ˈwaːr) ˈmut ɪk ˈoːvərstapən]

Von welchem Gleis fährt
der Zug nach … ab?

Van welk perron af vertrekt de trein
naar …?
[van ˈwɛlk pɛˈrɔn af vərˈtrɛkt də ˈtrɛin naːr]

● Der Zug Nr. … aus …
nach … fährt auf Gleis 1
ein.

De trein nummer … uit … met bestem-
ming … komt aan op perron 1.
[də ˈtrɛin ˈnʌmər … œit … mɛt bəˈstɛmɪŋ
… ˈkɔmt aːn ɔp pɛˈrɔn eːn]

● Der Zug Nr. … aus … hat
10 Minuten Verspätung.

De trein nummer … uit … heeft tien
minuten vertraging. [də ˈtrɛin ˈnʌmər …
œit … heːft tin miˈnytə vərˈtraːxɪŋ]

## Im Zug

## In de trein

Verzeihung, ist dieser Platz noch frei?

Pardon, is deze plaats vrij?
[par'dɔn ɪs 'de:zə 'pla:ts 'vrɛi]

Können Sie mir bitte helfen?

Kunt U mij alstublieft helpen?
['kʌnt y mɛi alsty'blift 'hɛlpən]

Darf ich das Fenster öffnen/schließen?

Mag ik het raam opendoen/sluiten?
['max ɪk ət 'ra:m 'o:pəndun/ˈslœitən]

Entschuldigen Sie, bitte. Dies ist ein Nichtraucherabteil.

Neemt U mij niet kwalijk. Dit is een coupé niet-roken. ['ne:mt y mɛi nit 'kwa:lək. 'dɪt ɪs ən ku'pe: nit'ro:kən]

Entschuldigen Sie, das ist mein Platz. Ich habe eine Platzkarte.

Neemt U mij niet kwalijk, dat is mijn plaats. Ik heb een plaatsbewijs. ['ne:mt y mɛi 'nit 'kwa:lək dat ɪs 'mɛin pla:ts. ɪk hɛp ən 'pla:tsbəwɛis]

● Die Fahrkarten, bitte.

De kaartjes, alstublieft.
[də 'ka:rcəs alsty'blift]

Hält dieser Zug in …?

Stopt deze trein in …?
['stɔpt de:zə 'trɛin ɪn]

Wo sind wir jetzt?

Waar zijn we nu? [wa:r 'zɛin wə 'ny:]

Wie lange haben wir hier Aufenthalt?

Hoelang oponthoud hebben we hier?
['hu'laŋ 'ɔpɔnthɔut 'hɛbən wə hi:r]

Kommen wir pünktlich an?

Komen we op tijd aan?
['ko:mən wə ɔp 'tɛit 'a:n]

## Wortliste Eisenbahn ▶ auch Wortliste Flugzeug

| | |
|---|---|
| Abfahrt | vertrek *n* [vərˈtrɛk] |
| Abfahrtszeit | vertrek tijd [vərˈtrɛk tɛit] |
| Abteil | coupé [kuˈpeː] |
| ankommen | aankomen [ˈaːŋkoːmən] |
| Aufenthalt | oponthoud *n* [ˈɔpɔnthɔut] |
| aussteigen | uitstappen [ˈœitstapən] |
| Autoreisezug | autotrein [ˈɔutoːtrɛin] |
| Bahn\|hof | station *n* [staːˈʃɔn] |
| ~hofsrestaurant | stationsrestauratie [staːˈʃɔnsrɛstoˈraːtsi] |
| besetzt | bezet [bəˈzɛt] |
| D-Zug | D-trein [ˈdeːtrɛin] |
| EC (Eurocity) | EuroCity [ʌːroːˈsɪti] |
| Eilzug | sneltrein [ˈsnɛltrɛin] |
| einsteigen | instappen [ˈɪnstapən] |
| Eisenbahn | trein, spoorweg [trɛin, ˈspoːrwɛx] |
| ~fähre | treinpont [ˈtrɛinpɔnt] |
| Ermäßigung | reductie [rəˈdʌksi] |
| Fahr\|karte | kaartje *n*, reisbiljet [kaːrcə, ˈrɛisbɪljɛt] |
| ~kartenkontrolle | controle van de kaartjes [kɔntrɔlə van də kaːrcəs] |
| ~kartenschalter | loket *n* [loˈkɛt] |
| ~plan | dienstregeling [ˈdinstreːxəlɪŋ] |
| ~preis | prijs [prɛis] |
| Fensterplatz | (zit-)plaats aan het raam [ˈ(zɪt)plaːts aːn ət ˈraːm] |
| frei | vrij [vrɛi] |
| Gang | gang [xaŋ] |
| Gepäck | bagage [baːˈxaːʒə] |
| ~ablage | bagagerek *n* [baːˈxaːʒərɛk] |
| ~aufbewahrung | bagagedepot *n* [baːˈxaːʒədəpoː] |
| ~schalter | bagagebureau *n* [baːˈxaːʒəbyˈroː] |
| ~schein | bagagereçu, bagagebewijs *n* [baːˈxaːʒərəˈsy, baːˈxaːʒəbəˈwɛis] |
| ~schließfach | bagagekluis [baːˈxaːʒəklœis] |
| ~träger | kruier [ˈkrœiər] |
| ~wagen | bagagewagen [baːˈxaːʒəwaːxən] |
| Gleis | spoor *n* [spoːr] |
| Großraumwagen | doorgaande coupé [ˈdoːrxaːndə kuˈpeː] |
| Hauptbahnhof | centraalstation *n* [sɛnˈtraːlstaˈʃɔn] |
| Hochgeschwindigkeits-zug | hoge-snelheidstrein [hoːxəˈsnɛlhɛitstrɛin] |

| | |
|---|---|
| IC (Intercity) | intercity [ɪntərˈsɪti] |
| ICE (Intercity Expreß) | intercity-expres [ɪntərˈsɪtiɛksprɛs] |
| Interrail | interrail [ˈɪntəreːl] |
| Kinderfahrkarte | kinderkaartje *n* [ˈkɪndərkaːrcə] |
| Kurswagen | doorgaand treinstel *n* [ˈdoːrxɑːnt ˈtrɛinstɛl] |
| Liegewagen | ligwagen [ˈlɪxwaːxən] |
| Lokomotive | lokomotief [loːkoːmoːˈtif] |
| nachlösen | bijbetalen [ˈbɛibətaːlən] |
| Nichtraucherabteil | coupé niet-roken [kuˈpeː nitˈroːkən] |
| Notbremse | noodrem [ˈnoːtrɛm] |
| Raucherabteil | coupé roken [kuˈpeː ˈroːkən] |
| Reisebegleiter *(Broschüre)* | reisgids [ˈrɛisxɪts] |
| reservieren | reserveren [reːsərˈveːrən] |
| Rückfahrkarte | retourkaartje *n* [rəˈtuːrkaːrcə] |
| Rundreisefahrschein | rondreisbiljet *n* [ˈrɔntrɛizbɪlˈjɛt] |
| Sammelfahrschein | collectief biljet *n* [kɔlɛkˈtif bɪlˈjɛt] |
| Schlafwagen | slaapwagen [ˈslaːpwaːxən] |
| Schnellzug | sneltrein [ˈsnɛltrɛin] |
| Speisewagen | restauratiewagen [rɛstoːˈraːtsiwaːxən] |
| Toilette | toilet *n*, w.c. [twaːˈlɛt, weːˈseː] |
| Wagennummer | wagonnummer [waːˈxɔnʌmər] |
| Wartesaal | wachtlokaal *n* [ˈwɑxtloːkaːl] |
| Waschraum | wasruimte [ˈwɑsrœimtə] |
| Zug | trein [trɛin] |
| ~begleitpersonal | treinpersoneel [ˈtrɛinpɛrsoːneːl] |
| Zuschlag | toeslag [ˈtuslɑx] |
| ~karte | toeslag kaartje *n* [ˈtuslɑx kaːrcə] |
| zuschlagpflichtig | met verplichte toeslag [mɛt vərˈplɪxtə ˈtuslɑx] |

---

# Schiff

# Schip

## Auskunft                    ## Inlichtingen

| | |
|---|---|
| Welche ist die beste Schiffs-verbindung nach ...? | Wat is de beste bootverbinding naar ...? [ˈwɑt ɪs də ˈbɛstə ˈboːtfərbɪndɪŋ naːr] |
| Wo/Wann fährt das nächste Schiff/die nächste Fähre nach ... ab? | Waar/Wanneer gaat/vertrekt de volgende boot/(veer)pont naar ...? [waːr/waˈneːr xaːt/vərˈtrɛkt də ˈvɔlxəndə boːt/(ˈveːr)pɔnt ˈnaːr] |

Wie lange dauert die Überfahrt?

Hoe lang duurt de overtocht?
[ˈhu laŋ ˈdyːrt də ˈoːvərtoxt]

Welche Häfen werden angelaufen?

Welke havens worden aangedaan/ aangevaren? [ˈwɛlkə ˈhaːvəns wɔrdən ˈaːŋxədaːn/ˈaːŋxəvaːrən]

Wann legen wir in … an?

Wanneer leggen we aan in …?
[waˈneːr ˈlɛxən wə ˈaːn ɪn]

Wie lange haben wir Aufenthalt in . . ?

Hoe lang duurt het oponthoud in …?
[ˈhu laŋ dyːrt ət ˈopɔnthɔut ɪn]

Ich möchte eine Schiffskarte nach …
   1. Klasse
   Touristenklasse
   eine Einzelkabine

   eine Zweibettkabine

Ik wil een (boot)kaartje naar …
[ɪk ˈwɪl ən (ˈboːt)kaːrcə naːr]
   eerste klas [ˈeːrstə ˈklas]
   tourist class [ˈturɪst klaːs]
   een eenpersoons hut
   [ən ˈeːnpərˈsoːns hʌt]
   een tweepersoons hut
   [ən ˈtweːpərˈsoːns hʌt]

Ich möchte eine Karte für die Rundfahrt um … Uhr.

Ik wil een kaartje voor de rondvaart om … uur. [ɪk wɪl ən ˈkaːrcə voːr də ˈrɔntvaːrt ɔm … yːr]

## An Bord

Aan boord

Bitte, ich suche Kabine Nr. …

Ik zoek hut nummer …
[ɪk ˈzuk ˈhʌt ˈnʌmər]

Kann ich eine andere Kabine haben?

Kan ik een andere hut krijgen?
[ˈkan ɪk ən ˈandərə ˈhʌt ˈkrɛixən]

Wo ist mein Koffer/mein Gepäck?

Waar is mijn koffer/mijn bagage?
[ˈwaːr ɪs mən ˈkɔfər/mən baˈxaːʒə]

Wo ist der Speisesaal/der Aufenthaltsraum?

Waar is de eetzaal/verblijfsruimte?
[ˈwaːr ɪs də ˈeːtsaːl/vərˈblɛifsrœimtə]

Wann wird gegessen?

Hoe laat wordt er gegeten?
[ˈhoe ˈlaːt wɔrt ɛr xəxeːtən]

Steward, bringen Sie mir bitte …

Steward, wilt U me alstublieft … brengen? [ˈstjuwərt, ˈwɪlt y mə alstyˈblift … ˈbrɛŋən]

Ich fühle mich nicht wohl.

Ik voel me niet goed/lekker.
[ɪk ˈvul mə nit xut/ˈlɛkər]

| | |
|---|---|
| Rufen Sie bitte den Schiffsarzt! | Roept U alstublieft de scheepsarts. [ˈrupt y alstyˈblift də ˈsxe:psarts] |
| Geben Sie mir bitte ein Mittel gegen Seekrankheit. | Geeft U me alstublieft een middel tegen zeeziekte. [ˈxe:ft y mə alstyˈblift ən ˈmɪdəl ˈte:xən ˈze:ziktə] |

## Wortliste Schiff                    ▶ auch Wortlisten Flugzeug, Eisenbahn

| | |
|---|---|
| Anker | anker *n* [ˈaŋkər] |
| anlaufen | aanlopen, liep aan, aangelopen [ˈa:nlo:pən, lip a:n, a:ŋnxəlo:pən] |
| anlegen in | aanleggen in [ˈa:nlɛxən ɪn] |
| Anlegeplatz | aanlegplaats [ˈa:nlɛxpla:ts] |
| auslaufen | uitlopen [ˈœitlo:pən] |
| ausschiffen | van boord gaan, ging, gegaan [van bo:rt xa:n, xɪŋ, xəˈxa:n] |
| | *(Güter)* lossen [ˈlɔsən] |
| | *(Passagiere)* ontschepen [ɔntˈsxe:pən] |
| Backbord | bakboord *n* [ˈbagbo:rt] |
| Bettkarte | kaartje *n* voor een slaapplaats [ˈka:rcə vo:r ən ˈsla:pla:ts] |
| an Bord | aan boord [a:n bo:rt] |
| Buchung | boeking, reservering [ˈbukɪŋ, re:sərˈve:rɪŋ] |
| Bug | boeg [bux] |
| Dampfer | stoomboot [ˈsto:mbo:t] |
| Deck | dek *n* [dɛk] |

| | |
|---|---|
| einschiffen | zich inschepen, aan boord gaan [zɪx ˈɪnsxeːpən, aːn ˈboːrt xaːn] |
| Fähre | veerboot, pont [ˈveːrboːt, ˈpɔnt] |
| Auto~ | autopont [ˈɔutoːpɔnt] |
| Eisenbahn~ | treinpont [ˈtrɛinpɔnt] |
| Fahrkarte | kaartje *n* [kaːrcə] |
| Festland | vaste wal, vasteland *n* [vɑstə ˈwɑl, vɑstəˈlɑnt] |
| Hafen | haven [ˈhaːvən] |
| ~gebühr | havengeld *n* [ˈhaːvəxɛlt] |
| Heck | achterkant, hek *n* [ˈɑxtərkɑnt, hɛk] |
| Jacht | jacht *n* [jɑxt] |
| Kabine | hut, kajuit [hʌt, kaːˈjœit] |
| Außen~ | buitenhut [ˈbœitəhʌt] |
| Innen~ | binnenhut [ˈbɪnəhʌt] |
| Kai | kade [ˈkaːdə] |
| Kajüte | kajuit [kaːˈjœit] |
| Kapitän | kapitein [kaːpiˈtɛin] |
| Knoten | knoop [knoːp] |
| Kreuzfahrt | cruise [kruːs] |
| Kurs | koers [ˈkuːrs] |
| Küste | kustvaarder, coaster [ˈkʌstvaːrdər, ˈkoːstər] |
| Landausflug | uitstapje *n* aan land [ˈœitstapjə aːn ˈlɑnt] |
| Landesteg | steiger [ˈstɛixər] |
| Leuchtturm | vuurtoren [ˈvyːrtoːrən] |
| Luftkissenboot | hovercraft [ˈhuvərkrɑft] |
| Mannschaft | bemanning [bəˈmɑnɪŋ] |
| Matrose | matroos [maːˈtroːs] |
| Motorboot | motorboot [ˈmoːtɔrboːt] |
| Passagier | passagier [pɑsaːˈʒiːr] |
| Promenadendeck | promenadedek, wandeldek *n* [prɔməˈnaːdədɛk, ˈwɑndəldɛk] |
| Rettungs\|boot | reddingsboot [ˈrɛdɪŋzboːt] |
| ~ring | reddingsgordel [ˈrɛdɪŋsxɔrdəl] |
| Ruderboot | roeiboot [ˈruiboːt] |
| Rundfahrt | rondvaart [ˈrɔntfaːrt] |
| Schwimmweste | zwemvest *n* [ˈzwɛmvɛst] |
| Seegang | zeegang [ˈzeːxɑŋ] |
| geringer~ | geringe zeegang [xəˈrɪŋə ˈzeːxɑŋ] |
| hoher~ | hoge zeegang [ˈhoːxə ˈzeːxɑŋ] |
| seekrank | zeeziek [ˈzeːzik] |
| Segelboot | zeilboot [ˈzɛilboːt] |
| Sonnendeck | zonnedek *n* [ˈzɔnədɛk] |
| Steuerbord | stuurboord *n* [ˈstyːrboːrt] |
| Steward | steward [ˈstjuwərt] |

| | |
|---|---|
| Tragflächenboot | vleugelboot ['vlø:xəlbo:t] |
| Überfahrt | overtocht, passage ['o:vərtɔxt, pa'sa:ʒə] |
| Welle | golf [xɔlf] |
| Zwischendeck | tussendek *n* ['tʌsədɛk] |

*Zugbrücke, Kanal bei Callantsoog*

## An der Grenze

### Bij de grens

**Pascontrole**

- Ihren Paß, bitte!

  Uw pas, alstublieft. [yw 'pas alsty'blift]

- Ihr Paß ist abgelaufen.

  Uw pas is verlopen. [yw 'pas ɪs vər'lo:pən]

  Ich gehöre zu der Reisegesellschaft aus …

  Ik hoor bij de toeristengroep/het reisgezelschap uit … [ɪk ho:r bɛi də tu'rɪstəxrup/ət 'rɛisxəzɛlsxap œit]

- Könnte ich bitte … für Ihren Hund/Ihre Katze sehen?

  Kan ik alstublieft … van Uw hond/kat zien?
  [kan ɪk alsty'blift … van yw hɔnt/kat sin]

  das amtstierärztliche Gesundheitszeugnis

  de verklaring van gezondheid door de dierenarts [də vər'kla:rɪŋ van xə'zɔnthɛit do:r də 'di:rənarts]

  die Tollwutimpfbescheinigung

  het bewijs van inenting tegen hondsdolheid [ət bə'wɛis van 'ɪnɛntɪŋ 'te:xə hɔnts'dɔlhɛit]

● Haben Sie ein Visum? | Heeft U een visum? [ˈheːft y ən ˈvizəm]

Kann ich das Visum hier bekommen? | Kan ik het visum hier krijgen? [ˈkan ɪk ət ˈvizəm ˈhiːr ˈkrɛixən]

---

### Zollkontrolle | Douanecontrole

● Haben Sie etwas zu verzollen? | Heeft U iets aan te geven? [ˈheːft y its ˈaːn tə ˈxeːvən]

Nein, ich habe nur ein paar Geschenke. | Nee, ik heb alleen maar een paar cadeautjes. [ˈneː ɪk hɛb aˈleːn maːr ən ˈpaːr kaˈdoːcəs]

● Fahren Sie bitte rechts/links heran. | Rijdt U alstublieft rechts/links op. [ˈrɛit y alstyˈblift ˈrɛxs/ˈlɪŋks ɔp]

● Öffnen Sie bitte den Kofferraum/diesen Koffer. | Wilt U de kofferruimte/deze koffer openen. [ˈwɪlt y də ˈkɔfərœimtə/deːzə ˈkɔfər ˈoːpənən]

Muß ich das verzollen? | Moet ik dat aangeven? [ˈmut ɪk dat ˈaːŋxeːvən]

Wieviel Zoll muß ich bezahlen? | Hoeveel invoerrechten moet ik betalen? [ˈhuveːl ˈɪŋvuːrɛxtən mut ɪk bəˈtaːlən]

---

### Wortliste Grenze

| | |
|---|---|
| Ausfuhr | uitvoer, export [ˈœitfuːr, ˈɛkspɔrt] |
| Ausreise | vertrek [vərˈtrɛk] |
| Bestimmungen | reglement *n* [reːxləˈmɛnt] |
| Einfuhr | invoer, import [ˈɪnvuːr, ɪmˈpɔrt] |
| Einreise (nach) | het binnenreizen (van) [ət ˈbɪnənrɛizən (van)] |
| Familien\|name | familienaam [faˈmilinaːm] |
| ~stand | burgerlijke staat [ˈbʌrxərləkə ˈstaːt] |
| ledig | ongetrouwd, ongehuwd [ˈɔŋxətrɔuwt, ˈɔŋxəhywt] |
| verheiratet | getrouwd, gehuwd [xəˈtrɔuwt, xəˈhywt] |
| verwitwet | *(Mann)* weduwnaar [ˈweːdyːwnaːr] |
| | *(Frau)* weduwe [ˈweːdyːwə] |
| Führerschein | rijbewijs *n* [ˈrɛibəwɛis] |

| | |
|---|---|
| Geburts\|datum | geboortedatum [xəˈboːrtədaːtəm] |
| ~name | (Frau) meisjesnaam [ˈmɛiʃəsnaːm] |
| | (Mann) geboortenaam [xəˈboːrtənaːm] |
| ~ort | geboorteplaats [xəˈboːrtəplaːts] |
| Grenzübergang | grensovergang [ˈxrɛnsoːvərxaŋ] |
| grüne Versicherungs- | verzekeringskaart |
| karte | [vərˈzeːkərɪŋskaːrt] |
| gültig | geldig [ˈxɛldəx] |
| internationaler Impfpaß | internationaal inentingsbewijs n |
| | [ɪntərnaːʃoˈnaːl ˈɪnəntɪŋsbəwɛis] |
| Kinderausweis | identiteitsbewijs n voor kinderen |
| | [idɛntiˈtɛitsbəwɛis voːr kindərən] |
| Nationalitätskennzei- | nationaliteitskenteken n |
| chen | [naːʃoːnaːliˈtɛitskɛnteːkən] |
| Paßkontrolle | pascontrole [ˈpaskɔntrɔlə] |
| Personalausweis | persoonsbewijs n [pɛrˈsoːnsbəwɛis] |
| | identiteitsbewijs n [idɛntiˈtɛitsbəwɛis] |
| | legitimatiebewijs n |
| | [leːximiˈtaːtsibəwɛis] |
| Reisepaß | paspoort n [ˈpaspoːrt] |
| Sichtvermerk | visum n [ˈvizəm] |
| Staatsangehörigkeit | nationaliteit [naːʃoːnaːliˈtɛit] |
| Tollwut | hondsdolheid [hɔntsˈdɔlhɛit] |
| Visum | visum n [ˈvizəm] |
| Vorname | voornaam [ˈvoːrnaːm] |
| Wohnort | woonplaats [ˈwoːnplaːts] |
| Zoll | douane [duˈwaːnə] |
| ~amt | douanekantoor n [duˈwaːnəkantoːr] |
| ~beamter | douanier [duwaːˈnjeː] |
| ~frei | vrijgesteld van invoerrechten, tolvrij |
| | [ˈvrɛixəstɛlt van ˈɪnvuːrɛxtən, ˈtɔlvrɛi] |
| ~gebühren | aan invoerrechten onderworpen |
| | [aːn ˈɪnvuːrɛxtən ɔndərˈwɔrpən] |
| ~kontrolle | douane controle [duˈwaːnə kɔntrɔlə] |
| ~pflichtig | belastbaar bij invoer, tolplichtig |
| | [bəˈlastbaːr bɛi ˈɪnvuːr, tɔlplɪxtəx] |

# Nahverkehrsmittel

## Streekvervoer/Buurtverkeer

Welcher Bus/Welche Straßenbahn/Welche U-Bahnlinie fährt nach …?

Welke bus/tram/metro rijdt naar …? ['wɛlkə bʌs/'trɛm/'meːtroː 'rɛit naːr]

Bitte, wo ist die nächste Bushaltestelle/Straßenbahnhaltestelle?

Waar is de volgende bushalte/tramhalte? ['waːr ɪs də 'vɔlxəndə 'bʌshaltə/ 'trɛmhaltə]

Bitte, wo ist die nächste U-Bahnstation?

Waar is het volgende metrostation? ['waːr ɪs ət 'fɔlxəndə 'meːtroːstaː'ʃɔn]

Welche Linie fährt nach …?

Welke lijn gaat naar …? ['wɛlkə 'lɛin 'xaːt naːr]

Ist dies der richtige Bus nach …?

Is deze bus de juiste in richting …? [ɪz deːzə bʌs də 'jœistə ɪn 'rɪxtɪŋ]

Wann/Wo fährt der Bus ab?

Wanneer/Waarvandaan vertrekt de bus? [waˈneːr/waːrvanˈdaːn vərtrɛkt də bʌs]

Wann fährt die erste/letzte U-Bahn nach …?

Wanneer gaat de eerste/laatste metro in richting …? [waˈneːr xaːt də 'eːrstə/ 'laːtstə 'meːtroː ɪn 'rɪxtɪŋ]

In welche Richtung muß ich fahren?

In welke richting moet ik rijden? [ɪn 'wɛlkə 'rɪxtɪŋ mut ɪk 'rɛidən]

Wie viele Haltestellen sind es?

Hoeveel haltes zijn dat? ['huveːl 'haltəs_'sɛin dat]

Wo muß ich aussteigen/umsteigen?

Waar moet ik uitstappen/overstappen? ['waːr mut ɪk 'œitstapən/ 'oːvərstapən]

Geben Sie mir bitte Bescheid, wenn ich aussteigen muß.

Wilt U het me alstublieft zeggen als we er zijn? ['wɪlt y ət mə alsty'blift 'zɛxən als wə ɛr 'zɛin]

Wo kann ich den Fahrschein kaufen?

Waar kan ik 'n kaartje kopen? ['waːr kan ɪk ən 'kaːrcə 'koːpən]

Bitte, einen Fahrschein nach …

Een kaartje naar … alstublieft. [ən 'kaːrcə naːr alsty'blift]

Gibt es auch Mehrfahrten-/Wochenkarten?

Heeft U ook strippenkaarten/weekkaarten? [heːft y 'oːk 'strɪpəkaːrtən/ 'weːkaːrtən]

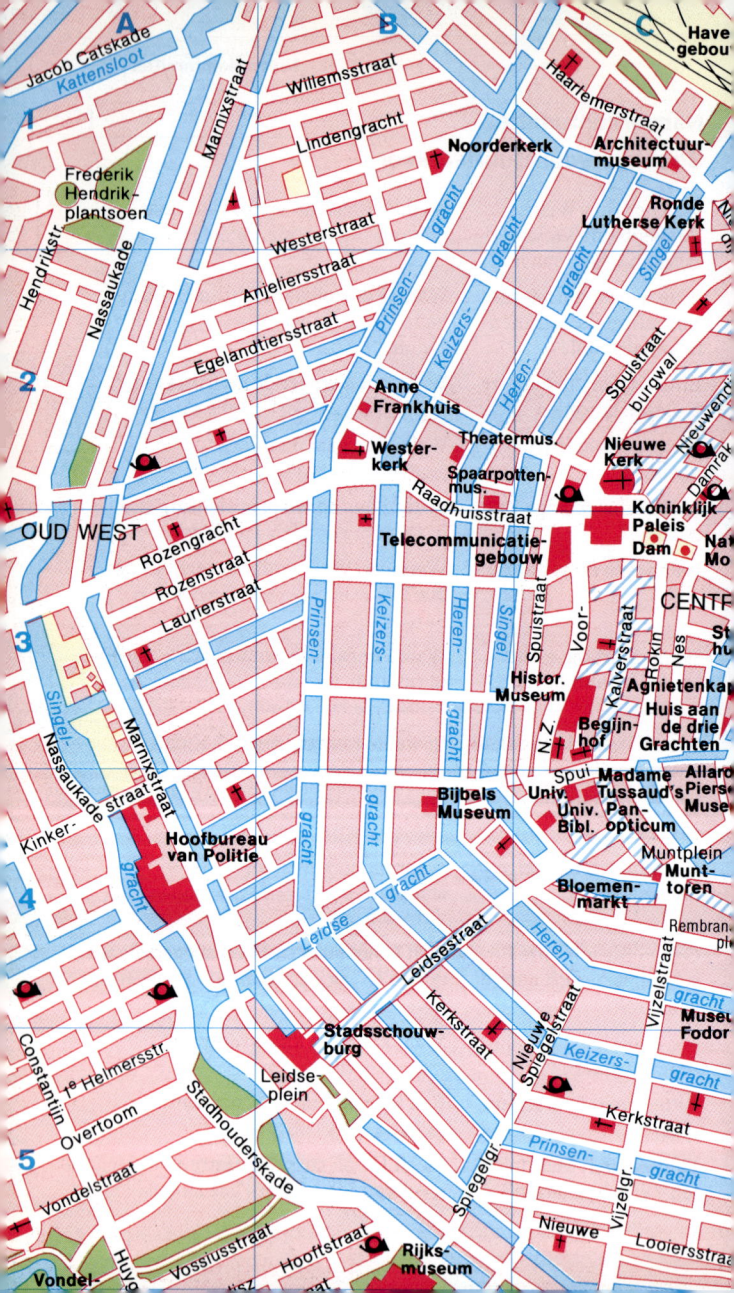

## Taxi

### Taxi

| | |
|---|---|
| Wo ist der nächste Taxi-stand? | Waar is de dichtstbijzijnde taxistand-plaats? [ˈwaːr ɪs də dɪxstˈbɛizɛində ˈtaksistantplaːts] |
| Zum Bahnhof. | Naar het station. [naːr ət staˈʃɔn] |
| Zum … Hotel. | Naar het … hotel. [naːr ət … hoˈtɛl] |
| In die …-Straße. | Naar de … straat. [naːr də … ˈstraːt] |
| Nach …, bitte. | Naar … alstublieft. [naːr … alstyˈblift] |
| Wieviel kostet es nach …? | Hoeveel is het/Hoeveel kost het naar …? [ˈhuveːl ˈɪsət/ˈhuveːl ˈkɔst ət naːr] |
| Halten Sie bitte hier. | Stopt U hier, alstublieft. [ˈstɔpt y ˈhiːr alstyˈblift] |
| Warten Sie bitte. Ich bin in 5 Minuten zurück. | Wacht U alstublieft. Ik ben binnen vijf minuten terug. [ˈwaxt y alstyˈblift ɪg bɛn ˈbɪnə ˈvɛif minytə ˈtrʌx] |
| Das ist für Sie. | Dat is voor U. [ˈdat ɪs voːr ˈy] |

## Zu Fuß

### Te voet

| | |
|---|---|
| Bitte, wo ist …? | Waar is …? [ˈwaːr ˈɪs] |
| Können Sie mir sagen, wie ich nach … komme? | Kunt U me zeggen, hoe ik naar … kom? [ˈkʌnt y mə ˈzɛxən ˈhu ik naːr … kɔm] |
| • Tut mir leid, das weiß ich nicht. | (Sorry,) Geen idee. [(ˈsɔri) ˈxeːn iˈdeː] |
| Welches ist der kürzeste Weg nach/zu …? | Wat is de kortste weg naar …? [ˈwat ɪs də ˈkɔrtstə ˈwɛx naːr] |
| Wie weit ist es zum/zur …? | Hoe ver is het naar …? [hu ˈvɛr ɪs ət naːr] |
| • Es ist (nicht) weit. | Het is (niet) ver. [ət ɪs (ˈnit) ˈvɛr] |
| • Es ist ganz in der Nähe. | Het is vlakbij. [ət ɪs vlagbɛi] |
| • Gehen Sie geradeaus/ nach links/nach rechts. | Gaat U steeds rechtdoor/naar links/ naar rechts. [ˈxaːt y steːts rɛxˈdoːr/naːr ˈlɪŋks/naːr ˈrɛxs] |

- Erste/Zweite Straße links/rechts.

  Eerste/Tweede straat links/rechts. [ˈeːrstə/ˈtweːdə straːt ˈlɪŋks/rɛxs]

- Überqueren Sie …

  Gaat U over … [ˈxaːt y ˈoːvər]

  - die Brücke.

    de brug. [də ˈbrʌx]

  - den Platz.

    het plein. [ət ˈplɛin]

  - die Straße.

    de straat. [də ˈstraːt]

- Dann fragen Sie noch einmal.

  Dan vraagt U het nog een keer. [ˈdɑn ˈvraːxt y ət ˈnox ən keːr]

- Sie können es nicht verfehlen.

  U kunt niet verdwalen. [y ˈkʌnt niːt vərˈdwaːlən]

- Sie können …

  U kunt … [y ˈkʌnt]

  - den Bus

    de bus [də ˈbʌs]

  - die Straßenbahn

    de tram [də ˈtrɛm]

  - die S-Bahn

    de sneltram [də ˈsnɛltrɛm]

  - die U-Bahn

    de metro/ondergrondse [də ˈmeːtroː/ˈɔndərxrɔnsə]

  - den Obus

    de trolley(bus) [də ˈtrɔli(bʌs)]

  nehmen.

  nemen. [ˈneːmən]

## Wortliste Unterwegs in der Stadt

| | |
|---|---|
| abfahren | vertrekken [vərˈtrɛkən] |
| Abfahrt | vertrek *n* [vərˈtrɛk] |
| ausrufen | uitroepen [ˈœitrupən] |
| aussteigen | uitstappen [ˈœitstapən] |
| Bus | bus [bʌs] |
| ~bahnhof | busstation *n* [ˈbʌstaːʃɔn] |
| einsteigen | instappen [ˈɪnstapən] |
| Endstation | eindstation *n* [ˈɛintstaʃɔn] |
| entwerten | afstempelen, knippen [ˈɑfstɛmpələn, knɪpən] |
| Fahr\|er/in | buschauffeur/chauffeuse [ˈbʌʃoːfʌːr/ʃoːføːsə] |
| ~kartenausgabe | loket *n* [loˈkɛt] |
| ~plan | spoorboekje *n*, dienstregeling [ˈspoːrbukjə, ˈdinstrəxəlɪŋ] |
| ~preis | prijs, transporttarief *n* [prɛis, transˈpɔrtaˑrif] |
| ~schein | (tram)kaart(je) *n* [(ˈtrɛm)kaːrcə] |
| ~scheinentwerter | stempelautomaat [ˈstɛmpəloːtoːmaːt] |
| Fußgängerzone | voetgangersgebied *n*, voetgangerszone [ˈvutxaŋərsxəbit, ˈvutxaŋərszɔːnə] |

| | |
|---|---|
| Gasse | steeg, straatje *n* [ste:x, 'stra:cə] |
| Gebäude | gebouw *n* [xə'bɔuw] |
| Gehsteig | trottoir *n*, voetpad *n* [trɔ'twa:r, 'vutpat] |
| halten | stoppen ['stɔpən] |
| Haltestelle | halte ['haltə] |
| Hauptstraße | hoofdstraat ['ho:ftstra:t] |
| Haus | huis *n* [hœis] |
| ~nummer | huisnummer *n* ['hœisnʌmər] |
| Innenstadt | binnenstad, centrum *n* |
| | ['bɪnəstat, 'sɛntrəm] |
| Kirche | kerk [kɛrk] |
| Knopf drücken | een signaal geven [ən sɪn'ja:l 'xe:vən] |
| Kontrolleur | conducteur [cɔndək'tʌ:r] |
| lösen *(Fahrschein)* | een kaartje kopen/nemen |
| | [ən 'ka:rcə 'ko:pən/ne:mən] |
| Nebenstraße | zijstraat ['zɛistra:t] |
| Netzkarte | netkaart ['nɛtka:rt] |
| Park | park *n* [park] |
| Pauschalpreis | all-in-prijs [ɔl'ɪnprɛis] |
| Quittung | kwitantie [kwi'tansi] |
| Richtung | richting ['rɪxtɪŋ] |
| S-Bahn | sneltram ['snɛltrɛm] |
| Schaffner | conducteur [kɔndək'tʌ:r] |
| Stadt\|bus | stadsbus ['statsbʌs] |
| ~rundfahrt | rondrit door de stad |
| | ['rɔntrɪt do:r də 'stat] |
| ~teil | wijk [wɛik] |
| ~zentrum | centrum *n* (van de stad) |
| | ['sɛntrəm (van də 'stat)] |
| Straße | straat [stra:t] |
| Straßenbahn | tram [trɛm] |
| Tageskarte | dagkaart ['daxka:rt] |
| Taxi\|fahrer | taxichauffeur ['taksiʃo:'fʌ:r] |
| ~stand | taxistandplaats [taksi'stantpla:ts] |
| Trinkgeld | fooi [fo:i] |
| U-Bahn | ondergrondse, metro |
| | [ɔndər'xrɔntsə, 'me:tro:] |
| Vorort | voorstad, voorsteden |
| | ['vo:rstat, 'vo:rste:dən] |
| Wochenkarte | weekabonnement *n* ['we:kabɔnə'mɛnt] |
| Zeitkarte | abonnement *n* [abɔnə'mɛnt] |

**4** **Unterkunft**
Onderdak

## Auskunft

### Inlichtingen/Informatie

Können Sie mir bitte … empfehlen?
   ein gutes Hotel
   ein einfaches Hotel

   eine Pension
   ein Privatzimmer

Kunt U mij alstublieft … aanbevelen?
['kʌnt y mə alsty'blift … 'a:mbəve:lən]
   een goed hotel [ən xut ho:'tɛl]
   een eenvoudig hotel
   [ən e:n'vɔudəx ho:'tɛl]
   een pension [ən pɛn'ʃɔn]
   logies bij particulieren
   [lo:'ʒis bɛi partiky'lirən]

Ist es zentral/ruhig/in Strandnähe gelegen?

Ligt het centraal/rustig/dicht bij het strand?
[lɪxt ət sɛn'tra:l/'rʌstəx/dɪxt bɛi ət 'strant]

Was wird eine Übernachtung etwa kosten?

Hoeveel zal een overnachting ongeveer kosten? ['huve:l zal ən o:vər'naxtɪŋ 'ɔŋxəve:r 'kɔstən]

Gibt es hier eine Jugendherberge/einen Campingplatz?

Is hier een jeugdherberg/een camping?
['ɪs hi:r ən 'jø:xthɛrbɛrx/ən 'kɛmpɪŋ]

*In den Sommermonaten erhalten Sie beim Niederländischen Büro für Tourismus (NBT) Last-Minute-Infos über freie Betten an der Nordseeküste.*

## Hotel/Pension/Privatzimmer

### Hotel/Pension/Kamer te huur

**An der Rezeption**

**Bij de receptie**

Ich habe bei Ihnen ein Zimmer reserviert. Mein Name ist …

Ik heb een kamer bij U gereserveerd. Mijn naam is …/Ik heet …
[ɪk hɛp ən 'ka:mər bɛi y xəre:zər've:rt. mɛin 'na:m ɪs/ɪk 'he:t]

Haben Sie noch Zimmer frei?
   … für eine Nacht.
   … für zwei Tage/eine Woche.

Heeft U nog kamers vrij?
['he:ft y nɔx 'ka:mərs 'vrɛi']
   … voor een nacht. [vo:r e:n naxt]
   … voor twee dagen/voor een week.
   [vo:r twe: 'da:xən/vo:r e:n we:k]

● Nein, wir sind leider voll-    Nee, we zijn helaas helemaal vol.
ständig belegt.      ['ne: wə zɛin he:'la:s 'he:ləma:l 'vɔl]

● Ja, was für ein Zimmer    Ja, wat voor 'n kamer wilt U graag?
wünschen Sie?      ['ja: 'wat vo:r ən 'ka:mər 'wɪlt y xra:x]
    ein Einzelzimmer      een eenpersoonskamer
       [ən 'e:npər'so:nska:mər]
    ein Zweibettzimmer      een tweepersoonskamer
       [ən 'twe:pər'so:nska:mər]
    ein ruhiges Zimmer      een rustige kamer
       [ən 'rʌstəxə 'ka:mər]
    ein sonniges Zimmer      een zonnige kamer
       [ən 'zɔnəxə ka:mər]

    mit fließend Kalt- und      met koud en warm water
    Warmwasser      [mɛt kɔut ɛn warm wa:tər]
    mit Dusche      met douche [mɛ'duʃ]
    mit Bad      met bad [mɛt 'bat]
    mit Balkon/Terrasse      met balkon/terras [mɛt bal'kɔn/tɛ'ras]
    mit Blick aufs Meer      met uitzicht op de zee
       [mɛt 'œitsɪxt ɔp də 'ze:]
    straßenseitig gelegen      aan de straatkant [a:n də 'stra:tkant]
    hofseitig gelegen      aan de binnenplaats
       [a:n də 'bɪnənpla:ts]

Kann ich das Zimmer    Kan ik de kamer zien?
ansehen?      [kan ɪk də 'ka:mər zin]

Dieses Zimmer gefällt    Deze kamer bevalt mij niet. Wilt U mij
mir nicht. Zeigen Sie mir    een andere laten zien?
bitte ein anderes.      ['de:ze 'ka:mər bə'valt mɛi nit. wɪlt y mɛi
     ən 'andərə la:tən 'zin]

Dieses Zimmer ist sehr    Deze kamer is erg mooi. Ik neem hem.
hübsch. Ich nehme es.      ['de:zə 'ka:mər ɪs 'ɛrx 'mo:i. ɪk 'ne:m hɛm]

Können Sie noch ein drit-    Kunt U er nog 'n derde bed/kinderbed
tes Bett/Kinderbett dazu-    bijzetten? ['kʌnt y ər nox ən 'dɛrdə bɛt/
stellen?      'kɪndərbɛt bɛizɛtən]

Gibt es Kinderermäßi-    Is er korting voor kinderen?
gung?      [ɪs ər 'kɔrtɪŋ vo:r 'kɪndərən]

Was kostet das Zimmer    Hoeveel kost logies met …
mit …      ['huve:l 'kɔst lo:'ʒis mɛt]
    Frühstück?      ontbijt? [ɔnd'bɛit]
    Halbpension?      halfpension? ['halfpɛn'ʃɔn]
    Vollpension?      kost en inwoning? [kɔst ɛn 'ɪnwo:nɪŋ]

● Wollen Sie bitte den An-
meldeschein ausfüllen?

Wilt U alstublieft het aanmeldingsfor-
mulier invullen? ['wɪlt y alsty'blift ət
'a:mɛldɪŋsfɔrmy'li:r 'ɪnvʌlən]

● Darf ich Ihren Reisepaß/
Personalausweis sehen?

Mag ik Uw pas/persoonsbewijs zien?
['max ɪk yw 'pas/pər'so:nsbəwɛis 'zin]

Bitte lassen Sie das Ge-
päck auf mein Zimmer
bringen.

Wilt U de bagage op mijn kamer laten
brengen? [wɪlt y də ba'xa:ʒə ɔp mən
'ka:mər la:tən 'brɛŋən]

Wo kann ich den Wagen
abstellen?

Waar kan ik de auto parkeren/stallen?
['wa:r kan ɪk də 'o:to: par'ke:rən/'stalən]

● In unserer Garage./Auf
unserem Parkplatz.

In onze garage./Op onze parkeer-
plaats/ons parkeerterrein
[ɪn ɔnzə xa:ra:ʒə./ɔp ɔnzə par'ke:rpla:ts/
ɔns par'ke:rtɛ'rɛin]

Hat das Hotel ein
Schwimmbad/einen eige-
nen Strand?

Heeft het hotel een zwembad/een eigen strand? [he:ft ət ho:'tɛl ən 'zwɛmbat/
ən 'ɛixən strant]

## Gespräche mit dem Hotelpersonal

## Gesprekken met het hotelpersoneel

Ab wann können wir/
kann ich frühstücken?

Vanaf wanneer kunnen wij/kan ik ontbijten? [van'af wa'ne:r kʌnən wɛi/kan ɪk
ɔnd'bɛitən]

Wann sind die Essenszei-
ten?

Wanneer wordt er gegeten?
[wa'ne:r wɔrt ər xə'xe:tən]

Wo ist der Speisesaal?

Waar is de eetzaal? ['wa:r ɪs də 'e:tsa:l]

Wo kann man frühstük-
ken?

Waar kun je ontbijten?
['wa:r kʌn jə ɔnd'bɛitən]

Eine Treppe tiefer.

Een verdieping lager.
[e:n vər'dipɪŋ 'la:xər]

● Sollen wir Ihnen das
Frühstück aufs Zimmer
schicken?

Zullen wij U het ontbijt op de kamer
brengen? ['zʌlən wə y ət ɔnd'bɛit ɔp də
'ka:mər brɛŋən]

Schicken Sie mir bitte
das Frühstück um … Uhr
aufs Zimmer.

Wilt U mij het ontbijt om … uur op de
kamer brengen? ['wɪlt y mɛi ət ɔnd'bɛit
ɔm … 'y:r ɔp də 'ka:mər brɛŋən]

| | |
|---|---|
| Zum Frühstück nehme ich … | Bij het ontbijt neem ik … [bɛi ət ɔnd'bɛit 'ne:m ɪk] |
| schwarzen Kaffee. | zwarte koffie. ['zwɑrtə 'kɔfi] |
| Kaffee mit Milch. | koffie met melk. ['kɔfi mɛt 'mɛlk] |
| koffeinfreien Kaffee. | koffie zonder cafeïne. ['kɔfi 'zɔndər kafe:'jinə] |
| Tee mit Milch/Zitrone. | thee met melk/citroen. ['te: mɛt 'mɛlk/si'trun] |
| einen Kräutertee. | kruidenthee ['krœidəte:] |
| Schokolade. | chocolademelk. [ʃo:ko:'la:dəmɛlk] |
| einen Fruchtsaft. | een vruchtensap. [ən 'vrʌxtəsap] |
| ein weiches Ei. | een zachtgekookt ei. [ən 'zɑxtxəko:kt 'ɛi] |
| Rühreier. | roerei. ['ru:rɛi] |
| Eier mit Speck. | eieren met spek. ['ɛijərə mɛt 'spɛk] |
| Brot/Brötchen/Toast. | brood/broodje/toast. ['bro:t/'bro:cə/to:st] |
| ein Hörnchen. | een croissant. [ən kxa:'zã] |
| Butter. | boter. ['bo:tər] |
| Käse. | kaas. ['ka:s] |
| Wurst. | worst. [wɔrst] |
| Schinken. | ham. ['hɑm] |
| Honig. | honing. ['ho:nɪŋ] |
| Marmelade. | jam. [ʃɛm] |
| ein Müsli. | müsli. ['mysli] |
| ein Joghurt. | yoghurt. ['jɔxərt] |
| etwas Obst. | een beetje fruit. [ən 'be:cə frœit] |

Könnte ich für morgen ein Lunchpaket bekommen?

Kunt U mij morgen een lunchpakket geven, alstublieft! [ˈkʌnt y mə ˈmɔrxən ˈən ˈlʌnʃpaˈkɛt ˈxeːvən alstyˈblift]

Wecken Sie mich bitte morgen früh um … Uhr.

Wilt U mij morgen vroeg om … uur wekken? [ˈwɪlt y mə ˈmɔrxən ˈvrux ɔm … ˈyːr ˈwɛkən]

Würden Sie mir bitte … bringen?
noch ein Handtuch
ein Stück Seife
einige Kleiderbügel

Wilt U mij alstublieft … brengen? [ˈwɪlt y mə alstyˈblift … ˈbrɛŋən]
nog een handdoek [ˈnox ən ˈhanduk]
een stuk zeep [ən stʌk ˈseːp]
enkele klerenhangers [ˈɛŋkələ ˈkleːrəhaŋərs]

Wie funktioniert …?

Hoe functioneert …? [hu fʌŋkʃoːˈneːrt]

Bitte meinen Schlüssel.

Mijn sleutel alstublieft. [mən ˈsløːtəl alstyˈblift]

Hat jemand nach mir gefragt?

Heeft er iemand naar mij gevraagd? [ˈheːft ɛr ˈimant naːr mɛi geˈvraːxt]

Ist Post für mich da?

Is er post voor me? [ˈɪs ɛr ˈpɔst voːr mə]

Haben Sie Ansichtskarten/Briefmarken?

Heeft U ansichtkaarten/postzegels? [ˈheːft y ˈanzɪxtkaːrtən/ˈpoːseːxəls]

Wo kann ich diesen Brief einwerfen?

Waar kan ik deze brief posten? [ˈwaːr kan ɪk deːzə ˈbrif ˈpɔstən]

Wo kann ich … mieten/ausleihen?

Waar kan ik … huren? [ˈwaːr kan ɪk ˈhyːrən]

Wo kann ich telefonieren?

Waar kan ik telefoneren? [ˈwaːr kan ɪk teːləfoːˈneːrən]

Kann ich meine Wertsachen bei Ihnen in den Safe geben?

Kan ik mijn waardevolle spullen in de safe deponeren? [kan ɪk mən ˈwaːrdəvɔlə ˈspʌlən ɪn də ˈseːf deːpoːˈneːrən]

Kann ich meine Sachen hierlassen, bis ich wiederkomme?

Kan ik mijn spullen hier laten tot ik weer terugkom? [ˈkan ɪk mən ˈspʌlən ˈhiːr ˈlaːtən tɔt ɪk weːr ˈtrʌxkɔm]

| **Beanstandungen** | **Klachten** |
|---|---|

Das Zimmer ist nicht gereinigt worden.
De kamer is niet schoongemaakt. [də ˈkaːmər ɪs nit ˈsxoːŋxəmaːkt]

Die Dusche …
De douche … [də ˈduʃ]

Die Spülung …
De doorspoeling … [də ˈdoːrspulɪŋ]

Die Heizung …
De verwarming … [də vərˈwarmɪŋ]

Das Licht …
Het licht … [ət ˈlɪxt]

Das Radio …
De radio … [də ˈraːdio]

Der Fernseher … funktioniert nicht.
De TV/televisie … [də teːˈveː/teːləˈvisi] doet het niet. [ˈdut ət nit]

Der Wasserhahn tropft.
De kraan drupt/lekt. [də ˈkraːn drʌpt/lɛkt]

Es kommt kein (warmes) Wasser.
Er komt geen (warm) water. [ɛr ˈkɔmt xeːn (warm) ˈwaːtər]

Die Toilette/Das Waschbecken ist verstopft.
Het toilet/De wastafel is verstopt. [ət twaˈlɛt/də ˈwastaˈfəl ɪs vərˈstɔpt]

Das Fenster schließt nicht/geht nicht auf.
Het raam sluit niet/gaat niet open. [ət ˈraːm ˈslœit nit/xaːt nit ˈoːpən]

Der Schlüssel paßt nicht.
De sleutel past niet. [də ˈsløːtəl ˈpast nit]

| **Abreise** | **Vertrek** |
|---|---|

Ich reise heute abend/morgen um … Uhr ab.
Ik vertrek vanavond/morgen om … uur. [ɪk vərˈtrɛk vaˈnaːvɔnt/ˈmɔrxən ɔm … ˈyːr]

Bis wann muß ich das Zimmer räumen?
Hoe laat moet ik uit de kamer zijn? [hu ˈlaːt mut ɪk œit də ˈkaːmər zɛin]

Machen Sie bitte die Rechnung fertig.
Wilt U de rekening opmaken? [ˈwɪlt y də ˈreːkənɪŋ ˈɔpmaːkən]

Getrennte Rechnungen, bitte.
Aparte rekeningen alstublieft. [aːˈpartə ˈreːkənɪŋən ˈalstyblift]

Nehmen Sie deutsches Geld/Euroschecks?
Neemt U Duits geld/eurocheques aan? [ˈneːmt y ˈdœits xɛlt/ʌˈroʃɛks aːn]

Bitte senden Sie noch ankommende Post an diese Adresse nach.

Wilt U mijn post naar dit adres doorsturen, alstublieft? ['wɪlt y mən 'pɔst naːr dɪt aˈdrɛs 'doːrstyːrən alstyˈblift]

Lassen Sie bitte mein Gepäck herunterbringen.

Wilt U mijn bagage naar beneden laten brengen? ['wɪlt y mən baːˈxaːʒə naːr bəˈneːdən laːtən 'brɛŋən]

Lassen Sie bitte mein Gepäck zum Bahnhof/zum Air Terminal bringen.

Wilt U mijn bagage naar het station/ naar de Air Terminal laten brengen? ['wɪlt y mən baˈxaːʒə naːr ət staˈʃɔn/naːr də 'ɛːr tərmənəl laːtən 'brɛŋən]

Rufen Sie mir bitte ein Taxi.

Wilt U alstublieft een taxi voor mij roepen? ['wɪlt y alstyˈblift ən 'taksi vɔr mɛi 'rupən]

Vielen Dank für alles. Auf Wiedersehen.

Hartelijk dank voor alles. Tot ziens! ['hartələk 'daŋk voːr 'aləs. tɔt 'sins]

---

## Wortliste Hotel/Pension/Privatzimmer

| | |
|---|---|
| Abendessen | avondeten n ['aːvɔnteːtən] |
| Anmeldung | aanmelding ['aːmɛldɪŋ] |
| Aschenbecher | asbak ['asbak] |
| Aufenthaltsraum | recreatieruimte [reːcrəˈjaːtsirœimtə] |
| Aufzug | lift [lɪft] |
| Bade\|wanne | badkuip ['batkœip] |
| ~zimmer | badkamer ['batkaːmər] |
| Balkon | balkon n [balˈkɔn] |
| Bett | bed n [bɛt] |
| ~decke | deken ['deːkən] |
| ~laken | (bedde)laken n [('bɛdə)'laːkən] |
| ~wäsche | beddegoed n ['bɛdəxut] |
| Bidet | bidet n [biˈdeː] |
| Dusche | douche [duʃ] |
| Empfangshalle | receptiehal [rəˈsɛpsihal] |
| Etage | etage [eːˈtaːʒə] |
| Fenster | raam n, venster n [raːm, 'vɛnstər] |
| Fernseher | televisie [teːləˈvisi] |
| Fernsehraum | televisiekamer [teːləˈvisikaːmər] |
| Frühstück | ontbijt n [ɔndˈbɛit] |

| | |
|---|---|
| Frühstücks\|büfett | *(1. Frühstück)* ontbijtbuffet [ɔnd'bɛidbyfɛt] |
| | *(2. Frühstück)* lunchbuffet ['lʌnʃbyfɛt] |
| ~raum | ontbijtzaal [ɔnd'bɛitsa:l] |
| Grillabend | barbecueavond ['barbəkju'a:vɔnt] |
| Halbpension | halfpension *n* ['halfpɛnʃɔn] |
| Handtuch | handdoek ['handuk] |
| Hauptsaison | hoofdseizoen *n* ['ho:ftsɛizun] |
| Hausbar | (huis)bar [('hœiz)bar] |
| Heizung | verwarming [vər'warmɪŋ] |
| Kategorie | kategorie [ka:təxɔ'ri] |
| Kinder\|betreuung | kinderoppas ['kɪndərɔpas] |
| ~bett | kinderbedje *n* ['kɪndərbɛcə] |
| ~spielplatz | kinderspeelplaats ['kɪndərspe:lpla:ts] |
| Kleiderbügel | kleerhanger ['kle:rhaŋər] |
| Klimaanlage | airconditioning ['ɛ:rkɔndɪʃənɪŋ] |
| Kopfkissen | hoofdkussen *n*, plumeau ['ho:ftkəsən, ply'mo:] |
| Kost und Logis | kost en logies ['kɔst ɛn lo:'ʒis] |
| Lampe | lamp ['lamp] |
| Lichtschalter | lichtknopje *n* ['lɪxtknɔpjə] |
| Matratze | matras [ma:'tras] |
| Minibar | minibar ['minibar] |
| Mittagessen | middageten, lunch *n* ['mɪdaxe:tən, lʌnʃ] |
| Motel | motel *n* [mo:'tɛl] |
| Nachsaison | naseizoen *n* ['na:sɛizun] |
| Nachttisch | nachtkastje *n* ['naxtkaʃə] |
| ~lampe | nachtlampje *n* ['naxtlampjə] |
| Nackenrolle | nekrol ['nɛkrɔl] |
| Papierkorb | prullenbak ['prʌləbak] |
| Pension | pension [pɛn'ʃɔn] |
| Planschbecken | kinderbad(je), pierenbadje *n* ['kɪndərbat(jə), 'pi:rəbacə] |
| Poolbar | poolbar ['pulbar] |
| Portier | portier [pɔr'ti:r] |
| Radio | radio ['ra:dijo:] |
| reinigen | schoonmaken ['sxo:nma:kən] |
| Reservierung | reservering [re:sər've:rɪŋ] |
| Rezeption | receptie [rə'sɛpsi] |
| Safe | safe [se:f] |
| Schlüssel | sleutel ['slø:təl] |
| Schrank | kast [kast] |
| Sessel | fauteuil [fo:'tœi] |
| Speisesaal | eetzaal ['e:tsa:l] |

| | |
|---|---|
| Spiegel | spiegel ['spixəl] |
| Steckdose | stopcontact *n* ['stɔpkɔntakt] |
| Stecker | stekker ['stɛkər] |
| Terrasse | terras *n* [tɛ'ras] |
| Toilette | toilet *n*, w.c. [twa:'lɛt, we:'se:] |
| Toilettenpapier | toiletpapier *n* [twa:'lɛtpa:pi:r] |
| Transferbus | transferbus [trans'fɛrbʌs] |
| Übernachtung | overnachting [o:vər'naxtɪŋ] |
| Ventilator | ventilator [vɛnti'la:tɔr] |
| Verlängerungs\|schnur | verlengsnoer [vər'lɛŋsnu:r] |
| ~woche | een week geprolongeerd |
| | [ən 'we:k xəpro:lɔŋ'xe:rt] |
| Vollpension | volledig pension *n* [vɔ'le:dəx pɛn'ʃɔn] |
| Vorsaison | voorseizoen *n* ['vo:rsɛizun] |
| Waschbecken | wastafel ['wasta:fəl] |
| Wäschewechsel | linnengoed verschonen |
| | ['lɪnəxut vərsxo:nən] |
| Wasser | water *n* ['wa:tər] |
| kaltes ~ | koud water [kɔut 'wa:tər] |
| warmes ~ | warm water [warm 'wa:tər] |
| ~glas | waterglas *n* ['wa:tərxlas] |
| ~hahn | waterkraan ['wa:tərkra:n] |
| Wolldecke | wollen deken [wɔlə'de:kən] |
| Zimmer | kamer ['ka:mər] |
| ~mädchen | kamermeisje *n* ['ka:mərmɛiʃə] |
| ~telefon | kamertelefoon ['ka:mərte:ləfo:n] |
| Zwischenstecker | tussenstekker ['tʌsəstɛkər] |

---

## Ferienhäuser/Ferienwohnungen

## Vakantiehuisjes/Appartementen

| | |
|---|---|
| Ist der Strom- und Wasserverbrauch im Mietpreis enthalten? | Zijn elektriciteit en water inclusief? [zɛin e:lɛktrisi'tɛit ɛn 'wa:tər ɪŋkly'zif] |
| Sind Haustiere erlaubt? | Zijn huisdieren toegestaan? [zɛin 'hœizdi:rən 'tuxəsta:n] |
| Wo bekommen wir die Schlüssel für das Haus/die Wohnung? | Waar krijgen we de huissleutels? [wa:r 'krɛixən wə də 'hœislø:təls] |
| Müssen wir sie dort auch wieder abgeben? | Moeten we ze daar ook weer afleveren? [mutən wə zə 'da:r o:k we:r 'afle:vərən] |

| | |
|---|---|
| Wo befinden sich die Mülltonnen? | Waar zijn de vuilnisbakken? [waːr zɛin də ˈvœilnəsbakən] |
| Müssen wir die Endreinigung selbst übernehmen? | Moeten we ze aan het eind van ons verblijf zelf schoonmaken? [mutən wə zə aːn ət ˈɛint fan ɔns vərˈblɛif ˈzɛlf ˈsxoːnmaːkən] |

## Wortliste Ferienhäuser/Ferienwohnungen

▶ **auch Wortliste Hotel/Pension/Privatzimmer**

| | |
|---|---|
| Anreisetag | dag van aankomst [dɑx van ˈaːŋkɔmst] |
| Appartement | appartement *n* [apartəˈmɛnt] |
| Bungalow | bungalow [ˈbʌŋxaːloː] |
| Endreinigung | schoonmaken aan het eind van het verblijf [ˈsxoːnmaːkən aːn ət ɛint fan ət fərˈblɛif] |
| Etagenbett | stapelbed [ˈstaːpəlbɛt] |
| Ferien\|anlage | vakantieterrein [vaːˈkan(t)sitɛˈrɛin] |
| ~haus | vakantiehuisje *n* [vaːˈkantsihœiʃə] |
| ~wohnung | appartement *n* [apartəˈmɛnt] |
| Geschirr\|handtuch | theedoek [ˈteːduk] |
| ~spülmaschine | afwasmachine [ˈɑfwasmaːʃinə] |
| Haus\|besitzer | eigenaar/eigenares [ˈɛixənaːr(ɛs)] |
| ~tiere | huisdieren [ˈhœizdiːrən] |
| Herd | fornuis *n* [fɔrˈnœis] |
| Elektro~ | elektrisch fornuis [eːˈləktris fɔrˈnœis] |
| Gas~ | gasfornuis [ˈxasfɔrˈnœis] |
| Kaffeemaschine | koffiezetmachine [ˈkɔfizɛtmaːʃinə] |
| Kühlschrank | koelkast, ijskast [ˈkulkast, ˈɛiskast] |
| Miete | huur [hyːr] |
| Müll | afval [ˈafal] |
| ~container | afvalcontainer [ˈafalkɔnˈteːnər] |
| Nebenkosten | extra kosten [ˈɛkstraː ˈkɔstən] |
| Prospekt | prospectus [proːˈspɛktəs] |
| Schlaf\|couch | slaapbank [ˈslaːbaŋk] |
| ~zimmer | slaapkamer [ˈslaːpkaːmər] |
| Schlüsselübergabe | overhandiging van de sleutels [oːvərˈhandəxiŋ van də ˈslØːtəls] |
| Strom | elektriciteit [eːlɛktrisiˈtɛit] |
| ~pauschale | vaste prijs voor elektriciteit [ˈvastə prɛis voːr eːlɛktrisiˈtɛit] |
| ~spannung | elektrische spanning, volt [eːˈlɛktrisə spaniŋ, vɔlt] |

| | |
|---|---|
| Toaster | broodrooster *n* [ˈbroːtroːstər] |
| vermieten | verhuren [vərˈhyːrən] |
| Waschmaschine | wasmachine [ˈwasmaːʃinə] |
| Wohn- Schlafraum | woon-slaapkamer [woːnˈslaːpˈkaːmər] |
| Zentralheizung | centrale verwarming |
| | [sɛnˈtraːlə vərˈwarmɪŋ] |

## Camping

## Camping

| | |
|---|---|
| Gibt es in der Nähe einen Campingplatz? | Is er in de buurt een camping? [ˈɪs ər ɪn də ˈbyːrt ən ˈkɛmpɪŋ] |
| Haben Sie noch Platz für einen Wohnwagen/ein Zelt? | Heeft U nog plaats voor een caravan/ een tent? [ˈheːft y nɔx ˈplaːts voːr ən ˈkɛrəvɛn/ən ˈtɛnt] |
| Wie hoch ist die Gebühr pro Tag und Person? | Hoeveel kost het per dag en per persoon? [ˈhuveːl ˈkost ət pɛr ˈdax ɛn pɛr pərˈsoːn] |
| Wie hoch ist die Gebühr für… | Hoeveel kost het voor … [ˈhuveːl ˈkɔst ət voːr] |
| das Auto? | de auto? [də ˈɔutoː] |
| den Wohnwagen? | de caravan [də ˈkɛrəvɛn] |
| das Wohnmobil? | de camper [də ˈkɛmpər] |
| das Zelt? | de tent? [də ˈtɛnt] |
| Vermieten Sie Ferienhäuser/Wohnwagen? | Verhuurt U vakantiehuizen/caravans? [vərˈhyːrt y vaˈkansihœizən/ˈkɛrəvɛns] |
| Wo kann ich meinen Wohnwagen aufstellen/ mein Zelt aufschlagen? | Waar kan ik mijn caravan stallen/mijn tent opzetten? [ˈwaːr kan ɪk mən ˈkɛrəvɛn ˈstalən/mən tɛnt ˈɔpzɛtən] |

*In den Niederlanden ist es verboten, außerhalb der Campingplätze zu zelten oder einen Wohnwagen aufzustellen. Besonders hohe Geldstrafen stehen in den Niederlanden auf Wildcampen in den Dünen.*

| | |
|---|---|
| Wir bleiben … Tage/ Wochen. | We blijven … dagen/weken. [wə ˈblɛivən … ˈdaːxən/weːkən] |
| Gibt es hier ein Lebensmittelgeschäft? | Is hier een levensmiddelenzaak? [ɪs ˈhiːr ən ˈleːvənsmɪdələnzaːk] |

Wo sind die …
  Toiletten?
  Waschräume?
  Duschen?

Waar zijn de … ['wa:r 'zɛin də]
  toiletten? [twa'lɛtən]
  wasgelegenheden? ['wasxəle:xənhe:dən]
  douches? ['duʃəs]

Gibt es hier Strom-
anschluß?

Is hier elektriciteit?
[ɪs 'hi:r e:lɛktrisi'tɛit]

Haben Sie 220 oder
110 Volt?

Heeft U tweehonderdtwintig of
honderdtien volt? ['he:ft y
twe:hɔndər'twɪntəx ɔf hɔndər'tin 'vɔlt]

Wo kann ich Gasflaschen
umtauschen/ausleihen?

Waar kan ik gasflessen ruilen/huren?
['wa:r kan ɪk 'xasflɛsən 'rœilən/'hy:rən]

Ist der Campingplatz bei
Nacht bewacht?

Is de camping 's nachts bewaakt?
[ɪs də 'kɛmpɪŋ snax(t)s bə'wa:kt]

Gibt es hier einen Kinder-
spielplatz?

Is hier een kinderspeelplaats?
[ɪs 'hi:r ən 'kɪndərspe:lpla:ts]

Können Sie mir bitte …
leihen?

Kunt U mij alstublieft … lenen?
['kʌnt y mɛi alsty'blift … 'le:nən]

## Jugendherberge

## Jeugdherberg

Kann ich bei Ihnen Bett-
wäsche/einen Schlafsack
leihen?

Kan ik beddegoed lenen (bij U)?
[kan ɪk 'bɛdəxut le:nən (bɛi y)]

● Die Eingangstür wird um
24 Uhr abgeschlossen.

De deur/De toegangspoort gaat om 24
uur dicht. [də dʌ:r/də 'tuxaŋspo:rt xa:t
ɔm 'virəntwɪntəx y:r 'dɪxt]

## Wortliste Camping/Jugendherberge

Bauernhof — boerderij [burdə'rɛi]
Benutzungsgebühr — vergoeding voor het gebruik
[vər'xudɪŋ vo:r ət xə'brœik]

Camping — camping ['kɛmpɪŋ]
  ~ausweis — kampeerpaspoort *n* [kam'pe:rpaspo:rt]
  ~führer — campinggids ['kɛmpɪŋxɪts]
  ~platz — kampeerterrein *n* [kam'pe:rtɛrɛin]
Gas|flasche — gasfles ['xasflɛs]
  ~kartusche — gastankje *n* [xastɛŋkjə]
  ~kocher — gas(toe)stel *n* ['xastustɛl/'xastɛl]

| | |
|---|---|
| Gemeinschaftsraum | recreatiezaal [re:crə'ja:tsiza:l] |
| Geschirrspülbecken | afwasbak ['afwasbak] |
| Herbergseltern | jeugdherbergouders ['jø:xthɛrbɛrxɔudərs] |
| Hering | (tent)haring [('tɛnt) 'ha:rɪŋ] |
| Jugendgruppe | jeugdgroep ['jø:xtxrup] |
| Jugendherberge | jeugdherberg ['jø:xthɛrbɛrx] |
| Jugendherbergs\|ausweis | toegangskaart voor de jeugdherberg, jeugdherbergkaart ['tuxaŋska:rt vo:r də 'jø:xthɛrbɛrx, 'jø:xthɛrbɛrxka:rt] |
| ~führer | gids voor jeugdherbergen [gɪts vo:r 'jø:xthɛrbɛrxən] |
| Kinderspielplatz | kinderspeelplaats ['kɪndərspe:lpla:ts] |
| Kocher | kooktoestel n ['ko:ktustɛl] |
| leihen | huren ['hy:rən] |
| Leihgebühr | huurprijs ['hy:rprɛis] |
| Mehrbettzimmer | slaapzaal ['sla:psa:l] |
| Mitgliedskarte | lidmaatschapskaart ['lɪtma:tsxapska:rt] |
| Propangas | propaangas n [pro:'pa:ŋxas] |
| ~lampe | propaanlamp [pro:'pa:nlamp] |
| Schlaf\|saal | slaapzaal ['sla:psa:l] |
| ~sack | slaapzak ['sla:psak] |
| Steckdose | stopcontact n ['stɔpkɔntakt] |
| Stecker | stekker ['stɛkər] |
| Strom | elektriciteit [e:lɛktrici'tɛit] |
| Studentenwohnheim | studenten(te)huis [sty'dɛntə(tə)'hœis] |
| Tagesraum | dagverblijf n ['daxfərblɛif] |
| Trinkwasser | drinkwater n ['drɪŋkwa:tər] |
| Voranmeldung | van tevoren aanmelden [van tə'vo:rən 'a:nmɛldən] |
| Waschraum | wasgelegenheid ['wasxəle:xənhɛit] |
| Wäschetrockner | centrifuge, droogrek ['sɛntri'fyʒə, 'dro:xrɛk] |
| Wasser | water n ['wa:tər] |
| ~kanister | jerrycan ['dʒɛrikɛn] |
| Wohn\|mobil | camper ['kɛmpər] |
| ~wagen | caravan ['kɛrəvɛn] |
| Zelt | tent [tɛnt] |
| zelten | kamperen [kam'pe:rən] |
| Zelt\|pflock | (tent)haring, tentpin [('tɛnt)'ha:rɪŋ, 'tɛntpɪn] |
| ~plane | tentzeil ['tɛntsɛil] |
| ~schnur | tenttouw(tje) ['tɛntɔu(cə)] |
| ~stange | tentstok, tentpaal ['tɛntstɔk, 'tɛntpa:l] |

**5** **Gastronomie**
Eten en drinken

*Bezeichnung niederländischer Gaststätten*

**bar** – *Lokal mit Alkoholausschank*
**bodega** – *Weinlokal, Weinkeller*
**broodjeswinkel** – *Imbißstube, in der belegte Brote und Brötchen
angeboten werden.*
**café** – *entspricht dem deutschen Café (mit Alkoholausschank).*
**cafetaria** – *Schnellgaststätte (einfache Form)*
**eethuis** – *einfaches Restaurant*
**lunchroom** – *Restaurant, dem deutschen Café entsprechend.*
**restaurant** – *entspricht dem deutschen Restaurant.*

## Essen gehen

### Gaan eten

Wo gibt es hier …
  ein gutes Restaurant?

  ein typisches
  Restaurant?
  ein chinesisches/italie-
  nisches Restaurant?
  ein nicht zu teures
  Restaurant?
  einen Schnellimbiß?

Wo kann man hier in
der Nähe gut/preiswert
essen?

Waar is hier … ['waːr ɪs 'hiːr]
  een goed restaurant?
  [ən xut rɛsto'rant]
  een typisch restaurant?
  [ən 'tipis rɛsto'rant]
  een Chinees/Italiaans restaurant?
  [ən ʃi'neːs/ita:li'jaːns resto:'rant]
  een niet te duur restaurant?
  [ən 'nit tə 'dyːr rɛsto'rant]
  een snackbar? [ən 'snɛgbar]

Waar kun je hier in de buurt goed/
goedkoop gaan eten? ['waːr kʌn jə 'hiːr
ɪn də 'byːrt xut/xut'koːp xaːn 'eːtən]

*Über 600 Restaurants bieten ein
**Tourist Menu** an, das aus drei Gängen
besteht und überall zum gleichen Preis
angeboten wird. Die Zusammensetzung
des Menüs variiert jedoch von Ort zu Ort
und von Gegend zu Gegend.
Sehr preiswert ißt man auch in den zahlrei-
chen chinesischen und indonesischen Restaurants.*

## Im Restaurant
### In het restaurant

Reservieren Sie uns bitte für heute abend einen Tisch für 4 Personen.

Wilt U (voor ons) voor vanavond een tafel voor vier personen reserveren? [ˈwɪlt y (voːr ˈɔns) voːr vaˈnaːvənt ən ˈtaːfəl voːr ˈviːr pərˈsoːnən reːzɛrˈveːrən]

Bis wann kann man bei Ihnen warm essen?

Tot wanneer wordt er warm gegeten? [tɔt waˈneːr wɔrt ər warm xəˈxeːtən]

Ist dieser Tisch/Platz noch frei?

Is deze tafel/plaats nog vrij? [ɪs ˈdeːze ˈtaːfəl/plaːts nɔx ˈvrɛi]

Einen Tisch für 2/3 Personen, bitte.

Een tafel voor twee/drie personen, alstublieft. [ən ˈtaːfəl voːr ˈtweː/ˈdri pərˈsoːnən alstyˈblift]

Wo sind bitte die Toiletten?

Waar is het toilet/W.C.? [waːr ɪs ət twaːˈlɛt/də weːˈseː]

• Bitte hier entlang.

Alstublieft, deze kant op. [alstyˈblift, deːzə kant ɔp]

## Bestellung
Frühstück ▶ auch Kap.4
### Bestelling/Order

Herr Ober/Bedienung, die Speisekarte,

Ober, [ˈoːbər] de spijskaart/menukaart, [də ˈspɛiskaːrt/məˈnykaːrt]

die Getränkekarte, die Weinkarte, bitte.

de drankenkaart, [də ˈdraŋkəkaːrt] de wijnkaart, alstublieft. [də ˈwɛiŋkaːrt alstyˈblift]

Was können Sie mir empfehlen?

Wat kunt U mij aanbevelen? [ˈwat ˈkʌnt y mə ˈaːmbəvəːlən]

Haben Sie vegetarische Gerichte/Diätkost?

Heeft U een vegetarisch/diëtisch menu? [ˈheːft y ən veːxəˈtaːris/diˈjeːtis məˈny]

Gibt es auch Kinderportionen?

Geeft U ook halve porties voor kinderen? [ˈxeːft y oːk ˈhalvə ˈpɔrsis voːr ˈkɪndərən]

• Haben Sie schon gewählt?

Heeft U al Uw keuze gedaan? [ˈheːft y al yw ˈkøːzə xəˈdaːn]

- Was nehmen Sie als Vorspeise/Nachtisch?

Wat neemt U als voorgerecht/dessert? ['wɑt 'ne:mt y ɑls 'vo:rxərɛxt/dɛ'sɛ:rt]

Ich nehme …

Ik neem … [ɪk 'ne:m]

Als Vorspeise/Nachtisch nehme ich …

Als voorgerecht/dessert neem ik … [ɑls 'vo:rxərɛxt/dɛ'sɛ:rt 'ne:m ɪk]

Ich möchte keine Vorspeise, danke.

Ik wil/neem geen voorgerecht, dank U. [ɪk wɪl/ne:m 'xe:n 'vo:rxərɛxt, 'dɑŋky]

- Wir haben leider kein/e … (mehr).

Sorry, we hebben geen … meer. ['sɔri wə 'hɛbən xe:n … me:r]

- Dieses Gericht servieren wir nur auf Bestellung.

Dit menu/gerecht is er alleen maar op bestelling. [dɪt mə'ny/xə'rɛxt ɪs ər ɑ'le:n ma:r ɔp bə'stɛlɪŋ]

Könnte ich statt … … haben?

Kan ik in plaats van … … hebben? [kɑn ɪk ɪn pla:ts fɑn … … 'hɛbən]

Ich vertrage kein/e …, könnten Sie das Gericht ohne … zubereiten?

Ik kan niet tegen … wilt U het menu zonder … toebereiden? [ɪk kɑn nit 'te:xən … wɪlt y ət mə'ny 'zɔndər … 'tubərɛidən]

- Wie möchten Sie Ihr Steak haben?
  - gut durch
  - halbdurch
  - englisch

Hoe wilt U Uw steak hebben? ['hu 'wɪlt y yw 'ste:k hɛbən]
  - goed doorbakken [xut do:r'bakən]
  - half doorbakken [half do:r'bakən]
  - op de engelse manier [ɔp də 'ɛŋəlsə ma'ni:r]

- Was wollen Sie trinken?

Wat wilt U drinken? ['wɑt wɪlt y 'drɪŋkən]

Bitte ein Glas …

Een glas … alstublieft. [ən 'xlɑs … alsty'blift]

Bitte eine (halbe) Flasche …

Een (halve) fles …, alstublieft. [ən ('halvə) flɛs … alsty'blift]

Mit Eis, bitte.

Graag met ijs. ['xra:x mɛt 'ɛis]

- Guten Appetit!

Smakelijk eten! ['sma:kələk 'e:tən]
Eet smakelijk! [e:t 'sma:kələk]

*Gaststätten, die Spirituosen ausschenken, zeigen dies durch den Vermerk* **Volledige vergunning** *oder* **Tapvergunning** *am Türschild an.*

● Haben Sie noch einen Wunsch?

Heeft U nog een wens?
['he:ft y 'nɔx ən 'wɛns]

Bitte bringen Sie uns …

Wilt U ons alstublieft … brengen.
['wɪlt y ɔns alsty'blift … 'brɛŋən]

Könnten wir noch etwas Brot/Wasser/Wein bekommen?

Wilt U ons alstublieft nog 'n beetje brood/water/wijn brengen?
['wɪlt y ɔns alsty'blift 'nɔx ən 'be:cə bro:t/'wa:tər/wɛin 'brɛŋən]

> *Das Mittagessen wird im Niederländischen **koffietafel** genannt und ist eine Brotmahlzeit. Manchmal gibt es neben Brot, Butter, Wurst und Käse auch einen Salat, eine Suppe oder als Nachspeise Obst. Dazu trinkt man Kaffee, Tee oder Milch.*

## Beanstandungen
### Klachten

Hier fehlt ein/e …

Hier ontbreekt … ['hi:r ɔnd'bre:kt]

Haben Sie mein/e … vergessen?

Heeft U mijn … vergeten?
['he:ft y mɛin … vər'xe:tən]

Das habe ich nicht bestellt.

Dat heb ik niet besteld.
['dat hɛb ɪk 'nit bə'stɛlt]

Das Essen ist kalt/versalzen.

Het eten is koud/te zout.
[ət 'e:tən ɪs 'kɔut/tə 'zɔut]

Das Fleisch ist zäh/zu fett.

Het vlees is taai/te vet.
[ət 'vle:s ɪs 'ta:i/tə 'vɛt]

Der Fisch ist nicht frisch.

De vis is niet vers. [də 'vɪs ɪs nit 'vɛrs]

Nehmen Sie es bitte zurück.

Neemt U het alstublieft terug.
['ne:mt y ət alsty'blift tə'rʌx]

Ich möchte bitte den Chef sprechen!

Ik wil de chef spreken!
[ɪk wɪl də 'ʃɛf 'spre:kən]

## Die Rechnung
### De rekening

Die Rechnung, bitte.

De rekening, alstublieft.
[də 're:kənɪŋ alsty'blift]

Dauert es lange? Wir haben es eilig.

Duurt het lang? We hebben haast.
['dy:rt ət 'laŋ] wə 'hɛbən 'ha:st]

Bitte alles zusammen.
Alles bij elkaar. [ˈɑləs bɛi ɛlˈkaːr]

Getrennte Rechnungen, bitte.
Aparte rekeningen, alstublieft. [ɑˈpɑrtə ˈreːkənɪŋən alstyˈblift]

Ist alles/die Bedienung/ das Gedeck inklusive?
Is alles/de bediening/het couvert bij de prijs inbegrepen? [ɪs ˈɑləs/də bəˈdinɪŋ/ət kuˈvɛːr bɛi də prɛis ˈɪmbəxreːpən]

Die Rechnung scheint mir nicht zu stimmen.
De rekening lijkt mij niet te kloppen. [də ˈreːkənɪŋ ˈlɛikt mə ˈnit tə ˈklɔpən]

Das habe ich nicht gehabt. Ich hatte …
Dat heb ik niet gehad. Ik had … [ˈdɑt ˈhɛb ɪk ˈnit xəˈhɑt. ɪk ˈhɑt]

• Hat es geschmeckt?
Heeft het gesmaakt? [heːft ət xəˈsmaːkt]

Das Essen war ausge- zeichnet.
Het eten was uitstekend. [ət ˈeːtən was œitˈsteːkənt]

Das ist für Sie.
Dat is voor U. [ˈdɑt ɪs voːr ˈy]

Es stimmt so.
Is goed zo!/Laat U maar zitten! [ɪs ˈxut so:/laːt y maːr ˈzɪtən]

---

## Einladung zum Essen/Essen in Gesellschaft
## Uitnodiging voor een etentje/Eten in gezelschap

Vielen Dank für die Einladung!
Hartelijk dank voor de uitnodiging. [ˈhartələx ˈdɑŋk voːr də ˈœitnoːdəxɪŋ]

Auf Ihr Wohl!
Proost/Op Uw gezondheid! [ˈproːst/ɔp yw xəˈzɔnthɛit]

Können Sie mir bitte … reichen?
Kunt U me alstublieft het/de … aanreihen? [kʌnt y mə alstyˈblift ət/də … ˈaːnrɛikən]

• Noch etwas …?
Nog 'n beetje … [ˈnɔx ən ˈbeːcə]

Danke, es war reichlich.
Dank U, het was meer dan genoeg! [ˈdɑŋky ət was meːr dɑŋ xəˈnux]

Ich bin satt, danke.
Dank U, het is voldoende. [ˈdɑŋky ət ɪs vɔlˈdundə]

Darf ich rauchen?
Mag ik roken? [max ɪk ˈroːkən]

## Wortliste Gastronomie ▶ auch Kap. 8, Wortliste Lebensmittel

| | |
|---|---|
| Abendessen | avondeten *n* [ˈɑːvɔntəˌtən] |
| alkoholfrei | alcoholvrij [ˈɑlkohɔlˈvrɛi] |
| anmachen *(Salat)* | aanmaken [ˈɑːnmɑˌkən] |
| Aschenbecher | asbak [ˈɑsbɑk] |
| Bar | bar [bɑr] |
| bedienen, sich | zich bedienen [zɪx bəˈdinən] |
| Beilage | bijgerecht *n*, bijlage [ˈbɛixərɛxt, ˈbɛilaˌxə] |
| Besteck | bestek *n* [bəˈstɛk] |
| bestellen | *(Essen)* bestellen [bəˈstɛlən] |
| | *(Tisch)* reserveren [reˌzərˈveˌrən] |
| Bestellung | bestelling [bəˈstɛlɪŋ] |
| Bier | bier *n* [biːr] |
| Brot | brood *n* [broːt] |
| Butter | boter [ˈboːtər] |
| Diabetiker | diabeticus [dijaːbeːtikəs] |
| Dressing | dressing [ˈdrɛsɪŋ] |
| durchgebraten | doorbakken [doːrˈbɑkən] |
| Eierbecher | eierdopje *n* [ˈɛiərdɔpjə] |
| entkorken | ontkurken [ɔntˈkʌrkən] |
| Essig | azijn [ɑˈzɛin] |
| Faß, vom | van het vat [ˈvɑn ət ˈvɑt] |
| Fett | vet *n* [vɛt] |
| Fleck | vlek *n* [ˈvlɛk] |
| frisch | vers [vɛrs] |
| Frühstück | ontbijt *n* [ɔndˈbɛit] |
| Füllung | vulling [ˈvʌlɪŋ] |
| Gabel | vork [vɔrk] |
| Gang | gang [xɑŋ] |
| gar | gaar [xaːr] |
| gebacken | gebakken [xəˈbɑkən] |
| gebraten | gebraden [xəˈbraːdən] |
|   am Spieß | aan het spit [ɑːn ət ˈspɪt] |
|   vom Grill | van de grill [vɑn də ˈxrɪl] |
|   in der Pfanne | in de pan [ɪn də ˈpɑn] |
| gedämpft | gestoofd [xəˈstoːft] |
| Gedeck | couvert *n* [kuˈvɛːr] |
|   ein ~auflegen | een couvert dekken [ən kuˈvɛːr ˈdɛkən] |
| gedünstet | gestoofd [xəstoːft] |
| gefüllt | gevuld [xəˈvʌlt] |
| gekocht | gekookt [xəˈkoːkt] |

| | |
|---|---|
| geräuchert | gerookt [xəˈroːkt] |
| Gericht | gerecht *n* [xəˈrɛxt] |
| geröstet | geroosterd [xəˈroːstərt] |
| Geschmack | smaak [smaːk] |
| geschmort | gestoofd [xəˈstoːft] |
| Getränk | drank [draŋk] |
| Gewürz | kruiden *pl* [ˈkrœidən] |
| Glas | glas *n* [xlas] |
| Wasser~ | waterglas *n* [ˈwaːtərxlas] |
| Wein~ | wijnglas *n* [ˈwɛiŋxlas] |
| Gräte | graat [xraːt] |
| hart | hard [hart] |
| Hauptspeise | hoofdgerecht *n* [ˈhoːftxərɛxt] |
| hausgemacht | zelf bereid, eigengemaakt [zɛlf bəˈrɛit, ˈɛixəxəˈmaːkt] |
| heiß | heet [heːt] |
| hungrig sein | honger hebben [ˈhɔŋər hɛbən] |
| Kaffeekanne | koffiekan [ˈkɔfikan] |
| kalt | koud [kɔut] |
| Karaffe | karaf [kaˈraf] |
| Kartoffeln | aardappel [ˈaːrtapəl, ˈaːrdapəl] |
| Kellner/in | ober, kelner [ˈoːbər, ˈkɛlnər] |
| Ketchup | ketchup [ˈkɛtʃəp] |
| Kinderteller | kinderportie [ˈkɪndərpɔrsi] |
| Knoblauch | knoflook [ˈknɔfloːk] |
| Knochen | bot *n* [bɔt] |
| Koch | kok [kɔk] |
| kochen | koken [ˈkoːkən] |
| Korkenzieher | kurketrekker [ˈkʌrkətrɛkər] |
| Kräuter | kruiden *pl* [ˈkrœidən] |
| Kümmel | komijn [koˈmɛin] |
| Löffel | lepel [ˈleːpəl] |
| Tee~ | theelepel [ˈteːleːpəl] |
| Lorbeer | laurier [lɔuˈriːr] |
| mager | mager [ˈmaːxər] |
| Mayonnaise | mayonaise [maːjoːˈnɛːzə] |
| Menü | menu *n* [məˈny] |
| Messer | mes *n* [mɛs] |
| Mittagessen | middageten *n*, lunch [ˈmɪdaxeːtən, lʌnʃ] |
| Muskatnuß | nootmuskaat [noːtməsˈkaːt] |
| Nachtisch | dessert *n*, toetje *n* [dəsɛːr, ˈtucə] |
| Nelken | kruidnagels [ˈkrœitnaːxəls] |
| Nudeln | noedels [ˈnudəls] |
| Ober *(Anrede)* | ober [ˈoːbər] |

| | |
|---|---|
| Öl | olie ['oːli] |
| Oliven | olijven [oˈlɛivən] |
| ~öl | olijfolie [oˈlɛifoːli] |
| Paprika | paprika ['paprikaː] |
| Petersilie | peterselie [peːtərˈseːli] |
| Pfannengericht | in de pan gebakken gerechten [ɪn də ˈpan xəˈbakən xəˈrɛxtən] |
| Pfeffer | peper ['peːpər] |
| ~mühle | pepermolen ['peːpərmoːlən] |
| Pommes frites | patat(frites) [pəˈtat(ˈfrit)] |
| Portion | portie ['pɔrsi] |
| probieren | proberen [proˈbeːrən] |
| Reis | rijst [rɛist] |
| roh | rauw [rɔu] |
| Rost | rooster *n* ['roːstər] |
| saftig | sappig ['sapəx] |
| Salat | sla [slaː] |
| ~büfett | slabuffet *n* ['slaːbʌˈfɛt] |
| Salz | zout *n* [zɔut] |
| ~streuer | zoutvaatje *n* ['zɔutfaːcə] |
| sauer | zuur [zyːr] |
| scharf | scherp, pikant, heet [sxɛrp, piˈkant, heːt] |
| Scheibe | *(Brot)* boterham, sneetje *n* ['boːtəram, ˈsneːcə] |
| | *(Wurst, Käse)* schijfje *n* ['sxɛifjə] |
| Schonkost | dieetvoeding, dieetkost *n* [diˈjeːtˈvudɪŋ, diˈjeːtkɔst] |
| Schüssel | schotel, kom ['sxoːtəl, kɔm] |
| Senf | mosterd ['mɔstərt] |
| Serviette | servet *n* [sɛrˈvɛt] |
| Soße | saus [sɔus] |
| Speise | gerecht *n*, voedsel [xəˈrɛxt, ˈvutsəl] |
| ~karte | spijskaart ['spɛiskaːrt] |
| Spezialität | specialiteit [speˈʃaːlitɛit] |
| Strohhalm | rietje ['ricə] |
| Suppe | soep [sup] |
| Suppenteller | soepbord *n* ['subɔrt] |
| süß | zoet [zut] |
| Süßstoff | zoetmiddel ['zutmɪdəl] |
| Tages\|gericht | dagschotel ['daxsxoːtəl] |
| ~menü | dagmenu *n* ['daxməny] |
| Tasse | kopje *n* ['kɔpjə] |
| Unter~ | schoteltje ['sxoːtəltjə] |

| | |
|---|---|
| Teekanne | theepot [ˈteːpɔt] |
| Teller | bord *n* [bɔrt] |
| Tischtuch | tafelkleed *n* [ˈtaːfəlkleːt] |
| Trinkgeld | fooi [foːi] |
| trocken *(Wein)* | droog [droːx] |
| überbacken | even bakken, gratineren [eːvən ˈbakən, xraːtineˈrən] |
| vegetarisch | vegetarisch [veːxəˈtaːris] |
| Vorspeise | voorgerecht *n* [ˈvoːrxərɛxt] |
| Wasser | water *n* [ˈwaːtər] |
| weich | zacht [zaxt] |
| Wein | wijn [wɛin] |
| würzen | kruiden [ˈkrœidən] |
| zäh | taai [taːi] |
| Zahnstocher | tandenstoker [ˈtandəstoːkər] |
| zart | zacht [zaxt] |
| Zitrone | citroen [siˈtrun] |
| Zucker | suiker [ˈsœikər] |
| Zwiebel | ui [œi] |

# Spijskaart
## Speisekarte

## Voorgerechten

**Ansjovis** [an'ʃovis]
**Ardenner ham met meloen** [ar'dɛnər ham mɛt mə'lun]
**Bokking** ['bɔkɪŋ]
**Garnalen** [xar'na:lən]
**Kreeften** ['kre:ftən]
**Mosselen** ['mɔsələn]
**Oesters** ['ustərs]
**Paling** ['pa:lɪŋ]
**Wijngaardslakken** ['wɛinxa:rtslakən]

## Vorspeisen

Sardellen
Ardenner Schinken mit Melone
Geräucherter Hering
Krabben
Krebse
Muscheln
Austern
Aal
Weinbergschnecken

## Soepen

**Bouillon** [bul'jɔn]
**Groentesoep** ['xruntəsup]
**Kippesoep** ['kɪpəsup]
**Heldere Ossestaartsoep** ['hɛldərə 'ɔsəsta:rtsup]
**Tomatensoep** [to:'ma:təsup]
**Uiensoep** ['œiəsup]

## Suppen

Fleischbrühe
Gemüsesuppe
Hühnersuppe
Klare Ochsenschwanzsuppe
Tomatensuppe
Zwiebelsuppe

## Vis en schaaldieren

**Forel** [fo:'rɛl]
**Garnalen** [xar'na:lən]
**Haring** ['ha:rɪŋ]
**Inktvis** ['ɪŋktvɪs]
**Kabeljauw** ['ka:bəljau]
**Kreeft** [kre:ft]
**Makreel** [ma:kre:l]
**Mosselen** ['mɔsələn]
**Gebakken Paling** [xə'bakə 'pa:lɪŋ]
**Rivierkreeft** [ri'vi:rkre:ft]

## Fisch und Schalentiere

Forelle
Krabben
Hering
Tintenfisch
Kabeljau
Krebs
Makrele
Muscheln
Gebackener Aal
Flußkrebs

| | |
|---|---|
| **Schelvis** ['sxɛlvis] | Schellfisch |
| **Schol** [sxɔl] | Scholle |
| **Stokvis** ['stɔkvis] | Stockfisch |
| **Tarbot** ['tɑrbɔt] | Steinbutt |
| **Tonijn** [toːˈnɛin] | Thunfisch |
| **Zalm** [zɑlm] | Lachs |
| **Zeekreeft** ['zeːkreːft] | Hummer |
| **Zeetong** ['zeːtɔŋ] | Seezunge |

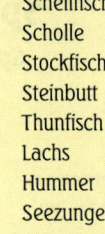

## Gevogelte en wild

## Geflügel und Wild

| | |
|---|---|
| **Eend** [eːnt] | Ente |
| **Gans** [xɑns] | Gans |
| **Kalkoen** [kɑlˈkun] | Truthahn |
| **Kip** [kɪp] | Huhn |
| **Kippeborst** ['kɪpəbɔrst] | Hühnerbrust |
| **Kippelevertjes** ['kɪpəˈleːvərcəs] | Hühnerleber |
| **Konijntje** [koːˈnɛincə] | Kaninchen |

## Bijgerechten

## Beilagen

| | |
|---|---|
| **Aardappelen** ['aːrdɑpələn] | Kartoffeln |
| **Gebakken aardappelen** [xəˈbɑkən 'aːrdɑpələn] | Bratkartoffeln |
| **Gekookte aardappelen** [xəˈkoːktə 'aːrdɑpələn] | Salzkartoffeln |
| **Friet** [frit] | Pommes frites |
| **Rijst** [rɛist] | Reis |
| **Gemengde sla** [xəˈmɛŋdə slaː] | Gemischter Salat |

## Vleesgerechten

## Fleischgerichte

| | |
|---|---|
| **Biefstuk** ['bifstʌk] | Beefsteak |
| **Blinde vinken** ['blɪndə 'vɪŋkən] | Kalbfleischrouladen |
| **Kalfszwezerik** ['kɑlfszweːzərək] | Kalbsbries |
| **Lever** ['leːvər] | Leber |
| **Ossetong** ['ɔsətɔŋ] | Ochsenzunge |
| **Varkenshaasje** ['vɑrkənshaːɛ'] | Schweinelende |

## Groenten

**Asperges** [as'pɛrʒəs]
**Andijvie** [an'dɛivi:]
**Bonen** ['bo:nən]
**Cichorei** [sixo:'rɛi]
**Doperwten** ['dɔpɛrtən]
**Koolraap** ['ko:lra:p]
**Prei** [prɛi]
**Spruitjes** ['sprœicəs]

## Gemüse

Spargel
Endivie
Bohnen
Chicorée
junge Erbsen
Kohlrabi
Porree
Rosenkohl

## Kleine Gerechten

**Lunchsnack** ['lʌnʃsnak]
**Omelet** [ɔmə'lɛt]
**Pasteitje** [pas'tɛicə]

**Salade** [sa:'la:də]
**Uitsmijter** ['œitsmɛitər]

## Kleine Gerichte

Lunchbrot
Omelette
Pastetchen (mit Fleisch oder
Gemüse)
Bunter Salat
Strammer Max

## Stamppot

**Boerenkool met worst**
['bu:rəko:l mɛt 'wɔrst]
**Erwtensoep met kluif**
['ɛrtəsup mɛt 'klœif]
**Twaalf uurtje maaltijd**
[twa:lf 'y:rcə 'ma:ltɛit]
**Hutspot** ['hʌtspɔt]
**Jachtschotel** ['jɑxtsxo:təl]

## Eintopfgerichte

Grünkohl mit Wurst

Erbsensuppe mit Wurst
und Schweinefleisch
Lunchmahlzeit

Möhren, Kartoffeln und Lende
Wildklein mit Äpfeln und
Kartoffelpüree

## Nagerechten

**Ijs** [ɛis]
**Ijskoffie** ['ɛiskɔfi]
**Ijstaart** ['ɛista:rt]
**Roomijs** ['ro:mɛis]
**Slagroom** ['slɑxro:m]

## Nachspeisen

Eis
Eiskaffee
Eistorte
Sahneeis
Schlagsahne

| | |
|---|---|
| **Citroenmousse** [si'trunmus] | Zitronenmousse |
| **Compote** [kɔm'pɔt] | Kompott |
| **Flensjes** ['flɛnɛ'ʃ] | Crêpes |
| **Fruitsalade** [frœitsɑ:'lɑ:də] | Obstsalat |
| **Gember mit room** ['xɛmbɛr mɛt 'ro:m] | Ingwer mit Sahne |
| **Pannekoek** ['panəkuk] | Pfannkuchen |
| **Poffertjes** ['pɔfərcəs] | Kleinste Pfannkuchen mit Puderzucker |

## Frisdranken

## Alkoholfreie Getränke

| | |
|---|---|
| **Cacao** [kɑ:'kau] | Kakao |
| **Koffie** ['kɔfi] | Kaffee |
| **Melk** [mɛlk] | Milch |
| **Thee** [te:] | Tee |
| **Appelsap** ['apəlsap] | Apfelsaft |
| **Limonade** [li:mo:'nɑ:də] | Limonade |
| **Mineraalwater/Bronwater** [minə'rɑ:lwɑ:tər/brɔnwɑ:tər] | Mineralwasser |
| **Sinaasappelsap** ['sinɑ:zapəlsap] | Orangensaft |
| **Tomatensap** [to:'mɑ:təsap] | Tomatensaft |

## Alcoholische Dranken

## Alkoholische Getränke

| | |
|---|---|
| **Bier** [bi:r] | Bier |
| **Bier van het vat** ['bi:r van ət 'vat] | Faßbier |
| **Flessebier** ['flɛsəbi:r] | Flaschenbier |
| **Wijn** [wɛin] | Wein |
| **Brandewijn** ['brandəwɛin] | Weinbrand, Cognac |
| **Bittertje** ['bɪtərcə] | Genever mit Angostura |
| **Jenever** [jə'ne:vər] | Genever |
| **Likeur** [li'kø:r] | Likör |
| **Champagne** [ʃam'paɲə] | Sekt |

**6** **Kultur und Natur**
Cultuur en natuur

## Auf dem Verkehrsbüro

### Bij de VVV (NL) / Dienst Toerisme (B)

| | |
|---|---|
| Ich möchte einen Stadt-plan von … haben. | Ik wil graag een plattegrond van … hebben. [ɪk wɪl 'xra:x ən platə'xrɔnt van … 'hɛbən] |
| Haben Sie Prospekte von …? | Heeft U een prospektus van …? ['he:ft y ən prɔ'spɛktəs van] |
| Haben Sie einen Veranstaltungskalender für diese Woche? | Heeft U een evenementenlijst voor deze week? ['he:ft y ən e:vənə'mɛtələɪst vo:r 'de:ze 'we:k] |
| Gibt es Stadt-rundfahrten? | Zijn hier ook rondritten/rondvaarten door de stad? ['zɛin hi:r 'o:k 'rɔntritən/ 'rɔntfa:rtən do:r də 'stat] |
| Was kostet die Rundfahrt? | Hoeveel kost de rondrit/rondvaart? ['huve:l 'kɔst də 'rɔntrit/'rɔntfa:rt] |

## Sehenswürdigkeiten/Museen

### Bezienswaardigheden/Musea

| | |
|---|---|
| Welche Sehenswürdig-keiten gibt es hier? | Welke bezienswaardigheden zijn er hier? ['wɛlke bezins'wa:rdəxhe:dən 'zɛin ɛr hi:r] |
| Wir möchten … besichtigen. | Wij willen graag … bezichtigen. [wɛi 'wɪlən xra:x … bə'zixtəxən] |
| Wann ist das Museum geöffnet? | Wanneer is het museum geopend? [wa'ne:r ɪs ət my'ze:jəm xə'o:pənt] |
| Wann beginnt die Führung? | Wanneer begint de rondleiding? [wa'ne:r bə'xɪnt də 'rɔntlɛidɪŋ] |
| Gibt es auch eine Führung in Deutsch? | Is er ook een rondleiding in het Duits? ['ɪs ər ɔk ən 'rɔntlɛidɪŋ ɪn ət 'dœits] |
| Darf man hier fotografieren? | Mag je hier fotograferen? ['max jə 'hi:r fo:to:xra:'fe:rən] |

| | |
|---|---|
| Was für ein Platz/ eine Kirche ist das? | Wat voor een plein/een kerk is dat? ['wat fo:r ən 'plɛin/kɛrk ɪs 'dat] |

 *Die meisten Kirchen sind nur während der Gottesdienste geöffnet. Zu den übrigen Zeiten wende man sich an den Küster.*

| | |
|---|---|
| Ist das …? | Is dat …? [ɪs 'dat] |
| Wann wurde dieses Gebäude erbaut/ restauriert? | Wanneer is dit gebouw gebouwd/gerestaureerd? [wɑ'ne:r ɪs 'dɪt xə'bɔu xə'bɔut/xərɛsto:'re:rt] |
| Aus welcher Epoche stammt dieses Bauwerk? | Uit welke tijd stamt dit gebouw? [œit wɛlkə 'tɛit stamt dɪt xə'bɔu] |
| Gibt es in der Stadt noch andere Werke von diesem Architekten? | Zijn er in deze stad nog andere gebouwen van deze architect? ['zɛin ər ɪn de:zə 'stat nɔx 'andərə xə'bɔuwən van de:zə arxi'tɛkt] |
| Sind die Ausgrabungsarbeiten abgeschlossen? | Zijn de opgravingen beëindigd? [zɛin də 'ɔpxra:vɪŋən bə'ɛindəxt] |
| Wo sind die Funde ausgestellt? | Waar worden de vondsten tentoongesteld? [wa:r wɔrdən də vɔnstən tɛn'to:ŋxəstɛlt] |
| Wer hat dieses Bild gemalt/diese Plastik geschaffen? | Wie heeft dit schilderij/dit beeldhouwwerk geschapen? [wi he:ft dɪt sxɪldə'rɛi/ dɪt 'be:lthɔuwɛrk xə'sxa:pən] |
| Gibt es einen Katalog zur Ausstellung? | Is er een expositiecatalogus? [ɪs ər ən ɛkspo:sitsika:'ta:ləxəs] |
| Haben Sie das Bild als Poster/Postkarte/Dia? | Heeft U dit schilderij ook op een poster/kaart/dia? [he:ft y dɪt sxɪldə'rɛi o:k ɔp ən 'po:stər/ka:rt/'dija:] |

## Wortliste Sehenswürdigkeiten/Museen

| | |
|---|---|
| Abtei | abdij [ab'dɛi] |
| Akt | naakt(studie) ['na:kt(stydi)] |
| Altar | altaar *n* ['alta:r] |
| Altstadt | oude stadsgedeelte *n* ['ɔudə 'statsxəde:ltə] |

1 *Amsterdam: Bürgerhäuser*
2 *Amsterdam: Prinsengracht*

3 *Gouda: Waage*
4 *Hoorn am Ijsselmeer*
5 *Middelburg: Rathaus*
6 *Amsterdam: Königl. Schloß*

| | |
|---|---|
| antik | antiek [ɑnˈtik] |
| Aquarell | aquarel *n* [aːkwaːˈrɛl] |
| Architekt | architekt [arxiˈtɛkt] |
| Architektur | architectuur [arxitɛkˈtyːr] |
| Archäologie | archeologie [arxɛːjoːloːˈxi] |
| Ausgrabungen | opgravingen [ˈɔpxraːviŋən] |
| Ausstellung | tentoonstelling, expositie [tɛnˈtoːnstɛliŋ, ɛkspoːˈsitsi] |
| Balustrade | balustrade [balyˈstraːdə] |
| Barock/barock | barok [baːˈrɔk] |
| Bauwerk | bouwwerk *n* [ˈbɔuwɛrk] |
| Besichtigung | bezichtiging [bəˈzɪxtəxiŋ] |
| Bibliothek | bibliotheek [biblijoːˈteːk] |
| Bild | schilderij *n* [sxɪldəˈrɛi] |
| ~hauer | beeldhouwer [ˈbeːlthɔuwər] |
| Bischofssitz | bisschopszetel [ˈbɪsxɔpseːtəl] |
| Blütezeit | bloeiperiode [ˈbluipeːrijoːdə] |
| Bogen | boog [boːx] |
| Rund~ | rondboog [ˈrɔntboːx] |
| Spitz~ | spitsboog [ˈspɪtsboːx] |
| ~gang | arcade [arˈkaːdə] |
| Brauchtum | oude gebruiken *pl* [ˈɔudə xəˈbrœikən] |
| Bronze | brons *n* [brɔns] |
| ~zeit | bronzen tijdperk *n* [ˈbrɔnzə ˈtɛitpɛrk] |
| Brücke | brug [brʌx] |
| Brunnen | bron [brɔn] |
| Burg | burcht, slot *n*, kasteel *n* [bʌrxt, slɔt, kaˈsteːl] |
| Bürgermeister | burgemeester [bərxəˈmeːstər] |
| Büste | buste, borstbeeld *n* [ˈbystə, ˈbɔrstbeːlt] |
| Chor | koor *n* [koːr] |
| ~gestühl | koorgestoelte *n* [ˈkoːrxəstultə] |
| ~umgang | kooromgang [ˈkoːrɔmxaŋ] |
| Christ | christen [ˈkrɪstən] |
| Christentum | christendom *n* [ˈkrɪstəndɔm] |
| Dach | dak *n* [dɑk] |
| Decke | plafond *n* [plaːˈfɔ̃ː] |
| Deckenmalerei | plafond(be)schildering [plaːˈfɔ̃(bə)ˈsxɪldəriŋ] |
| Denkmal | monument *n* [moːnyˈmɛnt] |
| ~schutz | monumentenzorg [moːnyˈmɛntəzɔrx] |
| Design | design [diˈzaːin] |
| Dom | dom [dɔm] |
| dorisch | Dorisch [ˈdɔris] |

| | |
|---|---|
| Dynastie | dynastie [dinɑ'sti] |
| Einfluß | invloed ['ɪnvlut] |
| Empore | galerij, oksaal *n* [xɑ:lə'rɛi, ɔk'sɑ:l] |
| Epoche | tijd, periode [tɛit, pe:rijo:də] |
| Erker | erker ['ɛrkər] |
| Exponat | tentoonstellingsstuk *n* [tɛn'to:nstɛlɪŋstʌk] |
| Expressionismus | expressionisme *n* [ɛksprɛʃo'nɪsmə] |
| Fassade | voorgevel, façade ['vo:rxe:vəl, fɑ:'sɑ:də] |
| Fenster | raam *n*, venster *n* [rɑ:m, 'vɛnstər] |
| Festung | citadel [sitɑ:'dɛl] |
| flämisch | Vlaams [vlɑ:ms] |
| Flügel | vleugel ['vlø:xəl] |
| Foto|grafie | fotografie ['fo:to:xrɑ:'fi] |
| ~montage | fotomontage ['fo:tomɔn'tɑ:ʒə] |
| Fremdenführer | gids [xɪts] |
| Fresko | fresco *n* ['frɛsko:] |
| Friedhof | kerkhof *n* ['kɛrkhɔf] |
| Fries | fries [fris] |
| Führung | rondleiding ['rɔntlɛidɪŋ] |
| Fundament | fundament *n* [fʌndɑ:'mɛnt] |
| Funde | vondst [vɔnst] |
| Galerie | galerij [xɑ:lə'rɛi] |
| | *(Kunst~)* galerie [gɑ:lə'ri] |
| Gebäude | gebouw *n* [xə'bɔuw] |
| Geburtsstadt | geboortestad [xəbo:rtəstɑt] |
| Gedenkstätte | gedenkplaats [xədɛŋkplɑ:ts] |
| Geistlicher | geestelijke ['xe:stələkə] |
| Gemälde | schilderij *n* [sxɪldə'rɛi] |
| ~sammlung | schilderijenverzameling [sxɪldə'rɛiənvər'zɑ:məlɪŋ] |
| germanisch | Germaans [xɛr'mɑ:ns] |
| Geschichte | geschiedenis [xə'sxidənɪs] |
| Gewölbe | gewelf *n* [xə'wɛlf] |
| Giebel | gevel ['xe:vəl] |
| Gildehaus | gildehuis ['xɪldəhœis] |
| Glasmalerei | glasschilderkunst ['xlɑsxɪldərkʌnst] |
| Glocke | klok [klɔk] |
| Glockenspiel | beiaard, klokkenspel *n*, carillon *n* ['bɛijɑ:rt, 'klɔkəspɛl, kɑ:rɪl'jɔn] |
| Gobelin | gobelin [go:bəlɛ̃:] |
| Goldschmiedekunst | goudsmeedkunst ['xɔutsme:tkʌnst] |

| | |
|---|---|
| Gotik | gotiek [xoˈtik] |
| Spät~ | flamboyante gotiek [flɑmbwaˈjɑntə xoːtik] |
| gotisch | gotisch [ˈxoːtis] |
| Gottesdienst | kerkdienst, godsdienstoefening [ˈkɛrgdinst, ˈxɔtsdinstufənɪŋ] |
| Grab | graf *n* [xrɑf] |
| ~mal | grafmonument [ˈxrɑfmoːnymɛnt] |
| ~stein | zerk [zɛrk] |
| Graphik | grafische kunst [ˈxraːfisə kʌnst] |
| Griechen | Grieken *pl.* [ˈxrikən] |
| griechisch | Grieks [xriks] |
| Grundriß | plattegrond [plɑtəˈxrɔnt] |
| Handelsstadt | koopmansstad [koːpmɑnstat] |
| heidnisch | heidens [ˈhɛidəns] |
| Hof | hof *n*, binnenplaats [hɔf, ˈbɪnəplaːts] |
| Holz|schnitt | houtsnede [ˈhɔutsneːdə] |
| ~schnitzerei | houtsnijwerk [ˈhɔutsnɛiwɛrk] |
| Hünengrab | hunebed *n* [ˈhynəbɛt] |
| Illustration | illustratie [ɪlyˈstraːtsi] |
| Impressionismus | impressionisme *n* [ɪmprɛʃoːˈnɪsmə] |
| Innen|hof | binnenplaats [bɪnəplaːts] |
| ~stadt | binnenstad, centrum *n* [ˈbɪnəstat, sɛntrəm] |
| Inschrift | inscriptie [ɪnˈskrɪpsi] |
| Intarsien | intarsia [ɪnˈtarsija] |
| ionisch | Ionisch [ˈjonis] |
| Jahrhundert | eeuw [eːw] |
| Jude | jood [joːt] |
| Jugendstil | Jugendstil [ˈjugəntʃtil] |
| Kaiser/in | keizer/keizerin [ˈkɛizər/kɛizəˈrɪn] |
| Kanzel | kansel [ˈkɑnsəl] |
| Kapelle | kapel [kaˈpɛl] |
| Kapitell | kapiteel [kaˈpiˈteːl] |
| Katakomben | catacomben *pl* [kaːtaːˈkɔmbən] |
| Kathedrale | kathedraal [kaːtəˈdraːl] |
| Katholik | katholiek [kaːtoːˈlik] |
| Keramik | ceramiek [(s)keˈraːˈmik] |
| Kirche | kerk [kɛrk] |
| Kirchturm | kerktoren [ˈkɛrktoːrən] |
| Klassizismus | classicisme *n* [klasiˈsɪsmə] |
| Kloster | klooster *n*, convent *n* [kloːstər, kɔnˈvɛnt] |
| ~kirche | kloosterkerk [ˈkloːstərkɛrk] |

| | |
|---|---|
| Konfession | geloofsbelijdenis [ˈxəlo:fsbəlɛidənɪs] |
| König/in | koning/koningin [ˈko:nɪŋ/ko:nɪˈŋɪn] |
| Kopie | kopie [ko:ˈpi] |
| korinthisch | Corinthisch [kɔˈrɪntɪs] |
| Kreuz | kruis *n* [krœis] |
| ~gang | kruisgang [ˈkrœisxaŋ] |
| Kruzifix | crucifix [ˈkrysifɪks] |
| Krypta | crypte [ˈkrɪptə] |
| Kultstätte | gewijde plaats, cultusoord *n* [xəˈwɛidə pla:ts, ˈkʌltəso:rt] |
| Kunstgewerbe | kunstnijverheid [kʌnstˈnɛivərhɛit] |
| Kupferstich | kopergravure [ˈko:pərxra:vy:rə] |
| Kuppel | koepel [ˈkupəl] |
| ~bau | koepelbouw [ˈkupəlbɔu] |
| Landschaftsmalerei | landschapsschilderkunst [ˈlantsxapsxɪldərkʌnst] |
| Langhaus | langhuis *n* [ˈlaŋhœis] |
| Leuchter | luchter [ˈlʌxtər] |
| Lithographie | lithografie [lito:xra:ˈfi] |
| Maler/in | schilder/schilderes [ˈsxɪldər/sxɪldəˈrɛs] |
| Malerei | schilderkunst [ˈsxɪldərkʌnst] |
| Manierismus | maniërisme *n* [ma:nijəˈrɪsmə] |
| manieristisch | maniëristisch [ma:nijəˈrɪstis] |
| Markt | markt [markt] |
| ~halle | markthal [ˈmarkthal] |
| Marmor | marmer *n* [ˈmarmər] |
| Material | materiaal *n* [ma:triˈja:l] |
| Mauer | muur [my:r] |
| Mausoleum | mausoleum *n* [mɔusəˈle:jəm] |
| Menhir | menhir [ˈmɛnhir] |
| Mittelalter | middeleeuwen *pl* [ˈmɪdəle:wən] |
| mittelalterlich | middeleeuws [ˈmɪdəle:ws] |
| Mittelschiff | middenschip *n* [ˈmɪdəsxɪp] |
| Modell | model *n* [mo:ˈdɛl] |
| modern | modern [mo:ˈdɛrn] |
| Mosaik | mozaïek *n* [mo:za:ˈik] |
| Museum | museum *n* [my:ˈze:jəm] |
| Multivisionsschau | multimediashow [mʌltiˈme:dija:ʃo:] |
| normannisch | Normandisch [nɔrˈmandis] |
| Odeon | concertgebouw *n*, opera [kɔnˈsɛrtxəbɔu, ˈo:pəra:] |
| Ölmalerei | het schilderen in olieverf [ət ˈsxɪldərən ɪn ˈo:livɛrf] |
| Oper | opera [ˈo:pəra:] |

| | |
|---|---|
| Orden *(rel.)* | orde ['ɔrdə] |
| Orgel | orgel *n* ['ɔrxəl] |
| Original | origineel *n* [ɔriʒi'neːl] |
| Ornament | ornament *n* [ɔrnaː'mɛnt] |
| Palast | paleis *n* [paː'lɛis] |
| Pastell | pastel [paˈstɛl] |
| Pavillon | paviljoen *n* [paːvɪl'jun] |
| Pergament | perkament *n* [pɛrkaː'mɛnt] |
| Pfeiler | pilaar [pi'laːr] |
| Strebe~ | steunbeer ['støːnbeːr] |
| Pilger | pelgrim, bedevaartganger ['pɛlxrɪm/'beːdəvaːrtxaŋər] |
| ~fahrt | pelgrimstocht ['pɛlxrɪmstɔxt] |
| Plakat | poster ['poːstər] |
| Plastik | plastiek [plaˈstik] |
| Platz | plein *n* [plɛin] |
| Plünderung | plundering ['plʌndərɪŋ] |
| Portal | portaal *n* [pɔr'taːl] |
| Porträt | portret *n* [pɔr'trɛt] |
| Porzellan | porselein *n* [pɔrsə'lɛin] |
| Protestant | protestant [proːtɛs'tant] |
| Querschiff | dwarsschip *n* ['dwarsxɪp] |
| Radierung | ets [ɛts] |

*Am Ufer des Veerser Meeres*

| | |
|---|---|
| Rathaus | raadhuis *n*, stadhuis *n* ['ra:thœis, stat'hœis] |
| Realismus | realisme *n* [re:ja:'lısmə] |
| Regierungsbau | regeringsgebouw *n* [rə'xe:rıŋsxəbou] |
| rekonstruieren | reconstrueren [re:kɔnstry'we:rən] |
| Relief | reliëf [rəl'jɛf] |
| Religion | godsdienst ['xɔtsdinst] |
| Renaissance | Renaissance [rənə'sans] |
| restaurieren | restaureren [rɛsto:'re:rən] |
| Restaurierung | restauratie [rɛsto:'ra:tsi] |
| Romanik | Romaanse kunst [ro:'ma:nsə 'kʌnst] |
| romanisch | Romaans [ro:'ma:ns] |
| Rosette | rozet [ro:'zɛt] |
| Ruine | ruïne [ry'winə] |
| Rundfahrt | *(Boot)* rondvaart ['rɔntfa:rt] |
| | *(Bus)* rondrit ['rɔntrıt] |

| | |
|---|---|
| Sakristei | sakristie [sa:krıs'ti] |
| Sandstein | zandsteen ['zantste:n] |
| Sarkophag | sarcofaag [sarko:'fa:x] |
| Säule | zuil [zœil] |
| Schatzkammer | schatkamer ['sxatka:mər] |
| Schiff | schip *n* [sxıp] |
| Schloß | slot *n*, kasteel *n* [slɔt, ka'ste:l] |
| Schnitzerei | (hout)snijwerk *n* [('hout)'snɛiwɛrk] |
| Schule | school [sxo:l] |
| Sehenswürdigkeiten | bezienswaardigheden *pl* [bəzins'wa:rdəxhe:dən] |
| Siebdruck | zeefdruk ['ze:vdrʌk] |
| Skulptur | sculptuur [skʌlp'ty:r] |
| Stadt\|mauer | stadsmuur ['statsmy:r] |
| ~rundfahrt | *(Boot)* rondvaart ['rɔntfa:rt] |
| | *(Bus)* rondrit door de stad ['rɔntrıt do:r də 'stat] |
| Statue | standbeeld *n* ['standbe:lt] |
| Steinzeit | stenen tijdperk *n* [ste:nə 'tɛitpɛrk] |
| Stil | stijl [stɛil] |
| Stilleben | stilleven *n* ['stıle:vən] |
| Stuck | stuc [styk] |
| Surrealismus | surrealisme *n* [sʌre:ja:'lısmə] |
| Synagoge | synagoge [sina:'xo:xə] |
| Tafelbild | paneel [pa:'ne:l] |
| Taufbecken | doopvont *n* ['do:pfɔnt] |

| | |
|---|---|
| Tempel | tempel ['tɛmpəl] |
| Teppich | tapijt *n*, vloerkleed *n* [ta:'pɛit, 'vlu:rkle:t] |
| Terrakotta | terracotta [tɛra:'kɔta:] |
| Theater | theater *n*, schouwburg [te:'ja:tər, 'sxɔuwbərx] |
| Töpferei | pottenbakkerij [pɔtəbakə'rɛi] |
| Tor | poort [po:rt] |
| Torso | torso ['tɔrso:] |
| Totenkult | dodencultus [do:dəkʌltəs] |
| Turm | toren ['to:rən] |
| Tusche | Oostindische inkt [o:st'ɪndisə ɪŋkt] |
| Überreste | overblijfselen *pl* ['o:vərblɛifsələn] |
| Universität | universiteit [ynivɛrsi'tɛit] |
| Vase | vaas [va:s] |
| verbrennen | verbranden [vər'brandən] |
| Vierung | viering ['vi:rɪŋ] |
| Volkskundemuseum | museum voor land- en volkskunde *n* [my'se:jəm vo:r lant ɛn 'vɔlkskʌndə] |
| vorgeschichtlich | prehistorisch [pre:hɪ'sto:ris] |
| Wachablösung | aflossing van de wacht ['aflɔsɪŋ van də waxt] |
| Wahrzeichen | herkenningsteken *n* [hɛr'kɛnɪŋste:kən] |
| Wallfahrtskirche | bedevaartskerk ['be:dəva:rtskɛrk] |
| Wandmalerei | muurschildering [my:rsxɪldərɪŋ] |
| Weberei | weverij [we:və'rɛi] |
| Werk | werk *n* [wɛrk] |
| Früh~ | vroeg werk [vrux wɛrk] |
| Spät~ | laat werk [la:t wɛrk] |
| wiederaufbauen | wederopbouwen [we:dər'ɔbɔuwən] |
| Zeichnung | tekening ['te:kənɪŋ] |
| Zitadelle | citadel [sita:'dɛl] |

## Ausflüge

### Uitstapjes

Kann man von hier aus … sehen?
Kan ik van hier uit … zien?
[ˈkan ɪk van ˈhiːr œit … ˈzin]

In welcher Richtung liegt …?
In welke richting is …?
[ɪn ˈwɛlkə ˈrɪxtɪŋ ɪs …]

Kommen wir am/ an … vorbei?
Komen we langs …?
[ˈkoːmə wə ˈlaŋs]

Besichtigen wir auch …?
Bezichtigen we ook …?
[bəˈzɪxtəxə wə ˈoːk]

Wieviel freie Zeit haben wir in …?
Hoeveel vrije tijd hebben we in …?
[ˈhuveːl vrɛiə ˈtɛit ˈhɛbə wə ɪn]

Wann fahren wir zurück?
Wanneer gaan we terug?
[ˈwɑneːr xaːn wə ˈtrʌx]

Wann werden wir zurück sein?
Wanneer zullen we terug zijn?
[wɑˈneːr ˈzʌlən wə trʌx sɛin]

Um in den Dünen spazierengehen zu können, braucht man eine Eintrittskarte (Automat). Dünenwächter haben das Recht, den Kauf der Karte zu überprüfen. Sie achten auch darauf, daß folgende Vorschriften eingehalten werden:
kein Feuer machen, zeitweise nicht rauchen, keine Pilze sammeln und selbstverständlich die Dünen nicht als großen Abfalleimer benutzen!

*Wasserschutzgebiet, Oostkapelle*

## Wortliste Ausflüge

| | |
|---|---|
| Ausflug | uitstapje *n* [ˈœitstapjə] |
| Aussichtspunkt | uitkijk [ˈœitkɛik] |
| Blumenmarkt | bloemenmarkt [ˈbluməmɑrkt] |
| Botanischer Garten | botanische tuin [boːˈtaːnisə tœin] |
| Deich | dijk [dɛik] |
| Drehorgel | draaiorgel *n* [ˈdraːjɔrxəl] |
| Fischer\|hafen | visserijhaven [vɪsəˈrɛiha:vən] |
| ~ort | vissersdorp *n* [ˈvɪsərsdɔrp] |
| Freilichtmuseum | openluchtmuseum *n* [oːpəˈlʌxtmyseːjəm] |
| Freizeitpark | pretpark *n* [ˈprɛtpark] |
| Gracht | gracht [xrɑxt] |
| Grotte | grot [xrɔt] |
| Heide | hei(de) [hɛi(də)] |
| Hinterland | achterland *n* [ˈɑxtərlɑnt] |
| Höhle | hol *n* [hɔl] |
| Höhlenwohnung | holwoning [hɔlwoːnɪŋ] |
| Klippe | klip [klɪp] |
| Land\|schaft | landschap *n* [ˈlɑntsxap] |
| ~sitz | landgoed *n* [ˈlɑntxut] |
| Markt | markt [mɑrkt] |
| Museumsdorf | museumdorp [myˈseːjəmdɔrp] |
| Nationalpark | nationaal park *n* [ˈnaːʃoːnaːl park] |
| Naturschutzgebiet | natuurreservaat *n* [naːˈtyːreːsərvaːt] |
| Planetarium | planetarium *n* [plaːnəˈtaːrijəm] |
| Platz | plein *n* [plɛin] |
| Riff | rif *n* [rɪf] |
| Rund\|blick | panorama *n* [panɔˈraːmaː] |
| ~fahrt | *(Boot)* rondvaart [ˈrɔnt] |
| | *(Bus)* rondrit [ˈrɔntrɪt] |
| Safaripark | safaripark *n* [saːˈfaːripark] |
| Schlucht | ravijn *n* [raˈvɛin] |
| See | meer *n* [ˈmeːr] |
| Sternwarte | sterrenwacht [ˈstɛrəwaxt] |
| Tagesausflug | dagtocht *n* [ˈdaxtɔxt] |
| Tal | dal *n*, vallei [dɑl, vaˈlɛi] |
| Tropfsteinhöhle | druipsteengrot [ˈdrœipsteːnxrɔt] |
| Umgebung | omgeving [ɔmˈxeːvɪŋ] |
| Vogelschutzgebiet | vogelreservaat *n* [voːxəlreːsərvaːt] |
| Vorort | voorstad, voorsteden [ˈvoːrstɑt, ˈvoːrsteːdən] |

| Wald | bos *n* [bɔs] |
| ~brand | bosbrand [ˈbɔsbrɑnt] |
| Wallfahrtsort | bedevaartplaats [beˈdəvaːrtplaːts] |
| Wasserfall | waterval [wɑˈtərval] |
| Watt | wad *n* [wɑt] |
| Wildreservat | wildreservaat *n* [ˈwɪltreˈsərvaːt] |
| Windmühle | windmolen [ˈwɪntmoːlən] |
| Zoo | dierentuin [ˈdiːrəntœin] |

## Veranstaltungen/Unterhaltung

**Evenementen/Amusement**

### Theater/Konzert/Kino     Theater/Concert/Bioscoop

| Welches Stück wird heute abend (im Theater) gespielt? | Wat is er vanavond (in het theater)? [wɑt ˈɪs ɛr vɑˈnaːvɔnt (ɪn ət teːˈjaːtər)] |
| Was läuft morgen abend im Kino? | Wat draait er morgenavond voor een film? [wɑt draːit ər mɔrxəˈnaːvɔnt voːr ən fɪlm] |
| Werden im Dom Konzerte veranstaltet? | Worden er kerkconcerten gehouden? [ˈwɔrdən ər ˈkɛrkɔnsɛrtən xəˈhɑudən] |
| Können Sie mir ein gutes Theaterstück empfehlen? | Kunt U me een goed toneelstuk aanbevelen? [kʌnt y mə ən xut toːˈneːlstək ˈaːmbəveːlən] |

| | |
|---|---|
| Wann beginnt die Vorstellung? | Wanneer begint de voorstelling? [wa'ne:r be'xınt də 'vo:rstɛlıŋ] |
| Wo bekommt man Karten? | Waar kun je kaartjes krijgen? ['wa:r kʌn jə 'ka:rcəs 'krɛixən] |
| Bitte zwei Karten für heute abend. | Twee kaartjes voor vanavond, alstublieft. ['twe: ka:rcəs vo:r va'na:vɔnt] |
| Bitte zwei Plätze zu … | Twee plaatsen van … gulden, alstublieft. ['twe: 'pla:tsən van … 'xʌldən alsty'blift] |
| Zwei Erwachsene, ein Kind. | Twee volwassenen, een kind. [twe: vɔl'wasənən, e:ŋ kınt] |
| Kann ich bitte ein Programm haben? | Kunt U me alstublieft een programma geven? ['kʌnt y mə alsty'blift ən pro:'xrama: xe:vən] |
| Wann ist die Vorstellung zu Ende? | Wanneer is de voorstelling afgelopen? [wa'ne:r ıs də 'vo:rstɛlıŋ 'afxəlo:pən] |
| Wo ist die Garderobe? | Waar is de garderobe? ['wa:r ıs də xardə'rɔ:bə] |

## Wortliste Theater/Konzert/Kino

| | |
|---|---|
| Akt | bedrijf *n* [bə'drɛif] |
| Aufführung | voorstelling ['vo:rstɛlıŋ] |
| Ballett | ballet *n* [ba'lɛt] |
| Begleitung | begeleiding [bəxə'lɛidıŋ] |
| Bühne | toneel *n* [to:'ne:l] |
| Chor | koor *n* [ko:r] |
| Dirigent | dirigent [diri'xɛnt] |
| Drama | drama *n* ['dra:ma:] |
| Eintrittskarte | entreekaartje *n*, toegangskaartje *n* [an'tre:ka:rcə, 'tuxaŋska:rcə] |
| Festival | festival *n* ['fɛstival] |
| Film | film ['fılm] |
| ~schauspieler/in | filmacteur ['fılmaktʌ:r] |
| Freilufttheater | openluchttheater [o:pə'lʌxte:ja:tər] |
| Garderobe | garderobe [xardə'rɔ:bə] |
| Inszenierung | enscenering [ansə'ne:rıŋ] |
| Kabarett | cabaret *n* [ka:bə'rɛt] |
| Kasse | kassa ['kasa:] |
| Kino | bioscoop [bijɔ'sko:p] |

| Freilicht~ | openluchtbioscoop [o:pə'lʌxdbijɔsko:p] |
| Kleinkunstbühne | cabaret *n* [ka:bə'rɛt] |
| Komödie | komedie [ko:'me:di] |
| Komponist/in | componist/componiste [kɔmpo:'nɪst(ə)] |
| Konzert | concert *n* [kɔn'sɛrt] |
| Jazz~ | jazzconcert *n* ['dʒɛskɔnsɛrt] |
| Kammer~ | concert met kamermuziek [kɔnsɛrt mɛt 'ka:mərmyzik] |
| Kirchen~ | kerkconcert *n* ['kɛrkɔnsɛrt] |
| Pop~ | popconcert *n* ['pɔpkɔnsɛrt] |
| Sinfonie~ | symfonieconcert *n* [simfo:'nikɔnsɛrt] |
| Loge | loge ['lɔ:ʒə] |
| Musical | musical ['mjysikɔl] |
| Oper | opera ['o:pəra] |
| Operette | operette [o:pə'rɛtə] |
| Opernglas | toneelkijker [to:'ne:lkɛikər] |
| Orchester | orkest *n* [ɔr'kɛst] |
| Originalfassung | oorspronkelijke versie [o:r'sprɔŋkələkə 'vɛrzi] |
| Parkett | parket *n* [par'kɛt] |
| Pause | pause ['pɔuzə] |
| Premiere | première [prəm'jɛ:rə] |
| Programm | programma *n* [pro:'xrama:] |
| ~heft | programma boekje *n* [pro:'xrama: 'bukjə] |
| Rang | rang [raŋ] |
| Regie | regie [re:'ʒi] |
| Rolle | rol [rɔl] |
| Haupt~ | hoofdrol ['ho:ftrɔl] |
| Sänger/in | zanger/zangeres ['zaŋər/zaŋə'rɛs] |
| Schauspiel | toneelstuk *n* [to:'ne:lstʌk] |
| Schauspieler/in | toneelspeler/toneelspeelster [to:'ne:lspe:lər/to:'ne:lspe:lstər] |
| | acteur/actrice [ak'tʌ:r/ak'trisə] |
| Singspiel | zangspel ['zaŋspɛl] |
| Solist/in | solist(e) [so:'lɪst(ə)] |
| Spielplan | speelplan *n* ['spe:lplan] |
| Tänzer/in | danser/danseres ['dansər/dansə'rɛs] |
| Theaterstück | toneelstuk *n* [to:'ne:lstʌk] |
| Tragödie | tragedie [tra:'xe:di] |
| Untertitel | ondertiteling [ɔndər'titəlɪŋ] |
| Varieté | variété *n* [va:rijə'te:] |
| Veranstaltungskalender | culturele agenda [kʌlty're:lə a:'xɛnda:] |

| | |
|---|---|
| Volksstück | volkstoneel *n* ['vɔlkstoːneːl] |
| Vorhang | doek *n* [duk] |
| Vorstellung | voorstelling ['voːrstɛlɪŋ] |
| Vorverkauf | voorverkoop ['voːrvɛrkoːp] |
| Zirkus | circus ['sɪrkəs] |

## Bar/Diskothek/Nachtclub

## Bar/Discotheek/Nachtclub

Welche typischen Abend-veranstaltungen werden hier geboten?

Wat zijn hier de typische avond-evenementen? [wat sɛin hiːr də 'tipisə 'aːvɔnteːvənəˈmɛntən]

Gibt es hier eine gemütliche Kneipe?

Is er hier een gezellig kroegje? [ɪs ər hiːr ən xəˈzɛləx kruxjə]

Wo kann man hier tanzen gehen?

Is hier een discotheek? [ɪs 'hiːr ən dɪskoːˈteːk]

Ist dort ein eher junges oder älteres Publikum?

Zijn er meer ouderen of jongeren? [zɛin ər meːr 'ɔudərə ɔf 'jɔŋərə]

Ist Abendgarderobe erwünscht?

Is avondkleding gewenst? [ɪs 'aːvɔntkleːdɪŋ xəˈwɛnst]

• Im Eintrittspreis ist ein Getränk enthalten.

Een drankje is bij de (toegangs)prijs inbegrepen. [ən 'draŋkjə ɪs bɛi də ('tuxaŋs)prɛis 'ɪmbəxreːpən]

Ein Bier, bitte.

Een biertje/pilsje, alstublieft. [ən 'biːrcə/ pɪljə, alsty'blift]

Das gleiche noch einmal.

Hetzelfde nog een keer. [ət'sɛlvdə 'nɔx ən keːr]

Diese Runde übernehme ich.

Dit rondje geef ik. ['dɪt 'rɔncə xeːf 'ɪk]

Wollen wir (noch ein-mal) tanzen?

Zullen we (nog een keer) dansen? ['zʌlə wə ('nɔx ən 'keːr) 'dansen]

Wollen wir noch einen Bummel machen?

Zullen we nog een wandelingetje maken? ['zʌlə wə nɔx ən 'wandəlɪŋəcə 'maːkən]

## Wortliste Bar/Diskothek/Nachtclub

| | |
|---|---|
| ausgehen | uitgaan, ging uit, uitgegaan ['œitxaːn, xɪŋ 'œit, 'œitxəxaːn] |
| Band | band [bɛnt] |
| Bar | bar [bɑr] |
| Discjockey | discjockey [dɪsjɔki] |
| Diskothek | disco(theek) ['dɪskoː('teːk)] |
| Folklore | folklore [fɔl'klɔrə] |
| ~abend | folkloreavond [fɔl'klɔrəaːvɔnt] |
| Kneipe | kroeg, café [krux, kaˈfeː] |
| Live-Musik | live muziek ['lɑːif myˈzik] |
| Modenschau | modeshow [moˈdəʃoː] |
| Nachtclub | nachtclub ['nɑxtklʌp] |
| Show | show [ʃoː] |
| Spiel\|casino | speelbank, casino *n* [speːlbaŋk, kaˈzinoː] |
| ~halle | speel(automaten)hal ['speːl(ɔutoːmaːtə)hal] |
| tanzen | dansen ['dɑnsən] |
| Tanz\|kapelle | dansorkest(je) ['dɑnsɔrkɛst/dɑnsɔrkɛʃə] |
| ~musik | dansmuziek ['dɑnsmyzik] |
| Türsteher | uitsmijter ['œitsmɛitər] |

**7** **Am Strand/Sport**
Aan het strand/Sport

## Im Schwimmbad/Am Strand

### In het zwembad/Aan het strand

Gibt es hier ein Freibad/ Hallenbad?
Is hier een openluchtbad/overdekt zwembad? [ɪs ˈhiːr ən/oːpəˈlʌxdbɑt/oːvərˈdɛkt ˈswɛmbɑt]

Eine Eintrittskarte (mit Kabine), bitte.
Een toegangskaartje (met kleedhokje), alstublieft. [ən ˈtuxaŋskaːrcə (mɛt ˈkleːthɔkjə) ɑlstyˈblift]

- Nur für Schwimmer!
Alleen voor zwemmers. [aˈleːn voːr ˈzwɛmərs]

- Hineinspringen verboten!
Erinspringen verboden! [əˈrɪnˈsprɪŋən vərˈboːdən]

- Baden verboten!
Zwemmen verboden. [ˈzwɛmən vərˈboːdən]

Ist der Strand sandig?
Is het een zandstrand? [ˈɪs ət ən ˈzantstrant]

Gibt es hier Quallen?
Zijn hier kwallen? [zɛin hiːr ˈkwalən]

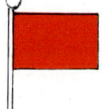 

Schwimmen nicht gestattet

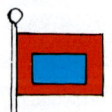 

Luftmatratzen nicht gestattet

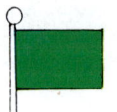

Schwimmen gefährlich

Baden gestattet            Kind gefunden

*Während der Sommermonate kontrollieren an allen nieder-ländischen Stränden sogenannte Strandwächter oder die Strandpolizei, ob obige Anweisungen eingehalten werden. Den Vorgaben ist unmittelbar Folge zu leisten, auch wenn es einmal be-deuten sollte, daß ein Urlaubstag „ins Wasser fällt".*

| | |
|---|---|
| Wie weit darf man hinausschwimmen? | **Hoever mag je zwemmen?**<br>[huˈvɛr mɑx jə ˈzwɛmən] |
| Ist die Strömung stark? | **Is er een sterke stroming?**<br>[ɪs ər ən ˈstɛrkə ˈstroːmɪŋ] |
| Ist es für Kinder gefährlich? | **Is het voor kinderen gevaarlijk?**<br>[ˈɪs ət voːr ˈkɪndərən xəˈvaːrlək] |
| Wann ist Ebbe/Flut? | **Wanneer is eb/vloed?**<br>[wɑˈneːr ɪs ɛp/vlut] |

*Ein besonderer Service des Niederländischen Büros für Tourismus (NBT) in Köln ist die täglich aktualisierte Aussage über Strandwetter, Wasserqualität und -temperatur sowie Veranstaltungstips. Das Küsten-Info-Telefon ist unter der Rufnummer 0221-213344 zu erreichen.*

| | |
|---|---|
| Ich möchte … mieten. | **Ik wil graag … huren.**<br>[ɪk wɪl ˈxraːx … ˈhyːrən] |
|   ein Boot | **een boot** [ən ˈboːt] |
|   ein Paar Wasserski | **een paar waterski's**<br>[ən ˈpaːr ˈwaːtərskis] |
| Was kostet es pro Stunde/Tag? | **Hoeveel kost het per uur/per dag?**<br>[ˈhuveːl ˈkɔst ət pɛr ˈyːr/pɛr ˈdɑx] |

---

## Sport

## Sport

| | |
|---|---|
| Welche Sportmöglichkeiten gibt es hier? | **Wat kun je hier aan sport doen?**<br>[ˈwɑt kʌn jə ˈhiːr aːn ˈspɔrt dun] |
| Gibt es hier einen Golfplatz/einen Tennisplatz/eine Pferderennbahn? | **Is hier een golfveld/tennisbaan/paardenrenbaan?** [ˈɪs hiːr ən ˈxɔlfɛlt/ˈtɛnəsbaːn/paːrdərɛnbaːn] |
| Wo kann man hier angeln? | **Waar kun je hier vissen?**<br>[ˈwaːr ˈkʌn jə hiːr ˈvɪsən] |
| Ich möchte mir das Fußballspiel/das Pferderennen ansehen. | **Ik wil de voetbalwedstrijd/de paardenrace zien.** [ɪk ˈwɪl də ˈvutbɑlwɛtstrɛit/də ˈpaːrdəreːs zin] |
| Wann/Wo findet es statt? | **Wanneer/Waar vindt het plaats?**<br>[wɑˈneːr/ˈwaːr vɪnt ət ˈplaːts] |

| | |
|---|---|
| Was kostet der Eintritt? | Hoe duur is de entree?<br>[hu 'dy:r ɪs də an'tre:] |
| Wo kann ich …<br>ausleihen? | Waar kan ik … huren?<br>[wa:r kan ɪk … hy:rən] |
| Ich möchte einen …<br>Kurs machen. | Ik zou graag een …cursus willen<br>volgen.<br>[ɪk sɔu xra:x ən …'kʌrsəs 'wɪlə 'vɔlxən] |
| Welchen Sport<br>treiben Sie? | Aan welke sport doet U?<br>[a:n 'wɛlkə 'spɔrt 'dut y] |
| Ich spiele … | Ik speel … [ɪk 'spe:l] |
| Ich bin ein Fan von … | Ik ben een fan/liefhebber van …<br>[ɪk 'bɛn ən fɛn/'lifhɛbər van] |
| Kann ich mitspielen? | Mag ik meespelen/meedoen?<br>[max ɪk 'me:spe:lən/'me:dun] |

*Beim NBT (s. a. S. 126) können Interessenten Informationen über die Niederlande allgemein und speziell zu den Themen Radfahren, Wassersport, touristische Attraktionen und Küste anfordern.*

## Wortliste Strand/Sport

| | |
|---|---|
| Aerobic | aerobics [ɛ'rɔbɪks] |
| Aktivurlaub | actieve vakantie [ak'tivə va:'kansi] |
| Anfänger | beginner [bɛ'xɪnər] |
| Angel | hengel ['hɛŋəl] |
| ~blei | vislood *n* ['vɪslo:t] |
| ~haken | vishaak ['vɪsha:k] |
| angeln | vissen, hengelen ['vɪsən, 'hɛŋələn] |
| Angelschein | visvergunning, visakte<br>['vɪsfərxʌnɪŋ, 'vɪsaktə] |
| Ausritt | (wandel)rit(je) [('wandəl)rɪt('rɪcə)] |
| Bade\|kabine | kleedhokje ['kle:thɔkjə] |
| ~meister | badmeester, strandmeester<br>['batme:stər, 'strantme:stər] |
| ~ort | badplaats ['batpla:ts] |
| ~sachen | zwemspullen ['zwɛmspʌlən] |
| ~tuch | bad(hand)doek ['bathanduk/'baduk] |
| Badminton | badminton ['bɛtmɪntɔn] |
| Ball | bal [bal] |
| Basketball | basketball ['baskətbal] |

| | |
|---|---|
| Boccia | boccia [ˈbɔtʃaː] |
| Bootsverleih | verhuur van boten [vərˈhyːr van ˈboːtən] |
| Bowling | bowling [ˈboːlɪŋ] |
| Doppel | dubbel [ˈdʌbəl] |
| Drachenfliegen | deltavliegen [ˈdɛltaːvlixən] |
| Düne | duin *n* [dœin] |
| Dusche | douche [duʃ] |
| Eintrittskarte | entreekaartje *n*, toegangskaartje *n* [anˈtreːkaːrcə, ˈtuxaŋskaːrcə] |
| Einzel | enkel [ˈɛŋkəl] |
| Ergebnis | uitkomst [ˈœitkɔmst] |
| Fallschirmspringen | parachutespringen [paːraːˈʃytsprɪŋən] |
| Federball | badminton [ˈbɛtmɪntɔn/bɛtˈmɪntɔn] |
| Fitneßcenter | fitnesscenter [ˈfɪtnəsɛntər] |
| FKK-Strand | naaktstrand [ˈnaːktstrant] |
| Freibad | openluchtbad *n* [oːpəˈlʌxdbat] |
| Fußball | voetbal *n* [ˈvudbal] |
| ~mannschaft | voetbalelftal *n* [ˈvudbalɛlftal] |
| ~platz | voetbalveld *n* [ˈvudbalvɛlt] |
| ~spiel | voetbalwedstrijd [ˈvudbalwɛtstrɛit] |
| gewinnen | winnen, won, gewonnen [ˈwɪnən, wɔn, xəˈwɔnən] |
| Golf | golf [xɔlf] |
| ~platz | golfterrein *n*, golfbaan [ˈxɔlftɛˈrɛin, ˈxɔlfbaːn] |
| ~schläger | golfstick [ˈxɔlfstɪk] |
| Gymnastik | gymnastiek [xɪmnaːˈstik] |
| Halbzeit | rust [rʌst] |
| Handball | handbal [ˈhandbal] |
| Hochseefischen | visserij op de open zee [vɪsəˈrɛi ɔp də ˈoːpən zeː] |
| Jazztanz | jazzballet [ˈdʒɛːzbaˈlɛt] |
| joggen | joggen [ˈdʒɔɡən] |
| Jogging | jogging [ˈdʒɔɡɪŋ] |
| Judo | judo *n* [ˈjydoː] |
| Kanadier | canadees [kaːnaːˈdeːs] |
| Kanu | kano [ˈkaːnoː] |
| Karate | karate *n* [kaːˈraːtə] |
| Kasse | kassa [ˈkasaː] |
| kegeln | kegelen [ˈkeːxələn] |
| Konditionstraining | conditietraining [kɔnˈdisitreːnɪŋ] |
| Kricket | cricket *n* [ˈkrɪkət] |
| Kurs | cursus [ˈkʌrsəs] |

| | |
|---|---|
| Leichtathletik | atletiek [ɑtlə'tik] |
| Liege\|stuhl | ligstoel [lɪxstul] |
| ~wiese | zonneweide, ligweide ['zɔnəwɛidə, 'lɪxwɛidə] |
| Luftmatratze | luchtbed *n* ['lʌxtbɛt] |
| Mannschaft | team *n* [ti:m] |
| Meerwasser-Schwimm-bad | zeewaterzwembad ['ze:wɑ:tər'zwɛmbɑt] |
| Meisterschaft | kampioenschap *n* [kɑmpi'junsxɑp] |
| Minigolf | minigolf, midgetgolf *n* ['minixɔlf, 'mɪdʒətxɔlf] |
| Motor\|boot | motorboot ['mo:tɔrbo:t] |
| ~sport | motorsport ['mo:tɔrspɔrt] |
| Netz | net *n* [nɛt] |
| Nichtschwimmer | niet-zwemmer ['nitswɛmər] |
| Niederlage | nederlaag ['ne:dərla:x] |
| Paraglider | glider, zweefvliegtuig [glɑ:idər, 'zwe:flixtœix] |
| Paragliding | glijden, zweven [xlɛidən, zwe:vən] |
| Pfeilwerfen | werppijlspel *n*, dart ['wɛrpɛilspɛl, dɑ:rt] |
| Pferd | paard *n* [pɑ:rt] |
| Pferderennen | paardenrennen *pl* ['pɑ:rdərɛnən] |
| Polo | polo *n* ['po:lo:] |
| Privatstrand | privé-strand *n* [pri've:strɑnt] |
| Programm | programma *n* [pro:'xrɑ:ma:] |
| radfahren | fietsen ['fitsən] |

| | |
|---|---|
| Rad\|rennen | wielerwedstrijd [ˈwilərwɛtstrɛit] |
| ~sport | wielersport [ˈwilərspɔrt] |
| ~tour | fietstocht [ˈfitstɔxt] |
| Rafting | rafting [ˈrɑftɪŋ] |
| Regatta | zeilwedstrijd [ˈzɛilwɛtstrɛit] |
| reiten | paardrijden [ˈpɑːrtrɛidən] |
| Reitsport | ruitersport [ˈrœitərspɔrt] |
| Rennen | wedren, wedstrijd [ˈwɛtrɛn, ˈwɛtstrɛit] |
| Ringkampf | worstelwedstrijd [ˈwɔrstəlwɛtstrɛit] |
| Ruderboot | roeiboot [ˈruiboːt] |
| rudern | roeien [ˈrujən] |
| Rugby | rugby *n* [ˈrʌɡbi] |
| Sand | zand *n* [zɑnt] |
| Sauna | sauna [ˈsɔunɑ] |
| Schiedsrichter | scheidsrechter, arbiter [ˈsxɛitsrɛxtər, ˈɑrbitər] |
| Schläger | *(Golf)* golfstok [ˈxɔlfstɔk] |
| | *(Pingpong)* bat [bɛt] |
| | *(Tennis)* racket [ˈrɛkət] |
| Schlauchboot | rubberboot [ˈrʌbərboːt] |
| Schlittschuhe | schaats [sxaːts] |
| Schnorchel | snorkel [ˈsnɔrkəl] |
| schnorcheln | snorkelen [snɔrkələn] |
| Schwimmbad | zwembad *n* [ˈzwɛmbɑt] |
| schwimmen | zwemmen, zwom, gezwommen [ˈzwɛmən, zwɔm, xəˈzwɔmən] |
| Schwimmer | zwemmer [ˈzwɛmər] |
| Schwimm\|flossen | zwemvliezen [ˈzwɛmvlizən] |
| ~flügel | zwemvleugels [ˈzwɛmvløːxəls] |
| ~ring | zwemband [ˈzwɛmbɑnt] |
| ~weste | zwemvest *n* [ˈzwɛmvɛst] |
| Segel\|boot | zeilboot [ˈzɛilboːt] |
| ~fliegen | zweefvliegen [ˈzweːvlixən] |
| segeln | zeilen [ˈzɛilən] |
| Sieg | overwinning [oːvərˈwɪnɪŋ] |
| Skateboard | skateboard, schaatsplank [ˈskeːdbɔrt, ˈsxaːtsplɑŋk] |
| Solarium | solarium [soːˈlaːriːjəm] |
| Sonnenschirm | parasol [pɑraːˈsɔl] |
| Spiel | spel *n* [spɛl] |
| Sportler/in | sporter, sportman/sportvrouw [ˈspɔrtər, ˈspɔrtmɑn/ˈspɔrtfrɔu] |
| Sportplatz | sportveld *n* [ˈspɔrtfɛlt] |
| Sprungbrett | duikplank [ˈdœikplɑŋk] |

| | |
|---|---|
| Squash | squash [skwɔʃ] |
| Start | start [start] |
| Strand\|bad | strandbad *n* ['strandbat] |
| ~korb | strandstoel ['strantstul] |
| ~segeln | strandzeilen ['strantsɛilən] |
| ~wache | strandwacht, kustwacht |
| | ['strantwaxt, 'kʌstwaxt] |
| Sturm\|flut | stormvloed ['stɔrmvlut] |
| ~segel | stormzeil *n* ['stɔrmzɛil] |
| ~signal | stormsein *n* ['stɔrmsɛin] |
| ~warnung | stormwaarschuwing |
| | ['stɔrmwa:rsxywiŋ] |
| stürmisch | stormachtig ['stɔrmaxtəx] |
| Surfbrett | surfplank ['sʌrfplaŋk] |
| surfen | surfen ['sʌrfən] |
| tauchen | duiken, dook, gedoken |
| | ['dœikən, do:k, xə'do:kən] |
| Taucher\|anzug | duikpak *n* ['dœikpak] |
| ~ausrüstung | duikersuitrusting ['dœikərsœit'rʌstiŋ] |
| ~brille | duikbril ['dœikbril] |
| Tennis | tennis *n* ['tɛnəs] |
| ~schläger | tennisracket *n* ['tɛnəsrɛkət] |
| Tischtennis | tafeltennis *n*, pingpong *n* |
| | ['ta:fəltɛnəs, 'piŋpɔŋ] |
| Tor | doel *n* [dul] |
| ~wart | keeper ['kipər] |
| Trainerstunde | training ['tre:niŋ] |
| Tretboot | waterfiets ['wa:tərfits] |
| Turnen | turnen ['tʌrnən] |
| unentschieden | gelijkspel, onbeslist |
| | [xə'lɛik'spɛl, 'ɔmbəslist] |
| verlieren | verliezen, verloor, verloren |
| | [vər'lizən, vər'lo:r, vərlo:rən] |
| Volleyball | volleybal *n* ['vɔlibal] |
| wandern | wandelen ['wandələn] |
| Wanderweg | wandelpad *n* ['wandəlpat] |
| Wasserball | waterpolo *n* [wa:tərpo:lo:] |
| Wellen\|brecher | golfbreker ['xɔlvbre:kər] |
| ~gang | golfslag ['xɔlfslax] |
| ~kamm | golfkam, golfkruin ['xɔlfkam, xɔlfkrœin] |
| ~reiten | surfen ['sʌrfən] |
| Wettkampf | wedstrijd ['wɛtstrɛit] |
| Whirlpool | whirlpool ['wʌ:rəlpul] |
| Windschirm | windscherm ['wintsxɛrm] |

**8** **Einkaufen/Geschäfte**
Inkopen/Winkels

## Fragen/Preise

## Vragen/Prijzen

Öffnungszeiten

openingstijden [ˈoːpənɪŋstɛidən]

offen/geschlossen/Be-
triebsferien

open/dicht (gesloten)/bedrijfsvakan-
tie [ˈoːpən/dɪxt (xəˈsloːtən)/
bəˈdrɛifsfaˈkantsi]

Wo finde ich … ?

Waar kun je … kopen?
[ˈwaːr ˈkʌn jə … ˈkoːpən]

Können Sie mir ein
… geschäft empfehlen?

Kunt U mij een … zaak aanbevelen?
[ˈkʌnt y mə ən … ˈzaːk ˈaːmbəveːlən]

● Werden Sie schon
bedient?

Wordt U al geholpen?
[ˈwɔrt y al xəˈhɔlpən]

Danke, ich sehe mich
nur um.

Dank U, ik kijk alleen maar!
[ˈdaŋky ɪk ˈkɛik aˈleːn maːr]

Ich möchte …

Ik zou graag … [ɪk zou ˈxraːx]

Haben Sie …?

Heeft U …? [ˈheːft y]

Zeigen Sie mir bitte …

Laat U mij alstublieft … zien.
[ˈlaːt y mɛi alstyˈblift … ˈzin]

Bitte
  ein Paar …
  ein Stück …

Graag [xraːx]
  een paar … [ən ˈpaːr]
  een stuk … [ən ˈstʌk]

Können Sie mir bitte ein
anderes/eine(n) ande-
re(n) … zeigen?

Heeft U nog een andere …
[ˈheːft y ˈnɔx ən ˈandərə]

Haben Sie auch etwas
Billigeres?

Heeft U iets goedkopers?
[ˈheːft y ˈiːts xutˈkoːpərs]

Das gefällt mir.
Ich nehme es.

Dat bevalt mij/staat mij aan.
Ik neem het. [dat bəˈvalt mə/ˈstaːt mə
ˈaːn. ɪk ˈneːm ət]

Wieviel kostet es?

Hoe duur is het?/Hoeveel kost het?
[hu ˈdyːr ɪs ət/huˈveːl ˈkɔst ət]

Nehmen Sie …
  deutsches Geld?
  Euroschecks?
  Kreditkarten?
  Reiseschecks?

Neemt U … aan? [ˈneːmt y … ˈaːn]
  Duits geld [ˈdœits ˈxɛlt]
  Eurocheques [ˈʌːroːʃɛks]
  creditcards [ˈkrɛdɪtkaːrts]
  reischeques [ˈrɛiʃɛks]

| Können Sie es mir einpacken? | Kunt U het voor me inpakken?<br>[ˈkʌnt y ət voːr mə ˈɪmpakən] |
| Ich möchte dies umtauschen. | Ik zou dit graag willen ruilen<br>[ɪk ˈsɔu dɪt ˈxraːx ˈwɪlən ˈrœilən] |

## Wortliste Geschäfte

| | |
| --- | --- |
| Antiquariat | antiquariaat *n* [ɑntikwaːriˈjaːt] |
| Antiquitätengeschäft | antiquiteitenwinkel [ɑntikwiˈtɛitəwɪŋkəl] |
| Apotheke | apotheek [aːpoːˈteːk] |
| Bäckerei | bakkerij [bakəˈrɛi] |
| Bioladen | biowinkel, natuurvoedingswinkel<br>[ˈbiːjoːwɪŋkəl, naːˈtyːrvudɪŋswɪŋkəl] |
| Blumengeschäft | bloemenzaak [ˈbluməzaːk] |
| Bootsbedarf | scheepsbenodigdheden *pl*<br>[ˈsxeːpsbəˈnoːdəxtheˌdən] |
| Boutique | boutique, boetiek [buˈtik] |
| Buchhandlung | boekhandel [ˈbukhɑndəl] |
| Drogerie | drogisterij [droːxɪstəˈrɛi] |
| Eisenwarengeschäft | ijzerwinkel [ˈɛizərwɪŋkəl] |
| Elektrohandlung | electriciteitswinkel [eˈlɛktrisiˈtɛitswɪŋkəl] |
| Fahrradhandlung | rijwielzaak [ˈrɛiwilzaːk] |
| Feinkostgeschäft | delicatessenhandel [deˈlikaˈtɛsəhandəl] |
| Fischgeschäft | viswinkel [ˈvɪswɪŋkəl] |
| Flohmarkt | vlooienmarkt, rommelmarkt<br>[ˈvloːjəmarkt, ˈrɔməlmarkt] |
| Fotoartikel | fotoartikelen *pl* [ˈfoːtoːartikələn] |
| Friseur | kapper [ˈkapər] |
| Gemüsehändler | groenteboer [ˈxruntəbuːr] |
| Haushaltswarengeschäft | winkel voor huishoudelijke artikelen<br>[ˈwɪŋkəl voːr hœisˈhɔudələkə arˈtikələn] |
| Juwelier | juwelier [jywəˈliːr] |
| Käserei | kaasfabriek [ˈkaːsfaːbrik] |
| Kaufhaus | warenhuis *n* [ˈwaːrəhœis] |
| Konditorei | banketbakker [baŋˈkɛtbakər] |
| Kosmetiksalon | schoonheidssalon [ˈsxoːnhɛitsaːlon] |
| Kunstgewerbe | kunstnijverheid [kʌnstˈnɛivərhɛit] |
| Kunsthändler | kunsthandelaar [ˈkʌnsthandəlaːr] |
| Lebensmittelgeschäft | kruidenier [krœidəˈniːr] |
| Lederwarengeschäft | lederzaak [ˈleːdərzaːk] |
| Markt | markt [markt] |
| Metzgerei | slagerij [slaːxəˈrɛi] |
| Milchgeschäft | melkboer [ˈmɛlgbuːr] |

| | |
|---|---|
| Möbelgeschäft | meubelzaak [ˈmøːbəlzaːk] |
| Musikgeschäft | muziekhandel [myˈzikhandəl] |
| Obsthandlung | fruitwinkel [ˈfrœitwɪŋkəl] |
| Optiker | opticien [ɔptiˈʃɛ] |
| Parfümerie | parfumerie [parfʌməˈri] |
| Pelzgeschäft | bontwinkel [ˈbɔntwɪŋkəl] |
| Reformhaus | reformwinkel, reformhuis [reːˈfɔrmwɪŋkəl, reːˈfɔrmhœis] |
| Reinigung, chemische | stomerij [stoːməˈrɛi] |
| Reiseandenken | souvenir n [suvəˈniːr] |
| Reisebüro | reisbureau n [ˈrɛisbyroː] |
| Schallplattengeschäft | platenwinkel [ˈplaːtəwɪŋkəl] |
| Schneider/in | kleermaker/modiste [ˈkleːrmaːkər/moːˈdɪstə] |
| Schreibwarengeschäft | kantoorboekhandel [kanˈtoːrbukhandəl] |
| Schuhgeschäft | schoenenwinkel [ˈsxunəwɪŋkəl] |
| Schuhmacher | schoenmaker [ˈsxumaːkər] |
| Secondhand-Laden | tweedehandswinkel [tweːdəˈhantswɪŋkəl] |
| Selbstbedienungsladen | zelfbedieningszaak [ˈzɛlvbədinɪŋsaːk] |
| Spielwarengeschäft | speelgoedwinkel [ˈspeːlxutwɪŋkəl] |
| Spirituosengeschäft | slijterij, drankwinkel [slɛitəˈrɛi, ˈdraŋkwɪŋkəl] |
|  Sportartikel | sportartikelen pl [ˈspɔrtartikələn] |
| Supermarkt | supermarkt [ˈsypərmarkt] |
| Süßwarengeschäft | snoepwinkel [ˈsnupwɪŋkəl] |
| Tabakladen | tabakswinkel [taːˈbakswɪŋkəl] |
| Trödler | uitdragerij [œitdraːxəˈrɛi] |
| Uhrmacher | horlogemaker [hɔrˈloːʒəmaːkər] |
| Wäscherei | wasserij [wasəˈrɛi] |
| Waschsalon | wasserette [wasəˈrɛtə] |
| Weinhandlung | wijnhandel [ˈwɛinhandəl] |
| Zeitungshändler | krantenverkoper [ˈkrantəvərkoːpər] |
| Zeitungskiosk | krantenstalletje [ˈkrantəstaləcə] |

---

## Lebensmittel

### Levensmiddelen

| | |
|---|---|
| • Was darf es sein? | Kan ik U helpen? [ˈkan ɪk y ˈhɛlpən] |
| Geben Sie mir bitte … | Geeft U mij … alstublieft. [ˈxeːft y mɛi … alstyˈbliːft] |
| ein Kilo … | een kilo … [eːn ˈkiloː] |

| | |
|---|---|
| 10 Scheiben … | *(Wurst)* tien plakken … |
| | *(Brot)* tien sneetjes … |
| | [ˈtin ˈplakən/ˈtin ˈsneːcəs] |
| ein Stück von … | een stukje … [ən ˈstʌkjə] |
| eine Packung … | een pakje … [ən pakjə] |
| ein Glas … | een glas … [əŋ xlas] |
| eine Dose … | een blik … [ən blɪk] |
| eine Flasche … | een fles … [ən flɛs] |
| eine Einkaufstüte. | een plastic tasje [ən ˈplɛstək ˈtaʃə] |

● Darf es auch etwas mehr sein? — Kan het ook 'n beetje/'n ietsje meer zijn? [kan ət oːk ən ˈbeːcə/ən ˈitʃə ˈmeːr zɛin]

● Darf es sonst noch etwas sein? — Anders nog iets? [ˈandərs ˈnɔx its]

Dürfte ich vielleicht etwas hiervon probieren? — Mag ik misschien 'n ietsje proberen? [max ɪk mɪˈsxɪn ən ˈitʃə proːˈbeːrən]

Danke, das ist alles. — Dank U, dat is alles. [ˈdaŋky dat ɪs ˈaləs]

## Wortliste Lebensmittel

| | |
|---|---|
| Aal | paling [ˈpaːlɪŋ] |
| Ananas | ananas [ˈananas] |
| Anis\|pulver | gestampte muisjes *pl* [xəˈstamptə ˈmœiʃəs] |
| ~flocken | anijshagel [aːˈnɛisha:xəl] |
| Äpfel | appels *pl* [ˈapəls] |
| Apfelsinen | sinaasappels *pl* [ˈsinaːzapəls] |
| Aprikosen | abrikozen *pl* [aːbriˈkoːzən] |
| Artischocken | artisjokken *pl* [artiˈʃɔkən] |
| Auberginen | aubergines *pl* [oːbɛrˈʒinəs] |
| Aufschnitt | broodbeleg *n* [ˈbroːdbəlɛx] |
| Austern | oesters *pl* [ˈustərs] |
| Avocado | avocado [aːvoːˈkaːdoː] |
| Bananen | bananen *pl* [baːˈnaːnən] |
| Barsch | baars [baːrs] |
| Basilikum | basilicum [baːˈsilikəm] |
| Bier | bier *n* [biːr] |
| alkoholfreies ~ | alcoholvrij bier [ˈalcəhɔlˈvrɛi biːr] |
| Birnen | peren *pl* [ˈpeːrən] |
| Blätterteig *(mit Pudding)* | tompoes [tɔmˈpus] |
| Blumenkohl | bloemkool [ˈblumkoːl] |
| Bohnen | bonen [ˈboːnən] |
| grüne ~ | sperziebonen [ˈspɛrzibo:nən] |
| weiße ~ | witte bonen [ˈwɪtə bo:nən] |

| | |
|---|---|
| Brombeeren | braambessen *pl* ['bra:mbɛsən] |
| Brot | brood *n* [bro:t] |
|   Grau~ | bruinbrood *n*, grofbrood *n* ['brœinbro:t, 'xrɔvbro:t] |
|   Schwarz~ | roggebrood *n* ['rɔxəbro:t] |
|   Weiß~ | wittebrood *n* ['wɪtəbro:t] |
| Brötchen | kadetjes, broodjes [ka:'dɛcəs, 'bro:cəs] |
|   belegte ~ | belegde broodjes *pl* [bə'lɛxdə 'bro:cəs] |
|   süße ~ | zoete broodjes *pl* ['zutə 'bro:cəs] |
| Butter | boter ['bo:tər] |
|   ~fett | botervet *n* ['bo:tərvɛt] |
|   ~milch | karnemelk ['karnəmɛlk] |
| Champagner | champagne [ʃam'panjə] |
| Chicoree | witlof ['wɪtlɔf] |
| Datteln | dadels *pl* ['da:dəls] |
| Dickmilch | dikke zure melk ['dɪkə 'zy:rə mɛlk] |
| Dörrfleisch | gedroogd vlees [xədro:xt fle:s] |
| Eier | eieren *pl* ['ɛijərən] |
|   ~ von freilaufenden Hühnern | scharreleieren *pl* ['sxarəlɛijərən] |
| Eis | ijs *n* [ɛis] |
| Erbsen | erwten *pl* ['ɛrtən] |
|   Kicher~ | kikkererwten *pl* ['kɪkərɛrtən] |
| Erdbeeren | aardbeien *pl* ['a:rdbɛiən] |
| Erdnußcreme | pindakaas ['pɪnda:ka:s] |
| Essig | azijn [a:'zɛin] |
| Feigen | vijgen *pl* ['vɛixən] |
| Fenchel | venkel ['vɛŋkəl] |
| Fisch | vis [vɪs] |
|   ~klöße | visballetje *n* ['vɪzbaləcə] |
| Fleisch | vlees [vle:s] |
|   ~wurst | worst [wɔrst] |
| frisch | vers [vɛrs] |
| Garnelen | garnalen *pl* [xar'na:lən] |
| Gebäck | koek [kuk] |
| Gemüse | groente [xruntə] |
|   ~ aus Eigenanbau | groente uit eigen kwekerij [xruntə œit 'ɛixən kwe:kə'rɛi] |

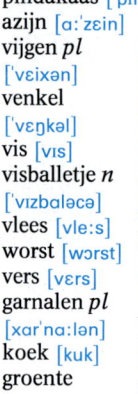

| | |
|---|---|
| gespritzt | bespoten [bəˈspoːtən] |
| Goldbrasse | goudbrasem [ˈxɔudbraːsəm] |
| Grieß | gries [xris] |
| Gulasch | goulash [ˈgulaʃ] |
| Gurke | *(Gemüse~)* komkommer [kɔmˈkɔmər] |
| | *(Gewürz~)* augurk [ɔuˈxʌrk] |
| Hackfleisch | gehakt *n* [xəˈhakt] |
| Haferflocken | havervlokken *pl* [ˈhaːvərvlɔkən] |
| Hähnchen | haantje *n* [ˈhaːncə] |
| Hering | haring [ˈhaːrɪŋ] |
| Honig | honing [ˈhoːnɪŋ] |
| ~kuchen | snijkoek, ontbijtkoek [ˈsnɛikuk, ɔndˈbɛitkuk] |
| Ingwer | gember [ˈxɛmbər] |
| Joghurt | yoghurt [ˈjɔxərt] |
| Johannisbrot | sint-jansbrood *n* [sɪntˈjansbroːt] |
| Kaffee | koffie [ˈkɔfi] |
| Kalbfleisch | kalfsvlees [ˈkalfsfleːs] |
| Kaneel | kaneel [kaːˈneːl] |
| Kaninchen | konijn [koːˈnɛin] |
| Karotten | wortels *pl* [ˈwɔrtəls] |
| Kartoffeln | aardappelen *pl* [ˈaːrtapələn, ˈaːrdapələn] |
| Käse | kaas [kaːs] |
| Camembert | camembert [kaːməmbɛːr] |
| Kümmel~ | komijnekaas [koːˈmɛinəkaːs] |
| Weich~ | zachte kaas [ˈzaxtə kaːs] |
| Kastanien | kastanjes *pl* [kaˈstanjəs] |
| Kekse | koekjes *pl* [ˈkukjəs] |
| Kindernahrung | babyvoeding [ˈbeːbivudɪŋ] |
| Kirschen | kersen *pl* [ˈkɛrsən] |
| Knoblauch | knoflook [ˈknɔfloːk] |
| Kohl | kool [koːl] |
| Kokos\|fett | kokosvet *n* [ˈkoːkəsfɛt] |
| ~nuß | kokosnoot [ˈkoːkəsnoːt] |
| Konserven | conserven *pl* [kɔnˈzɛrvən] |
| Kotelett | karbonade [karboˈnaːdə] |
| Krabben | garnalen *pl* [xarnaːlən] |
| Kuchen | taart [taːrt] |
| Kürbis | pompoen [pɔmˈpun] |
| Lakritze | drop [drɔp] |
| Lammfleisch | lamsvlees *n* [ˈlamsfleːs] |
| Lauch | prei [prɛi] |
| Leber\|pastete | leverpastei [ˈleːvərpastɛi] |
| ~wurst | leverworst [ˈleːvərwɔrst] |
| Limonade | limonade [limoːˈnaːdə] |
| Orangen~ | ranja, sinas [ˈranja, ˈsinas] |

| | |
|---|---|
| Linsen | linzen [ˈlɪnzən] |
| Mais | mais [mais] |
| Makrele | makreel [maˈkreːl] |
| Mandarine | mandarijntje *n* [mandaˈrɛincə] |
| Mandeln | amandelen *pl* [aˈmandələn] |
| Mangold | snijbiet [ˈsnɛibit] |
| Margarine | margarine [marxaˈrinə] |
| Marmelade | jam [ʃɛm] |
| Mayonnaise | mayonaise [maːjoˈnɛːzə] |
| Mehl | meel [meːl] |
| Melone | meloen [məˈlun] |
| Honig~ | honingmeloen [ˈhoːnɪŋməlun] |
| Wasser~ | watermeloen [ˈwaːtərməlun] |
| Miesmuscheln | mosselen *pl* [ˈmɔsələn] |
| Milch | melk [mɛlk] |
| fettarme ~ | magere melk [ˈmaːxərə mɛlk] |
| Mineralwasser | bronwater *n*, mineraalwater *n*, spa [ˈbrɔnwaːtər, minəˈraːlwaːtər, spaː] |
| Muscheln | mosselen *pl* [ˈmɔsələn] |
| Müsli | muesli [ˈmʌsli] |
| ~riegel | mueslireep [ˈmʌslireːp] |
| Nudeln | noedels *pl* [nudəls] |
| Spaghetti | spaghetti [spaˈgɛti, spaˈxɛti] |
| Nüsse | noten *pl* [ˈnoːtən] |
| Obst | fruit *n* [frœit] |
| Öl | olie [ˈoːli] |
| Oliven | olijven *pl* [oːˈlɛivən] |
| Orangeade | orangeade [oːranʒaːdə] |
| Orangensaft | sinaasappelsap, jus d'orange [ˈsinaːzapəlsap, ʃy dəˈrans] |
| Oregano | oregano [oreˈxaːnoː] |
| Palmensaftzucker | palmsuiker [ˈpalmsœikər] |
| Pampelmuse | grapefruit [ˈgreːpfrut] |
| Paprika | paprika [ˈpaprikaː] |
| Peperoni | peperoni [pɛpəˈroːni] |
| Petersilie | peterselie [peːtərˈseːli] |
| Pfeffer | peper [ˈpeːpər] |
| ~minz | *(Süßigkeit)* pepermuntje *n* [peːpərˈmʌncə] |
| | *(Kraut)* pepermunt [peːpərˈmʌnt] |
| Pfirsiche | perziken *pl* [ˈpɛrzɪkən] |
| Pflaumen | pruimen *pl* [ˈprœimən] |
| Quark | kwark [kwark] |
| Rauchfleisch | rookvlees *n* [ˈroːkfleːs, roːkˈfleːs] |

| | |
|---|---|
| Reis | rijst [rɛist] |
| Rindfleisch | rundvlees *n* [ˈrʌntvleˑs] |
| Rohrzucker | rietsuiker [ˈritsœikər] |
| Rosinen | krenten *pl* [ˈkrɛntən] |
| Safran | saffraan [sɑˈfraˑn] |
| Sahne | room [roˑm] |
|   saure ~ | zure room [ˈzyˑrə ˈroˑm] |
|   Schlag~ | slagroom [ˈslɑxroˑm] |
| Salami | salami [sɑˈlaˑmi] |
| Salat | sla [slɑˑ] |
|   Kopf~ | kropsla [ˈkrɔpslɑˑ] |
| Salmiakpuder | zwartwit [zwɑrtˈwɪt] |
| Salz | zout *n* [zɔut] |
| Schinken | ham [hɑm] |
|   gekochter ~ | gekookte ham [xəˈkoˑktə hɑm] |
|   roher ~ | rauwe ham [ˈrɑuə hɑm] |
| Schokolade | chocolade [ʃoˑkoˑˈlaˑdə] |
| Schokoriegel | chocoladereep [ʃoˑkoˑˈlaˑdəreˑp] |
| Schweinefleisch | varkensvlees *n* [ˈvɑrkənsfleˑs] |
| Schwertfisch | zwaardvis [ˈzwaˑrtfɪs] |
| Seezunge | (zee)tong [(ˈzeˑ)ˈtɔŋ] |
| Sellerie | selderie, selderij [ˈsɛldəri, sɛldəˈrɛi] |
| Senf | mosterd [ˈmɔstərt] |
| Sojasoße | sojasaus [ˈsoˑjɑˑsɔus] |
|   süße ~ | zoete sojasaus [ˈzutə ˈsoˑjɑˑsɔus] |
|   scharfe ~ | pikante sojasaus [piˈkɑntə ˈsoˑjɑˑsɔus] |

| | |
|---|---|
| Spargel | asperge [ɑsˈpɛrʒə] |
| Spinat | spinazie [spiˈnɑːzi] |
| Suppe | soep [sup] |
| Süßigkeiten | snoepgoed *n* [ˈsnupxut] |
| Tee | thee [teː] |
| ~beutel | theezakje *n* [teːzɑkjə] |
| Thunfisch | tonijn [toːˈnɛin] |
| Thymian | tijm [tɛim] |
| Tintenfisch | inktvis [ˈɪŋktfɪs] |
| Toast | toost [toːst] |
| Tomaten | tomaten *pl* [toːˈmɑːtən] |
| Waffeln | wafels *pl* [ˈwɑːfəls] |
| Wein | wijn [wɛin] |
| Rot~ | rode wijn [ˈroːdə wɛin] |
| Weiß~ | witte wijn [ˈwɪtə wɛin] |
| alkoholfreier ~ | alcoholvrije wijn [ˈɑlcəhɔlvrɛijə wɛin] |
| Weintrauben | druiven *pl* [ˈdrœivən] |
| Wurst | worst [wɔrst] |
| Würstchen | worstjes *pl* [ˈwɔrʃjəs] |
| Zichorie | witlof, Brussels lof *n* [ˈwitlɔf, ˈbrʌsəls lɔf] |
| Ziegenfleisch | geitevlees *n* [ˈxɛitəfleːs] |
| Zitronen | citroenen *pl* [siˈtrunən] |
| Zucchini | courgette [kurˈʒɛt] |
| Zucker | suiker [ˈsœikər] |
| Zwieback | beschuit [bəˈsxœit] |
| Zwiebeln | uien *pl* [ˈœijən] |

---

## Drogerieartikel

## Drogisterijartikelen

### Wortliste Drogerieartikel

| | |
|---|---|
| Augenbrauenstift | wenkbrauwstift [ˈwɛŋgbrɔustɪft] |
| Bürste | borstel [ˈbɔrstəl] |
| Creme | crème [krɛːm] |
| ~ für trockene/nor-male/fettige Haut | crème voor droge/normale/vet(tig)e huid [krɛːm voːr ˈdroːxə/nɔrˈmɑːlə/ˈvɛt(əx)ə hœit] |
| Feuchtigkeits~ | vochtinbrengende crème [ˈvɔxtɪmbrɛŋəndə krɛːm] |
| Hand~ | handcrème [ˈhɑntkrɛːm] |
| Damenbinden | maandverband *n* [ˈmɑːntfərbɑnt] |

| | |
|---|---|
| Deo(dorant) | deodorant [de:jo:do'rant] |
| Duschgel | douchefris ['dusfrɪs] |
| Erfrischungstuch | verfrissingsdoekje *n* [vər'frɪsɪŋsdukjə] |
| Eyeliner | eyeliner ['ɑːila:inər] |
| Fleckenwasser | vlekkenwater *n* ['vlɛkəwɑːtər] |
| Haar\|bürste | haarborstel ['hɑːrbɔrstəl] |
| ~entferner | ontharingscrème [ɔnt'hɑːrɪŋskrɛːm] |
| ~färbemittel | haarkleurmiddel *n* ['hɑːrklʌːrmɪdəl] |
| ~festiger | haarversteviger ['hɑːrvərste:vəxər] |
| ~gel | haargel ['hɑːrgeːl] |
| ~gummi | haarelastiek *n* ['hɑːre:lastik] |
| ~klammern | haarspelden, haarclips *pl* |
| | ['hɑːrspɛldən, 'hɑːrklɪps] |
| ~spray | hairspray, haarlak ['hɑːrspreː, 'hɑːrlak] |
| ~waschmittel | shampoo ['ʃampo:] |
| ~~ für fettiges/norma- | shampoo voor vet/normaal/droog |
| les/trockenes Haar | haar ['ʃampo: voːr vɛt/nɔr'mɑːl/dro:x hɑːr] |
| ~~ gegen Schuppen | shampoo anti-roos ['ʃampo: anti'ro:s] |
| Henna | henna ['hɛnɑː] |
| Kamm | kam [kam] |
| Kleiderbürste | kleerborstel ['kleːrbɔrstəl] |
| Kölnisch Wasser | eau de cologne [o:də'klɔnjə] |
| Körpermilch | huidlotion ['hœitlo:ʃɔn] |
| Lichtschutzfaktor | beschermingsfactor [bə'sxɛrmɪŋs'faktɔr] |
| Lidschatten | oogschaduw ['o:xsxɑːdyw] |
| Lippenstift | lippenstift ['lɪpəstɪft] |
| Lockenwickler | krulspelden *pl* ['krʌlspɛldən] |
| Mundwasser | mondwater *n* ['mɔntwɑːtər] |
| Nagel\|bürste | nagelborstel ['nɑːxəlbɔrstəl] |
| ~feile | nagelvijl ['nɑːxəlvɛil] |
| ~lack | nagellak ['nɑːxəlak] |
| ~lackentferner | remover [ri'muːvər] |
| ~schere | nagelschaartje *n* ['nɑːxəlsxɑːrcə] |
| Papiertaschentücher | papieren zakdoekjes *pl* |
| | [pɑː'pirən 'zagdukjəs] |
| Parfüm | parfum *n* [parfʌ:] |
| Pflaster | pleister ['plɛistər] |
| Pinzette | pincet *n* [pɪn'sɛt] |
| Präservativ | condoom *n* [kɔn'do:m] |
| Puder | poeder *n* ['pudər] |
| Gesichts~ | talkpoeder *n* ['talkpudər] |
| Rasier\|apparat | scheerapparaat *n* ['sxe:rapaːrɑːt] |
| ~klinge | scheermes *n* ['sxe:rmɛs] |
| ~pinsel | scheerkwast ['sxe:rkwast] |

| | |
|---|---|
| ~seife | scheerzeep ['sxe:rze:p] |
| ~wasser | after-shave [aftər'ʃe:f] |
| Reinigungsmilch | reinigingsmelk ['rɛinəxɪŋsmɛlk] |
| Reisenecessaire | reisnecessaire ['rɛisnɛsəsɛ:r] |
| Rouge | rouge ['ru:ʒə] |
| Saugflasche | zuigfles ['zœixflɛs] |
| Schaumfestiger | schuim-haarversteviger ['sxœim'ha:rvərste:vəxər] |
| Schnuller | fopspeen ['fɔpspe:n] |
| Schwamm | spons [spɔns] |
| Seife | zeep [ze:p] |
| Sicherheitsnadel | veiligheidsspeld ['vɛiləxɛitspɛlt] |
| Slipeinlagen | inlegkruisjes *pl* ['ɪnlɛxkrœiʃen] |
| Sonnen\|creme | zonnebrandcrème ['zɔnəbrantkrɛ:m] |
| ~öl | zonnebrandolie ['zɔnəbranto:li] |
| Spiegel | spiegel ['spixəl] |
| Spül\|bürste | afwasborstel ['ɑfwasbɔrstəl] |
| ~mittel | afwasmiddel ['ɑfwasmɪdəl] |
| ~tuch | vaatdoek ['va:duk] |
| Tampons | tampons *pl* [tam'pɔns] |
| Toilettenpapier | toiletpapier *n* [twa:'lɛtpa:'pi:r] |
| Wasch\|lappen | washandje *n* ['washancə] |
| ~lotion | waslotion ['waslo:ʃɔn] |
| ~mittel | wasmiddel ['wasmɪdəl] |
| Watte | watten *pl* ['watən] |
| ~stäbchen | wattenstaafjes *pl* ['watəsta:fjəs] |
| Wimperntusche | mascara [mɑs'ka:ra:] |
| Windel(n) | luier(s) ['lœijər(s)] |
| Zahn\|bürste | tandenborstel ['tandəbɔrstəl] |
| ~pasta | tandpasta ['tantpasta:] |

## Tabakwaren

## Rookwaren

| | |
|---|---|
| Ein Päckchen/Eine Stange … Zigaretten mit/ohne Filter, bitte. | Een pakje/Een slof … sigaretten met/zonder filter alstublieft. [ən 'pakjə/ən slɔf … sixa:'rɛtən mɛt/zɔndər 'fɪltər alsty'blift] |
| Haben Sie deutsche/ amerikanische/Menthol- Zigaretten? | Heeft U Duitse/Amerikaanse/ menthol- sigaretten? [he:ft y 'dœitsə/ a:meri'ka:nsə/'mɛntɔl sixa:'rɛtən] |

| | |
|---|---|
| Welche Marke (leichter/ starker Zigaretten) kön- nen Sie mir empfehlen? | Wat voor'n merk (lichte/zware sigaretten) kunt U me aanbevelen? [wɑt voːr ən mɛrk (ˈlɪxtə/ˈzwaːrə sixaˈrɛtən) kʌnt y mə ˈaːmbəvɛːlən] |
| Zehn Zigarren/ Zigarillos, bitte. | Tien sigaren/sigarillo's alstublieft. [tin siˈxaːrən/sigaˈrɪljoːs alstyˈblift] |
| Ein Päckchen/Eine Dose Zigaretten-/Pfeifentabak, bitte. | Een pakje/Een blik shag/pijptabak, alstublieft. [ən ˈpakjə/ən blɪk ʃɛk/ ˈpɛiptaːbak alstyˈblift] |
| Eine Schachtel Streich- hölzer/Ein Feuerzeug, bitte. | Een pakje lucifers/Een aansteker, alstublieft. [ən ˈpakjə ˈlysifɛrs/ ən ˈaːnsteːkər alstyˈblift] |

## Kleidung/Lederwaren/Reinigung  ▶ auch Kap.1, Farben
## Kleding/Lederwaren/Reiniging

| | |
|---|---|
| Können Sie mir … zei- gen? | Kunt U mij … laten zien? [ˈkʌnt y mɛi … laːtən ˈzin] |
| • Denken Sie an eine bestimmte Farbe? | Heeft U een bepaalde kleur op het oog? [ˈheːft y ən bəˈpaːldə ˈklʌːr ɔp ət ˈoːx] |
| Ich möchte etwas in … | Ik wil iets in … [ɪk ˈwɪl its ɪn] |
| Ich möchte etwas Passendes hierzu. | Ik wil hierbij iets passends. [ɪk ˈwɪl ˈhiːrbɛi its ˈpasənts] |
| Kann ich es anprobieren? | Kan ik het passen? [ˈkan ɪk ət ˈpasən] |
| • Welche (Konfektions-) Größe haben Sie? | Welke maat heeft U? [wɛlkə ˈmaːt heːft y] |
| Das ist mir zu … eng/weit. kurz/lang. klein/groß. | Dat is mij te … [dat ɪs mɛi tə] nauw/wijd. [ˈnɔu/ˈwɛit] kort/lang. [ˈkɔrt/ˈlaŋ] klein/groot. [ˈklɛin/ˈxroːt] |
| Das paßt gut. Ich nehme es. | Dat past goed. Ik neem hem. [dat ˈpast ˈxut. ɪk ˈneːm həm] |
| Das ist nicht ganz, was ich möchte. | Dat is niet precies dat wat ik zoek. [dat ɪs ˈnit prəˈsis ˈdat wat ɪk ˈsuk] |

| | |
|---|---|
| Ich möchte ein Paar ...schuhe | Ik wil graag een paar ... -schoenen. [ɪk 'wɪl 'xraːx ən 'paːr ... 'sxunən] |
| Ich habe Schuhgröße ... | Ik heb schoenmaat ... [ɪk hɛp 'sxumaːt] |
| Sie drücken mich. | Ze knellen. [zə 'knɛlən] |
| Sie sind zu eng/weit. | Ze zijn te klein/te groot. [zə zɛin tə 'klɛin/tə 'xroːt] |
| Bitte noch eine Tube Schuhcreme/ ein Paar Schnürsenkel. | Nog een doosje schoensmeer/een paar veters, alstublieft. ['nɔx ən 'doːsjə 'sxusmeːr/ən paːr veːtərs alsty'blift] |
| Ich möchte diese Schuhe neu besohlen lassen. | Ik zou deze schoenen willen laten zolen. [ɪk 'sɔu 'deːzə 'sxunən 'wɪlən 'laːtən 'zoːlən] |
| Können Sie bitte die Absätze neu machen? | Kunt U alstublieft de hakken vernieuwen? ['kʌnt y alsty'blift də 'hakən vər'niwən] |
| Ich möchte diese Sachen reinigen/waschen lassen. | Ik wil deze spullen laten reinigen/wassen. [ɪk 'wɪl deːzə 'spʌlən laːtən 'rɛinəxən/'wasən] |
| Wann sind sie fertig? | Wanneer zijn ze klaar? [waˈneːr zɛin zə 'klaːr] |

## Wortliste Kleidung/Lederwaren/Reinigung

| | |
|---|---|
| Abendkleid | avondjurk ['aːvɔntjərk] |
| Anorak | windjak, parka ['wɪntjɛk, 'parkaː] |
| Anzug | pak *n*, kostuum *n* [pak, kɔs'tym] |
| Ärmel | mouw [mɔuw] |
| Bade|anzug | badpak *n* ['batpak] |
| ~hose | zwembroek ['zwɛmbruk] |
| ~mantel | badjas ['batjas] |
| ~mütze | badmuts ['batməts] |
| ~schuhe | badschoenen ['batsxunən] |
| Baumwolle | katoen [kaːˈtuːn] |
| Bikini | bikini [biˈkini] |
| Blazer | blazer ['bleːzər] |
| Bluse | bloes [blus] |
| bügelfrei | no iron, strijkvrij [noː ˈaːirən, strɛikˈfrɛi] |
| bügeln | strijken, streek, gestreken ['strɛikən, streːk, xəˈstreːkən] |

| | |
|---|---|
| Büstenhalter | b.h., bustehouder [be:'ha:, 'bystəhɔudər] |
| chemisch reinigen | stomen, reinigen ['sto:mən, 'rɛinəxən] |
| Druckknopf | drukknoop ['drʌkno:p] |
| Farbe | kleur [klʌ:r] |
| Fliege | strik(je), vlinderdas(je) ['strɪk(jə), 'vlɪndərdɑs/dɑʃə] |
| Frottee | frotté(weefsel) [frɔ'te:(we:fsəl)] |
| Futter | voering ['vurɪŋ] |
| gestreift | gestreept [xə'stre:pt] |
| Gummistiefel | rubberlaarzen [rʌbər'la:rzən] |
| Gürtel | riem, gordel [rim, 'xɔrdəl] |
| Halbschuhe | lage schoenen pl ['la:xə 'sxunən] |
| Halstuch | halsdoek ['hɑlzduk] |
| Hand\|schuhe | handschoenen pl ['hɑntsxunən] |
| ~tasche | handtas ['hɑntɑs] |
| Hausschuhe | pantoffels pl [pɑn'tɔfəls] |
| Hemd | overhemd n ['o:vərhɛmt] |
| Holzschuh | klomp [klɔmp] |
| Hose | broek [bruk] |
| kurze ~ | korte broek ['kɔrtə bruk] |
| Hut | hoed [hut] |
| Sonnen~ | zonnehoed ['zɔnəhut] |
| Jacke | jasje n, colbert n ['jɑʃə, kɔl'bɛ:r] |
| Jeans | spijkerbroek ['spɛikərbruk] |
| Jogging\|anzug | joggingpak n ['dʒɔgɪŋpɑk] |
| ~hose | joggingbroek ['dʒɔgɪŋbruk] |
| kariert | geruit [xə'rœit] |
| Kinderschuhe | kinderschoenen pl ['kɪndərsxunən] |
| Kleid | jurk [jʌrk] |
| Kniestrümpfe | kniekousen pl ['knikɔusən] |
| Knopf | knoop [kno:p] |
| Koffer | koffer ['kɔfər] |
| Kostüm | kostuum n, pak n [kɔ'stym, pɑk] |
| Kragen | kraag, boord [kra:x, bɔ:rt] |
| Krawatte | das [dɑs] |
| Kunstfaser | kunststof ['kʌnstɔf] |
| Leder\|hose | leren broek [le:rə 'bruk] |
| ~jacke | leren jasje n [le:rə 'jɑʃə] |
| ~mantel | leren mantel [le:rə 'mɑntəl] |
| Leinen | linnen n ['lɪnən] |
| Mantel | mantel, jas [mɑntəl, jɑs] |
| Minirock | minirok ['minirɔk] |
| Morgenrock | ochtendjas ['ɔxtəntjɑs] |
| Mütze | muts, pet [mʌts, pɛt] |

| | |
|---|---|
| Nachthemd | nachtjapon, nachthemd *n* ['nɑxtjɑ:'pɔn, 'nɑxthɛmt] |
| Overall | overall [o:vər'ɔl, o:və'ral] |
| Pelz\|jacke | bontjas ['bɔntjɑs] |
| ~mantel | bontmantel ['bɔntmɑntəl] |
| pflegeleicht | weinig zorg vragend ['wɛinəx zɔrx 'vrɑ:xənt] |
| Pullover | pullover, trui [pə'lo:vər, trœi] |
| Pyjama | pyjama [pi'jɑ:mɑ:] |
| Regenmantel | regenjas ['re:xəjɑs] |
| Reisetasche | reistas ['rɛistɑs] |
| Reißverschluß | ritssluiting ['rɪtslœitɪŋ] |
| Rock | rok [rɔk] |
| Rucksack | rugzak ['rʌxsɑk] |
| Sakko | colbert *n* [kɔl'bɛ:r] |
| Sandalen | sandalen *pl* [sɑn'dɑ:lən] |
| Schal | sjaal [ʃɑ:l] |
| Schirm | paraplu [pɑ:rɑ:'ply] |
| Schuh\|e | schoenen *pl* ['sxunən] |
| ~bürste | schoenborstel ['sxunbɔrstəl] |
| ~creme | schoensmeer ['sxunsme:r] |
| ~größe | schoenmaat ['sxunmɑ:t] |
| Seide | zijde ['zɛidə] |
| Seiden\|strümpfe | kousen *pl* [kɔusən] |
| ~strumpfhose | maillot, panty's [mɑ'jo:, 'pɛntis] |
| Shorts | shorts [ʃɔ:ts] |
| Slip | slip(je) ['slɪp(jə)] |
| Socken | sokken ['sɔkən] |
| Sohle | zool [zo:l] |
| Sommerkleid | zomerjurk ['zo:mərjərk] |
| Stiefel | laarzen *pl* ['lɑ:rzən] |
| Strandschuhe | strandschoenen ['strɑntsxunən] |
| Strickjacke | vest *n* [vɛst] |
| Strümpfe | kousen *pl* ['kɔusən] |
| Strumpfhose | panty ['pɛnti] |
| Tasche | tas [tɑs] |
| Taschentuch | zakdoek ['zɑgduk] |
| Trainingsanzug | trainingspak *n* ['tre:nɪŋspɑk] |
| T-Shirt | T-shirt ['tiʃʌrt] |
| Turnschuhe | gympjes ['xɪmpis] |
| Umhängetasche | schoudertas ['sxɔudərtɑs] |
| Unter\|hemd | hemd [hɛmt] |
| ~hose | onderbroek ['ɔndərbruk] |
| ~rock | onderrok ['ɔndərɔk] |
| ~wäsche | ondergoed *n* ['ɔndərxut] |

| | |
|---|---|
| waschmaschinenfest | wasbaar in wasmachine ['wɑsbɑːr ɪn 'wɑsmɑːʃinə] |
| Weste | vest *n* [vɛst] |
| Wildleder\|jacke | suiéde jasje *n* [sy'wɛːdə 'jaʃə] |
| ~mantel | suiéde mantel [sy'wɛːdə 'mɑntəl] |
| Wolle | wol [wɔl] |

## Bücher und Schreibwaren

### Boeken en papierwaren

| | |
|---|---|
| Ich hätte gern … | Ik wil graag … [ɪk 'wɪl xrɑːx] |
| eine deutsche Zeitung. | een Duitse krant. [ən 'dœitsə 'krɑnt] |
| eine Zeitschrift. | een geïllustreerd blad [ən xəɪlʌ'streːrt 'blɑt] |
| einen Reiseführer. | een reisgids. [ən 'rɛisxɪts] |

### Wortliste Bücher und Schreibwaren

| | |
|---|---|
| Ansichtskarte | ansichtkaart ['ɑnzɪxtkɑːrt] |
| Bleistift | potlood *n* ['pɔtloːt] |
| ~spitzer | potloodslijper, punteslijper ['pɔtloːtslɛipər, 'pʌntəslɛipər] |
| Brief\|marke | postzegel ['pɔsə·xəl] |
| ~papier | briefpapier *n*, schrijfpapier *n* ['brifpɑː'piːr, 'sxrɛifpɑːpiːr] |
| ~umschlag | envelop(pe) [ãn'vlɔp] |
| Farbstift | kleurpotlood *n* ['klʌːrpɔtloːt] |
| Filzstift | viltpen, viltstift ['vɪltpɛn, 'vɪltstɪft] |
| Füllfederhalter | vulpen ['vʌlpɛn] |
| Geschenkpapier | cadeaupapier *n* [kɑː'doːpɑːpiːr] |
| Illustrierte | geïllustreerd blad *n* [xəilys'treːrd 'blɑt] |
| Klebstoff | lijm [lɛim] |
| Kugelschreiber | ballpoint ['bɔlpɔint] |
| Landkarte | landkaart ['lɑntkɑːrt] |
| Malbuch | kleurboek *pl* ['klʌːrbuk] |
| Notiz\|block | notitieblok *n* [noː'titsiblɔk] |
| ~buch | notitieboekje *n* [noː'titsibukjə] |
| Papier | papier *n* [pɑː'piːr] |
| Radiergummi | gum *n* [xɔm] |
| Roman | roman [roː'mɑn] |
| Kriminal~ | detectiveroman [deː'tɛktɪfroː'mɑn] |
| Spielkarten | speelkaarten *pl* ['speːlkɑːrtən] |

| | |
|---|---|
| Stadtplan | (stads)plattegrond ['platə'xrɔnt/'statsplatəxrɔnt] |
| Straßenkarte | wegenkaart ['we:xəka:rt] |
| Taschenbuch | pocket(boek) ['pɔkət(buk)] |
| Tesafilm | cellotape, plakband ['sɛlo:te:p, 'plagbant] |
| Zeichenblock | tekenblok *n* ['te:kənblɔk] |
| Zeitschrift | tijdschrift *n* ['tɛitsxrɪft] |
| Zeitung | krant [krant] |

## Haushaltswaren

## Huishoudelijke artikelen

### Wortliste Haushaltswaren

| | |
|---|---|
| Abfallbeutel | vuilniszak ['vœilnəsak] |
| Alufolie | aluminiumfolie [alə'minijʌmfo:li] |
| Besen | bezem [be:zəm] |
| Brennspiritus | brandspiritus ['brantspiritəs] |
| Camping\|stuhl | kampeerstoel [kam'pe:rstul] |
| ~tisch | klaptafel(tje) ['klapta:fəl(cə) |
| Dosenöffner | blikopener ['blɪko:pənər] |
| Eimer | emmer ['ɛmər] |
| Eßbesteck | eetgerei *n*, bestek *n* ['e:txərɛi, bə'stɛk] |
| Flaschenöffner | flesopener ['flɛso:pənər] |
| Frischhaltefolie | plasticfolie ['plɛstəkfo:li] |
| Glas | glas *n* [xlas] |
| Grill | barbecue, grill ['ba:bəkju, xrɪl] |
| ~anzünder | grillaansteker ['xrɪla:nste:kər] |
| ~kohle | houtskool ['houtsko:l] |
| Handfeger | stoffer ['stɔfər] |
| Kehrblech | blik *n* [blɪk] |
| Kerzen | kaarsen *pl* ['ka:rsən] |
| Kochtopf | kookpan ['ko:kpan] |
| Korkenzieher | kurketrekker ['kʌrkətrɛkər] |
| Kühl\|element | koelboxelement *n* ['kulbɔkse:ləmɛnt] |
| ~tasche | koelbox ['kulbɔks] |
| Papierserviette | papieren servet *n* [pa:'pi:rə sɛr'vɛt] |
| Petroleum | petroleum [pə'tro:lijəm] |
| Plastikbeutel | plasticzakje *n* [plɛstək'sakjə] |
| Sonnenschirm | parasol [pa:ra:'sɔl] |
| Taschenmesser | zakmes *n* ['zakmɛs] |
| Thermosflasche | thermosfles ['tɛrmɔsflɛs] |

| | |
|---|---|
| Wäsche\|klammer | wasknijper ['wɑsknɛipər] |
| ~leine | waslijn ['wɑslɛin] |
| Windschirm | windscherm *n* ['wɪntsxɛrm] |

---

## Elektro- und Fotoartikel
## Elektrische en fotografische artikelen

Ich möchte …
  einen Film für
  diesen Fotoapparat.
  einen Farbfilm für
  Papierbilder/Dias.
  einen Film mit 36/20/
  12 Aufnahmen.

Ik wil graag … [ɪk wɪl 'xra:x]
  een filmpje voor dit toestel.
  [ən 'fɪlmpjə vo:r dɪt 'tustɛl]
  een kleurenfilmpje/een diafilmpje.
  [ən 'klʌ:rəfɪlmpjə/ən 'dija:fɪlmpjə]
  een filmpje met zesendertig/twintig/
  twaalf opnamen.
  [ən 'fɪlmpjə mɛt 'zɛsəndɛrtəx/'twɪntəx/
  'twaləf 'ɔpna:mən]

Könnten Sie mir bitte
den Film einlegen?

Kunt U de film(spoel) inleggen?
[kʌnt y də 'fɪlm(spul) 'ɪnlɛxən]

Würden Sie mir bitte
diesen Film entwickeln?

Wilt U dit filmpje alstublieft ontwikkelen? ['wɪlt y 'dɪt 'fɪlmpjə alsty'blift
ɔnt'wɪkələn]

Bitte machen Sie mir je
einen Abzug von diesen
Negativen.

Wilt U van elk negatief een afdruk
maken? ['wɪlt y van 'ɛlk ne:xa:'tif ən
'avdrʌk 'ma:kən]

● Welches Format bitte?

Welk formaat? ['wɛlk fɔr'ma:t]

Sieben mal zehn./
Neun mal neun.

Zeven bij tien./Negen bij negen.
['ze:vən bɛi 'tin/ne:xən bɛi ne:xən]

● Wünschen Sie Hoch-
glanz oder Seidenglanz?

Wilt U hoogglans of matglans?
['wɪlt y 'ho:xlans ɔf 'matxlans]

Wann kann ich die
Bilder abholen?

Wanneer kan ik de foto's afhalen?
[wa'ne:r kan ɪk də 'fo:to:s 'afha:lən]

Der Sucher/Der Auslöser
funktioniert nicht.

De zoeker/De ontspanner doet het
niet. [də 'zukər/də ɔnt'spanər 'dut ət nit]

Das ist kaputt. Können
Sie es bitte reparieren?

Het is stuk. Kunt U dit (toestel)
repareren? [ət ɪs 'stʌk. 'kʌnt y dɪt ('tustɛl)
re:pa're:rən]

## Wortliste Elektro- und Fotoartikel

Adapter — adapter [aˈdaptər]
Auslöser — ontspanner [ɔntˈspanər]
Batterie — batterij [batəˈrɛi]
Belichtungsmesser — belichtingsmeter [bəˈlɪxtɪŋsmeːtər]
Blende — diafragma n [dijaˈfraxmaː]
Blitz|gerät — flitstoestel n [ˈflɪtstustɛl]
  ~würfel — flitsblokje n [ˈflɪtsblɔkjə]
CD, Compactdisc — C. D., compactdisc [seːˈdeː, kɔmˈpakdɪsk]

Film|empfindlichkeit — (licht)gevoeligheid [(lɪxt)xəˈvuləxhɛit]
  ~kamera — filmcamera [ˈfɪlmkaːməraː]
  ~transport — filmtransport [ˈfɪlmtranˈspɔrt]
Fön — (haar)droger, föhn [(ˈhaːr)droːxər, føːn]

Glühbirne — lamp [lamp]
Kassette — cassette [kaˈsɛtə]
Kassetten|film — cassettefilm [kaˈsɛtəfɪlm]
  ~rekorder — cassetterecorder [kaˈsɛtərikɔrdər]
Kopfhörer — koptelefoon [ˈkɔpteːləfoːn]
Lautsprecher — luidspreker [ˈlœitspreːkər]
Linse — lens [lɛns]
Objektiv — objectief n [ɔbjɛkˈtif]
Paßbild — foto [ˈfoːtoː]
Schallplatte — (grammofoon)plaat [(xraməˈfoːn)plaːt]
Schwarzweiß-Film — zwart-witfilm [zwartˈwɪtfɪlm]
Selbstauslöser — zelfontspanner [ˈzɛlfɔntspanər]
Stativ — statief n [staˈtif]
Stecker — stekker [ˈstɛkər]
Sucher — zoeker [ˈzukər]
Super-8-Film — super-acht-film [sypərˈaxtfɪlm]
Taschen|lampe — zaklantaarn [ˈzaklantaːrən]
  ~rechner — zakrekenmachine [ˈzakreːkəmaːˈʃinə]
Teleobjektiv — teleobjectief n [ˈteːləɔbjɛktif]
Verlängerungsschnur — verlengsnoer n [vərˈlɛŋsnuːr]
Verschluß — sluiter [ˈslœitər]
Video|film — videofilm [ˈvidijoːfɪlm]
  ~kamera — videocamera [ˈvidijoːˈkaːməraː]
  ~kassette — videocassette [ˈvidijoːkasɛtə]
  ~rekorder — videorecorder [ˈvidijoːriˈkɔrdər]
Walkman — walkman [ˈwɔːkmɛn]

## Beim Optiker

### Bij de opticien

Würden Sie mir bitte diese Brille/das Gestell reparieren?

Wilt U deze bril/dit (bril)montuur voor mij maken? [ˈwɪlt y deːzə ˈbrɪl/dɪt (ˈbrɪl)mɔnˈtyːr voːr mə ˈmaːkən]

Mir ist ein Glas meiner Brille zerbrochen.

Het brilleglas is stuk. [ət ˈbrɪləɡlɑs ɪs stʌk]

Ich bin kurzsichtig/ weitsichtig.

Ik ben bijziend/vérziend. [ɪk bɛn ˈbɛizint/ˈvɛrzint]

● Wie ist Ihre Sehstärke?

Hoe is Uw gezichtsvermogen? [hu ɪs y(w) xəˈzɪxsfərmoːxən]

rechts plus/minus …, links …

rechts plus/minus …, links … [rɛxs plʌs/ˈminəs … lɪŋks …]

Wann kann ich die Brille abholen?

Wanneer kan ik de bril afhalen? [waˈneːr kan ɪk də ˈbrɪl ˈɑfhaːlən]

Ich brauche …
 Aufbewahrungslösung
 Reinigungslösung
 für harte/weiche
 Kontaktlinsen.

Heeft U ook … [heːft y oːk]
 bewaarlotion [bəwaːrloːˈʃɔn]
 reinigingsmiddel [ˈrɛinəxɪŋsmɪdəl]
 voor harde/zachte contactlenzen? [voːr ˈhardə/ˈzaxtə kɔnˈtaktlɛnzən]

Ich suche eine Sonnen- brille/ein Fernglas.

Ik zoek een zonnebril/een verrekijker. [ɪk ˈsuk ən ˈzɔnəbril/ən ˈvɛrəkɛikər]

## Beim Uhrmacher/Juwelier

### Bij de horlogemaker/Juwelier

Meine Uhr geht nicht mehr. Können Sie mal nachsehen?

Mijn horloge doet het niet meer. Kunt U het even nakijken? [mɛin hɔrˈloːʒə ˈdut ət nit meːr. ˈkʌnt y ət ˈeːvən ˈnaːkɛikən]

Ich möchte ein hübsches Andenken/Geschenk.

Ik wil een mooi souvenir/cadeau. [ɪk ˈwɪl ən ˈmoːi suvəˈniːr/kaˈdoː]

● Wieviel wollen Sie ausgeben?

Hoeveel wilt U besteden? [huˈveːl ˈwɪlt y bəˈsteːdən]

Ich möchte etwas nicht zu Teures.

Ik wil iets dat niet te duur is. [ɪk ˈwɪl its dat ˈnit tə ˈdyːr ɪs]

## Wortliste Uhrmacher/Juwelier

| | |
|---|---|
| Anhänger | hanger(tje) [ˈhaŋər(cə)] |
| Arm\|band | armband [ˈarmbant] |
| ~banduhr | horloge *n* [hɔrˈloːʒə] |
| Brosche | broche [brɔʃ] |
| Gold | goud *n* [xɔut] |
| Kette | ketting [ˈkɛtɪŋ] |
| Koralle | koraal *n* [koˈraːl] |
| Kristall | kristal(glas) *n* [krɪˈstal(xlas)] |
| Ohrringe | oorring(etje) [ˈoːrɪŋ(əcə)] |
| Perle | parel [ˈpaːrəl] |
| Ring | ring [rɪŋ] |
| Schmuck | sieraden [ˈsiraːdən] |
| Silber | zilver [ˈzɪlvər] |
| Türkis | turkoois [tʌrˈkwaːs] |

## Beim Friseur

### Bij de kapper

| | |
|---|---|
| Kann ich mich für morgen anmelden? | Kan ik voor morgen een afspraak maken? [ˈkan ɪk voːr ˈmɔrxən ən ˈafspraːk maːkən] |
| ● Wie hätten Sie gern Ihr Haar? | Hoe wilt U Uw haar hebben? [ˈhu wɪlt y yw ˈhaːr ˈhɛbən] |
| Waschen und fönen/legen, bitte. | Wassen en föhnen/in model leggen, alstublieft. [ˈwasən ɛn ˈføːnən/ɪmoˈdɛl ˈlɛxən alstyˈblift] |
| Schneiden mit/ohne Waschen, bitte. | Knippen en/zonder wassen, alstublieft. [ˈknɪpən ɛn/ˈzɔndər ˈwasən alstyˈblift] |
| Ich möchte … <br> eine Dauerwelle. <br> mir die Haare färben/tönen lassen. <br> mir Strähnchen färben lassen. | Ik wil graag … [ɪk wɪl ˈxraːx] <br> een permanent. [ən pɛrmaˈnɛnt] <br> mijn haar laten verven/laten tinten. [mən ˈhaːr ˈlaːtən ˈvɛrvən/ˈlaːtən tɪntən] <br> mijn haar in strengetjes laten verven. [mən haːr ɪn ˈstrɛŋəcəs ˈlaːtə ˈvɛrvən] |
| Lassen Sie es bitte lang. | Laat U het alstublieft lang. [ˈlaːt y ət alstyˈblift ˈlaŋ] |

Nur die Spitzen. | Alleen de punten. [aˈle:n də ˈpʌntən]

Nicht zu kurz/
Ganz kurz/
Etwas kürzer, bitte. | Niet te kort/Heel kort/Een beetje korter, alstublieft. [nit tə ˈkɔrt/he:l ˈkɔrt/ ən ˈbe:cə ˈkɔrtər alstyˈblift]

Bitte hinten/vorn/
oben/an den Seiten
(noch) etwas
wegnehmen. | Van achteren/Van voren/Van boven/ Aan de zijkanten (nog) iets bijknip- pen. [van ˈaxtərən/van ˈvo:rən/van ˈbo:vən/a:n də ˈzɛikantən (nɔx) its ˈbɛiknipən]

Die Ohren sollen frei
sein/bedeckt bleiben. | De oren moeten vrij/bedekt blijven. [də ˈo:rən mutən vrɛi/bəˈdɛkt blɛivən]

Den Scheitel links/
rechts, bitte. | De scheiding links/rechts, alstublieft. [də ˈsxɛidiŋ ˈliŋks/ˈrɛxs alstyˈblift]

Einen Messerschnitt,
bitte. | Stekeltjes, alstublieft. [ˈste:kəltəs alstyˈblift]

Bitte etwas toupieren. | Graag iets touperen! [xra:x its tuˈpe:rən]

Bitte kein/nur wenig
Haarspray. | Alstublieft geen/een klein beetje haarlak. [alstyˈblift xe:n/ən ˈklɛin be:cə ˈha:rlak]

Rasieren, bitte. | Scheren, alstublieft. [ˈsxe:rən alstyˈblift]

Stutzen Sie mir bitte
den Bart. | Mijn baard bijknippen, alstublieft. [mən ˈba:rt ˈbɛiknipən alstyˈblift]

Können Sie mir
Maniküre machen? | Kunt U mij manicuren? [ˈkʌnt y mə ma:niˈky:rən]

Vielen Dank.
So ist es gut. | Dank U wel. Zo is het prima. [daŋk y ˈwɛl. ˈzo: is ət ˈprima:]

---

## Wortliste Friseur

Augenbrauen | wenkbrauwen *pl* [ˈwɛŋbrɔuwən]
 ~ zupfen | wenkbrauwen epileren [ˈwɛŋbrɔuwən e:pile:rən]
Bart | baard [ba:rt]
blond | blond [blɔnt]
Dauerwelle | permanent *n* [pɛrmaˈnɛnt]

| | |
|---|---|
| färben | verven [ˈvɛrvən] |
| fönen | föhnen [ˈføːnən] |
| frisieren | kappen [ˈkapən] |
| Frisur | kapsel *n* [ˈkapsəl] |
| Haar | haar *n* [haːr] |
|   fettiges ~ | vet haar [vɛt haːr] |
|   trockenes ~ | droog haar [droːx haːr] |
| Haar\|ausfall | haaruitval [ˈhaːrœitfɑl] |
|   ~kur | haarkuur [ˈhaːrkyːr] |
|   ~schnitt | haarkapsel [ˈhaːrkapsəl] |
|   ~spray | haarlak [ˈhaːrlɑk] |
|   ~teil | haarstukje *n* [ˈhaːrstəkjə] |
| kämmen | kammen [ˈkamən] |
| Koteletten | bakkebaarden *pl* [ˈbakəbaːrdən] |
| legen | kappen, trimmen [ˈkapən, ˈtrɪmən] |
| Locken | krullen *pl* [ˈkrʌlən] |
|   ~wickler | krulspelden *pl* [ˈkrʌlspɛldən] |
| Perücke | pruik [prœik] |
| Pony | pony [ˈpɔni] |
| sich rasieren lassen | zich laten scheren [zɪx ˈlaːtə ˈsxeːrən] |
| Scheitel | scheiding [ˈsxɛidɪŋ] |
| Schnurrbart | snor [snɔr] |
| Schuppen | roos [roːs] |
| Shampoo | shampoo [ˈʃampoː] |
| Stufenschnitt | laagjeskapsel [ˈlaːxjəskapsəl] |
| stutzen | bijknippen [ˈbɛiknɪpən] |
| tönen | kleurspoeling geven, laten tinten [ˈkløːrspulɪŋ xeːvən, ˈlaːtə ˈtɪntən] |
| Wasserwelle | watergolf [ˈwaːtərxɔlf] |

## Geldangelegenheiten

### Geldzaken

Wo ist hier bitte eine Bank/eine Wechselstube?

Waar is hier een bank/een wisselkantoor?
[ˈwaːr ɪs hiːr ən ˈbɑŋk/ən ˈwɪsəlkantoːr]

Wann öffnet/schließt die Bank?

Wanneer gaat de bank open/dicht?
[waˈneːr xaːt də baŋk ˈoːpən/dɪxt]

*Um Überfällen auf Bankkunden vorzubeugen, ist es in den Niederlanden üblich, am Bankschalter mit deutlichem Abstand zum Vorgänger zu warten; bei Nichtbeachtung wird der erste Kunde häufig so lange nicht weiterbedient, bis der nachfolgende Kunde hinter die Abstandslinie tritt.*

Ich möchte … DM (Schilling, Schweizer Franken) in Gulden/Francs umwechseln.

Ik wil … Duitse mark (schilling, Zwitserse franken) in guldens/franken omwisselen. [ɪk wɪl ˈdœitsə ˈmark (ˈʃɪlɪŋ, ˈzwɪtsərsə ˈfraŋkən) ɪŋ ˈxʌldəns fraŋkən)ˈɔmwisələn]

Wie ist heute der Wechselkurs?

Hoe is de wisselkoers vandaag?
[ˈhu ɪs də ˈwɪsəlkuːrs vanˈdaːx]

Wieviel Gulden/Francs bekomme ich für 100 DM?

Hoeveel gulden/frank is honderd Duitse mark? [ˈhuveːl ˈxʌldən/fraŋk ɪs ˈhɔndərt ˈdœitsə mark]

Ich möchte diesen Reisescheck/diesen Euroscheck/diese Postanweisung einlösen.

Ik wil deze reischeque/eurocheque/postwissel inwisselen.
[ɪk ˈwɪl deːzə ˈrɛiʃɛk/ʌːroːʃɛk/pɔstwɪsəl ˈɪnwɪsələn]

Auf welchen Betrag kann ich diesen Scheck maximal ausstellen?

Voor hoeveel kan ik deze cheque maximaal uitschrijven? [voːr ˈhuveːl kan ɪk deːzə ʃɛk ˈmaksimaːl ˈœitsxrɛivən]

• Ihre Scheckkarte, bitte.

Uw betaalpasje, alstublieft!
[yw bəˈtaːlpaʃə alstyˈblift]

• Darf ich bitte Ihren Paß/ Ausweis sehen?

Mag ik alstublieft Uw pas/identiteitsbewijs zien? [ˈmax ɪk ˈalstyblift yw ˈpas/ idɛntiˈtɛitsbəwɛis zin]

• Würden Sie bitte hier unterschreiben?

Wilt U hier ondertekenen?
[wɪlt y ˈhiːr ɔndərˈteːkənən]

Ich möchte … DM/Gulden/Francs von meinem Konto/Postsparbuch abheben.

Ik wil graag … Duitse mark/guldens/franken van mijn rekening opnemen. [ɪk ˈwɪl xraːx … ˈdœitsə mark/ˈxʌldəns/fraŋkən van mən ˈreːkəniŋ ˈɔpneːmən]

Ist Geld auf mein Konto/für mich überwiesen worden?

Is er geld op mijn bankrekening binnengekomen? [ɪs ər xɛlt ɔp mɛin ˈbaŋkreːkəniŋ ˈbɪnəxəkoːmən]

● Gehen Sie bitte zur Kasse.

Wilt U naar de kas/het kasloket gaan? [ˈwɪlt y naːr də ˈkas/hət ˈkasloːkɛt xaːn]

● Wie wollen Sie das Geld haben?

Hoe wilt U het geld hebben? [ˈhu wɪlt y ət ˈxɛlt ˈhɛbən]

Bitte nur Scheine.

Graag alleen bankbiljetten. [ˈxraːx aˈleːn ˈbaŋkbɪljɛtən]

Auch etwas Kleingeld.

Ook wat kleingeld. [ˈoːk wat ˈklɛinxɛlt]

Geben Sie mir bitte drei 100-Gulden-Scheine und den Rest in Kleingeld.

Ik had graag drie briefjes van honderd gulden en de rest kleingeld. [ɪk ˈhat xraːx dri: briːfjəs van ˈhɔndərt ɛn də rɛst ˈklɛinxɛlt]

Ich habe meine Reiseschecks verloren. Was muß ich tun?

Ik ben mijn reischeques kwijtgeraakt. Wat voor stappen moet ik ondernemen? [ɪk bɛn mən ˈrɛiʃɛks ˈkwɛitxəraːkt. wat voːr ˈstapə mut ɪk ɔndərˈneːmən]

*Neben den offiziellen niederländischen Einheiten (1 Gulden = 100 Cent) wird in der Umgangssprache auch noch mit anderen Einheiten gerechnet:*
**stuiver** = 5 cent; **dubbeltje** = 10 cent; **kwartje** = 25 cent;
**rijksdaalder** = fl. 2,50; **tientje** = fl. 10,–

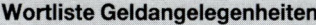

## Wortliste Geldangelegenheiten

| | |
|---|---|
| abheben | opnemen, nam op, opgenomen ['ɔpneːmən, nam 'ɔp, 'ɔpxənoːmən] |
| auszahlen | uitbetalen ['œidbətaːlən] |
| Bank | bank [baŋk] |
| ~konto | bankrekening ['baŋkreːkəniŋ] |
| bar | contant [kɔn'tant] |
| Bargeld | contant geld *n* [kɔn'tant 'xɛlt] |
| Betrag | bedrag *n* [bə'drax] |

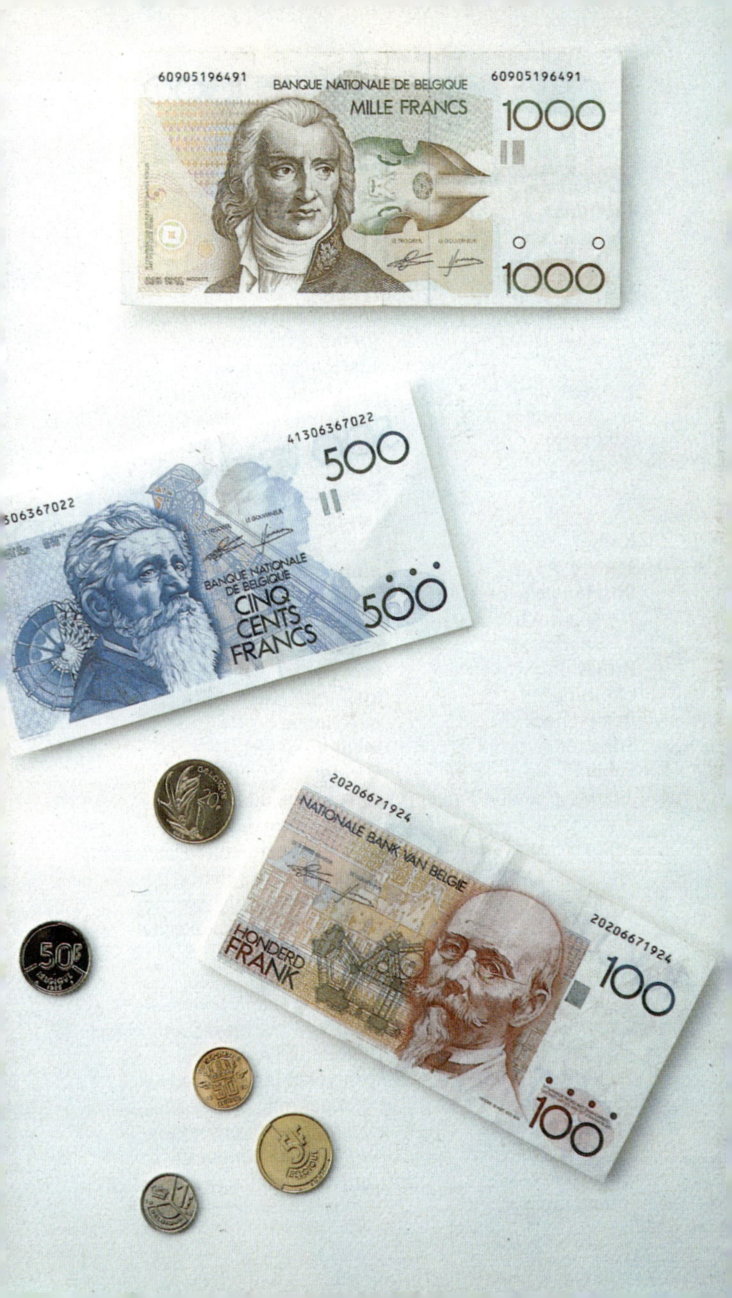
60905196491
BANQUE NATIONALE DE BELGIQUE
60905196491
MILLE FRANCS
1000
1000
41306367022
500
BANQUE NATIONALE DE BELGIQUE
CINQ CENTS FRANCS
500
20206671924
NATIONALE BANK VAN BELGIE
20206671924
HONDERD FRANK
100
100
50F
BELGIQUE

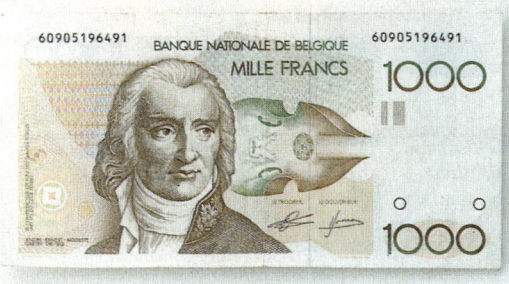

| | |
|---|---|
| Devisen | deviezen *pl* [dəˈvizən] |
| D-Mark | D-mark [ˈdeːmɑrk] |
| einzahlen | storten [ˈstɔrtən] |
| Euroscheck | eurocheque [ˈʌːroːʃɛk] |
| Formular | formulier *n* [fɔrmyˈliːr] |
| Geheimzahl | codenummer *n*, PIN-code [ˈkoːdənʌmər, ˈpɪnkoːdə] |
| Geld | geld *n* [xɛlt] |
| ~automat | geldautomaat [ˈxɛltoːtoːmaːt] |
| ~anweisung | (betalings)mandaat *n* [(bəˈtaːlɪŋs)manˈdaːt] |
| ~schein | bankbiljet *n* [ˈbɑŋkbɪljɛt] |
| ~wechsel | geldwissel [xɛltˈwɪsəl] |
| Kleingeld | kleingeld *n* [ˈklɛɪŋxɛlt] |
| Konto | conto *n*, rekening [ˈkɔntoː, ˈreːkənɪŋ] |
| Kreditkarte | kredietkaart, creditcard [krəˈditkaːrt, ˈkrɛdɪtkaːrt] |
| Kurs | koers [ˈkuːrs] |
| Münze | munt [ˈmʌnt] |
| Post\|anweisung | postwissel [ˈpɔstwɪsəl] |
| ~sparbuch | spaarbankboekje *n* [ˈspaːrbɑŋgbukjə] |
| ~sparkasse | post(spaar)bank [ˈpɔst(ˈspaːr)bɑŋk] |
| Provision | provisie [proˈvizi] |
| Quittung | kwitantie [kwiˈtɑntsi] |
| Reisescheck | reischeque [ˈrɛɪʃɛk] |
| Schalter | loket *n* [loːˈkɛt] |
| Scheck | cheque [ʃɛk] |
| einen ~ ausstellen | een cheque uitschrijven [ən ʃɛk ˈœitsxrɛivən] |
| einen ~ einlösen | een cheque innen [ən ʃɛk ˈɪnən] |
| ~buch | chequeboek *n* [ˈʃɛkbuk] |
| ~gebühr | chequekosten *pl* [ˈʃɛkɔstən] |
| ~karte | chequekaart, betaalpasje *n* [ˈʃɛkaːrt, bəˈtaːlpaʃə] |
| Schilling | schilling [ˈʃɪlɪŋ] |
| Schweizer Franken | Zwitserse Frank [ˈzwɪtsərsə ˈfrɑŋk] |
| Spar\|buch | spaarbankboekje *n* [ˈspaːrbɑŋgbukjə] |
| ~kasse | spaarbank [ˈspaːrbɑŋk] |
| ~konto | spaarrekening [ˈspaːreːkənɪŋ] |
| Überweisung | overboeking [ˈoːvərbukɪŋ] |
| telegrafische ~ | telegrafische overboeking [teːləˈxraːfisə ˈoːvərbukɪŋ] |
| umtauschen | (om)wisselen [ˈwɪsələn/ˈɔmwɪsələn] |
| unterschreiben | ondertekenen [ɔndərˈteːkənən] |

| | |
|---|---|
| Unterschrift | handtekening ['hɑnteːkənɪŋ] |
| Währung | muntsoort ['mʌntsoːrt] |
| Wechsel\|kurs | wisselkoers ['wɪsəlkuːrs] |
| ~stube | wisselkantoor *n* ['wɪsəlkɑntoːr] |
| zahlen | betalen [bəˈtaːlən] |
| Zahlkarte | stortingsbiljet *n* ['stɔrtɪŋsbɪlˈjɛt] |
| Zahlung | betaling [bəˈtaːlɪŋ] |
| Zahlungsanweisung | betalingsopdracht [bəˈtaːlɪŋsɔbdrɑxt] |

---

## Auf der Post

## Op het postkantoor

Wo ist das nächste Postamt/der nächste Briefkasten?

Waar is het dichtstbijzijnde postkantoor/de dichtstbijzijnde brievenbus? [waːr ɪs ət ˈdɪxsbɛizɛində ˈpɔstkɑntoːr/də dɪxsbɛizɛində ˈbrivebʌs]

Was kostet ein Brief/eine Postkarte …
   nach Deutschland?
   nach Österreich?
   in die Schweiz?

Hoeveel kost een brief/een briefkaart … ['huveːl kɔst ən brif/ən ˈbrifkaːrt]
   naar Duitsland? [naːr ˈdœitslɑnt]
   naar Oostenrijk? [naːr ˈoːstərɛik]
   naar Zwitserland? [naːr ˈzwɪtsərlɑnt]

Drei Briefmarken zu …, bitte.

Drie postzegels van …, alstublieft. [dri ˈpɔseːxəls vɑn … ɑlstyˈblift]

Diesen Brief bitte per …

Deze brief alstublieft … [ˈdeːzə ˈbrif ɑlstyˈblift]

   Einschreiben.
   Luftpost.
   Express.

   peer aangetekend. [pɛr ˈaːŋxəteːkənt]
   per luchtpost. [pɛr ˈlʌxtpɔst]
   per expres. [pɛr ɛksˈprɛs]

Wie lange braucht ein Brief nach Deutschland?

Hoelang doet 'n brief naar Duitsland erover? [huˈlɑŋ dut ən brif naːr ˈdœitslɑnt ɛˈroːvər]

Kann ich bei Ihnen auch Sondermarken bekommen?

Kan ik bij U ook speciaal uitgegeven postzegels krijgen? [ˈkɑn ɪk bɛi ˈyː oːk speːsˈjaːl ˈœitxəxeːvən ˈpɔseːxəls krɛixən]

Diesen Satz/ Je eine Marke, bitte.

Deze serie/ Van ieder eentje. [ˈdeːzə ˈseːri/vɑn ˈidər ˈeːncə]

*Hauptpostamt, Amsterdam*

## Postlagernd

## Poste restante

Ist Post für mich da?
Mein Name ist …

Is er post voor mij? Mijn naam is …/
Ik heet … [ɪs ɛr ˈpɔst voːr mɛi mɛin ˈnaːm ɪs/ɪk heːt]

- Nein, es ist nichts da.

Nee, er is niets. [ˈneː ɛr ɪs ˈnits]

- Ja, es ist etwas da. Ihren Ausweis, bitte.

Ja, er is iets. Uw legitimatie, alstublieft.
[ja ɛr ˈɪs its. yw leːxitiˈmaːtsi alstyˈblift]

## Telegramm/Telefax

## Telegram/Telefax

Ich möchte ein
Telegramm aufgeben.

Ik wil graag een telegram aanbieden.
[ɪk ˈwɪl ˈxraːx ən teːləˈxram ˈambidən]

Können Sie mir bitte
beim Ausfüllen helfen?

Kunt U me alstublieft helpen bij het
invullen? [ˈkʌnt y mə alstyˈblift ˈhɛlpən bɛi ət ˈɪnfʌlən]

Was kostet ein Wort?

Hoeveel kost een woord?
['huve:l 'kɔst e:n 'wo:rt]

● Bis 10 Worte kostet es …, jedes weitere Wort …

Tot tien woorden kost het … elk volgend woord … [tɔt 'tin 'wo:rdən 'kɔst ət … 'ɛlk 'fɔlxənd 'wo:rt]

Kommt das Telegramm heute noch in … an?

Wordt het telegram vandaag nog bezorgd? [wɔrt ət tɛlə'xram van'da:x nɔx bə'zɔrxt]

Kann ich bei Ihnen ein Telefax nach … schicken?

Kan ik bij U een fax naar … sturen? ['kan ɪk bɛi 'y ən faks na:r … 'sty:rən]

---

**Wortliste Post**   ▶ auch Wortliste Geldangelegenheiten

---

| | |
|---|---|
| absenden | versturen [vər'sty:rən] |
| Absender | afzender ['afsɛndər] |
| Adresse | adres *n* [a:'drɛs] |
| aufgeben | opgeven, gaf op, opgegeven ['ɔpxe:vən, xaf 'ɔp, 'ɔpxəxe:vən] |
| ausfüllen | invullen ['ɪnvʌlən] |
| Bestimmungsort | plaats van bestemming ['pla:ts fan bə'stɛmɪŋ] |
| Brief | brief [brif] |
| ~kasten | brievenbus ['brivəbʌs] |
| ~marke | postzegel ['pɔstse:xəl] |
| ~markenautomat | postzegelautomaat ['pɔstse:xəlɔuto:'ma:t] |
| ~träger/in | postbode ['pɔstbo:də] |
| ~umschlag | envelop [avə'lɔp] |
| Drucksache | drukwerk *n* ['drʌkwɛrk] |
| Eilbrief | expresbrief [ɛks'prɛsbrif] |
| Einschreibebrief | aangetekende brief ['a:ŋxəte:kəndə 'brif] |
| Empfänger | ontvanger [ɔnt'faŋər] |
| Empfangsbestätigung | bevestiging van ontvangst [bə'vɛstəxɪŋ van ɔntfaŋst] |
| Formular | formulier *n* [fɔrmy'li:r] |
| frankieren | frankeren [fraŋ'ke:rən] |
| Gebühr | tarief *n* ['ta:'rif] |
| Gewicht | gewicht *n* [xə'wɪxt] |
| Hauptpostamt | hoofdpostkantoor *n* ['ho:ftpɔstkanto:r] |
| Leerung | lichting ['lɪxtɪŋ] |
| Luftpost, mit | per luchtpost [pɛr 'lʌxtpɔst] |

| | |
|---|---|
| Nachnahme, per | onder rembours [ˈɔndər ramˈbuːrs] |
| nachsenden | nasturen [ˈnaːstyrən] |
| Päckchen | pakje *n* [ˈpakjə] |
| Paket | pakket *n* [paˈkɛt] |
| ~karte | label *n* [ˈleːbəl] |
| Porto | porto *n* [ˈpɔrtoː] |
| Post\|amt | postkantoor *n* [ˈpɔstkantoːr] |
| ~karte | briefkaart [ˈbrifkaːrt] |
| ~lagernd | poste restante [ˈpɔstə rɛsˈtantə] |
| ~leitzahl | postcode [ˈpɔstkoːdə] |
| Schalter | loket *n* [loˈkɛt] |
| ~stunden | openingstijden *pl* [ˈoːpənɪŋstɛidən] |
| Sondermarke | speciale postzegel [speˈʃaːlə ˈpɔstseːxəl] |
| Telefax | (tele)fax [(ˈteːlə)faks] |
| Telegramm | telegram [teːləˈxram] |
| Telex | telex [ˈteːlɛks] |
| Vordruck | formulier *n* [fɔrmyˈliːr] |
| Wertangabe | aangegeven waarde [ˈaːŋxəxeːvə ˈwaːrdə] |
| Zollerklärung | douaneverklaring [duˈwaːnəvərklaːrɪŋ] |

# Telefonieren

## Telefoneren

| | |
|---|---|
| Dürfte ich wohl Ihr Telefon benutzen? | Mag ik alstublieft Uw telefoon gebruiken? [mɑx ɪk alsty'blift yw te:lə'fo:n xə'brœikən] |
| Wo ist die nächste Telefonzelle? | Waar is de dichtstbijzijnde telefooncel? ['wa:r ɪs də 'dɪxstbɛizɛində te:lə'fo:nsɛl] |
| Können Sie mir bitte eine Telefonmünze/ Telefonkarte geben? | Kunt U me een telefoonmunt/telefoonkaart geven? [kʌnt y mə ən te:lə'fo:mʌnt/ te:lə'fo:nka:rt xe:vən] |
| Können Sie mir bitte wechseln? Ich brauche Kleingeld zum Telefonieren. | Kunt U wisselen? Ik heb kleingeld nodig om te telefoneren. ['kʌnt y 'wɪsələni: ɪk hɛp 'klɛiŋgɛlt no:dəx ɔm tə teləfo'ne:rən] |
| Haben Sie ein Telefonbuch von …? | Heeft U een telefoonboek van …? [he:ft y ən te:lə'fo:nbuk van …] |
| Wie ist die Vorwahl von …? | Wat is het netnummer van …? [wɑt ɪs ət 'nɛtnʌmər van] |
| Auskunft, bitte, geben Sie mir die Nummer von … | Inlichtingen? Geeft U me alstublieft het telefoonnummer van … ['ɪnlɪxtɪŋən xe:ft y mə alsty'blift ət te:lə'fo:nʌmər van] |
| Bitte ein Ferngespräch nach … | Een interlokaal (B interzonaal) gesprek naar … [ən ɪntərlo:'ka:l/ɪntərzo'na:l xə'sprɛk 'na:r] |
| Können Sie mich bitte mit … verbinden? | Verbindt U mij door met …, alstublieft? [vər'bɪnt y mɛi 'do:r mɛt … alsty'blift] |
| • Gehen Sie in Kabine Nr. … | Gaat U in cel nummer … ['xa:t y ɪn 'sɛl 'nʌmər] |
| Die Leitung ist besetzt. | Het nummer is in gesprek. [ət 'nʌmər ɪs ɪŋ xə'sprɛk] |

**Vorwahlnummern:**

| | |
|---|---|
| Bundesrep. Deutschland West | 09 49 |
| Bundesrep. Deutschland Ost | 09 37 |
| Österreich | 09 43 |
| Schweiz | 09 41 |

Es meldet sich niemand.

Er wordt niet opgenomen.
[ɛr wɔrt nit ˈɔpxəno:mən]

● Bleiben Sie bitte am Apparat.

Blijft U alstublieft aan de lijn.
[ˈblɛift y alstyˈblift aːn də lɛin]

Hier spricht …

U spreekt met … [y ˈspreːkt mɛt]

Hallo, mit wem spreche ich?

Hallo, met wie spreek ik?
[haˈlo: mɛt ˈwi ˈspreːk ɪk]

Kann ich bitte Herrn/Frau/Fräulein … sprechen?

Kan ik meneer/mevrouw/juffrouw … spreken? [kan ɪk məˈneːr/məˈvrɔu/jʌfrɔu … ˈspreːkən]

● Am Apparat.

Daar spreekt u mee. [daːr ˈspreːkt y meː]

● Ich verbinde.

Ik verbind u door. [ɪk fərˈbɪnt y do:r]

● Tut mir leid, er/sie ist nicht da/zuhause.

Sorry, maar hij/zij is er niet/is niet thuis. [ˈsɔri maːr hɛi/zɛi ɪs ɛr nit/ɪs nit ˈtœis]

Wann wird er/sie zurück sein?

Wanneer komt hij/zij terug?
[waˈneːr kɔmt hɛi/zɛi ˈtrʌx]

● Kann er/sie Sie zurückrufen?

Kan hij/zij terugbellen?
[ˈkan hɛi/zɛi ˈtrʌxbɛlən]

Ja, meine Nummer ist …

Ja, mijn (telefoon)nummer is …
[ja: mɛin (te:ləˈfo:)ˈnʌmər ɪs …]

 ● Möchten Sie eine Nachricht hinterlassen?

Wilt U een boodschap achterlaten?
[wɪlt y ən ˈbo:tsxap ˈaxtərla:tən]

Würden Sie ihm/ihr bitte sagen, ich hätte angerufen?

Wilt U zo vriendelijk zijn hem/haar te zeggen, dat ik opgebeld heb.
[ˈwɪlt y zo: ˈvrindələk zɛin hɛm/ha:r ˈtə ˈzɛxən dat ɪk ˈɔpxəbɛlt hɛp]

Könnten Sie ihm/ihr etwas ausrichten?

Kunt U hem/haar een boodschap doorgeven? [ˈkʌnt y hɛm/ha:r ən ˈbo:tsxap ˈdo:rxe:vən]

Ich rufe später nochmal an.

Ik bel later nog eens terug.
[ɪk bɛl ˈla:tər ˈnɔxəns ˈtrʌx]

● Falsch verbunden.

Verkeerd verbonden.
[vərˈkeːrt vərˈbɔndən]

● Kein Anschluß unter dieser Nummer.

Het nummer is gewijzigd. Raadpleeg uw telefoongids. [ˈət ˈnʌmər ɪs xəwɛizəxt. ˈra:tple:x yw te:ləfo:ŋxɪts]

## Wortliste Telefonieren

| | |
|---|---|
| abnehmen | opnemen [ˈɔpneːmən] |
| Anruf | telefoontje *n* [teːləˈfoːncə] |
| ~beantworter | antwoordapparaat *n* [ˈantwoːrtapəˈraːt] |
| anrufen | opbellen, telefoneren [ˈɔbɛlən, teːləfoːˈneːrən] |
| Auskunft | inlichting [ˈɪnlɪxtɪŋ] |
| Auslandsgespräch | internationaal gesprek *n* [ˈɪntərnaːʃoːˈnaːl xəˈsprɛk] |
| besetzt | in gesprek [ɪŋ xəˈsprɛk] |
| Besetztzeichen | in-gesprektoon [ɪŋxəˈsprɛktoːn] |
| Branchenverzeichnis | gouden gids [ˈxɔudə xɪts] |
| durchwählen | doorverbinden [ˈdoːrvərbɪndən] |
| Fern\|gespräch | interlokaal (*B* interzonaal) gesprek *n* [ɪntərloːˈkaːl (ɪntərzoːˈnaːl) xəˈsprɛk] |
| ~sprechamt | telefoonkantoor *n* [teːləˈfoːŋkantoːr] |
| Freizeichen | kiestoon [ˈkistoːn] |
| Gebühr | kosten *pl*, tarief *n* [ˈkɔstən, taːˈrif] |
| Gebühreneinheit | gesprekseenheid [xəˈsprɛksɛːnhɛit] |
| Gespräch | gesprek *n* [xəˈsprɛk] |
| Hörer | hoorn [hoːrn] |
| Münz\|fernsprecher | telefoonautomaat [teːləˈfoːnɔutoːmaːt] |
| ~wechsler | wisselautomaat [ˈwɪsəlɔutoːmaːt] |
| Ortsgespräch | lokaal gesprek *n* [loːˈkaːl xəˈsprɛk] |
| Rufnummer | telefoonnummer *n* [teːləˈfoːnʌmər] |
| Störungsstelle | storingsdienst [ˈstoːrɪŋzdinst] |
| Summton | kiestoon [ˈkistoːn] |
| Telefon | telefoon [teːləˈfoːn] |
| ~buch | telefoonboek *n*, telefoongids [teːləˈfoːnbuk, teːləˈfoːnxɪts] |
| ~gespräch | telefoongesprek *n* [teːləˈfoːŋxəsprɛk] |
| ~karte | tele(foon)kaart [ˈteːlə(ˈfoːn)kaːrt] |
| ~münze | telefoonmunt [teːləˈfoːnmʌnt] |
| ~nummer | telefoonnummer *n* [teːləˈfoːnəmər] |
| ~zelle | telefooncel [teːləˈfoːnsɛl] |
| Verbindung | verbinding [vərˈbɪndɪŋ] |
| Vermittlung | telefooncentrale [teːləˈfoːnsɛnˈtraːlə] |
| Voranmeldung | aanmelding (van een telefoongesprek) [ˈaːmɛldɪŋ (van ən teːləˈfoːŋxəsprɛk)] |
| Vorwahlnummer | netnummer *n* [ˈnɛtnʌmər] |
| wählen | draaien, kiezen [ˈdraːjən, ˈkizən] |

## Auf der Polizei

## Op het politiebureau

▶ **auch Kap.3, Auto/Motorrad/Fahrrad – Verkehrsunfall**

Wo ist bitte das nächste Polizeirevier?

Waar is het dichtstbijzijnde politiebureau? [ˈwaːr ɪs ət ˈdɪxstbɛizɛində poˈlitsibyˈroː]

Ich möchte einen Diebstahl/Verlust/Unfall anzeigen.

Ik wil een diefstal/een verlies/een ongeluk melden. [ɪk ˈwɪl ən ˈdifstal/ən vərˈlis/ən ˈɔŋxələk ˈmɛldən]

Mir ist …
　die Handtasche
　die Brieftasche
　mein Fotoapparat
　mein Auto/Fahrrad
gestohlen worden.

Mijn … [mɛin …]
　handtas [ˈhɑntas]
　portefeuille [pɔrtəˈfœijə]
　fototoestel *n* [ˈfoːtoːtustɛl]
　auto/fiets [ˈɔutoː/fits]
is gestolen. [ɪs xəˈstoːlən]

Mein Auto ist aufgebrochen worden.

Mijn auto is opengebroken. [mən ˈɔuto ɪs oːpəxəbroːkən]

Aus meinem Auto ist … gestohlen worden.

Uit mijn auto is … gestolen. [œit mən ˈɔuto ɪs … xəˈstoːlən]

Ich habe … verloren.

Ik heb … verloren. [ɪk hɛp … vərˈloːrən]

Mein Sohn/Meine Tochter ist seit … verschwunden.

Mijn zoon/dochter is sedert … verdwenen. [mɛin zoːn/ˈdɔxtər ɪs seːdərt … vərdweːnən]

Dieser Mann belästigt mich.

Deze man valt me lastig. [ˈdeːzə ˈman valt mə ˈlastəx]

Können Sie mir bitte helfen?

Kunt U mij alstublieft helpen? [ˈkʌnt y mɛi alstyˈblift ˈhɛlpən]

● Wann genau ist das passiert?

Wanneer precies is het gebeurd? [ˈwaneːr prəˈsis ɪs ət xəbʌːrt]

● Wir werden der Sache nachgehen.

We zullen de zaak onderzoeken. [wə ˈzʌlən də ˈzaːk ɔndərˈzukən]

Ich habe damit nichts zu tun.

Ik heb er niets mee te maken. [ɪk hɛp ər ˈnits meː tə ˈmaːkən]

● Ihren Namen und Ihre Anschrift, bitte.

Uw naam en adres, alstublieft.
[yw ˈnaːm ɛn aˈdrɛs alstyˈblift]

● Wenden Sie sich bitte an das deutsche/österreichische/Schweizer Konsulat.

Wendt U zich alstublieft tot het Duits/Oostenrijks/Zwitsers consulaat.
[wɛnt y zɪx alstyˈblift tɔt ət dœits/ˈoːstərɛiks/ˈzwɪtsərs kɔnsyˈlaːt]

## Wortliste Polizei

| | |
|---|---|
| anzeigen | aangifte doen [ˈaːŋxɪftə dun] |
| aufbrechen | openbreken, brak open, openge-broken. [ˈoːpəbreːkən, brak ˈoːpən, ˈoːpəxəbroːkən] |
| Auto\|radio | autoradio [ˈɔutoːraːdijoː] |
| ~schlüssel | autosleuteltjes *pl* [ˈɔutoːsløːtəlcəs] |
| belästigen | lastig vallen, viel, gevallen. [ˈlastəx ˈvalən, vil, xəˈvalən] |
| beschlagnahmen | in beslag nemen, nam, genomen [ɪn bəˈslax neːmən, nam, xəˈnoːmən] |
| Dieb | dief [dif] |
| ~stahl | diefstal [ˈdifstal] |
| Gefängnis | gevangenis [xəˈvaŋənɪs] |
| Geldbörse | portemonnaie, portmonnee [pɔrtəmɔˈneː] |
| Gericht | rechtbank [ˈrɛxdbaŋk] |
| Kfz-Schein | kentekenbewijs *n* [ˈkɛnteːkəbəwɛis] |
| Papiere | papieren *pl* [paˈpiːrən] |
| Personalausweis | legitimatie, identiteitsbewijs [leˈxitiˈmaːtsi, idɛntiˈtɛitsbəwɛis] |
| Polizei | politie [poˈlitsi] |
| ~wagen | politieauto [poˈlitsioːtoː/poˈlitsiɔutoː] |
| Polizist/in | (politie)agent/e [(poˈlitsi)aˈxɛnt(ə)] |
| Rauschgift | verdovende middelen *pl*, drugs *pl* [vərˈdoːvəndəˈmɪdələn, drʌgs] |
| Rechtsanwalt | advocaat [atfoˈkaːt] |
| Reisepaß | paspoort *n* [ˈpaspoːrt] |
| Richter | rechter [ˈrɛxtər] |
| Schlüssel | sleutel [ˈsløːtəl] |
| Schmuggel | smokkel [ˈsmɔkəl] |
| Schuld | schuld [sxʌlt] |
| Taschendieb | zakkenroller [ˈzakərɔlər] |

| | |
|---|---|
| Überfall | overval ['o:vərval] |
| Untersuchungshaft | voorarrest *n*, voorlopige hechtenis ['vo:rarɛst, vo:r'lo:pəxə 'hɛxtənɪs] |
| Verbrechen | misdaad ['mɪzda:t] |
| Vergewaltigung | verkrachting [vərkraxtɪŋ] |
| verhaften | arresteren [arɛ'ste:rən] |
| verlieren | verliezen, verloor, verloren [vər'lizən, vərlo:r, vərlo:rən] |
| zusammenschlagen | in elkaar slaan, sloeg, geslagen [ɪn ɛl'ka:r sla:n, slux, xə'sla:xən] |

---

## Fundbüro

### Bureau voor gevonden voorwerpen

| | |
|---|---|
| Wo ist das Fundbüro, bitte? | Waar is het bureau voor gevonden voorwerpen, alstublieft? ['wa:r ɪs ət by'ro: vo:r xə'vɔndən 'vo:rwɛrpən alsty'blift] |
| Ich habe … verloren. | Ik heb … verloren. [ɪk hɛp … vər'lo:rən] |
| Ich habe meine Handtasche im Zug vergessen. | Ik heb mijn handtas in de trein laten liggen. [ɪk 'hɛp mən 'hantas ɪn də 'trɛin la:tə lɪxən] |

| | |
|---|---|
| Benachrichtigen Sie mich bitte, wenn sie abgegeben/gefunden werden sollte. | Wilt U me alstublieft informeren, als ze worden teruggevonden? [wɪlt y mə alsty'blift ɪnfɔr'me:rən als zə 'wɔrdən 'trʌxəvɔndən] |
| Hier ist meine Hotelanschrift/ Heimatadresse. | Hier is het adres van mijn hotel/ mijn thuisadres. [hi:r ɪs ət a'drɛs van mɛin ho:'tɛl/mɛin 'tœisadrɛs] |

**10** **Gesundheit**
Gezondheid

## In der Apotheke

### In de apotheek

| | |
|---|---|
| Wo ist die nächste Apotheke (mit Nachtdienst)? | Waar is de dichtstbijzijnde apotheek (met nachtdienst)? [ˈwaːr ɪs də dɪxstˈbɛizɛində apoˈteːk (mɛt ˈnaxdinst)] |
| Geben Sie mir bitte etwas gegen … | Heeft U iets tegen …? [ˈheːft y its teːxən …] |
| ● Dieses Mittel ist rezeptpflichtig. | Voor dit middel moet U een recept hebben. [voːr ˈdɪt ˈmɪdəl mut y ən rəˈsɛpt ˈhɛbən] |
| Kann ich darauf warten? | Kan ik er op wachten? [ˈkan ɪk ˈɛr ɔp ˈwaxtən] |
| Wann kann ich es abholen? | Wanneer kan ik het ophalen? [waˈneːr kan ɪk ət ɔpˈhaːlən] |

**Wortliste Apotheke** ▶ auch Wortliste Arzt/Zahnarzt/Krankenhaus

| | |
|---|---|
| Abführmittel | laxeermiddel *n* [lakˈseːrmɪdəl] |
| Antibabypille | anticonceptiepillen [antikɔnˈsɛpsipɪlən] |
| Antibiotikum | antibioticum [antibiˈjoːtikəm] |
| Aspirin | aspirine [aspiˈrinə] |
| Augentropfen | oogdruppels [ˈoːxdrʌpəls] |
| äußerlich | uitwendig [œitˈwɛndəx] |
| Beruhigungsmittel | kalmeringsmiddel [kalˈmeːrɪŋzmɪdəl] |
| Brandsalbe | brandzalf [ˈbrantsalf] |
| Desinfektionsmittel | desinfecterend middel *n* [dɛsɪnfɛkˈteːrənt ˈmɪdəl] |
| einnehmen | innemen [ˈɪnneːmən] |
| Elastikbinde | elastisch verband *n* [eːˈlastis fərˈbant] |
| vor dem Essen | voor het eten [ˈvoːr ət ˈeːtən] |
| nach dem Essen | na het eten [ˈna ət ˈeːtən] |
| Fieberthermometer | koortsthermometer [ˈkoːrtstɛrmoːˈmeːtər] |
| Gegengift | tegengif *n* [ˈteːxəxɪf] |
| Gurgelwasser | gorgeldrankje *n* [ˈxɔrxəldraŋkjə] |

| | |
|---|---|
| Halstabletten | keeltabletten *pl* [ˈkeːltaːˈblɛtən] |
| Hustensaft | hoestdrank [ˈhuzdraŋk] |
| innerlich | inwendig [ɪnˈwɛndəx] |
| Insektenmittel | insektenmiddel *n* [ɪnˈsɛktəmɪdəl] |
| Insulin | insuline [ɪnsyˈlinə] |
| Jod(tinktur) | jodium(tinctuur) [ˈjodijəm(tɪnkˈtyːr)] |
| Kamillentee | kamillethee [kaˈmɪləteː] |
| Kohletabletten | kooltabletten [ˈkoːltaːˈblɛtən] |
| Kopfschmerztabletten | hoofdpijntabletten [ˈhoːftpɛintaːblɛtən] |
| Kreislaufmittel | middel *n* voor de bloedsomloop |
| | [ˈmɪdəl voːr də ˈblutsɔmloːp] |
| auf nüchternen Magen | op de nuchtere maag |
| | [ɔb də ˈnʌxtərə maːx] |
| Magentropfen | maagdruppels [ˈmaːxdrʌpəls] |
| Medikament | geneesmiddel, medicijn *n* |
| | [xəˈneːsmɪdəl, meːdiˈsɛin] |
| Mittel | middel *n* [ˈmɪdəl] |
| Mullbinde | zwachtel [ˈzwaxtəl] |
| im Mund zergehen lassen | (de pil) in de mond laten oplossen |
| | [(də ˈpɪl) ɪn də ˈmɔnt ˈlaːtən ˈɔplɔsən] |
| Nebenwirkungen | bijverschijnselen *pl* [ˈbɛivərsxɛinsələn] |
| Ohrentropfen | oordruppels *pl* [ˈoːrdrʌpəls] |
| Pflaster | pleister [ˈplɛistər] |
| Präservativ | condoom *n* [kɔnˈdoːm] |
| Puder | poeder *n* [ˈpudər] |
| Rezept | recept *n* [rəˈsɛpt] |
| Salbe | zalf [zalf] |
| Schlaftabletten | slaaptabletten *pl* [ˈslaːptaːblɛtən] |
| Schmerztabletten | tabletten *pl* tegen de pijn |
| | [taːˈblɛtə teːxə də ˈpɛin] |
| Sonnenbrand | zonnebrand [ˈzɔnəbrant] |
| Tablette | tablet [taːˈblɛt] |
| Traubenzucker | druivesuiker [ˈdrœivəsœikər] |
| Tropfen | druppels *pl* [ˈdrʌpəls] |
| Watte | watten *pl* [ˈwatən] |
| Zäpfchen | zetpil [ˈzɛtpɪl] |

## Arztbesuch

### Bij de dokter

| | |
|---|---|
| Können Sie mir einen guten … empfehlen? | Kunt U mij een goede … aanbevelen? ['kʌnt y mə ən 'xudə … 'a:mbəve:lən] |
| Arzt | dokter/arts ['dɔ:ktər/arts] |
| Augenarzt | oogarts ['o:xarts] |
| Frauenarzt | vrouwenarts ['vrɔuwənarts] |
| Hals-Nasen-Ohren-Arzt | keel-neus-oorarts ['ke:l 'nø:s 'o:rarts] |
| Hautarzt | huidarts ['hœitarts] |
| Heilpraktiker | praktizijn [prakti'zɛin] |
| Internisten | internist [ɪntər'nɪst] |
| Kinderarzt | kinderarts ['kɪndərarts] |
| Nervenarzt | zenuwarts ['ze:ny:warts] |
| Praktischen Arzt | huisarts ['hœisarts] |
| Urologen | uroloog [yro'lo:x] |
| Zahnarzt | tandarts ['tantarts] |

Wo ist seine Praxis?
Waar is zijn praktijk?
[wa:r ɪs zɛin prak'tɛik]

Wann hat er Sprechstunde?
Wanneer heeft hij spreekuur?
[wa'ne:r 'he:ft hɛi 'spre:ky:r]

● Was für Beschwerden haben Sie?
Welke klachten hebt U?
['wɛlkə 'klaxtən 'hɛpt y]

Ich fühle mich nicht wohl.
Ik voel me niet goed [ɪk 'vul mə nit xut]

Ich habe Fieber.
Ik heb koorts. [ɪk hɛp ko:rts]

Ich kann nicht schlafen.
Ik kan niet slapen. [ɪk 'kan nit 'sla:pən]

Mir ist oft schlecht/schwindelig.
Ik ben vaak misselijk/duizelig.
[ɪk bɛn 'va:k 'mɪsələk/'dœizələx]

Ich bin ohnmächtig geworden.
Ik ben flauwgevallen.
[ɪk bɛn 'flɔuxəvalən]

Ich bin stark erkältet.
Ik ben erg verkouden.
[ɪk bɛn 'ɛrx vərkɔudən]

Ich habe Kopfschmerzen/Halsschmerzen.
Ik heb hoofdpijn/keelpijn.
[ɪk hɛp 'ho:fpɛin/'ke:lpɛin]

Ich habe Husten.
Ik moet steeds hoesten.
[ɪk mut ste:ts 'hustən]

Ich bin gestochen/ gebissen worden.
Ik ben gestoken/gebeten. [ɪk bɛn xəˈstoːkən/xəˈbeːtən]

Ich habe mir den Magen verdorben.
Ik heb mijn maag bedorven. [ɪk hɛp mən ˈmɑːx bəˈdɔrvən]

Ich habe Durchfall/ Verstopfung.
Ik heb diarree/verstopping. [ɪk hɛp diɑˈreː/vərˈstɔpɪŋ]

Ich vertrage das Essen/ die Hitze nicht.
Ik kan niet tegen het eten/de hitte. [ɪk kɑn nit ˈteːxən ət ˈeːtən/də ˈhɪtə]

Ich habe mich verletzt.
Ik heb me bezeerd. [ɪk ˈhɛp mə bəˈzeːrt]

Ich bin gestürzt.
Ik ben gevallen. [ɪk bɛn xəˈvalən]

Ich glaube, ich habe mir … gebrochen/verstaucht.
Ik geloof dat ik mijn … gebroken/verstuikt heb. [ɪk xəˈloːf dɑt ɪk mən … xəˈbroːkən/vərˈstœikt hɛp]

● Wo tut es weh?
Waar doet het pijn? [ˈwɑːr dut ət ˈpɛin]

Ich habe hier Schmerzen.
Ik heb hier pijn. [ɪk hɛp ˈhiːr ˈpɛin]

● Tut es hier weh?
Doet het hier pijn? [ˈdut ət ˈhiːr ˈpɛin]

Ich habe einen hohen/ niedrigen Blutdruck.
Ik heb een hoge/lage bloeddruk. [ɪk hɛp ən ˈhoːxə/ˈlaːxə ˈbludrʌk]

Ich bin Diabetiker.
Ik heb suikerziekte. [ɪk hɛp ˈsœikərziktə]

Ich bin schwanger.
Ik verwacht een baby. [ɪk vərˈwaxt ən ˈbeːbi]

Ich hatte vor kurzem …
Kort geleden had ik … [kɔrt xəˈleːdən hɑt ɪk …]

● Bitte, machen Sie sich/ Ihren Arm frei.
Wilt U zich uitkleden/de arm ontbloten. [ˈwɪlt y zɪx ˈœitkleːdən/də arm ɔndˈbloːtən]

● Bitte tief einatmen. Atem anhalten.
Wilt U diep ademhalen? Adem inhouden. [ˈwɪlt y ˈdip ˈaːdəmhaːlən. ˈaːdəm ˈɪnhɔudən]

● Öffnen Sie den Mund.
Doet U uw mond open. [ˈdut y yw ˈmɔnt ˈoːpən]

● Zeigen Sie die Zunge.
Steekt U Uw tong uit. [ˈsteːkt y yw ˈtɔŋ œit]

● Husten, bitte.
Hoest U eens. [ˈhust y eːns]

- Wie lange fühlen Sie sich schon so?
Hoe lang voelt U zich al zo? [hu ˈlaŋ vult y ˈe:tlʌst]

- Haben Sie Appetit?
Heeft U eetlust? [he:ft y ˈe:tlʌst]

Ich habe keinen Appetit.
Ik heb geen trek. [ɪk ˈhɛp xe:n ˈtrɛk]

- Haben Sie einen Impfschein?
Heeft U een inentingsbewijs? [he:ft y ən ˈɪnɛntɪŋsbəˈwɛis]

Ich bin gegen … geimpft.
Ik ben ingeënt tegen … [ɪk bɛn ˈɪŋxəɛnt te:xən]

- Sie müssen geröntgt werden.
Er moeten röntgenfoto's gemaakt worden. [ɛr ˈmutən ˈrʌntxəfo:to:s xeˈma:kt wɔrdən]

- Ich brauche eine Blut-/ Urinprobe.
Ik heb een bloed-/urinemonster nodig. [ɪk hɛp ən blut/yˈrinəmɔnstər no:dəx]

- Ich muß Sie an einen Facharzt überweisen.
Ik moet U naar een specialist verwijzen. [ɪk ˈmut y na:r ən speˈʃa:ˈlɪst vərˈwɛizən]

- Sie müssen operiert werden.
U moet geopereerd worden. [y mut xəopəˈre:rt wɔrdən]

- Sie brauchen ein paar Tage Bettruhe.
U moet een paar dagen in bed blijven. [y mut ən ˈpa:r da:xən ɪm ˈbɛt blɛivən]

- Es ist nichts Ernstes.
Het is niets ernstigs. [ət ɪs ˈnits ˈɛrnstəxs]

Können Sie mir bitte etwas gegen … geben/ verschreiben?
Kunt U mij iets tegen … geven/ voorschrijven? [kʌnt y mə its ˈte:xən … ˈxe:vən/voˈrsxrɛivən]

Normalerweise nehme ich …
Normaal gesproken neem ik … [nɔrma:l xəspro:kən ne:m ɪk]

- Nehmen Sie eine Tablette vor dem Schlafengehen.
Neemt U een tablet voordat U gaat slapen. [ne:mt y ən ta:ˈblɛt ˈvo:rdat y xa:t ˈsla:pən]

Hier ist mein internationaler Krankenschein.
Hier is het internationale ziekenfondsbriefje. [ˈhi:r ɪs ət ɪntərna:ʃoˈna:lə ˈzikəfɔnsbrifjə]

Können Sie mir bitte ein ärztliches Attest ausstellen?
Kunt U mij alstublieft een doktersattest geven? [ˈkʌnt y mə alstyˈblift ən ˈdɔktərsatɛst ˈxe:vən]

## Beim Zahnarzt
### Bij de tandarts

| | |
|---|---|
| Ich habe (starke) Zahnschmerzen. | Ik heb (erge) kiespijn. [ɪk hɛp (ˈɛrxə) ˈkispɛin] |
| Dieser Zahn (oben/ unten/vorn/hinten) tut weh. | Deze tand (boven/onder/voor/achter) doet pijn. [ˈde:zə ˈtant (ˈbo:vən/ˈɔndər/ ˈvo:r/ˈaxtər) dut ˈpɛin] |
| Ich habe eine Füllung verloren. | Ik ben een vulling verloren. [ɪk bən ən ˈvʌlɪŋ vərˈlo:rən] |
| Mir ist ein Zahn abgebrochen. | Mijn tand is afgebroken. [mɛin ˈtant ɪs ˈafxəbro:kən] |
| ● Ich behandle ihn nur provisorisch. | Ik behandel hem slechts provisorisch. [ɪk bəˈhandəl əm slɛxs pro:viˈso:ris] |
| ● Ich muß ihn ziehen. | Ik moet hem trekken. [ɪk ˈmut əm ˈtrɛkən] |
| ● Dieser Zahn muß eine Krone bekommen. | Deze tand moet een kroon hebben. [ˈde:zə ˈtant mut ən ˈkro:n hɛbən] |
| Geben Sie mir bitte eine/keine Spritze. | Wilt U een/geen injectie geven? [wɪlt y ən/ˈxe:n ɪnˈjɛksi ˈxe:vən] |
| ● Bitte gut spülen. | Wilt U goed spoelen. [wɪlt y ˈxut ˈspu:lən] |
| Können Sie diese Prothese reparieren? | Kunt U deze prothese maken? [kʌnt y ˈde:zə pro:ˈte:zə ˈma:kən] |
| ● Kommen Sie in zwei Tagen bitte nochmal zum Nachsehen. | Komt U over twee dagen nog even terug voor controle. [ˈkɔmt y o:vər ˈtwe: ˈda:xən nɔx e:vən trʌx vo:r kɔnˈtrɔ:lə] |
| ● Suchen Sie dann zu Hause gleich Ihren Zahnarzt auf. | Gaat U dan thuis direct naar Uw tandarts. [ˈxa:t y dan ˈtœis diˈrɛkt na:r yw ˈtantarts] |

## Im Krankenhaus
### In het ziekenhuis

| | |
|---|---|
| Wie lange muß ich hier bleiben? | Hoe lang moet ik hier blijven? [hu 'laŋ mut ɪk 'hiːr 'blɛivən] |
| Ich kann nicht einschlafen. Geben Sie mir bitte eine Schmerztablette/Schlaftablette. | Ik kan niet slapen. Wilt U mij alstublieft een pijnstiller/slaappilletje geven? [ɪk 'kan nit 'slaːpən. 'wɪlt y mə alsty'blift ən 'pɛinstɪlər/'slaːpɪləcə 'xeːvən] |
| Wann darf ich aufstehen? | Wanneer mag ik opstaan? [waˈneːr max ɪk 'ɔpstaːn] |
| Geben Sie mir bitte eine Bescheinigung über die Dauer des Krankenhausaufenthalts mit Diagnose. | Wilt U mij alstublieft een schriftelijke verklaring geven met de duur van het ziekenhuisverblijf en de diagnose. ['wɪlt y mə alsty'blift ən 'sxrɪftələkə vərˈklaːrɪŋ xeːvən mɛt də 'dyːr van ət 'zikənhœisvərblɛif ɛn də dijaː'xnoːzə] |

### Wortliste Arzt/Zahnarzt/Krankenhaus

| | |
|---|---|
| Abszeß | abces *n* [apˈsɛs] |
| Ader | ader ['aːdər] |
| Aids | aids [eːts] |
| Allergie | allergie [alɛrˈxi] |
| allergisch sein gegen | allergisch voor [aˈlɛrxis voːr] |
| Anfall | aanval ['aːnval] |
| Angina | angina [aŋˈxinaː] |
| Anspruchsausweis *(Krankenkasse)* | ziekenfondskaart ['zikəfɔnskaːrt] |
| ansteckend | besmettelijk [bəˈsmɛtələk] |
| Appetitlosigkeit | gebrek *n* aan eetlust [xəˈbrɛk aːn 'eːtləst] |
| Arm | arm [arm] |
| Asthma | astma ['astmaː] |
| Atembeschwerden | ademhalingsmoeilijkheden ['aːdəmhaːlɪŋzmuiləkˈheːdən] |
| atmen | ademen ['aːdəmən] |
| Attest | attest *n* [aˈtɛst] |

| | |
|---|---|
| Auge | oog *n* [oːx] |
| Ausschlag | uitslag [ˈœitslɑx] |
| Bänderriß | scheuring van de (gewrichts)banden [ˈsxʌːrɪŋ van də (xəˈvrɪxs)bandən] |
| Bauch | buik [bœik] |
| Bein | been *n* [beːn] |
| Bescheinigung | attest, verklaring [ɑˈtɛst, vərˈklaːrɪŋ] |
| Besuchszeit | bezoekuur *n* [bəˈzukyːr] |
| bewußtlos | bewusteloos [bəˈwʌstəloːs] |
| Blähungen | wind [wint] |
| Blase | blaas [blaːs] |
| Blinddarm | blindedarm [blɪndəˈdɑrm] |
| ~entzündung | blindedarmontsteking [blɪndəˈdɑrmɔntsteːkɪŋ] |
| Blut | bloed *n* [blut] |
| ~druck, hoher/ niedriger | hoge/lage bloeddruk [ˈhoːxə/laːxə ˈbludrʌk] |
| bluten | bloeden [ˈbludən] |
| Blut\|erguß | bloeduitstorting [ˈblutœitstɔrtɪŋ] |
| ~gruppe | bloedgroep [ˈblutxrup] |
| ~probe | bloedmonster *n* [ˈblutmɔnstər] |
| ~transfusion | bloedtransfusie [ˈblutransfysi] |
| ~ung | bloeding [ˈbludɪŋ] |
| ~vergiftung | bloedvergiftiging [ˈblutfərxɪftəxɪŋ] |
| Brechreiz | braakneiging [ˈbraːkneixɪŋ] |
| Bronchien | bronchiën *pl* [ˈbrɔŋxijən] |
| Bronchitis | bronchitis [brɔŋˈxitəs] |
| Bruch | breuk [brøːk] |
| Brust | borst [bɔrst] |
| ~korb | borstkas [ˈbɔrstkɑs] |
| Bypass | bypass [ˈbaːipɑs] |
| Chirurg/in | chirurg [ʃiˈrʌrx] |
| Cholera | cholera [ˈxoːlɑraː] |
| Darm | darm [dɑrm] |
| desinfizieren | desinfecteren [dɛsɪnfɛkˈteːrən] |
| Diabetes | suikerziekte [ˈsœikərziktə] |
| Diagnose | diagnose [dijaːˈxnoːzə] |
| Diät | dieet *n* [diˈjeːt] |
| Diphtherie | difterie [dɪftəˈri] |
| Drüse | klier [kliːr] |
| Durchfall | diarree [diɑˈreː] |
| Eiter | etter [ˈɛtər] |
| eitern | etteren [ˈɛtərən] |
| Ellbogen | elleboog [ˈɛləboːx] |

| | |
|---|---|
| Entzündung | ontsteking [ɔntˈsteːkɪŋ] |
| erbrechen, sich | overgeven, braken ['oːvərxeːvən, 'braːkən] |
| erkälten, sich | kou vatten ['kou vatən] |
| erkältet | verkouden [vərˈkoudən] |
| Erkältung | kou, verkoudheid [kou, vərˈkouthɛit] |
| Facharzt | specialist [speːʃaˈlɪst] |
| Fehlgeburt | miskraam ['mɪskraːm] |
| Fieber | koorts [koːrts] |
| Finger | vinger ['vɪŋər] |
| Fuß | voet [vut] |
| Gallenblase | galblaas ['xalblaːs] |
| gebrochen | gebroken [xəˈbroːkən] |
| Gehirn | hersens pl ['hɛrsəns] |
| ~erschütterung | hersenschudding ['hɛrsəsxʌdɪŋ] |
| ~schlag | beroerte ['bruːrtə] |
| Gehör | gehoor n [xəˈhoːr] |
| Gelbsucht | geelzucht ['xeːlzəxt] |
| Gelenk | gewricht n [xəˈwrɪxt] |
| Geschlechts\|krankheit | geslachtsziekte [xəˈslaxsiktə] |
| ~organe | geslachtsorganen [xəˈslaxsɔrxaːnən] |
| geschwollen | gezwollen [xəˈzwɔlən] |
| Geschwulst | gezwel n [xəˈzwɛl] |
| Geschwür | zweer [zweːr] |
| Gesicht | gezicht n [xəˈzɪxt] |
| Glieder | ledematen pl ['leːdəmaːtən] |
| Grippe | griep [xrip] |
| Hals | hals, nek [hals, nɛk] |
| ~schmerzen | keelpijn ['keːlpɛin] |
| Hämorrhoiden | hemorroïden pl [heːmɔroˈwidən] |
| Hand | hand [hant] |
| Haut | huid [hœit] |
| ~krankheit | huidziekte ['hœitsiktə] |
| Heilpraktiker/in | praktizijn [praktizɛin] |
| heiser sein | schor zijn, hees zijn ['sxɔr sɛin, 'heːs sɛin] |
| Herz | hart n [hart] |
| ~anfall | hartaanval ['hartaːnval] |
| ~beschwerden | hartklachten [hartklaxtən] |
| ~fehler | hartafwijking ['hartafwɛikɪŋ] |
| ~infarkt | hartinfarkt ['hartɪnfarkt] |
| ~schrittmacher | pacemaker, hartstimulator ['peːsmeːkər, 'hartstiməlaːtɔr] |
| ~spezialist | hartspecialist ['hartspeːʃaːlɪst] |

| | |
|---|---|
| Heuschnupfen | hooikoorts ['ho:iko:rts] |
| Hexenschuß | spit *n* (in de rug) [spɪt (ɪn də rʌx)] |
| Höhensonne | hoogtezon ['ho:xtəzɔn] |
| Hüfte | heup [hø:p] |
| Husten | last van hoesten [lɑst vɑn 'hustən] |
| impfen | inenten ['ɪnɛntən] |
| Impfpaß | inentingsbewijs *n* ['ɪnɛntɪŋsbəwɛis] |
| Impfung | inenting ['ɪnɛntɪŋ] |
| Infektion | infectie, ontsteking [ɪn'fɛksi, ɔnt'ste:kɪŋ] |
| Infusion | infuus *n* [ɪn'fys] |
| Ischias | ischias ['ɪsxiɑs] |
| Keuchhusten | kinkhoest ['kɪŋkhust] |
| Kiefer | kaak [ka:k] |
| Kinderlähmung | kinderverlamming, polio ['kɪndərvər'lɑmɪŋ, 'po:lijo:] |
| Knie | knie [kni] |
| Knöchel | enkel ['ɛŋkəl] |
| Knochen | bot *n* [bɔt] |
| ~bruch | botbreuk ['bɔdbrø:k] |
| Kolik | koliek [ko:'lik] |
| Kopf | hoofd *n* [ho:ft] |
| ~schmerzen | hoofdpijn ['ho:ftpɛin] |
| Krampf | kramp [krɑmp] |
| krank | ziek [zik] |
| Kranken\|haus | ziekenhuis *n* ['zikəhœis] |
| ~kasse | ziekenfonds *n* ['zikəfɔns] |
| ~schein | ziekenfondskaart ['zikəfɔnska:rt] |
| ~schwester | verpleegster [vər'ple:xstər] |
| Krankheit | ziekte ['ziktə] |
| Krebs | kanker ['kɑŋkər] |
| Kreislaufstörung | storing in de bloedsomloop [sto:rɪŋ ɪn də 'blutsɔmlo:p] |
| Krone | kroon [kro:n] |
| Lähmung | verlamming [vər'lɑmɪŋ] |
| Lebensmittelvergiftung | voedselvergiftiging ['vutsəlvərxɪftəxɪŋ] |
| Leber | lever ['le:vər] |
| Leistenbruch | hernia ['hɛrnija:] |
| Lippe | lip [lɪp] |
| Loch *(im Zahn)* | gat [xɑt] |
| Lunge | long [lɔŋ] |
| Lungenentzündung | longontsteking ['lɔŋɔntste:kɪŋ] |
| Magen | maag [ma:x] |
| ~schmerzen | maagpijn ['ma:xpɛin] |

| | |
|---|---|
| Mandelentzündung | amandelontsteking [ɑːˈmɑndələntˈsteːkɪŋ] |
| Mandeln | amandelen *pl* [ɑːˈmɑndələn] |
| Masern | mazelen *pl* [ˈmaːzələn] |
| Menstruation | menstruatie [mɛnstryˈwaːsi] |
| Migräne | migraine [miˈɡrɛːnə] |
| Mittelohrentzündung | middenoorontsteking |
| | [ˈmɪdənoːrɔntsteːkɪŋ] |
| Mumps | bof [bɔf] |
| Mund | mond [mɔnt] |
| Muskel | spier [spiːr] |
| nähen | naaien, hechten [ˈnaːjən, ˈhɛxtən] |
| Narbe | litteken [ˈlɪtekən] |
| Narkose | narcose [narˈkoːzə] |
| Nase | neus [nøːs] |
| Nasenbluten | bloedneus [ˈblutnøːs] |
| Nerv | zenuw [ˈzeːnyw] |
| nervös | zenuwachtig, nerveus |
| | [ˈzeːnywaxtəx, nɛrˈvøːs] |
| Niere | nier [niːr] |
| Nieren\|entzündung | nierontsteking [ˈniːrɔntsteːkɪŋ] |
| ~stein | niersteen [ˈniːrsteːn] |
| Ohnmacht | flauwte, bewusteloosheid |
| | [ˈflɔutə, bəwʌstəˈloːshɛit] |
| Ohr | oor *n* [oːr] |
| Operation | operatie [oːpəˈraːtsi] |
| Plombe | vulling [ˈvʌlɪŋ] |
| Pocken | pokken *pl* [ˈpɔkən] |
| Praxis | praktijk [prakˈtɛik] |
| Prellung | kneuzing [knøːzɪŋ] |
| Prothese | prothese [proˈteːzə] |
| Puls | pols [pɔls] |
| Quetschung | kneuzing [ˈknøːzɪŋ] |
| Rheuma | reuma [ˈrøːmaː] |
| Rippe | rib [rɪp] |
| röntgen | een röntgenfoto maken |
| | [ən ˈrʌntxəfoːtoː ˈmaːkən] |
| Röntgenaufnahme | röntgenopname [ˈrʌntxənɔpnaːmə] |
| Röteln | rode hond [roːdə ˈhɔnt] |
| Rücken | rug [rʌx] |
| ~schmerzen | rugpijn [ˈrʌxpɛin] |
| Rückgrat | ruggegraat [ˈrʌxəxraːt] |
| Rücktransport | repatriëring [reːpaːtriˈjeːrɪŋ] |
| Salmonellen | salmonella bacteriën *pl* |
| | [salmoˈnɛlaː bakteːrijən] |

| | |
|---|---|
| Schädel | schedel ['sxe:dəl] |
| Scharlach | roodvonk ['ro:tfɔŋk] |
| Schiene | spalk [spɑlk] |
| Schienbein | scheenbeen *n* ['sxe:nbe:n] |
| Schlaflosigkeit | slapeloosheid [slɑ:pə'lo:shɛit] |
| Schlaganfall | beroerte, attaque ['bru:rtə, ɑ'tɑk] |
| Schlüsselbein | sleutelbeen *n* ['slø:təlbe:n] |
| Schmerzen | pijn *sing* [pɛin] |
| Schnittwunde | snee [sne:] |
| Schnupfen | neusverkoudheid ['nø:sfər 'kouthɛit] |
| Schulter | schouder ['sxoudər] |
| Schüttelfrost | (koude) rillingen *pl* [(kɔuwə) 'rɪlɪŋən] |
| Schwangerschaft | zwangerschap ['zwɑŋərsxɑp] |
| Schweiß | zweet *n* [zwe:t] |
| Schwellung | zwelling ['zwɛlɪŋ] |
| Schwindel | duizeligheid ['dœizələxhɛit] |
| schwitzen | zweten ['zwe:tən] |
| Seitenstechen | steken in de zij ['ste:kən ɪn də 'zɛi] |
| Sodbrennen | maagzuur *n* ['mɑ:xsy:r] |
| Sonnenstich | zonnesteek ['zɔnəste:k] |
| Speiseröhre | slokdarm ['slɔgdɑrm] |
| Sprechstunde | spreekuur *n* ['spre:ky:r] |
| Spritze | injectie [ɪn'jɛksi] |
| Station | afdeling ['ɑvde:lɪŋ] |
| Stich | steek [ste:k] |
| Stirnhöhlenentzündung | voorhoofdsholteonsteking ['vo:rho:fshɔltəɔntste:kɪŋ] |
| Stuhlgang | stoelgang ['stulxɑŋ] |
| Tetanus | tetanus ['te:tɑ:nəs] |
| Trommelfell | trommelvlies *n* ['trɔməlvlis] |
| Typhus | tyfus ['tifəs] |
| Übelkeit | misselijkheid ['mɪsələkhɛit] |
| Ultraschalluntersuchung | echografie [ɛxo:xrɑ:'fi] |
| Unterleib | onderlijf *n* ['ɔndərlɛif] |
| Untersuchung | onderzoek *n*, consultatie ['ɔndərzuk, kɔnsəl'tɑ:tsi] |
| Urin | urine [y'rinə] |
| Verband | verband *n* [vər'bɑnd] |
| verbinden | verbinden, verbond, verbonden [vər'bɪndən, və'rbɔnt, vər'bɔndən] |
| Verbrennung | verbranding [vər'brɑndɪŋ] |
| Verdauung | spijsvertering ['spɛisfərte:rɪŋ] |
| Verdauungsstörung | spijsverteringsstoornis ['spɛisfərte:rɪŋs'sto:rnɪs] |

| | |
|---|---|
| Vergiftung | vergiftiging [vərˈxɪftəxɪŋ] |
| verletzen | bezeren, verwonden [bəˈzeːrən, vərˈwɔndən] |
| Verletzung | verwonding [vərˈwɔndɪŋ] |
| verschreiben | voorschrijven, schreef voor, voorgeschreven [ˈvoːrsxrɛivən, sxreːf ˈvoːr, ˈvoːrxəsxreːvən] |
| verstaucht | verstuikt [vərˈstœikt] |
| Verstopfung | verstopping [vərˈstɔpɪŋ] |
| Virus | virus *n* [viːrəs] |
| Wartezimmer | wachtkamer [ˈwaxtkɑːmər] |
| weh tun | pijn doen, deed, gedaan [ˈpɛin dun, deːt, xəˈdɑːn] |
| Windpocken | waterpokken *pl* [ˈwaːtərpɔkən] |
| Wirbelsäule | wervelkolom [ˈwɛrvəlkoːlɔm] |
| Wunde | wond [wɔnt] |
| Zahn | tand [tɑnt] |
| Backen~ | kies [kis] |
| Schneide~ | snijtand [ˈsnɛitɑnt] |
| ~fleisch | tandvlees *n* [ˈtɑntfleːs] |
| ~schmerzen | kiespijn [ˈkispɛin] |
| Zehe | teen [teːn] |
| Zerrung | verrekking [fəˈrɛkɪŋ] |
| ziehen *(Zahn)* | trekken, trok, getrokken [ˈtrɛkən, trɔk, xəˈtrɔkən] |
| Zunge | tong [tɔŋ] |

**11** **Geschäftsreise**
Zakenreis

## Der lange Weg zum Geschäftspartner
## De lange reis naar de zakenrelatie

Wie komme ich bitte
zu …?

Sorry, hoe kom ik naar …?
['sɔri, hu kɔm ɪk na:r]

Wo ist der
Haupteingang?

Waar is de hoofdingang?
[wa:r ɪs də 'ho:ftɪŋxaŋ]

Mein Name ist … Ich
komme von der Firma …

Mijn naam is … Ik ben van de firma …
[mɛin 'na:m ɪs … ɪk bɛn van də 'firma:]

Kann ich bitte …
sprechen?

Ik zou graag met … willen spreken.
[ɪk sɔu xra:x mɛt … wɪlə spre:kən]

Melden Sie mich bitte
bei … an.

Kunt U me alstublieft bij …
aanmelden? [kʌnt y mə alsty'blift bɛi …
'a:nmɛldən]

Ich habe einen Termin
bei …

Ik heb een afspraak met …
[ɪk hɛb ən 'afspra:k mɛt]

● … erwartet Sie bereits.

… wacht al op U. [waxt al ɔp y]

● Er/Sie ist noch
in einer Sitzung.

Hij/Zij woont nog een vergadering bij.
[hɛi/zɛi wo:nt nɔx ən vər'xa:dərɪŋ bɛi]

● Ich führe Sie zu …

Ik begeleid U tot … [ɪk bəxə'lɛit y tɔt]

Entschuldigen Sie bitte,
daß ich zu spät komme.

Pardon/Neemt U me niet kwalijk, ik
ben een beetje laat. [par'dɔn/ne:mt y mə
nit kwa:lək ɪk bɛn ən be:cə la:t]

● Bitte setzen Sie sich.

Gaat U zitten, alstublieft.
[xa:t y zɪtən alsty'blift]

● Darf ich Ihnen etwas zu
trinken anbieten?

Mag ik U iets te drinken aanbieden?
['max ɪk y its tə 'drɪŋkən 'a:nbidən]

● Hatten Sie eine
angenehme Reise?

Heeft U een prettige reis gehad?
[he:ft y ən 'prɛtəxə rɛis xə'hat]

Wieviel Zeit haben wir?

Hoeveel tijd hebben wij?
['huve:l tɛit 'hɛbə wə]

● Wann geht Ihre
Maschine?

Wanneer vertrekt Uw vliegtuig?
[wa'ne:r vər'trɛkt yw 'vlixtœix]

Ich brauche einen
Dolmetscher.

Is er misschien een tolk?
[ɪs ɛt mɪ'sxin ən tɔlk]

## Wortliste Weg zum Geschäftspartner

| | |
|---|---|
| Abteilung | afdeling ['ɑvde:lɪŋ] |
| Büro | bureau *n*, kantoor *n* [by'ro:, kɑn'to:r] |
| Dolmetscher/in | tolk [tɔlk] |
| Eingang | ingang, entree ['ɪŋxɑŋ, ɑn'tre:] |
| Empfang | receptie [rə'sɛpsi] |
| Firma | firma ['fɪrma:] |
| Gebäude | gebouw *n* [xə'bɔuw] |
| Konferenz\|raum | vergaderzaal [vər'xa:dərza:l] |
| ~zentrum | conferentiecentrum *n* [kɔnfə'rɛntsisɛntrəm] |
| Pförtner | portier [pɔr'ti:r] |
| Sekretariat | secretariaat *n* [sɪkrəta:ri'ja:t] |
| Sekretär/in | secretaris/secretaresse [sɪkrə'ta:rəs/sɪkrəta'rɛsə] |
| Sitzung | vergadering [vərxa:dərɪŋ] |
| Stockwerk | verdieping [vər'dipɪŋ] |
| Termin | afspraak ['ɑfspra:k] |

## Verhandlung/Konferenz/Messe
### Onderhandeling/Conferentie/Jaarbeurs

| | |
|---|---|
| Ich suche den Messestand der Firma … | Ik zoek de stand van de firma … [ɪk 'suk də stɑnt fɑn də 'fɪrma:] |
| Gehen Sie in Halle …, Stand Nr. … | Wilt U zich naar hal …, stand No. … begeven? [wɪlt y zɪx na:r hɑl … stɛnt nʌmər … bəxe:vən] |
| Wir sind Hersteller von … | Wij produceren … [wɛi pro:dy'se:rən] |
| Wir handeln mit … | Wij handelen in … [wɛi 'hɑndələn ɪn] |
| Haben Sie Informationsmaterial über …? | Heeft U prospectussen/folders van … [he:ft y pro:'spɛktəsən/ fɔldərs vɑn] |
| Wir können Ihnen ausführliches Material über … zusenden. | Wij kunnen U uitvoerige brochures toesturen. [wɛi 'kʌnən y œit'fu:rəxə brɔ'ʃy:rəs 'tusty:rən] |
| Wer ist Ansprechpartner für …? | Wie is de contactpersoon voor …? [wi ɪs də kɔn'tɑktpɛrso:n vo:r] |
| Könnten Sie uns ein Angebot zukommen lassen? | Kunt U ons een offerte doen? [kʌnt y ɔns ən ɔ'fɛrtə dun] |

| | |
|---|---|
| Wir sollten ein Treffen vereinbaren. | Wij kunnen (misschien) een afspraak maken.<br>[wə ˈkʌnən (mɪˈsxin) ən ˈɑfsprɑːk maːkən] |
| Hier ist meine Visitenkarte. | Hier is mijn visitekaartje.<br>[hiːr ɪs mɛin viˈzitəkaːrcə] |

## Wortliste Verhandlung/Konferenz/Messe

| | |
|---|---|
| Angebot | offerte [ɔˈfɛrtə] |
| Ansprechpartner | contactpersoon [kɔnˈtaktpɛrsoːn] |
| Auftrag | order [ɔrdər] |
| Auftragsbestätigung | orderbevestiging [ˈɔrdərbəvɛstəxɪŋ] |
| Aussteller | exposant [ɛkspoːˈsant] |
| ~verzeichnis | exposantenlijst [ɛkspoːˈsantəlɛist] |
| Einzelhändler/in | detailhandelaar/detailhandelaarster [deːˈtaihandəlaːr(stər)] |
| Export | export [ˈɛkspɔrt] |
| Exporteur | exporteur [ˈɛkspɔrˈtʌːr] |
| Fachmesse | vakbeurs [ˈvakbʌːrs] |
| Finanzierung | financiering [finanˈsiːrɪŋ] |
| Fracht | vracht [vrɑxt] |
| Garantie | garantie, waarborg [xaˈrantsi, ˈwaːrbɔrx] |
| Generalvertretung | hoofdagentschap n [ˈhoːftaːxəntsxap] |
| Geschäfts\|beziehungen | zakenrelaties pl [ˈzaːkənrəˈlaːsis] |
| ~form | vennootschapsvorm [vɛˈnoːtsxapsfɔrm] |
| ~partner | handelspartner [ˈhandəlspartnər] |
| Großhändler/in | groothandelaar/groothandelaarster [ˈxroːthandəlaːr(stər)] |
| Halle | hal [hal] |
| Hallenplan | plattegrond van de hal [platəˈxrɔnt van də hal] |
| Handelsvertreter/in | vertegenwoordiger/vertegenwoordigster [vərˈteːxəwoːrdəx(st)ər] |
| Hersteller | vervaardiger, producent [vərˈvaːrdəxər, proːdyˈsɛnt] |
| Import | import, invoer [ˈɪmpɔrt, ˈɪnvuːr] |
| Importeur | importeur [ɪmpɔrˈtʌːr] |
| Industriemesse | industrie(vak)beurs [ɪndʌˈstri(vak)bʌːrs] |
| Informations\|material | folders, prospectussen pl [fɔldərs, proːˈspɛktəsən] |
| ~stand | info(rmatie)stand [ˈɪnfo(rˈmaːtsi)stant] |
| interessiert sein an | belangstelling hebben voor [bəˈlaŋstɛlɪŋ ˈhɛbən voːr] |

| | |
|---|---|
| Joint-venture | joint-venture [dʒɔint'vɛncər] |
| Kabine | cabine [ka:'binə] |
| Katalog | catalogus [ka:'ta:ləxəs] |
| Kaufvertrag | koopcontract *n* ['ko:pkɔntrakt] |
| Kondition | conditie, voorwaarde [kɔn'ditsi, 'vo:rwa:rdə] |
| Konferenz | conferentie, vergadering [kɔnfə'rɛntsi, vər'xa:dərɪŋ] |
| Konzern | concern *n* [kɔn'sʌ:n] |
| Kooperation | coöperatie [ko:o:pə'ra:tsi] |
| Kosten | (on)kosten *pl* [('ɔŋ)'kɔstən] |
| ~voranschlag | kostenraming, begroting ['kɔstəra:mɪŋ, bə'xro:tɪŋ] |
| Kunde/Kundin | klant [klɑnt] |
| Leasing | leasing ['li:zɪŋ] |
| Lieferant | leverancier [le:vəran'si:r] |
| Liefer|bedingungen | leveringsvoorwaarden ['le:vərɪŋsvo:rwa:rdən] |
| ~ung | leverantie, levering [le:və'ransi, 'le:vərɪŋ] |
| ~zeit | levertijd ['le:vərtɛit] |
| Lizenz(vertrag) | licentie [li'sɛntsi] |
| Marketing | marketing ['ma:kətɪŋ] |
| Meeting Point | meeting point, trefpunt ['mitɪŋ pɔint, 'trɛfpənt] |
| Mehrwertsteuer | BTW (belasting toegevoegde waarde) [be:te:we: (bə'lastɪŋ 'tuxəvuxdə 'wa:rdə)] |
| Messe | vakbeurs ['vakbʌ:rs] |
| ~ausweis | vakbeurstoegangskaart(je) ['vakbʌ:rstuxaŋska:rt/ka:rcə] |
| ~hosteß | (expositie-)hostess [(ɛkspo:sitsi)hɔ'stɛs] |
| ~leitung | vakbeursbestuur *n* ['vakbʌ:rsbə'sty:r] |
| ~rabatt | expositiekorting [ɛkspo:'sitsikɔrtɪŋ] |
| ~service | expositieservice [ɛkspo:'sitsisʌ:vəs] |
| ~stand | stand op de vakbeurs [stɑnt ɔp də 'vakbʌ:rs] |
| ~zentrum | vakbeurscentrum, vakbeursterrein *n* ['vakbʌ:rs'sɛntrəm, 'vakbʌ:rstɛ'rɛin] |
| Muster | monster *n* ['mɔnstər] |
| Öffentlichkeitsarbeit | public relations *pl*, PR ['pʌblɪk ri'le:ʃəns, pe:'ɛr] |
| Preis | prijs [prɛis] |
| ~liste | prijslijst ['prɛislɛist] |
| ~nachlaß | reductie, korting [rɛ'dʌksi, 'kɔrtɪŋ] |
| Produktion | productie [pro:'dʌksi] |

| | |
|---|---|
| Proforma-Rechnung | pro forma-factuur [pro: ˈfɔrma:fakˈty:r] |
| Prospekt | folder, prospectus [ˈfɔldər, pro:ˈspɛktəs] |
| Protokoll | notulen *pl*, verslag *n* [ˈno:tylən/no:ˈtylən, vərˈslax] |
| Rechnung | rekening [ˈre:kənɪŋ] |
| Schulung | cursus, training, opleiding [ˈkʌrsəs, ˈtrɛnɪŋ, ˈɔplɛidɪŋ] |
| Skonto | korting voor contant [ˈkɔrtɪŋ vo:r kɔnˈtant] |
| Tagesordnung | agenda [a:ˈxɛnda:] |
| Tochtergesellschaft | dochtermaatschappij [ˈdɔxtərma:tsxaˈpɛi] |
| Transport | transport *n*, vervoer *n* [tranˈspɔrt, vərˈvu:r] |
| Treffen | meeting, bijeenkomst [ˈmitɪŋ, bɛiˈe:ŋkɔmst] |
| Umsatzsteuer | omzetbelasting [ˈɔmzɛtbəlastɪŋ] |
| Verkäufer/in | verkoper/verkoopster [vərˈko:p(st)ər] |
| Verkaufsförderung | bevordering van de verkoop, sales promotion [bəˈvɔrdərɪŋ van də ˈvɛrko:p, se:ls pro:ˈmo:ʃən] |
| Verpackung | verpakking [vərˈpakɪŋ] |
| Versicherung | verzekering [vərˈze:kərɪŋ] |
| Vertrag | contract *n* [kɔnˈtrakt] |
| Vertrags\|bedingungen | contractvoorwaarden *pl* [kɔnˈtraktvo:rwa:rdən] |
| ~händler | dealer [ˈdi:lə] |
| Vertreter/in | vertegenwoordiger/vertegenwoordig-ster [vərte:xəˈwo:rdəx(st)ər] |
| Vertrieb | verkoop/omzet, afzet [ˈvɛrko:p/ˈɔmzɛt, ˈafzɛt] |
| Vertriebsnetz | verkoopnet *n* [ˈvɛrko:pnɛt] |
| Visitenkarte | visitekaartje *n* [viˈzitəka:rcə] |
| Vortrag | lezing [ˈle:zɪŋ] |
| Ware | goederen *pl*, produkt(en) [ˈxudərən, pro:ˈdʌkt(ən)] |
| Warenverzeichnis | goederenlijst [ˈxudərəlɛist] |
| Werbe\|kampagne | reclamecampagne [rəˈkla:məkamˈpanjə] |
| ~material | reclamemateriaal *n* [rəˈkla:məma:triˈja:l] |
| Werbung | reclame [rəˈkla:mə] |
| Zahlungsbedingungen | betalingsvoorwaarden *pl* [bəˈta:lɪŋsvo:rwa:rdən] |
| Zentrale | centrale, hoofdkantoor [sɛnˈtra:lə, ˈho:ftkanto:r] |

## Ausstattung

### Uitrusting/Inrichting

Könnten Sie mir hiervon einige Kopien machen?
Kunt U hiervan een paar kopieën maken?
[kʌnt y ˈhiːrvan ən paːr koˈpijə maːkən]

Für meinen Vortrag benötige ich einen Tageslichtprojektor.
Ik heb (nog) een overheadprojector voor mijn lezing nodig.
[ɪk hɛp nɔx ən ˈoːvərhɛtproˈjɛktɔr voːr mən ˈleːzɪŋ ˈnoːdəx]

Würden Sie mir bitte … besorgen?
Wilt U zo vriendelijk zijn … te bezorgen?
[wɪlt y zo ˈvrindələk sɛin … tə bəzɔrxən]

### Wortliste Ausstattung

| | |
|---|---|
| Ausstellungsmaterial | expositiemateriaal [ɛkspoˈsitsimaːtriˈjaːl] |
| Diskette | floppy (disk), diskette [ˈflɔpi (dɪsk), dɪsˈkɛtə] |
| Drucker | printer [ˈprɪntər] |
| Farbkopierer | kleurenkopieerapparaat n [ˈklʌːrəkoˈpjeːrapəˈraːt] |
| Faserschreiber | viltstift [ˈvɪltstɪft] |
| Flip-chart | flip-chart [ˈflɪptʃart] |
| Folienstift | viltstift voor sheets [ˈvɪltstɪft voːr ʃiːts] |
| Fotokopierer | fotokopieermachine [ˈfoːtoːkoːˈpjeːrmaːˈʃinə] |
| Katalog | catalogus [kaːˈtaːləxəs] |
| Kopie | kopie [koːˈpi] |
| Mikrofon | microfoon [mikroːˈfoːn] |
| Modem | modem [ˈmoːdəm] |
| PC | pc [peːˈseː] |
| Rednerpult | spreekgestoelte [ˈspreːkxəˈstultə] |
| Schreibblock | blocnote [ˈblɔknoːt] |
| Stift | pen, stift [pɛn, stɪft] |
| Tageslichtprojektor | overheadprojector [ˈoːvərhɛtproːˈjɛktɔr] |
| Telefax | (tele)fax [(ˈteːlə)faks] |
| Telefon | telefoon [teːləˈfoːn] |
| Telex | telex [ˈteːlɛks] |
| Textverarbeitungssystem | tekstverwerkcnd system n [ˈtɛkstfərˈwɛrkənt siˈsteːm] |
| Verdunklung | verduistering [vərˈdœistərɪŋ] |
| Verlängerungsschnur | verlengsnoer n [vərˈlɛŋsnuːr] |
| Videorekorder | videorecorder [ˈvidijoːriˈkɔrdər] |

# Kurzgrammatik

## Substantiv (Hauptwort)
## und Artikel (Geschlechtswort)

Im Niederländischen werden drei Geschlechter unterschieden: Maskulinum (männlich „der"), Femininum (weiblich „die") und Neutrum (sächlich „das").
Da eine klare Trennung zwischen männlichen und weiblichen Substantiven heute kaum mehr gemacht wird, unterscheidet man eigentlich nur noch zwischen *de-woorden* und *het-woorden*. Die Gruppe der *de-woorden* entspricht teilweise den im Deutschen männlichen und weiblichen Substantiven. Viele *het-woorden* sind im Deutschen auch sächlich. Wie im Deutschen sind alle Diminutive (Verkleinerungen) (s. S. 195) Neutra.

### Der bestimmte Artikel

Der bestimmte Artikel lautet im Singular (Einzahl) *de* [də] für die männlichen und weiblichen Substantive und *het* [ət] für die sächlichen, im Plural (Mehrzahl) für alle Geschlechter *de* [də] .

|  | Singular |  | Plural |  |
|---|---|---|---|---|
| Maskulinum und Femininum | **de** man | der Mann | **de** mannen | die Männer |
|  | **de** vrouw | die Frau | **de** vrouwen | die Frauen |
|  | **de** kast | der Schrank | **de** kasten | die Schränke |
| Neutrum | **het** kind | das Kind | **de** kinderen | die Kinder |
|  | **het** huis | das Haus | **de** huizen | die Häuser |

Der Artikel wird, anders als im Deutschen, nicht dekliniert (gebeugt). Der Genitiv (2. Fall) wird mit Hilfe der Präposition *van* gebildet, der Dativ (3. Fall) mit Hilfe der Präposition *aan* oder *voor*.

| het huis **van** de man | das Haus des Mannes |
| Hij geeft het boek **aan** de kinderen. | Er gibt den Kindern das Buch. |

# Der unbestimmte Artikel

Der unbestimmte Artikel für alle Geschlechter ist *een* [ən].

|  | bestimmt |  | unbestimmt |  |
|---|---|---|---|---|
| Maskulinum | **de** man | der Mann | **een** man | ein Mann |
| und | **de** vrouw | die Frau | **een** vrouw | eine Frau |
| Femininum | **de** kast | der Schrank | **een** kast | ein Schrank |
| Neutrum | **het** kind | das Kind | **een** kind | ein Kind |
|  | **het** huis | das Haus | **een** huis | ein Haus |

# Das Diminutiv (Verkleinerungsform)

Verkleinerungsformen kommen im Niederländischen viel häufiger vor als im Deutschen. Sie sind wie im Deutschen immer Neutrum (vgl. der Baum – das Bäumchen). Sie werden gebildet durch Anhängen der Diminutivendung.

**1. -pje** nach auslautendem *-m*

| Grundform |  | Diminutiv |  |
|---|---|---|---|
| de boo**m** | der Baum | het | boom**pje** |
| de fil**m** | der Film | het | film**pje** |

**2. -tje** nach Vokalen, Diphthongen und *-l, -n, -r*

| | | | |
|---|---|---|---|
| de parapl**u** | der Regenschirm | het | parapluu**tje** |
| het **ei** | das Ei | het | ei**tje** |
| het verhaa**l** | die Erzählung | het | verhaal**tje** |
| de boo**n** | die Bohne | het | boon**tje** |
| de vee**r** | die Feder | het | veer**tje** |

● Nach Kurzvokal mit nachfolgendem *-l, -r, -m, -n, -b, -g* lautet die Diminutivendung *-etje*. Damit der Vokalwert der Grundform erhalten bleibt, wird in der Schreibung der Endkonsonant verdoppelt.

| Grundform | | | Diminutiv | |
|---|---|---|---|---|
| het spel | [spɛl] | das Spiel | het spelletje | [ˈspɛləcə] |
| de ster | [stɛr] | der Stern | het sterretje | [ˈstɛrləcə] |
| het lam | [lam] | das Lamm | het lammetje | [ˈlaməcə] |
| de pan | [pan] | die Pfanne | het pannetje | [ˈpanəcə] |
| de krab | [krab] | die Krabbe | het krabbetje | [ˈkrabəcə] |
| de vlag | [vlax] | die Flagge, Fahne | het vlaggetje | [ˈvlaxəcə] |

**3. -je** in allen übrigen Fällen

| de kast | der Schrank | het kastje |
|---|---|---|
| het huis | das Haus | het huisje |

● In einigen Fällen hat die Verkleinerungsform eine andere Bedeutung als die Grundform.

| de lepel | der Löffel | het lepeltje | der Teelöffel |
|---|---|---|---|
| het kwart | das Viertel | het kwartje | das Viertel-guldenstück |
| het kwartier | die Viertel-stunde | het kwartiertje | kurze Zeit-spanne |

## Die Pluralbildung

Die niederländischen Substantive lassen sich nach ihrer Pluralbil-
dung in vier Gruppen einteilen; die beiden ersten sind die häufigsten. Die Pluralendung wird an die Grundform angehängt.

**1. Plural auf -en**

| Singular | | Plural | |
|---|---|---|---|
| de boer | der Bauer | de boeren | die Bauern |
| de mens | der Mensch | de mensen | die Menschen |

● Damit der Vokalwert der Grundform erhalten bleibt, kann sich
im Plural die Schreibung ändern (vgl. oben und S. 210).

| de taak | [taːk] | die Aufgabe | de taken | [ˈtaːkən] | die Aufgaben |
|---|---|---|---|---|---|
| de tak | [tak] | der Zweig | de takken | [ˈtakən] | die Zweige |
| het bos | [bɔs] | der Wald | de bossen | [ˈbɔsən] | die Wälder |

● Bei manchen Substantiven ändert sich auch der Vokal der Grundform. Solche Fälle sind im Wörterbuch extra angegeben.

| de stad | die Stadt | de steden | die Städte |
|---------|-----------|-----------|------------|
| het schip | das Schiff | de schepen | die Schiffe |

● Manche Substantive dieser Gruppe haben eine doppelte Pluralform (vgl. auch 3., Seite 198) mit Bedeutungsunterschied.

| het blad | das Blatt | de bladen | die Buchblätter |
| | | de bladeren | die Baumblätter |
| het been | das Bein | de benen | die Beine |
| | der Knochen | de beenderen | die Knochen |

## 2. Plural auf -s

a) bei Substantiven auf unbetontes -el, -em, -en und -er

| Singular | | Plural | |
|----------|--|--------|--|
| de vogel | der Vogel | de vogels | die Vögel |
| de bodem | der Boden | de bodems | die Böden |
| de wagen | der Wagen | de wagens | die Wagen |
| de fietser | der Radfahrer | de fietsers | die Radfahrer |

b) bei allen Diminutiven

| het boompje | das Bäumchen | de boompjes | die Bäumchen |
| het boontje | das Böhnchen | de boontjes | die Böhnchen |
| het sterretje | das Sternchen | de sterretjes | die Sternchen |
| het huisje | das Häuschen | de huisjes | die Häuschen |

c) bei vielen Fremdwörtern. Enden diese auf -a, -i, -o, -u oder -y, steht vor dem -s ein Apostroph.

| de foto | das Foto | de foto's | die Fotos |
| de ski | der Ski | de ski's | die Skier |

### 3. Plural auf -eren

| Singular | | Plural | |
|---|---|---|---|
| het ei | das Ei | de ei**eren** | die Eier |
| het kind | das Kind | de kind**eren** | die Kinder |
| het goed | das Gut | de goed**eren** | die Güter |
| het volk | das Volk | de volk**eren** | die Völker |

Zu dieser Gruppe gehören sächliche Substantive, die im Deutschen den Plural auf -*er* bilden. Die Pluralformen sind im Wörterbuch eigens angegeben.

### 4. Wörter lateinischen und griechischen Ursprungs erhalten im allgemeinen ihre eigene Pluralendung.

| de musi**cus** | der Musiker | de musi**ci** | die Musiker |
|---|---|---|---|
| het cent**rum** | das Zentrum | de cent**ra (-s)** | die Zentren |
| de cri**sis** | die Krise | de cri**ses** | die Krisen |

## Das Adjektiv (Eigenschaftswort)

Das Adjektiv steht wie im Deutschen meistens mit einem Substantiv. Es wird in bestimmten Fällen dekliniert (gebeugt).

### Die Deklination (Beugung)

Das Adjektiv erhält die Endung -*e*

1. vor einem männlichen oder weiblichen Substantiv im Singular.

| de nieuw**e** fiets | das neue Fahrrad |
|---|---|
| een oud**e** vrouw | eine alte Frau |
| de dikk**e** man | der dicke Mann |

2. vor einem sächlichen Substantiv im Singular, wenn ein Bestimmungswort vorangeht.

| | |
|---|---|
| **het** mooie boek | das schöne Buch |
| **ons** kleine huis | unser kleines Haus |
| **het** lieve kind | das liebe Kind |

3. vor allen Substantiven im Plural.

| | |
|---|---|
| de nieu**we** fiets**en** | die neuen Fahrräder |
| hoge bom**en** | hohe Bäume |

Undekliniert bleibt das Adjektiv

1. vor einem sächlichen Substantiv im Singular, wenn kein Bestimmungswort oder *een* „ein", *geen* „kein", *ieder* „jeder", *elk* „jeder", *menig* „mancher", *welk* „welch", *zulk* „solch" vorangeht.

| | |
|---|---|
| vies weer | schlechtes Wetter |
| **een** mooi boek | ein schönes Buch |
| Dat is **geen** lief kind. | Das ist kein liebes Kind. |
| **elk** goed orkest | jedes gute Orchester |

2. wenn es auf *-en* endet.

| | |
|---|---|
| een goud**en** horloge | eine goldene Uhr |
| het op**en** raam | das offene Fenster |

● Die Adjektive *linker* und *rechter* sowie die von Ortsnamen abgeleiteten Adjektive bleiben undekliniert.

| | |
|---|---|
| de linker hand | die linke Hand |
| de rechter kant | die rechte Seite |
| Edammer kaas | Edamer Käse |

## Steigerung und Vergleich

Der Komparativ wird gebildet durch Hinzufügung von *-er,* der Superlativ durch Anhängung von *-st.*

| rijk | rijk**er** | rijk**st** |
|------|-----------|-----------|
| reich | reicher | am reichsten |
| groot | grot**er** | groot**st** |
| groß | größer | am größten |

Wenn das Adjektiv auf *-r* auslautet, erhält es im Komparativ die Endung *-der,* im Superlativ die normale Endung *-st.*

| zwaar | zwaar**der** | zwaar**st** |
|-------|-------------|-------------|
| schwer | schwerer | am schwersten |
| ver | ver**der** | ver**st** |
| weit | weiter | am weitesten |

Wenn das Adjektiv auf *-s* oder *-isch* auslautet, erhält es im Komparativ die normale Endung *-er,* im Superlativ aber nur ein *-t:*

| wijs | wijz**er** | wij**st** |
|------|-----------|-----------|
| weise | weiser | am weisesten |
| drastisch | drastisch**er** | drastisch**t** |
| drastisch | drastischer | am drastischsten |

Bei Vergleichen im Komparativ wird *dan* verwendet.

| Hij is dikker **dan** ik. | Er ist dicker als ich. |
|---|---|

Bei Vergleichen, bei denen die Gleichheit hervorgehoben werden soll, verwendet man *even … als* oder *(net) zo … als.*

| Hij is **even** dik **als** ik.<br>Hij is **(net) zo** dik **als** ik. | Er ist genauso dick wie ich. |
|---|---|

**Adjektive mit unregelmäßiger Steigerung**

| goed | beter | best |
|------|-------|------|
| gut | besser | am besten |
| veel | meer | meest |
| viel | mehr | am meisten |
| weinig | minder | minst |
| wenig | weniger | am wenigsten |

# Das Adverb (Umstandswort)

Wie im Deutschen kann die ungebeugte Form des Adjektivs als
Adverb verwendet werden.

| | |
|---|---|
| We lopen snel naar huis. | Wir gehen schnell nach Hause. |
| Ze zingt heel mooi. | Sie singt sehr schön. |

Adverbien, die von Adjektiven abgeleitet sind, können wie diese
gesteigert werden.
Im Superlativ erhalten solche Adverbien *het* + ... *-st(e)*.

| | |
|---|---|
| We lopen sneller dan zij. | Wir gehen schneller als sie. |
| Ze zingt veel mooier. | Sie singt viel schöner. |
| Dat meisje zong **het** mooi**st(e).** | Das Mädchen sang am schönsten. |

Ursprüngliche Adverbien sind:

| | | | |
|---|---|---|---|
| altijd | immer | gauw | bald, schnell |
| bijna | fast | graag | gern |
| bijzonder | besonders | heel | sehr |
| erg | sehr | misschien | vielleicht |
| | | zeer | sehr |

*Graag* kann auch gesteigert werden.

| graag | liever | liefst |
|-------|--------|--------|
| gern | lieber | am liebsten |

# Die Pronomen (Fürwörter)

## Personalpronomen (Persönliche Fürwörter)

Bei den Personalpronomen unterscheidet man zwischen der Subjekt- und der Objektform. Außerdem haben sie fast alle eine betonte („volle") und eine unbetonte („verkürzte") Form, wobei die betonte meist schriftlich, die unbetonte mündlich verwendet wird.

| | Subjekt | | | Objekt | | |
|---|---|---|---|---|---|---|
| | betont | unbetont | | betont | unbetont | |
| **Singular** | ik | ('k) | ich | mij | me [mə] | mir/mich |
| | jij | je [jə] | du | jou | je [jə] | dir/dich |
| | u | – | Sie | u | – | Ihnen/Sie |
| | hij | (ie) | er | hem | ('em) [əm] | ihm/ihn |
| | zij | ze [zə] | sie | haar | (d'r) [dər] | ihr/sie |
| | het | ('t) | es | het | ('t) [ət] | ihm/es |
| **Plural** | wij | we [wə] | wir | ons | – | uns/uns |
| | jullie | – | ihr | jullie | – | euch/euch |
| | u | – | Sie | u | – | Ihnen/Sie |
| | zij | ze [zə] | sie | hun, hen ze | ze [zə] | ihnen/sie |

- Im Niederländischen ist es unter Gleichaltrigen und auch auf gleicher Ebene im Berufsleben üblich, nur *je* (Du) zu verwenden. Ausländer werden häufig an ihrer steifen Umgangsform und am Gebrauch von *U* erkannt.

- *Hun, hen* kommen überwiegend in der Schriftsprache vor und werden für Personen verwendet, wobei *hun* die Form des indirekten Objektes und *hen* die Form des direkten Objektes ist und nach Präpositionen verwendet wird:

| | |
|---|---|
| Hij geeft **hun** een cadeau.<br>Hij geeft een cadeau **aan hen**. | Er gibt ihnen ein Geschenk. |

- In der Umgangssprache wird *hun* und *hen* vermischt.

Weitaus geläufiger ist *ze*, das sowohl für Personen als für Sachen als direktes und als indirektes Objekt verwendet werden kann.

# Reflexivpronomen (Rückbezügliche Fürwörter)

**zich wassen** sich waschen

| | | | | | | |
|---|---|---|---|---|---|---|
| Singular | ik | was | me | ich | wasche | mich |
| | jij | wast | je | du | wäschst | dich |
| | u | wast | zich | Sie | waschen | sich |
| | hij | wast | zich | er | wäscht | sich |
| | zij | wast | zich | sie | wäscht | sich |
| | het | wast | zich | es | wäscht | sich |
| Plural | wij | wassen | ons | wir | waschen | uns |
| | jullie | wassen | je | ihr | wascht | euch |
| | u | wast | zich | Sie | waschen | sich |
| | zij | wassen | zich | sie | waschen | sich |

● *Elkaar* ist reziprok. Dieses Pronomen muß dann verwendet werden, wenn im Deutschen das Reflexivpronomen durch *einander* ersetzt werden kann.

| | |
|---|---|
| We groeten elkaar niet meer. | Wir grüßen uns (= einander) nicht mehr. |
| Ze helpen elkaar veel. | Sie helfen sich (= einander) viel. |

● Man beachte den Unterschied:

| | |
|---|---|
| Ze wassen zich. | Sie waschen sich. |
| Ze wassen elkaar. | Sie waschen sich gegenseitig (= einander). |
| Ze vervelen zich. | Sie langweilen sich. |
| Ze vervelen elkaar. | Sie langweilen sich gegenseitig. |

## Possessivpronomen (Besitzanzeigende Fürwörter)

Auch bei den Possessivpronomen gibt es eine betonte und eine unbetonte Form.

|          | betont    |        |        | unbetont |
|----------|-----------|--------|--------|----------|
| Singular | mijn      | (m'n)  | [mən]  | mein     |
|          | jouw      | je     | [jə]   | dein     |
|          | uw        | –      |        | Ihr      |
|          | zijn      | (z'n)  | [zən]  | sein     |
|          | haar      | (d'r)  | [dər]  | ihr      |
|          | zijn      | (z'n)  | [zən]  | sein     |
| Plural   | ons/onze  | –      |        | uns      |
|          | jullie, je | –     |        | euer     |
|          | uw        | –      |        | Ihr      |
|          | hun       | –      |        | ihr      |

● Die unreflektierte Form *ons* wird nur beim Neutrum im Singular verwendet:

ons huis       unser Haus

In allen anderen Fällen verwendet man *onze:*
onze hond       unser Hund
onze buren       unsere Nachbarn

● Anstatt *jullie* verwendet man *je*, wenn im Subjekt bereits *jullie* steht:
Hebben **jullie je** ouders nog gezien?      Habt ihr eure Eltern noch gesehen?

### Selbständig gebrauchte Possessivpronomen

|          |                   |                          |
|----------|-------------------|--------------------------|
| Singular | de/het mijne      | meiner/meine/mein(e)s    |
|          | de/het jouwe      | deiner/deine/dein(e)s    |
|          | de/het uwe        | Ihrer/Ihre/Ihres         |
|          | de/het zijne      | seiner/seine/sein(e)s    |
|          | de/het hare       | ihrer/ihre/ihres         |
| Plural   | de/het onze       | unserer/unsere/unseres   |
|          | die/dat van jullie | eurer/eure/eures        |
|          | de/het uwe        | Ihrer/Ihre/Ihres         |
|          | de/het hunne      | ihrer/ihre/ihres         |

● Das Besitzverhältnis kann auch durch das Personalpronomen (Objektform) wiedergegeben werden: *die/dat van mij, jou* usw. Bei der 2. Person Plural ist dies sogar die einzige Möglichkeit.

## Demonstrativpronomen (Hinweisende Fürwörter)

| Mask./Fem. | Neutrum | Plural | |
|---|---|---|---|
| **de** | **het** | | |
| deze | dit | deze | dieser, -e, -es<br>(für das Näherliegende) |
| die | dat | die | jener, -e, -es<br>(für das Entferntere) |

● Merke: *dit* und *dat* kann nur bei *het* vorkommen (gemeinsam haben sie das *t*).

Sie sind unveränderlich und können adjektivisch und substantivisch verwendet werden.

| | |
|---|---|
| Deze man is mijn vader. | Dieser Mann ist mein Vater. |
| Dit boek is spannender dan dat. | Dieses Buch ist spannender als jenes. |
| Ik hou niet van deze kleur. | Ich mag diese Farbe nicht. |

Weitere Demonstrativa sind:

| | |
|---|---|
| dezelfde, hetzelfde | derselbe, dieselbe, dasselbe |
| dergelijk(e), zodanig(e) | ein/e derartiger, -e, -es |
| zo'n, zulk(e) | ein/e solcher, -e, -es/so(lch) ein, -e |

● Bei zählbaren Substantiven im Singular verwendet man *zo'n:*

| | |
|---|---|
| Ik zou ook zo'n hemd willen hebben. | Ich hätte auch gern so ein Hemd. |

● *Zulk(e)* wird bei Kollektiva und bei Substantiven im Plural verwendet:

| | |
|---|---|
| Zulk weer is goed voor mijn tuin. | Ein solches Wetter ist gut für meinen Garten. |
| Zulke wijn lust ik niet. | So einen Wein mag ich nicht. |
| In zulke landen is de bevolking erg arm. | In solchen Ländern ist die Bevölkerung sehr arm. |

## Relativpronomen (Bezügliche Fürwörter)

| | Personen | Sachen |
|---|---|---|
| Nominativ | die, dat | die, dat |
| Genitiv | van wie | waarvan |
| Dativ | aan wie | waaraan |
| Akkusativ | die, dat | die, dat |

● *die* – Maskulinum und Femininum Singular; Plural
  *dat* – Neutrum Singular

| | |
|---|---|
| de jongen **die** daar loopt | der Junge, der da geht |
| het glas **dat** jij brak | das Glas, das du brachst |
| mensen **die** geen wijn lusten | Leute, die keinen Wein mögen |

● Bei Präpositionen lautet das Relativpronomen für Personen *wie*, für Sachen *waar*.

| | |
|---|---|
| de man **aan wie** ik het boek gaf | der Mann, dem ich das Buch gab |
| het huis **waarin** wij wonen | das Haus, in dem wir wonen |

● Alte Genitivformen sind *wiens* (Maskulinum und Neutrum Singular) und *wier* (Femininum Singular; Plural). Sie kommen noch in der Schriftsprache vor.

# Interrogativpronomen (Fragende Fürwörter)

| Personen | | Sachen | |
|---|---|---|---|
| wie | wer, wen | wat | was |
| van wie | wessen | waarvan | wovon |
| aan wie | wem | waaraan | woran |
| | wat voor (een) | was für ein, -e | |
| | welk(e) | welcher, -e, -es | |

Wie beim Relativpronomen werden Genitiv und Dativ mit Hilfe von Präpositionen gebildet. Bei *waar* wird die Präposition gern abgetrennt.

| | |
|---|---|
| **Wie** heb je gezien?<br>**Aan wie** heb je het geld gegeven? | Wen hast du gesehen?<br>Wem hast du das Geld gegeben? |
| **Wat** is er aan de hand?<br>**Waar** denk je **aan**?<br>(**Waaraan** denk je?)<br>**Waar** wacht zij **op**?<br>(**Waarop** wacht zij?) | Was ist los?<br>Woran denkst du?<br><br>Worauf wartet sie? |
| **Wat voor (een)** auto heeft hij?<br>**Welk** meisje ken je?<br>**Welke** jongens hebben dat gedaan? | Was für ein Auto hat er?<br>Welches Mädchen kennst du?<br>Welche Jungen haben das getan? |

- Die alten Genitivformen *wiens* und *wier* (wessen) kommen nur noch in der Schriftsprache vor (vgl. auch oben).

- **Wat** leuk!     Wie nett!          **Wat** jammer!     Wie schade!

## Fragewörter

| | | |
|---|---|---|
| waar?<br>wo? | **Waar** is de melk? | Wo ist die Milch? |
| waarnaartoe?<br>wohin? | **Waar** gaat hij **naartoe**? | Wo geht er hin? |
| waarvan-<br>daan?<br>woher? | **Waar** komt zij **vandaan**? | Wo kommt sie her? |
| wanneer?<br>wann? | **Wanneer** heb je tijd? | Wann hast du Zeit |
| hoe?<br>wie? | **Hoe** doe je dat? | Wie macht man das? |
| waarom?<br>warum? | **Waarom** bent u boos? | Warum sind Sie<br>böse? |

## Indefinitpronomen (Unbestimmte Fürwörter)

| | | | |
|---|---|---|---|
| iets | etwas | men, ze, je | man |
| niets | nichts | ergens | irgendwo |
| alles | alles | nergens | nirgendwo |
| iemand | jemand | overal | überall |
| niemand | niemand | | |

● *Men* wird in der gesprochenen Sprache nicht gerne verwendet.
Statt dessen nimmt man *ze* oder *je*.

| | |
|---|---|
| **Ze** zeggen dat **je** hier goed kunt eten. | Man sagt, daß man hier gut essen kann. |

| adjektivisch | substantivisch | | |
|---|---|---|---|
| | Personen | Sachen | |
| veel | velen | vele | viel |
| weinig | weinigen | weinige | wenig |
| ieder(e), elk(e) | iedereen | – | jeder, -e, -es |
| alle | allen | alle | alle |
| enig(e), enkel(e) | enigen, enkelen | enige, enkele | einige |
| sommige | sommigen | sommige | manche |
| verschillende | verschillenden | verschillende | verschiedene |
| verscheidene | verscheidenen | verscheidene | mehrere |
| ander(e) | anderen | andere | andere |

# Das Verb (Zeitwort)

Die niederländischen Verben teilt man in schwache (Bildung der Vergangenheit durch Endung), starke (Bildung der Vergangenheit ohne Endung durch Ablaut) und unregelmäßige Verben ein.
Es gibt einfache und zusammengesetzte Zeiten. Einfache Zeiten sind **Präsens** (Gegenwart) und **Imperfekt** (Vergangenheit). Zusammengesetzte Zeiten sind **Perfekt** (vollendete Gegenwart), **Plusquamperfekt** (vollendete Vergangenheit), **Futur** (Zukunft) und **Konditional** (Bedingungsform).
Das **Perfekt** wird mit dem Präsens von *hebben* oder *zijn* und dem 2. Partizip (Mittelwort der Vergangenheit) gebildet. Das **Plusquamperfekt** wird mit dem Imperfekt von *hebben* oder *zijn* und dem 2. Partizip gebildet. Das **Futur** wird mit dem Präsens, das **Konditional** mit dem Imperfekt von *zullen* und dem Infinitiv gebildet. Für das Passiv wird das Hilfsverb *worden* benützt.

## Das Präsens (Gegenwart)

Bei der Konjugation der Verben geht man vom Stamm (= Infinitiv ohne *-en*) aus.

|  | helpen<br>helfen | zitten<br>sitzen | vinden<br>finden |
|---|---|---|---|
| ik | help | zit | vind |
| jij | helpt | zit | vindt |
| u | helpt | zit | vindt |
| hij/zij/het | helpt | zit | vindt |
| wij | helpen | zitten | vinden |
| jullie | helpen | zitten | vinden |
| u | helpt | zit | vindt |
| zij | helpen | zitten | vinden |

- Endet der Stamm auf *-t*, so erhält das Verb in der 2. und 3. Person Singular keine Endung.
  Endet der Stamm auf *-d*, so erhält das Verb in der 2. und 3. Person Singular die normale Endung *-t* (ausgesprochen wird nur ein [t]).

- In der 2. Person Singular entfällt bei Inversion (= Umstellung von Subjekt und Prädikat) das Endungs-*t*:
  help jij?     hilfst du?
  vind jij?     findest du?

● Doppelkonsonant wird in der Schreibung vereinfacht, wenn er ans Silbenende kommt (vgl. auch S. 196):

zi**tt**en ['zɪtən] – ik zi**t** [zɪt]               sitzen

-*v*- und -*z*- werden in der Schreibung zu -*f* und -*s*, wenn sie ans Silbenende zu stehen kommen:

bli**j**ven ['blɛivən] – ik bli**jf** [blɛif]               bleiben
rei**z**en ['rɛizən] – ik rei**s** [rɛis]               reisen

Bei langem Vokal im Infinitiv wird dieser in der Schreibung verdoppelt, wenn er in die Silbenmitte zu stehen kommt:

le**v**en ['le:vən] – ik l**ee**f [le:f]               leben

# Imperfekt (Vergangenheit)
# und 2. Partizip (Mittelwort der Vergangenheit)

## 1. Schwache Verben

An den Stamm wird für das Imperfekt die Endung *-te(n)* angehängt, wenn dieser auf *-ch, -f, -k, -s, -p, -t* ausgeht, in allen anderen Fällen *-de(n)*.

|             | maken<br>machen | horen<br>hören |
|-------------|-----------------|----------------|
| ik          | maak**te**      | hoor**de**     |
| jij         | maak**te**      | hoor**de**     |
| u           | maak**te**      | hoor**de**     |
| hij/zij/het | maak**te**      | hoor**de**     |
| wij         | maak**ten**     | hoor**den**    |
| jullie      | maak**ten**     | hoor**den**    |
| u           | maak**te**      | hoor**de**     |
| zij         | maak**ten**     | hoor**den**    |

● Endet der Stamm des Verbes auf *-t* oder *-d*, so bleibt die normale Endung erhalten, ausgesprochen wird aber nur ein [t] oder [d]:

zuch**t**en   ['zʌxtən] – ik zuch**tt**e   ['zʌxtə]   seufzen
bloe**d**en   ['bludən] – ik bloe**dd**e   ['budə]   bluten

● Damit der Vokalwert des Infinitivs erhalten bleibt, wird im Imperfekt bei langem Vokal dieser in der Schreibung verdoppelt
(vgl. auch S. 195–196):

maken   ['mɑːkən]   – ik maakte   ['mɑːktə]   machen
leven   ['leːvən]   – ik leefde   ['leːvdə]   leben
horen   ['hoːrən]   – ik hoorde   ['hoːrdə]   hören

● Verben, deren Stamm im Infinitiv auf -*v* oder -*z* ausgeht, haben
im Imperfekt in der Schreibung -*f*- oder -*s*-. Die Endung ist in
diesem Fall trotzdem -*de* (n) und nicht -*te* (n).

leven   ['leːvən]   – ik leefde   ['leːvdə]   leben
reizen   ['rɛiːzən]   – ik reisde   ['rɛiːzdə]   reisen

Das 2. Partizip wird gebildet mit der Vorsilbe *ge*-, außer bei Verben, die mit *ge*-, *be*-, *her*-, *ont*- anfangen, und erhält als Endung ein
-*t* oder -*d* nach den gleichen Regeln, nach denen das Imperfekt gebildet wird. Endet der Stamm auf -*t* oder -*d*, so erhält das Partizip
keine Endung.

| Infinitiv | Imperfekt | 2. Partizip | |
|---|---|---|---|
| maken | maakte | gemaakt | machen |
| horen | hoorde | gehoord | hören |
| zuchten | zuchtte | gezucht | seufzen |
| bloeden | bloedde | gebloed | bluten |
| leven | leefde | geleefd | leben |
| reizen | reisde | gereisd | reisen |
| ontdekken | ontdekte | ontdekt | entdecken |

● Man beachte den Unterschied zum Deutschen:

Hij heeft gestudeerd.   Er hat studiert.

## 2. Starke Verben

Wie im Deutschen werden Imperfekt und 2. Partizip der starken Verben durch Ablaut gebildet. Das 2. Partizip erhält zudem die Vorsilbe *ge-* und die Endung *-en*. Im Wörterbuch werden diese Formen eigens angegeben. Vgl. auch die Übersicht auf Seite 218.

| Infinitiv | Imperfekt | 2. Partizip | |
|-----------|-----------|-------------|---------|
| blijven | bleef | gebleven | bleiben |
| vinden | vond | gevonden | finden |
| dragen | droeg | gedragen | tragen |
| gelden | gold | gegolden | gelten |
| geven | gaf | gegeven | geben |
| laten | liet | gelaten | lassen |

Im Imperfekt bleiben die drei Personen Singular endungslos, die Pluralformen erhalten die Endung *-en*.

| | blijven<br>bleiben | vinden<br>finden |
|-----------|--------|--------|
| ik | bleef | vond |
| jij | bleef | vond |
| u | bleef | vond |
| hij/zij/het | bleef | vond |
| wij | bleven | vonden |
| jullie | bleven | vonden |
| u | bleef | vond |
| zij | bleven | vonden |

● Für die Rechtschreibung gelten die Regeln analog zu denen auf Seite 210.

## 3. Unregelmäßige Verben

Die unregelmäßigen Verben haben im allgemeinen Ablaut, können jedoch im Imperfekt und 2. Partizip die gleichen Endungen wie die schwachen Verben haben. Im Wörterbuch sind diese Formen eigens angegeben. Vgl. auch die Übersicht auf Seite 218.

| Infinitiv | Imperfekt | 2. Partizip | |
|-----------|-----------|-------------|---------|
| brengen | bracht | gebracht | bringen |
| kopen | kocht | gekocht | kaufen |
| bakken | bakte | gebakken | backen |

● Einige Verben sind ganz und gar unregelmäßig. Zu diesen gehören *gaan* „gehen", *doen* „tun", *zien* „sehen", *staan* „stehen", *slaan* „schlagen", die Modalverben *komen* „kommen", *mogen* „dürfen", *moeten* „müssen", *willen* „wollen" und die Hilfsverben *hebben* „haben", *zijn* „sein", *zullen* „sollen, werden", *worden* „werden".

*gaan, doen, zien, staan*

|  | gaan gehen | | doen tun | |
|---|---|---|---|---|
|  | Präsens | Imperfekt | Präsens | Imperfekt |
| ik | ga | ging | doe | deed |
| jij | gaat | ging | doet | deed |
| u | gaat | ging | doet | deed |
| hij/zij/het | gaat | ging | doet | deed |
| wij | gaan | gingen | doen | deden |
| jullie | gaan | gingen | doen | deden |
| u | gaat | ging | doet | deed |
| zij | gaan | gingen | doen | deden |
| 2. Partizip | gegaan | | gedaan | |

|  | zien sehen | | staan stehen | |
|---|---|---|---|---|
|  | Präsens | Imperfekt | Präsens | Imperfekt |
| ik | zie | zag | sta | stond |
| jij | ziet | zag | staat | stond |
| u | ziet | zag | staat | stond |
| hij/zij/het | ziet | zag | staat | stond |
| wij | zien | zagen | staan | stonden |
| jullie | zien | zagen | staan | stonden |
| u | ziet | zag | staat | stond |
| zij | zien | zagen | staan | stonden |
| 2. Partizip | gezien | | gestaan | |

● Wie *gaan* und *staan* wird im Präsens auch *slaan* „schlagen" konjugiert.

Die Modalverben

|  | kunnen<br>können | | mogen<br>dürfen | |
|---|---|---|---|---|
|  | Präsens | Imperfekt | Präsens | Imperfekt |
| ik | kan | kon | mag | mocht |
| jij | kan/kunt | kon | mag | mocht |
| u | kan/kunt | kon | mag | mocht |
| hij/zij/het | kan | kon | mag | mocht |
| wij | kunnen | konden | mogen | mochten |
| jullie | kunnen | konden | mogen | mochten |
| u | kan/kunt | kon | mag | mocht |
| zij | kunnen | konden | mogen | mochten |
| 2. Partizip | gekund | | gemogen | |

|  | moeten<br>müssen | | willen<br>wollen | |
|---|---|---|---|---|
|  | Präsens | Imperfekt | Präsens | Imperfekt |
| ik | moet | moest | wil | wilde/wou |
| jij | moet | moest | wilt | wilde/wou |
| u | moet | moest | wilt | wilde/wou |
| hij/zij/ht | moet | moest | wil | wilde/wou |
| wij | moeten | moesten | willen | wilden |
| jullie | moeten | moesten | willen | wilden |
| u | moet | moest | wilt | wilde |
| zij | moeten | moesten | willen | wilden |
| 2. Partizip | gemoeten | | gewild | |

● *Wou* ist die in der Umgangssprache gebräuchlichere Form; *wilde* ist die ältere Schriftform.

Die Hilfsverben

|  | hebben<br>haben | | zijn<br>sein | |
|---|---|---|---|---|
|  | Präsens | Imperfekt | Präsens | Imperfekt |
| ik | heb | had | ben | was |
| jij | hebt | had | bent | was |
| u | hebt/heeft | had | is/bent | was |
| hij/zij/het | heeft | had | is | was |
| wij | hebben | hadden | zijn | waren |
| jullie | hebben | hadden | zijn | waren |
| u | hebt/heeft | had | is/bent | was |
| zij | hebben | hadden | zijn | waren |
| 2. Partizip | gehad | | geweest | |

|  | zullen<br>werden (sollen) | | worden<br>werden | |
|---|---|---|---|---|
|  | Präsens | Imperfekt | Präsens | Imperfekt |
| ik | zal | zou | word | werd |
| jij | zal/zult | zou | wordt | werd |
| u | zal/zult | zou | wordt | werd |
| hij/zij/het | zal | zou | wordt | werd |
| wij | zullen | zouden | worden | werden |
| jullie | zullen | zouden | worden | werden |
| u | zal/zult | zou | wordt | werd |
| zij | zullen | zouden | worden | werden |
| 2. Partizip | – | | geworden | |

● Zur Stellung des Hilfsverbs vgl. Seite 221.

## Perfekt (Vollendete Gegenwart)
## und Plusquamperfekt (Vollendete Vergangenheit)

Perfekt und Plusquamperfekt werden gebildet mit den Hilfsverben *hebben* oder *zijn* und dem 2. Partizip. Der Gebrauch dieser Hilfsverben entspricht im allgemeinen dem im Deutschen.

● **Ausnahmen:**

| | |
|---|---|
| **beginnen:** | |
| Het programma is begonnen. | Das Programm hat angefangen. |
| **toenemen:** | |
| De pijn is toegenomen. | Die Schmerzen haben zugenommen. |
| **afnemen:** | |
| De bevolking is afgenomen. | Die Bevölkerung hat abgenommen. |
| **ophouden:** | |
| De regen was opgehouden. | Der Regen hatte aufgehört. |

Verben der Fortbewegung können mit *hebben* oder mit *zijn* verbunden werden. Ist die Handlung an sich gemeint, so verwendet man *hebben*. Wird eine Richtung oder ein Ziel erwähnt, so verwendet man *zijn*.

| | |
|---|---|
| We **hebben** vandaag lang gefietst. | Wir sind heute lange Rad gefahren. *(Handlung)* |
| We **zijn** naar Amsterdam gefietst. | Wir sind mit dem Rad nach Amsterdam gefahren. *(Richtung/Ziel)* |

## Futur (Zukunft)
## und Konditional (Bedingungsform)

Das Futur wird mit dem Präsens, das Konditional mit dem Imperfekt von *zullen* und dem Infinitiv gebildet.

| Futur | ik zal werken | ich werde arbeiten |
|---|---|---|
| Konditional | ik zon eten | ich würde essen |

Auch das Verb *gaan* „gehen" wird oft zur Bezeichnung der Zukunft verwendet:

| | |
|---|---|
| Ik ga hem morgen opzoeken. | Ich werde ihn morgen besuchen. |

# Der Imperativ (Befehlsform)

Der Imperativ ist für Singular und Plural gleich dem Stamm.
Die Höflichkeitsform wird gebildet aus Stamm + -*t* und dem Wort
*u*.
*Zijn* „sein" hat besondere Imperativformen.

| Singular und Plural | |
|---|---|
| Kijk eens!<br>Blijf daar!<br>Wees stil! | Schau/Schaut mal!<br>Bleib/Bleibt da!<br>Sei/Seid still! |
| Höflichkeitsform | |
| Kijkt u eens! ⎫<br>Blijft u daar! ⎬ Alstublieft!<br>Weest u stil! ⎭ | Schauen Sie mal! ⎫<br>Bleiben Sie da! ⎬ Bitte!<br>Seien Sie ruhig! ⎭ |

# Das Passiv (Leideform)

Das Passiv wird mit dem Hilfsverb *worden*, in den zusammengesetzten Zeiten mit dem Hilfsverb *zijn* und dem 2. Partizip gebildet.

ik word gedragen      ich werde getragen
ik werd gebeten       ich wurde gebissen

Die Präposition vor dem handelnden Objekt ist immer *door*
„durch, von":

| | |
|---|---|
| Hij wordt **door** zijn buurman geroepen. | Er wird von seinem Nachbarn gerufen. |

In zusammengesetzten Zeiten wird das 2. Partizip von *worden* immer weggelassen:

| | |
|---|---|
| Dit huis is snel gebouwd. | Dieses Haus ist schnell gebaut worden. |

## Die wichtigsten (starken) und unregelmäßigen Verben

| Infinitiv | Imperfekt | 2. Partizip | |
|---|---|---|---|
| bakken | (bakte) | gebakken | backen |
| bederven | bedierf | bedorven | verderben |
| bedriegen | bedroog | bedrogen | betrügen |
| beginnen | begon | begonnen | beginnen |
| bevelen | beval | bevolen | befehlen |
| bewegen | bewoog | bewogen | bewegen |
| bidden | bad | gebeden | beten |
| bieden | bood | geboden | bieten |
| bijten | beet | gebeten | beißen |
| binden | bond | gebonden | binden |
| blazen | blies | geblazen | blasen, wehen |
| blijken | bleek | gebleken | s. herausstellen |
| blijven | bleef | gebleven | bleiben |
| braden | (braadde) | gebraden | braten |
| breken | brak | gebroken | brechen |
| brengen | bracht | gebracht | bringen |
| buigen | boog | gebogen | biegen |
| denken | dacht | gedacht | denken |
| doen | deed | gedaan | tun |
| dragen | droeg | gedragen | tragen |
| drijven | dreef | gedreven | treiben |
| drinken | dronk | gedronken | trinken |
| duiken | dook | gedoken | tauchen |
| dwingen | dwong | gedwongen | zwingen |
| eten | at | gegeten | essen |
| fluiten | floot | gefloten | pfeifen |
| gaan | ging | gegaan | gehen |
| gelden | gold | gegolden | gelten |
| genezen | genas | genezen | genesen, heilen |
| genieten | genoot | genoten | genießen |
| geven | gaf | gegeven | geben |
| gieten | goot | gegoten | gießen |
| grijpen | greep | gegrepen | greifen |
| hangen | hing | gehangen | hängen |
| hebben | had | gehad | haben |
| helpen | hielp | geholpen | helfen |
| heten | (heette) | geheten | heißen |
| houden | hield | gehouden | halten |
| kiezen | koos | gekozen | wählen |
| kijken | keek | gekeken | schauen |

| Infinitv | Imperfekt | 2. Partizip | |
|---|---|---|---|
| klimmen | klom | geklommen | klettern |
| komen | kwam | gekomen | kommen |
| kopen | kocht | gekocht | kaufen |
| krijgen | kreeg | gekregen | bekommen |
| kunnen | kon | (gekund) | können |
| lachen | (lachte) | gelachen | lachen |
| laden | (laadde) | geladen | laden |
| laten | liet | gelaten | lassen |
| lezen | las | gelezen | lesen |
| liggen | lag | gelegen | liegen |
| lijken | leek | geleken | scheinen |
| lopen | liep | gelopen | gehen |
| melken | molk | gemolken | melken |
| moeten | moest | gemoeten | müssen, sollen |
| mogen | mocht | gemogen | dürfen |
| nemen | nam | genomen | nehmen |
| raden | raadde/ried | geraden | raten |
| rijden | reed | gereden | fahren |
| roepen | riep | geroepen | rufen |
| ruiken | rook | geroken | riechen |
| scheiden | (scheidde) | gescheiden | trennen |
| schenken | schonk | geschonken | schenken |
| scheren | schoor | geschoren | rasieren |
| schieten | schoot | geschoten | schießen |
| schijnen | scheen | geschenen | scheinen |
| schrijven | schreef | geschreven | schreiben |
| schrikken | schrok | geschrokken | erschrecken |
| schuiven | schoof | geschoven | schieben |
| slaan | sloeg | geslagen | schlagen |
| slapen | sliep | geslapen | schlafen |
| sluiten | sloot | gesloten | schließen |
| snijden | sneed | gesneden | schneiden |
| spijten | speet | gespeten | bedauern |
| spreken | sprak | gesproken | sprechen |
| springen | sprong | gesprongen | springen |
| staan | stond | gestaan | stehen |
| steken | stak | gestoken | stechen; stecken |
| stelen | stal | gestolen | stehlen |
| sterven | stierf | gestorven | sterben |
| stijgen | steeg | gestegen | steigen |
| stinken | stonk | gestonken | stinken |

| Infinitv | Imperfekt | 2. Partizip | |
|---|---|---|---|
| stoten | (stootte)/stiet | gestoten | stoßen |
| treden | trad | getreden | treten |
| treffen | trof | getroffen | treffen |
| trekken | trok | getrokken | ziehen |
| uitscheiden | scheed uit | uitgescheden | aufhören |
| vallen | viel | gevallen | fallen |
| vangen | ving | gevangen | fangen |
| varen | voer | gevaren | (mit dem Schiff) fahren |
| vechten | vocht | gevochten | fechten |
| verdrieten | verdroot | verdroten | bekümmern |
| verdwijnen | verdween | verdwenen | verschwinden |
| vergeten | vergat | vergeten | vergessen |
| verliezen | verloor | verloren | verlieren |
| vinden | vond | gevonden | finden |
| vliegen | vloog | gevlogen | fliegen |
| vragen | vroeg | (gevraagd) | fragen |
| vriezen | vroor | gevroren | frieren |
| waaien | (waaide)/woei | gewaaid | wehen |
| wassen | waste | gewassen | waschen |
| wegen | woog | gewogen | wiegen |
| werpen | wierp | geworpen | werfen |
| weten | wist | geweten | wissen |
| wijzen | wees | gewezen | zeigen |
| willen | (wilde)/wou | (gewild) | wollen |
| winnen | won | gewonnen | gewinnen |
| worden | werd | geworden | werden |
| zeggen | zei/(zegde) | gezegd | sagen |
| zenden | zond | gezonden | senden |
| zien | zag | gezien | sehen |
| zijn | was, waren | geweest | sein |
| zingen | zong | gezongen | singen |
| zitten | zat | gezeten | sitzen |
| zoeken | zocht | gezocht | suchen |
| zullen | zou/zouden | – | werden (, sollen) |
| zwemmen | zwom | gezwommen | schwimmen |
| zwijgen | zweeg | gezwegen | schweigen |

# Wortfolge und Satzkonstruktion

Wortfolge und Satzkonstruktion sind im großen und ganzen dieselben wie im Deutschen.

● **Unterschiede:**

1. In Nebensätzen steht das konjugierte Verb vor dem Infinitiv.

| | |
|---|---|
| Ze zeiden dat ze **wilden komen**. | Sie sagten, daß sie kommen wollten. |
| Ik denk niet dat hij dat **wil doen**. | Ich glaube nicht, daß er das tun will. |

2. Bei zwei Infinitiven im Nebensatz steht das Hauptverb am Satzende.

| | |
|---|---|
| We hebben het niet **kunnen doen**. | Wir haben es nicht tun können. |

3. Die Hilfsverben *hebben, zijn* und *worden* können im Nebensatz vor oder hinter dem 2. Partizip stehen:

| | |
|---|---|
| Weet zij nog wat hij **gezegd had**? Weet zij nog wat hij **had gezegd**? | Weiß sie noch, was er gesagt hatte? |

4. Die deutsche Konstruktion Aussageverb + Hauptsatz ist im Niederländischen unüblich.

| | |
|---|---|
| Ik denk **dat** hij niet meer komt. | Ich glaube, er kommt nicht mehr. |

# Wörterbuch Deutsch–Niederländisch

Das themenbezogene Vokabular finden Sie in den Wortlisten der Kapitel 1–11.

# A

**ab** af, vanaf [af, vɑˈnaf]
**abbestellen** *(Zimmer)* opzeggen [ˈɔpsɛxən]; *(Fahr-, Flugkarten)* annuleren [anyˈleːrən]
**abbrechen** afbreken [ˈavbreːkən] ⟨brak af, afgebroken⟩
**Abend** avond [ˈaːvɔnt] *n*; **heute abend** vanavond [vanˈaːvɔnt]
**aber** maar [maːr]
**abfahren (von)** vertrekken (van) [vərˈtrɛkən (ˈvan)] ⟨vertrok, vertrokken⟩, wegrijden (van) [ˈwɛxrɛidən (ˈvan)] ⟨reed weg, weggereden⟩
**Abfall** vuilnis [ˈvœilnɪs] *n*, afval [ˈafɑl] *n*
**abgeben** afgeven [ˈafxeːvən] ⟨gaf af, afgegeven⟩
**abgelegen** afgelegen [ˈafxələˑxən]
**abholen** afhalen [ˈafhaːlən]; ~ **lassen** laten afhalen [ˈlaːtən ˈafhaːlən] ⟨liet, laten⟩
**Abkürzung** afkorting [ˈafkɔrtɪŋ]
**abladen** lossen [ˈlɔsən], afladen [ˈaflaːdən] ⟨laadde af, afgeladen⟩
**ablaufen** aflopen [ˈaflˑoːpən] ⟨liep af, afgelopen⟩
**ablehnen** afwijzen [ˈafwɛizən] ⟨wees af, afgewezen⟩, weigeren [ˈwɛixərən]
**abnehmen** afnemen [ˈafneːmən] ⟨nam af, afgenomen⟩; *(dünner werden)* vermageren [vərˈmaːxərən]
**Abreise** vertrek [vərˈtrɛk] *n*
**abreisen (nach)** vertrekken (naar) [vərˈtrɛkən (naːr)] ⟨vertrok, vertrokken⟩
**Absatz** *(Schuh)* hak [hak]; *(Text)* alinea [aˈlineˑaː]
**Abschied** afscheid [ˈafsxɛit] *n*
**abschließen** afsluiten [ˈafslœitən] ⟨sloot af, afgesloten⟩; *(beenden)* eindigen [ˈɛindəxən] ⟨einigde, is geëindigd⟩
**Abschnitt** *(Formular, Scheck)* strook [stroːk]
**Absicht** bedoeling [bəˈduːlɪŋ]
**absichtlich** *adv* met opzet [mɛt ˈɔpsɛt], opzettelijk [ɔpˈsɛtələk]
**Abstand** afstand [ˈafstant]
**abstellen** afzetten

**abwärts** naar beneden [naːr bəˈneˑdən]
**abwesend** afwezig [afˈweːzəx], absent [apˈsɛnt]
**achtgeben (auf)** letten (op) [ˈlɛtən (ɔp)], oppassen [ˈɔpasən]
**Achtung** respect [rɛsˈpɛkt] *n*, eerbied [ˈeːrbiːt]; ~! let op! [lɛt ˈɔp], pas op! [pas ˈɔp]
**Adresse** adres [aːˈdrɛs] *n*
**adressieren** adresseren [aːˈdrɛseˑrən]
**Agentur** agentschap [aːˈxɛntsxap] *n*
**ähnlich** gelijksoortig [xəlɛikˈsoːrtəx], overeenkomstig [oːˈveːrəˑŋˈkɔmstəx]
**Ahnung** voorgevoel [ˈvoːrxəvuːl] *n*, vermoeden [vərˈmuːdən]; **keine** ~! geen (flauw) idee! [xəˑn (ˈflɑu) iˈdeˑ]
**akklimatisieren, s.** ~ zich gewennen, zich acclimatiseren [zɪx xəˈwɛnən, zɪx aklimaˑtiˈseˑrən]
**Algen** algen [ˈalxən] *pl*
**alle** *(sämtliche)* alle [ˈalə]; **auf** ~ **Fälle** in ieder/elk geval [in idər/ɛlk xəˈval]; ~ **Tage** elke dag [ˈɛlkə dax]; ~ **zwei Stunden** om het uur [ˈɔm ət ˈyːr]; *(ausgegangen)* op [ˈɔp]
**allein** alleen [aˈleːn]
**alles** alles [ˈaləs]
**allgemein** algemeen [alxəˈmeːn]; **im** ~**en** in het algemeen [ˈɪn ət alxəˈmeːn]
**als** *(zeitlich)* toen [tun]; *(bei Vergleich)* dan [dan]; **besser** ~ beter dan [ˈbeˑtər dan]; **nichts** ~ niets dan [ˈnits dan]; ~ **ob** alsof [alˈzɔf]
**also** dus [dʌs]
**alt** oud [ɑut]
**Alter** leeftijd [leˈftɛit]
**Amt** *(Dienststelle)* bureau [byˈroː] *n*, kantoor [kanˈtoːr] *n*
**amtlich** ambtelijk [ˈamtələk], officieel [ɔfiˈʃeˑl]
**amüsieren, s.** ~ zich amuseren [ˈzɪx aːmyˈzeˑrən]
**an** *(räumlich)* aan [aːn]; **am Meer** aan zee [aːn ˈzeˑ]; *acc* naar [naːr]; *(zeitlich) am Abend* 's avonds [ˈsaːvɔnts]; ~ *am Sonntag* op zondag [ɔp ˈsɔndax], 's zondags [ˈsɔndɑxs]

**anbieten** aanbieden [ˈɑːnbidən]
⟨bood aan, aangeboden⟩
**Andenken** souvenir [suvəˈniːr] *n*,
herinnering [hɛrˈɪnərɪŋ]
**andere** andere [ˈɑndərə]
**andermal, ein** ~ een andere keer [ən
ˈɑndərə keːr]
**ändern** veranderen [vərˈɑndərən]
**anders** anders [ˈɑndərs]
**anderswo** ergens anders [ˈɛrgəns
ˈɑndərs]
**anderthalb** anderhalf [ɑndərˈhɑlf]
**Anfang** begin [bəˈxɪn] *n*
**anfangen** beginnen [bəˈxɪnən]
⟨begon, is begonnen⟩
**Angabe** aangifte [ˈɑːŋxɪftə],
verklaring [vərˈklaːrɪŋ]; ~**n machen**
gegevens verstrekken [xəˈxeːvəns
fərˈstrɛkən]; **nähere** ~**n** nadere
gegevens [naːdərə xəˈxeːvəns]
**Angelegenheit** aangelegenheid
[ɑːŋxəˈleːxənhɛit], zaak [zaːk]; **eine**
~ **erledigen** een zaak regelen [ən
zaːk ˈreːxələn]
**angeln** vissen [ˈvɪsən]
**angenehm** aangenaam [ˈɑːŋxənaːm],
fijn [fɛin]
**Angst** angst [ɑŋst]
**anhalten** aanhouden [ˈɑːnhɑudən]
⟨hield aan, aangehouden⟩, stoppen
[ˈstɔpən]
**Anhänger** aanhanger [ˈɑːnhɑŋər]
**anklopfen** aankloppen [ˈɑːnklɔpən]
**Anlage** (*el*) installatie [ɪnstɑˈlɑːtsi];
(*Grün*~) plantsoen [plɑntˈsun] *n*;
(*Brief*) bijlage [ˈbɛilaːxə]
**Anlaß** (*Grund*) reden [ˈreːdən];
(*Gelegenheit*) aanleiding [ˈɑːnlɛidɪŋ]
**anmachen** (*Licht*) aandoen [ˈɑːndun]
⟨deed aan, aangedaan⟩
**anmelden** aanmelden [ˈɑːmɛldən]
**Annahme** toelating [ˈtulaːtɪŋ];
(*Vermutung*) veronderstelling
[vərɔndərˈstɛlɪŋ]
**annehmen** aannemen [ˈɑːneːmən]
⟨nam aan, aangenomen⟩
**anprobieren** (aan)passen
[(ˈɑːm)pɑsən]
**anrufen** opbellen [ˈɔbɛlən]
**anschauen** bekijken [bəˈkɛikən]
⟨bekeek, bekeken⟩
**anscheinend** *adv* blijkbaar [ˈblɛigbaːr],
naar het schijnt [naːr ət ˈsxɛint]
**Anschrift** adres [ɑˈdrɛs] *n*
**ansehen** aankijken [ˈɑːŋkɛikən] ⟨keek
aan, aangekeken⟩, toekijken
[ˈtukɛikən] ⟨keek toe, toegekeken⟩

**Ansicht** aanblik [ˈɑːnblɪk]; **zur** ~ **ter**
inzage [tɛr ˈɪnzaːxə]; (*Meinung*)
mening [ˈmeːnɪŋ]
**anspringen** aanslaan [ˈɑːnslaːn]
⟨sloeg aan, aangeslagen⟩
**anstatt** in plaats van [ɪm ˈplaːts vɑn]
**anstrengend** vermoeiend [vərˈmujənt]
**Anstrengung** inspanning [ˈɪnspɑnɪŋ]
**Antwort** antwoord [ˈɑntwoːrt] *n*
**antworten** antwoorden [ˈɑntwoːrdən]
**anwenden** aanwenden [ˈɑːnwɛndən],
gebruiken [xəˈbrœikən]; (*Gesetz*)
toepassen [ˈtupɑsən]
**Anwendung** aanwending
[ˈɑːnwɛndɪŋ], gebruik [xəbrœik] *n*
**anwesend** aanwezig [ɑːnˈweːzəx]
**Anzeige** (*Inserat*) advertentie
[ɑtvərˈtɛnsi], annonce [ɑˈnɔ̃ːsə];
(*Polizei*) aangifte [ˈɑːŋxɪftə]
**anziehen** (*Kleidungsstück*)
aantrekken [ˈɑːntrɛkən] ⟨trok aan,
aangetrokken⟩; **s.** ~ zich aankleden
[zɪx ˈɑːŋkleːdən]
**anzünden** aansteken [ˈɑːnsteːkən]
⟨stak aan, aangestoken⟩
**Apparat** toestel [ˈtustɛl] *n*, apparaat
[ɑpɑˈraːt] *n*
**Appetit** trek, eetlust [trɛk, ˈeːtlʌst]
**Arbeit** werk [wɛrk] *n*, arbeid [ˈɑrbɛit]
**arbeiten** werken [ˈwɛrkən]
**arbeitslos** werkeloos [wɛrkəˈloːs]
**ärgern, s.** ~ **über** zich ergeren over
[zɪx ˈɛrxərən ˈoːvər]
**arm** arm [ɑrm]
**Ärmelkanal** het Kanaal [hɛt kaːˈnaːl] *n*
**Art** manier [maːˈniːr], soort [soːrt]
**Artikel** artikel [ɑrˈtikəl] *n*
**Atem** adem [ˈaːdəm]
**Atlantik** Atlantische Oceaan
[ɑtˈlɑntisə oːseˈjaːn]
**auch** ook [oːk]; ~ **nicht** ook niet [ˈoːk
nit]
**auf (1)** *prp dat* op [ɔp]; ~ **der Post** op
het postkantoor [ɔp ət ˈpɔstkɑntoːr];
~ **der Reise** tijdens de reis [ˈtɛidəns
də ˈrɛis]; ~ **der Straße** op straat [ɔp
ˈstraːt]; *acc* naar [naːr]; ~ **die Post**
naar het postkantoor [naːr ət
ˈpɔstkɑntoːr]; ~ **niederländisch** in
het Nederlands [ɪn ət ˈneːdərlɑnts]; ~
**einmal** ineens [ɪnˈeːns], opeens
[ɔpˈeːns]
**auf (2)** (*offen*) open [ˈoːpən]
**aufbewahren** bewaren [bəˈwaːrən]
**aufbrechen** openbreken
[ˈoːpəbreːkən] ⟨brak open,
opengebroken⟩

**Aufenthalt** verblijf [vər'blɛif] *n; (Zug)* oponthoud ['ɔpɔnthɔut] *n*, vertraging [vər'traːxɪŋ]

**auffordern** uitnodigen ['œitnoːdəxən], vragen [vraːxən] ⟨vroeg, gevraagd⟩

**aufgeben** *(Gepäck, Post)* ter verzending afgeven [tər vər'zɛndɪŋ 'ɑfxeːvən] ⟨gaf af, afgegeven⟩

**aufhalten, jdn** ~ ophouden ['ɔphɔudən] ⟨hield op, opgehouden⟩; **s.** ~ zich ophouden [zɪx 'ɔphɔudən], verblijven [vər'blɛivən] ⟨verbleef, verbleven⟩

**aufhängen** ophangen ['ɔphɑŋən] ⟨hing op, opgehangen⟩

**aufhören** ophouden ['ɔphɔudən] ⟨hield op, opgehouden⟩, uitscheiden ['œitsxɛidən] ⟨scheed uit, uitgescheiden⟩

**aufladen** opladen ['ɔplaːdən], opleggen ['ɔplɛxən]

**aufmachen** openmaken ['oːpəmaːkən], opendoen ['oːpədun] ⟨deed open, opengedaan⟩

**aufmerksam** oplettend [ɔp'lɛtənt], attent [ɑ'tɛnt]

**Aufnahme** *(Empfang)* ontvangst [ɔnt'fɑŋst], onthaal [ɔnt'haːl] *n; (Foto)* opname ['ɔpnaːmə]

**aufnehmen** *(Foto)* nemen ['neːmən] ⟨nam, genomen⟩

**aufpassen (auf)** passen op ['pɑsən ɔp]

**aufpumpen** oppompen ['ɔpɔmpən]

**aufrufen** oproepen ['ɔprupən] ⟨riep op, opgeroepen⟩

**aufschieben** uitstellen ['œitstɛlən], opschuiven ['ɔpsxœivən] ⟨schoof op, opgeschoven⟩

**aufschreiben** opschrijven ['ɔpsxrɛivən] ⟨schreef op, opgeschreven⟩

**Aufschub** uitstel ['œitstɛl] *n*, vertraging [vər'traːxɪŋ]

**Aufseher** *(Wächter)* opzichter ['ɔpsɪxtər]

**aufstehen** opstaan ['ɔpstaːn] ⟨stond op, opgestaan⟩

**aufstellen** opstellen ['ɔpstɛlən]

**aufwachen** wakker worden ['wɑkər wɔrdən]

**aufwärts** opwaarts ['ɔpwaːrts], naar boven [naːr boːvən]

**aufwecken** wakker maken ['wɑkər maːkən]

**Aufzeichnung** aantekening ['aːntekənɪŋ]

**Auge** oog [oːx] *n*

**Augenblick** ogenblik ['oːxəmblɪk] *n*

**aus** *(Herkunft)* uit [œit]; ~ **Amsterdam** uit Amsterdam [œit ɑmstər'dɑm]; *(Material)* van [vɑn]; **ein Kleid ~ Seide** een jurk van zijde [ən 'jʌrk fɑn 'zɛidə]; *(Grund)* om [ɔm]; ~ **diesem Grund** om deze reden [ɔm 'deːzə 'reːdən]

**Ausbildung** opleiding ['ɔplɛidɪŋ]

**Ausdruck** uitdrukking ['œidrʌkɪŋ]

**ausdrücklich** *adv* uitdrukkelijk ['œi'drʌkələk]

**Ausfahrt** uitrit, afrit ['œitrɪt, 'ɑfrɪt]

**ausführen** *(Arbeit)* uitvoeren ['œitfurən]

**ausführlich** uitvoerig, uitgebreid ['œit'fuːrəx, 'œitxəbrɛit]

**Ausgaben** *pl* kosten ['kɔstən] *pl*, uitgaven ['œitxaːvən] *pl*

**Ausgang** uitgang ['œitxɑŋ]

**ausgeben** uitgeven ['œitxeːvən] ⟨gaf uit, uitgegeven⟩

**ausgehen** uitgaan ['œitxaːn] ⟨ging uit, uitgegaan⟩

**ausgeschlossen** uitgesloten ['œitxəsloːtən]

**ausgezeichnet** uitstekend [œit'steːkənt]

**Auskunft** inlichting ['ɪnlɪxtɪŋ], informatie [ɪnfɔr'maːtsi]; ~ **einholen** inlichtingen inwinnen ['ɪnlɪxtɪŋən 'ɪnwɪnən]

**Ausland** buitenland ['bœitənlɑnt] *n;* **im/ins** ~ in/naar het buitenland [ɪn/naːr ət 'bœitənlɑnt]

**Ausländer** buitenlander ['bœitənlɑndər]

**ausländisch** buitenlands ['bœitənlɑnts]

**ausmachen** uitdoen ['œidun] ⟨deed uit, uitgedaan⟩

**Ausnahme** uitzondering ['œitsɔndərɪŋ]

**auspacken** uitpakken ['œitpɑkən]

**ausreisen** uitreizen ['œitrɛizən]

**ausrichten** overbrengen ['oːvərbrɛŋən] ⟨bracht over, overgebracht⟩

**ausruhen, s.** ~ uitrusten ['œitrœstən]

**aussehen** er uitzien [ɛr 'œitsin] ⟨zag uit, uitgezien⟩

**außen** buiten ['bœitən]; **von** ~ van buiten [vɑn 'bœitən]

**außer** behalve [bə'hɑlvə], buiten [bœitən]

**außerdem** bovendien [boːvə'diːn]

**außergewöhnlich** buitengewoon ['bœitəxə'woːn]

**außerhalb** buiten ['bœitən]
**äußerlich** adj uiterlijk ['œitərlək]; adv van buiten [van 'bœitən]
**Aussicht** uitzicht ['œitsɪxt] n
**Aussprache** uitspraak ['œitspra:k]
**aussprechen** uitspreken ['œitspre:kən] ⟨sprak uit, uitgesproken⟩
**Ausstattung** uitrusting ['œitrʌstɪŋ]
**aussuchen** uitzoeken ['œitsukən] ⟨zocht uit, uitgezocht⟩
**Austausch** uitwisseling ['œitwɪsəlɪŋ]
**austauschen** uitwisselen ['œitwɪsələn]
**ausüben** (Beruf) uitoefenen ['œitufənən]
**Ausverkauf** uitverkoop ['œitfərko:p]
**Auswahl** keus [kø:s], keuze [kø:zə]
**Ausweis** (Personal) identiteitsbewijs [identi'teitsbəwɛis] n, legitimatie [le:xiti'ma:tsi]
**ausziehen** (Kleidungsstück) uittrekken ['œitrɛkən] ⟨trok uit, uitgetrokken⟩; (Wohnung verlassen) verhuizen [vər'hœizən]; **s. ~ zich** uitkleden [zɪx 'œitkle:dən]
**Auto** auto ['œuto:/'o:to:]; **~ fahren** autorijden ['œuto:/'o:to:rɛidən]
**Automat** (Waren) automaat [ɔuto:'ma:t]
**automatisch** automatisch [ɔuto:'ma:tis]

# B

**Baby** baby ['be:bi]
**Bad** bad [bɑt] n
**baden** (Wanne) baden ['ba:dən]; (schwimmen) zwemmen ['zwɛmən] ⟨zwom, gezwommen⟩
**Badeort** badplaats ['bɑtpla:ts]
**bald** gauw [ɣɑu], spoedig ['spudəx]; **so ~ wie möglich** zo gauw mogelijk [zo: 'xɑu 'mo:xələk]
**Ball (1)** (zum Spielen) bal [bɑl]
**Ball (2)** (Fest) bal [bɑl] n
**Band (1)** n (aus Stoff) band [bɑnt], lint [lɪnt]
**Band (2)** m (Buch) (boek)deel [('bug)de:l] n, band [bɑnt]
Bank (Geldinstitut; Sitzbank) bank [bɑŋk]
**bar zahlen** contant betalen [kɔn'tɑnt bə'ta:lən]
**Batterie** batterij [bɑtə'rɛi]
**bauen** bouwen ['bɑuwən]

**Bauer** (Landwirt) boer [bu:r]
**Bauernhof** boerderij [bu:rdə'rɛi]
**Baum** boom [bo:m]
**beabsichtigen** bedoelen [bə'dulən], van plan zijn [van 'plɑn zɛin]
**beachten** letten op ['lɛtən ɔp]
**Beanstandung** klacht [klɑxt]
**beantworten** beantwoorden [bə'ɑntwo:rdən]
**bearbeiten** bewerken [bə'wɛrkən], behandelen [bə'hɑndələn]
**Becher** beker ['be:kər]
**Bedauern** spijt [spɛit]
**bedauern** beklagen [bə'kla:xən], medelijden hebben met ['me:dəlɛidən 'hɛbən mɛt]
**bedecken** bedekken [bə'dɛkən]
**bedeuten** betekenen [bə'te:kənən]
**bedeutend** van betekenis [van bə'te:kənɪs], belangrijk [bə'lɑŋrɛik]
**Bedeutung** betekenis [bə'te:kənɪs]
**bedienen** bedienen [bə'dinən]
**Bedienung** bediening [bə'dinɪŋ]
**Bedingung** voorwaarde ['vo:rwa:rdə]
**beeilen, s. ~ zich** haasten [zɪx 'ha:stən]
**beenden** afmaken ['ɑvma:kən], eindigen ['ɛindəxən]
**befinden, s. ~ zich** bevinden [zɪx bə'vɪndən] ⟨bevond, bevonden⟩
**befolgen** opvolgen ['ɔpvɔlxən], navolgen ['na:vɔlxən]
**befördern** bevorderen [bə'vɔrdərən]; (Fracht etc.) verzenden [vər'zɛndən], vervoeren [vər'vurən]
**befreundet sein** bevriend zijn [bə'vrint sɛin]
**befriedigt** tevreden [tə'vre:dən], bevredigd [bə'vre:dəxt]
**befürchten** bang zijn voor ['bɑŋ zɛin vo:r], vrezen ['vre:zən]
**begegnen** ontmoeten [ɔnt'mutən]
**begeistert (von)** enthousiast (over) [ɑntu'ʒast (o:vər)]
**Beginn** begin [bə'xɪn] n
**beginnen** beginnen [bə'xɪnən] ⟨begon, begonnen⟩
**begleiten** begeleiden [bəxə'lɛidən]
**Begleitung** begeleiding [bəxə'lɛidɪŋ]
**begrüßen** begroeten [bə'xrutən]
**behalten** houden ['hɑudən] ⟨hield, gehouden⟩
**Behälter** reservoir [re:zɛr'vwa:r] n, tank [tɛŋk]
**behandeln** behandelen [bə'hɑndələn]
**Behandlung** behandeling [bə'hɑndəlɪŋ]

**behaupten** beweren [bə'we:rən]
**behilflich, jdm ~ sein** iemand behulpzaam zijn ['imant bə'hʌlpsa:m zɛin]
**Behörde** (overheids)instantie [('o:vərhɛits)in'stantsi]
**bei** *(nahe)* bij [bɛi]; **~ Tag** overdag [o:vər'dax]; **~ Nacht** 's nachts ['snaxts]; **~ Tisch** aan tafel [a:n 'ta:fəl]; **~ diesem Wetter** bij dit weer [bɛi 'dit we:r]; **~m Essen** bij het eten [bɛi ət 'e:tən]
**beide** beide ['bɛidə]
**Beifall** goedkeuring ['xutkʌ:riŋ], instemming ['instɛmiŋ]
**Beileid** deelneming ['de:lne:miŋ]
**beinahe** bijna ['bɛina:], haast [ha:st]
**Beispiel** voorbeeld ['vo:rbe:lt] *n*; **zum ~** bijvoorbeeld [bɛi'vo:rbe:lt]
**beißen** bijten ['bɛitən] ⟨beet, gebeten⟩
**bekannt** bekend [bə'kɛnt]; **jdn mit jdm ~ machen** iemand voorstellen ['imant 'fo:rstɛlən]; **~ sein** bekend zijn [bə'kɛnt sɛin]
**Bekannte, der, die ~** kennis ['kɛnəs]
**Bekanntschaft** kennis ['kɛnəs], kennissenkring ['kɛnəsəkriŋ]
**beklagen, s. ~ (über)** klagen (over) [bə'kla:xən ('o:vər)]
**bekommen** krijgen ['krɛixən] ⟨kreeg, gekregen⟩
**belästigen** lastig vallen ['lastəx falən] ⟨viel, gevallen⟩
**belegen, einen Platz ~** een plaats bespreken/reserveren [ən 'pla:ts bəspre:kən/re:sɛr've:rən]
**beleidigen** beledigen [bə'le:dəxən]
**Beleidigung** belediging [bə'le:dəxiŋ]
**beleuchtet** verlicht [vər'lixt]; *(festlich)* verlicht [vər'lixt], geïllumineerd [xəilymi'ne:rt]
**Belgien** België ['bɛlxijə]
**Belgier** Belg [bɛlx]
**Belieben, nach ~** naar believen [na:r bə'livən]
**belohnen** belonen [bə'lo:nən]
**Belohnung** beloning [bə'lo:niŋ]
**bemerken** merken ['mɛrkən]; *(sagen)* opmerken ['opmɛrkən], zeggen ['zɛxən] ⟨zei, gezegd⟩
**bemühen, s. ~** zich inspannen [zix 'inspanən]
**benachrichtigen** inlichten ['inlixtən], bericht zenden [bə'rixt sɛndən] ⟨zond, gezonden⟩
**Benehmen** gedrag [xə'drax] *n*

**benötigen** nodig hebben ['no:dəx hɛbən]
**benutzen** gebruiken [xə'brœikən]; *(Verkehrsmittel)* gebruik maken van [xə'brœik ma:kən van]
**Benzin** benzine [bɛn'zinə]
**beobachten** gadeslaan ['xa:dəsla:n] ⟨sloeg gade, gadegeslagen⟩, observeren [opsɛr've:rən]
**bequem** makkelijk ['makələk], aangenaam [a:ŋxəna:m]
**Bequemlichkeit** gemakzucht [xə'maksʌxt], gerieflijkheid [xə'rifləkhɛit]
**berechnen** berekenen [bə're:kənən]
**berechtigt** bevoegd [bə'vuxt], gerechtigd [xə'rɛxtəxt]
**bereit** bereid [bə'rɛit], klaar [kla:r], gereed [xə're:t]
**bereits** al [al], reeds [re:ts]
**Berg** berg [bɛrx]
**bergab** bergaf(waarts) [bɛrx'af(wa:rts)]
**bergauf** bergop(waarts) [bɛrx'op(wa:rts)]
**Bericht** bericht [bə'rixt] *n*
**Beruf** beroep [bə'rup] *n*
**beruhigen, s. ~** kalmeren [kal'me:rən]
**berühmt** beroemd [bə'rumt]
**berühren** aanraken ['a:nra:kən]
**Berührung** aanraking ['a:nra:kiŋ], contact [kon'takt] *n*
**beschädigen** beschadigen [bə'sxa:dəxən]
**Beschädigung** beschadiging [bə'sxa:dəxiŋ]
**beschaffen** *verb* verschaffen [vər'sxafən]
**beschäftigt (mit)** bezig (met) ['be:zəx (mɛt)]
**Bescheid geben** op de hoogte brengen [obdə 'ho:xtə 'brɛŋən] ⟨bracht, gebracht⟩
**bescheinigen** (schriftelijk) verklaren [('sxriftələk) vər'kla:rən]
**beschleunigen** bespoedigen [bə'spudəxən]; *(Auto)* optrekken ['optrɛkən], accelereren [aksələ're:rən]
**beschließen** besluiten [bə'slœitən] ⟨besloot, besloten⟩
**beschreiben** beschrijven [bə'sxrɛivən] ⟨beschreef, beschreven⟩
**beschützen** beschermen [bə'sxɛrmən]

A/Z

**Beschwerde** klacht [klɑxt], bezwaar [bəˈzwaːr] *n*
**beschweren, s. ~ (über)** klagen (over) [ˈklaːxən (oˈvər)]
**besetzt** *(Platz, voll)* bezet [bəˈzɛt]
**besichtigen** bezichtigen [bəˈzɪxtəxən]
**Besitz** bezit [bəˈzɪt] *n*
**besitzen** bezitten [bəˈzɪtən] ⟨bezat, bezeten⟩
**Besitzer** eigenaar [ˈɛixənaːr], bezitter [bəˈzɪtər]
**besonders** in het bijzonder [ɪn ət biˈzɔndər]
**besorgen** bezorgen [bəˈzɔrxən]
**besorgt** bezorgd [bəˈzɔrxt]
**Besorgung** boodschap [ˈboːtsxɑp]; **~en machen** boodschappen doen [ˈboːtsxɑpə dun]
**besser** beter [ˈbeːtər]
**bestätigen** bevestigen [bəˈvɛstəxən]
**beste(r, -s)** beste [bɛstə]
**bestehen** *(existieren)* bestaan [bəˈstaːn] ⟨bestond, bestaan⟩; **~ auf** staan op [ˈstaːn ɔp] ⟨stond, gestaan⟩, blijven bij [ˈblɛivə bɛi] ⟨bleef, gebleven⟩; **~ aus** bestaan uit [bəˈstaːn œit]
**bestimmt** beslist [bəˈslɪst]
**Besuch** bezoek [bəˈzuk] *n*, visite [viˈsitə]
**besuchen, jdn ~** bezoeken [bəˈzukən] ⟨bezocht, bezocht⟩
**beten** bidden [bɪdən] ⟨bad, gebeden⟩
**betrachten** bekijken [bəˈkɛikən] ⟨bekeek, bekeken⟩
**beträchtlich** aanmerkelijk [aːˈmɛrkələk]
**Betrag** bedrag [bəˈdrɑx] *n*
**betragen** bedragen [bəˈdraːxən] ⟨bedroeg, bedragen⟩
**betreffend** wat betreft [wɑd bəˈtrɛft]
**betreten** *verb* betreden [bəˈtreːdən] ⟨betrad, betreden⟩, binnentreden [ˈbɪnətreːdən] ⟨trad binnen, binnengetreden⟩
**betrinken, s. ~** zich bedrinken [zɪx bəˈdrɪŋkən] ⟨bedronk, bedronken⟩
**Betrug** bedrog [bəˈdrɔx] *n*
**betrügen** bedriegen [bəˈdrixən] ⟨bedroog, bedrogen⟩, oplichten [ˈɔplɪxtən]
**betrunken** dronken [drɔŋkən]
**Bett** bed [bɛt] *n*; **zu ~ gehen** naar bed gaan [naːr ˈbɛt xaːn]
**beunruhigen, s. ~** zich ongerust maken [zɪx ɔnxəˈrʌst maːkən]
**beurteilen** beoordelen [bəˈoːrdeːlən]

**Beutel** zak [zɑk]
**bevor** voor [voːr], voordat [voːrdɑt]
**bewachen** bewaken [bəˈwaːkən]
**bewegen** bewegen [bəˈweːxən] ⟨bewoog, bewogen⟩
**bewegt** *(Gefühl)* ontroerd [ɔntˈruːrt]; *(Meer)* woelig [ˈwulək]
**Bewegung** beweging [bəˈweːxɪŋ]
**Beweis** bewijs [bəˈwɛis] *n*
**beweisen** bewijzen [bəˈwɛizən] ⟨bewees, bewezen⟩
**Bewohner** bewoner [bəˈwoːnər]
**bewundern** bewonderen [bəˈwɔndərən]
**bewußt** bewust [bəˈwʌst]
**bezahlen** betalen [bəˈtaːlən]
**bezaubernd** betoverend [bəˈtoːvərənt]
**Bezeichnung** benaming [bəˈnaːmɪŋ], aanduiding [ˈaːndœidɪŋ]
**beziehen, s. ~ auf** betrekking hebben op [bəˈtrɛkɪŋ hɛbən ɔp]
**biegen** buigen [ˈbœixən] ⟨boog, gebogen⟩
**Biene** bij [bɛi]
**bieten** (aan-)bieden [(ˈaːn)ˈbidən] ⟨bood (aan), (aan)geboden⟩
**Bild** *(Foto)* foto [ˈfoːtoː]; *(Abbildung)* afbeelding [ˈɑvbeːldɪŋ]; *(Gemälde)* schilderij [sxɪldəˈrɛi] *n*
**bilden** vormen [ˈvɔrmən], ontwikkelen [ɔntˈwɪkələn]
**billig** goedkoop [xutˈkoːp]
**binden** binden [ˈbɪndən] ⟨bond, gebonden⟩
**Bindfaden** paktouwtje [ˈpaktɔucə] *n*
**Birne** peer [peːr]; *(Glühbirne)* lamp [lɑmp]
**bis** tot [tɔt]; **~ jetzt** tot nu toe [tɔt ˈny tu]
**bißchen, ein ~** een beetje [ən ˈbeːcə]
**bitte** alstublieft [ɑlstyˈblift]; **Bitte** verzoek [vərˈzuk] *n* *(Antwort auf Dank)* graag gedaan [xraː xəˈdaːn]; **wie ~?** wat zegt U? [wɑt ˈsɛxt y]
**bitten, jdn um etw ~** iemand om iets verzoeken [ˈimant ɔm its fərˈzukən] ⟨verzocht, verzocht⟩
**bitter** bitter [ˈbɪtər]
**Blatt** blad [blɑt] *n*
**bleiben** blijven [ˈblɛivən] ⟨bleef, gebleven⟩
**bleich** bleek [bleːk]
**Blick** blik [blɪk]
**blind** blind [blɪnt]
**blinken** blinken [blɪŋkən] ⟨blonk, geblonken⟩, *(Auto)* knipperen

**Blitz** *(Wetter)* bliksem ['blɪksəm];
*(Foto)* flits [flɪts]
**blöd(e)** dom [dɔm], idioot [idi'jo:t]
**blühen** bloeien ['blujən]
**Blume** bloem [blum]
**Blumenzwiebel** bloembol ['blumbɔl]
**Boden** bodem ['bo:dəm], grond
[xrɔnt]; *(Fuß~)* vloer [vlu:r]
**Boot** boot [bo:t]
**Bord, an ~ gehen** aan boord gaan
[a:n 'bo:rt xa:n] ⟨ging, gegaan⟩
**böse** boos [bo:s]
**Botschaft** *(dipl. Vertretung)*
ambassade [ɑmba'sa:də]
**Brand** brand [brɑnt]
**Braten** gebraden vlees [xə'bra:də
vle:s] *n*
**braten** braden ['bra:dən] ⟨braadde,
gebraden⟩; *(in der Pfanne)* bakken
['bɑkən] ⟨bakte, gebakken⟩
**brauchen** nodig hebben ['no:dəx
hɛbən]
**braun** bruin [brœin]
**brechen** breken ['bre:kən] ⟨brak,
gebroken⟩
**breit** breed [bre:t]
**brennen** branden ['brɑndən]
**Brief** brief [brif]
**Brieftasche** portefeuille [pɔrtə'fœijə]
**Briefwechsel** briefwisseling
['brifwɪsəlɪŋ], correspondentie
[kɔrɛspɔn'dɛntsi]
**Brille** bril [brɪl]
**bringen** brengen ['brɛŋən] ⟨bracht,
gebracht⟩
**Bruder** broer [bru:r]
**Brunnen** put [pʌt], bron [brɔn];
*(Spring~)* fontein [fɔn'tɛin]
**Buch** boek [buk] *n*
**buchen** *(Platz)* boeken ['bukən],
reserveren [re:zɛr've:rən]
**Büchse** bus [bʌs]; *(Konserve)* blikje
['blɪkjə] *n*
**buchstabieren** spellen ['spɛlən]
**Bucht** bocht [bɔxt], baai [ba:i]
**Bügeleisen** strijkijzer ['strɛikɛizər] *n*
**Bummel** wandeling ['wɑndəlɪŋ],
*(Kneipenzug)* kroegentocht
['kruxətɔxt]
**Bund** *(Blumen, Schlüssel)* bos [bɔs],
*(Vereinigung)* bond [bɔnt]
**bunt** bont [bɔnt]
**Büro** bureau [by'ro:] *n*, kantoor
[kɑn'to:r] *n*
**Bürste** borstel ['bɔrstəl]
**bürsten** borstelen ['bɔrstələn]
**Busch** struik [strœik]

# C

**Café** tearoom ['ti:ru:m], koffieshop
['kɔfiʃɔp]
**Chauffeur** chauffeur [ʃo:'fʌ:r]
**Chef** chef [ʃɛf]
**Chor** koor [ko:r] *n*
**Cousin** neef [ne:f]

# D

**da** *(Ort)* daar [da:r]; *(Grund)* omdat
[ɔm'dat]; *(Zeit)* toen [tun], dan [dɑn]
**dafür sein** ervoor zijn [ɛr'vo:r zɛin]
**dagegen sein** ertegen zijn [ɛr'te:xən
zɛin]
**daheim** thuis [tœis]
**daher** *(Grund)* daarom ['da:rɔm]
**damals** toen [tun], destijds [dɛs'tɛits]
**Dame** dame ['da:mə]
**danach** daarna [da:r'na:]
**Dank** dank [dɑŋk]
**dankbar** dankbaar ['dɑŋkba:r]
**danken** danken ['dɑŋkən], bedanken
[bə'dɑŋkən]
**dann** dan [dɑn], toen [tun]
**das** *(Artikel)* het [hɛt, ət],
*(Demonstrativpronomen)* dat, dit
[dat, dɪt]
**dasein** aanwezig zijn [a:n'we:zəx sɛin]
**daß** dat [dɑt]
**dasselbe** hetzelfde [hət'sɛlfdə]
**Datum** datum ['da:təm]
**Dauer** duur [dy:r]
**dauern** duren ['dyrən]
**dazu** daartoe [da:r'tu] *(zusätzlich)*
bovendien [bo:və'din]
**Decke** *(Bett~)* deken ['de:kən];
*(Zimmer~)* plafond [pla:'fɔn] *n*
**defekt** defect [də'fɛkt]
**dein** *(betont)* jouw [jɔu]; *(unbetont)*
je [jə]
**demnächst** binnenkort [bɪnə'kɔrt]
**denken an** denken aan [dɛŋkən a:n]
⟨dacht, gedacht⟩
**denn** want [wɑnt]
**derselbe** dezelfde [də'zɛlfdə]
**deshalb** daarom ['da:rɔm], dus [dʌs]
**deutlich** duidelijk [də'œidələk]
**deutsch** Duits ['dœits]
**Deutsche, der ~** Duitser ['dœitsər];
**die ~** Duitse ['dœitsə]
**Deutschland** Duitsland ['dœitslɑnt]
**Dia** dia ['dija:]
**Diagnose** diagnose [dijɑx'no:zə,
dija:'xno:zə]

**dich** *(betont)* jou [jɔu]; *(unbetont)* je [jə]
**dicht** *(Nebel)* dicht [dɪxt]; ~ **dabei** dichtbij [dɪxtˈbɛi]
**dick** dik [dɪk]
**dienen** dienen [ˈdinən]
**Dienst** dienst [dinst]
**dieser, diese, dieses** deze [ˈdeːzə], *(bei Sache)* dit [dɪt]
**Ding** ding [dɪŋ] *n*
**dir** *(betont)* jou [jɔu]; *(unbetont)* je [jə]
**direkt** *adj* rechtstreeks [ˈrɛxtstreːks]; *(sofort)* direct [diˈrɛkt], meteen [məˈteːn]
**Direktion** directie [diˈrɛksi]
**Direktor** directeur [dirɛkˈtøːr]; *(Gymnasium)* rector [ˈrɛktɔr]
**doch** toch [tɔx]
**Doktor** *(Arzt)* dokter [ˈdɔktər]; *(ak. Grad)* doctor [ˈdɔktɔr]
**Dokument** dokument [doːkyˈmɛnt] *n*
**doppelt** dubbel [ˈdʌbəl]
**Dorf** dorp [dɔrp] *n*
**dort** daar [daːr]; ~ **oben** daar boven [daːr ˈboːvən]; ~ **unten** daar beneden [daːr bəˈneːdən]
**dorthin** daarheen [daːrˈheːn]
**Dose** *(Konserven)* blik [blɪk] *(n)*, bus [bʌs]
**Draht** draad [draːt]
**draußen** buiten [ˈbœitən]
**drehen** draaien [ˈdraːjən]
**drin(nen)** binnen [ˈbɪnən]
**dringend** dringend [ˈdrɪŋənt]
**dritte(r, -s)** derde [ˈdɛrdə]
**Drittel, ein** ~ één derde [ˈeːn ˈdɛrdə] *n*
**drittens** ten derde [tən ˈdɛrdə]
**drüben** aan de overkant [aːn də ˈoːvərkɑnt], ginds [xɪnts]
**drücken** *(stoßen)* drukken [ˈdrʌkən]
**du** *(betont)* jij [jɛi]; *(unbetont)* je [jə]
**dumm** dom [dɔm]
**dunkel** donker [ˈdɔŋkər]
**dünn** dun [dʌn]
**durch** door [doːr]
**durchaus nicht** volstrekt niet [vɔlˈstrɛkt nit], helemaal niet [heːləˈmaːl nit]
**Durchfahrt** doorvaart [ˈdoːrvaːrt], doortocht [ˈdoːrtɔxt]
**Durchgang** doorgang [ˈdoːrxɑŋ]
**Durchreise** doorreis [ˈdoːrɛis]
**durchschnittlich** gemiddeld [xəˈmɪdəlt]
**dürfen** mogen [ˈmoːxən] ⟨mocht, gemogen⟩

**Durst** dorst [dɔrst]; ~ **haben** dorst hebben [ˈdɔrst hɛbən]
**durstig** dorstig [ˈdɔrstəx]

# E

**eben (1)** *(flach)* vlak [vlɑk], plat [plɑt]
**eben (2)** *(zeitlich)* zoëven [zoːˈeːvən]
**Ebene** vlakte [ˈvlɑktə]
**echt** echt [ɛxt]
**Ecke** hoek [huk]
**Ehe** huwelijk [ˈhywələk] *n*
**Ehefrau** echtgenote [ˈɛxtxənoːtə]
**Ehemann** echtgenoot [ˈɛxtxənoːt]
**Ehepaar** echtpaar [ˈɛxtpaːr] *n*
**eher** *(lieber)* liever [ˈlivər]; *(früher)* eerder [ˈeːrdər]
**Ehering** trouwring [ˈtrouriŋ]
**Ehre** eer [eːr]
**Ei** ei [ɛi] *n* ⟨eieren⟩
**eigen** eigen [ˈɛixən]; *(eigenartig)* vreemd [vreːmt]
**Eigenschaft** eigenschap [ˈɛixənsxɑp]
**eigentlich** eigenlijk [ˈɛixələk]
**Eigentümer** eigenaar [ˈɛixənaːr]
**eilig** haastig [ˈhaːstəx]; es ~ **haben** haast hebben [ˈhaːst hɛbən]
**ein** *art* een [ən]
**einander** elkaar [əlˈkaːr]
**einbiegen** inslaan [ˈɪnslaːn] ⟨sloeg in, ingeslagen⟩
**eindeichen** inpolderen [ˈɪmpɔldərən]
**Eindruck** indruk [ˈɪndrʌk]
**einfach** eenvoudig [eːnˈvɔudəx], makkelijk [ˈmɑkələk]
**Einfahrt** inrit [ˈɪnrɪt]; *(Zug, Schiff)* aankomst [ˈaːŋkɔmst]
**Einfuhr** invoer [ˈɪnvuːr]
**Eingang** ingang [ˈɪŋɑŋ]
**einheimisch** inheems [ɪnˈheːms]
**einig sein** het eens zijn [ət ˈeːns sɛin]
**einige** enkele [ˈɛŋkələ], enige [ˈeːnəxə]
**einigen, sich** ~ het eens worden [ət eːns ˈwɔrdən]
**einkaufen** inkopen [ˈɪŋkoːpən] ⟨kocht in, ingekocht⟩, boodschappen doen [ˈboːtsxɑpən dun] ⟨deed, gedaan⟩
**einladen** uitnodigen [ˈœitnoːdəxən]
**Einladung** uitnodiging [ˈœitnoːdəxɪŋ]
**einmal** eens [eːns], één keer [əŋ ˈkeːr]
**einpacken** inpakken [ˈɪmpɑkən]
**einreisen** binnenreizen [ˈbɪnərɛizən]
**eins** één [eːn]
**einsam** eenzaam [ˈeːnzaːm]
**einschalten** inschakelen [ˈɪnsxaːkələn]

**einschlafen** in slaap vallen [ɪn slɑːp ˈvalən] ⟨viel, gevallen⟩
**einschließen** insluiten [ˈɪnslœitən] ⟨sloot in, ingesloten⟩
**eintreffen** aankomen [ˈɑːŋkoːmən] ⟨kwam aan, aangekomen⟩
**eintreten** binnenkomen [ˈbɪnəkoːmən] ⟨kwam binnen, binnengekomen⟩
**Eintritt** binnenkomen [ˈbɪnəkoːmən] *n;* ~ **verboten!** verboden toegang! [vərˈboːdə ˈtuːxaŋ]
**Eintrittspreis** toegangsprijs [ˈtuxaŋsprɛis]
**Einverständnis** instemming [ˈɪnstɛmɪŋ]
**einwerfen** *(Briefe)* posten [ˈpɔstən], op de post doen [ɔp də ˈpɔs dun] ⟨deed, gedaan⟩
**einwickeln** inwikkelen [ˈɪnwɪkələn]
**einwilligen** inwilligen [ˈɪnwɪləxən]
**Einwohner** inwoner [ˈɪnwoːnər]
**Einzelheit** bijzonderheid [biˈzɔndərhɛit], detail [deːˈtai] *n*
**einzeln** apart [aːˈpart]
**einzig** enkel [ˈɛŋkəl], enig [ˈeːnəx]
**Eis** ijs [ɛis] *n; (Glatt~)* ijzel [ˈɛizəl]; *(Speise~)* ijs [ɛis] *n*
**Eisen** ijzer [ˈɛizər] *n*
**elektrisch** elektrisch [eːˈlɛktris]
**Eltern** ouders [ˈɔudərs] *pl*
**emanzipiert** geëmancipeerd [xəeˈmɑnsiˈpeːrt]
**Empfang** *(Erhalt)* ontvangst [ɔntˈfaŋst]; *(Hotel)* receptie [rəˈsɛpsi]
**empfangen** ontvangen [ɔntˈfaŋən] ⟨ontving, ontvangen⟩
**empfehlen** aanbevelen [ˈaːnbəveːlən] ⟨beval aan, aanbevolen⟩
**Empfehlung** aanbeveling [ˈaːnbəveːliŋ]
**Ende** einde [ˈɛində] *n; am* ~ uiteindelijk [œiˈtɛindələk]
**enden** eindigen [ˈɛindəxən]
**endgültig** definitief [deːfiniˈtif]
**endlich** eindelijk [ˈɛindələk]
**eng** nauw [nɔu]
**England** Engeland [ˈɛŋəlɑnt]
**Engländer/in** Engelsman/Engelse [ˈɛŋəlsman/ɛŋəlsə]
**englisch** Engels [ˈɛŋəls]
**Enkel** kleinkind [ˈklɛiŋkɪnt] *n,* kleinzoon [ˈklɛinzoːn], kleindochter [ˈklɛindɔxtər]
**entdecken** ontdekken [ɔnˈdɛkən]
**entfernt** veraf [vɛrˈaf]
**Entfernung** afstand [ˈafstɑnt]

**entgegengesetzt** tegenovergesteld [teːxəˈnoːvərxəstɛlt]
**enthalten** bevatten [bəˈvatən], inhouden [ˈɪnhɔudən] ⟨hield in, ingehouden⟩
**entlang** langs [lɑŋs]
**entscheiden** beslissen [bəˈslɪsən]
**entschließen, s.** ~ besluiten [bəˈslœitən] ⟨besloot, besloten⟩
**entschlossen sein** vastbesloten zijn [vastbəˈsloːtə zɛin]
**Entschluß** besluit [bəˈslœit] *n*
**entschuldigen** verontschuldigen [vərɔntˈsxʌldəxən]; ~ **Sie bitte!** excuseert u mij [ɛkskyˈzeːrt y mɛi], neemt u me niet kwalijk! [neːmt y mə nit ˈkwaːlək]; **s.** ~ zich verontschuldigen [zɪx vərɔntˈsxʌldəxən]
**Entschuldigung** verontschuldiging [vərɔntˈsxʌldəxɪŋ]; **ich bitte um** ~ neemt u me niet kwalijk [neːmt y mə nit ˈkwaːlək]
**enttäuscht** teleurgesteld [təˈløːrxəstɛlt]
**entweder ... oder** of ... of [ɔf ... ɔf]
**entwickeln** ontwikkelen [ɔntˈwɪkələn]
**Entwicklung** ontwikkeling [ɔntˈwɪkəlɪŋ]
**entzückend** schattig [ˈsxatəx]
**entzückt** verrukt [vɛˈrʌkt]
**Erde** aarde [ˈaːrdə]
**Erdgeschoß** begane grond [bəˈxaːnə xrɔnt]
**ereignen, s.** ~ gebeuren [xəˈbʌːrən]
**Ereignis** gebeurtenis [xəˈbʌːrtənɪs]
**erfahren (1)** *verb* vernemen [vərˈneːmən] ⟨vernam, vernomen⟩, te weten komen [tə ˈweːtə koːmən]
**erfahren (2)** *adj* ervaren [ɛrˈvaːrən]
**Erfahrung** ervaring [ɛrˈvaːrɪŋ], ondervinding [ɔndərˈvɪndɪŋ]
**erfinden** uitvinden [ˈœitfɪndən] ⟨vond uit, uitgevonden⟩
**Erfolg** succes [sʌkˈsɛs] *n*
**erfreut (über)** verheugd (over) [vərˈhøːxt (oːvər)]
**Erfrischung** verfrissing [vərˈfrɪsɪŋ]
**Ergebnis** uitslag [ˈœitslɔx], resultaat [reːzəlˈtaːt] *n*
**ergreifen** (aan)grijpen [ˈxrɛipən/ˈaːŋxrɛipən] ⟨greep, gegrepen⟩
**erhalten** *(bekommen)* krijgen [ˈkrɛixən] ⟨kreeg, gekregen⟩; *(bewahren)* behouden [bəˈhɔudən] ⟨behield, behouden⟩, bewaren [bəˈwaːrən]

**erhältlich** verkrijgbaar [vərˈkrɛixbɑːr]
**erhöhen** *(Preise)* verhogen [vərˈhoːxən]
**erholen, s.** ~ bijkomen [ˈbɛikoːmən] ⟨kwam bij, bijgekomen⟩, zich ontspannen [zɪx ɔntˈspɑnən]
**Erholung** herstel [hɛrˈstɛl] *(n)*
**erinnern, jdn an etw** ~ iemand aan iets herinneren [imɑnt ɑːn its hɛrˈɪnərən]; **s.** ~ zich herinneren [zɪx hɛrˈɪnərən]
**erkennen** herkennen [hɛrˈkɛnən]; *(einsehen)* erkennen [ɛrˈkɛnən]
**erklären** *(angeben)* verklaren [vərˈklɑːrən]; *(deutlich machen)* uitleggen [ˈœitlɛxən]
**erkundigen nach, s.** ~ informeren naar [ɪnfɔrˈmeːrə nɑːr]
**erlangen** verkrijgen [vərˈkrɛixən] ⟨verkreeg, verkregen⟩, verwerven [vərˈwɛrvən] ⟨verwierf, verworven⟩
**erlauben** toestaan [ˈtustɑːn] ⟨stond toe, toegestaan⟩, veroorloven [vərˈoːrloːvən]
**Erlaubnis** verlof [vərˈlɔf] *n*, vergunning [vərˈxʌnɪŋ]
**erledigen** afhandelen [ˈɑfhɑndələn], uitvoeren [ˈœitfurən]
**Ermäßigung** reductie [rəˈdʌksi]
**ermöglichen** mogelijk maken [ˈmoːxələk mɑːkən]
**erneuern** vernieuwen [vərˈniwən]
**ernst** ernstig [ˈɛrnstəx]
**Ernte** oogst [oːxst]
**erreichen** bereiken [bəˈrɛikən]
**Ersatz** *(Schaden~)* vergoeding [vərˈxudɪŋ]
**erscheinen** verschijnen [vərˈsxɛinən] ⟨verscheen, verschenen⟩
**erschöpft** uitgeput [ˈœitxəpət]
**erschrecken** laten schrikken [lɑːtə ˈsxrɪkən]; *(erschrocken sein)* schrikken [ˈsxrɪkən] ⟨schrok, geschrokken⟩
**ersetzen** vervangen [vərˈvɑŋən] ⟨verving, vervangen⟩; *(Schaden)* vergoeden [vərˈxudən]
**erst** *adv* pas [pɑs]
**erste(r, -s)** eerste [eːrstə]
**erstens** ten eerste [tən ˈeːrstə]
**erstklassig** eerste klas [eːrstə ˈklɑs], prima [ˈprimɑ:]
**ertragen** verdragen [vərˈdrɑːxən] ⟨verdroeg, verdragen⟩
**Erwachsene(r)** volwassene [vɔlˈwɑsənə]
**erwarten** verwachten [vərˈwɑxtən]

**erwidern** antwoorden [ˈɑntwoːrdən]
**erzählen** vertellen [vərˈtɛlən]
**erzeugen** voortbrengen [ˈvoːrtbrɛŋən] ⟨bracht voort, voortgebracht⟩, produceren [proːdyˈseːrən]
**Erzeugnis** produkt [proːˈdʌkt] *n*
**Erziehung** opvoeding [ˈɔpfudɪŋ]
**es gibt** er is/er zijn [ɛr ˈɪs/ɛr ˈzɛin]
**Esel** ezel [ˈeːzəl]
**eßbar** eetbaar [ˈeːtbɑːr]
**Essen** eten [ˈeːtən] *n;* **essen** eten [ˈeːtən] ⟨at, gegeten⟩
  **beim** ~ bij het eten [bɛi ət ˈeːtən]
**etwa** ongeveer [ɔŋxəˈveːr]
**etwas** iets [its]
**euch** jullie [ˈjʌli]
**euer** jullie [ˈjʌli], je [jə]
**Europa** Europa [ʌˈroːpɑː]
**Europäer** Europeaan [ʌːroːpeːˈjɑːn]
**europäisch** Europees [ʌːroːˈpeːs]
**eventuell** eventueel [eːvɛntyˈweːl]
**extra** extra [ˈɛkstrɑː]; *(absichtlich)* expres [ɛksˈprɛs]

# F

**Fabrik** fabriek [fɑːˈbrik]
**Faden** draad [drɑːt]
**fähig** *(tüchtig)* bekwaam [bəˈkwɑːm]; *(imstande)* in staat [ɪn ˈstɑːt]
**fahren** rijden [ˈrɛidən] ⟨reed, gereden⟩; *(Schiff)* varen [ˈvɑːrən] ⟨voer, gevaren⟩
**Fahrer** chauffeur [ʃoːˈfʌːr], bestuurder [bəˈstyːrdər]
**Fahrgast** passagier [pɑsɑˈʒiːr]; *(Taxi)* klant [klɑnt]
**Fahrstuhl** lift [lɪft]
**Fahrt** rit [rɪt]; *(Schiff)* vaart [vɑːrt]; *(Tour)* tochtje [ˈtɔxcə] *n*
**fair** fair [fɛːr]
**Fall** *(Vorfall)* voorval [ˈvoːrvɑl] *n*, geval [xəˈvɑl] *n;* **auf alle Fälle** in ieder geval [ɪn idər xəˈvɑl]; **für alle Fälle** voor het geval dat [voːr ət xəˈvɑl ˈdɑt]
**fallen** vallen [ˈvɑlən]
**falls** als [ɑls], indien [ɪnˈdin]
**falsch** fout [fɔut]; *(betrügerisch)* vals [vɑls]
**Familie** *(Verwandtschaft)* familie [fɑːˈmili]; *(Eltern u. Kinder)* gezin [xəˈzɪn] *n*
**fangen** vangen [ˈvɑŋən] ⟨ving, gevangen⟩
**Farbe** kleur [klʌːr]; *(zum Anstreichen)* verf [vɛrf]

**farbig** gekleurd [xəˈklʌːrt]
**fast** bijna [ˈbɛinaː]
**faul** lui [lœi]; *(Obst)* rot [rɔt]
**Feder** *(auch elastisch)* veer [veːr]
**fehlen** ontbreken [ɔntˈbreːkən]
⟨ontbrak, ontbroken⟩
**Fehler** fout [fɔut]; *(Mangel)* gebrek
[xəˈbrɛk] *n*
**feierlich** plechtig [ˈplɛxtəx]
**Feiertag** feestdag [ˈfeːsdɑx]
**feilschen** afdingen [ˈɑvdiŋən] ⟨dong
af, afgedongen⟩, marchanderen
[marʃɑnˈdeːrən]
**fein** fijn [fɛin]
**Feld** veld [vɛlt] *(n)*
**Fell** vel [vɛl] *(n)*
**Fels** rots [rɔts]
**Ferien** vakantie [vaˈkɑntsi]; **in den ~**
in de vakantie [ɪn də vaˈkɑntsi]; **in ~
fahren** op/met vakantie gaan [ɔp/
mɛt vaˈkɑntsi xaːn]
**Fernglas** verrekijker [ˈvɛrəkɛikər]
**fertig** *(bereit)* gereed [xəˈreːt]; **~!**
klaar [klaːr]
**fest** *(hart)* stevig [ˈsteːvəx];
*(dauernd)* vast [vɑst]
**Fest** feest [feːst] *n*
**festsetzen** vastzetten [ˈvɑstsɛtən]
**fett** vet [vɛt]
**feucht** vochtig [ˈvɔxtəx]
**Feuer** vuur [vyːr] *n*
**feuergefährlich** brandbaar
[ˈbrɑndbaːr]
**Feuerlöscher** brandblusser
[ˈbrɑndblœsər]
**Feuermelder** brandmelder
[ˈbrɑndmɛldər]
**Feuerwehr** brandweer [ˈbrɑntweːr]
**Feuerwerk** vuurwerk [ˈvyːrwɛrk] *n*
**Feuerzeug** aansteker [ˈaːnsteːkər]
**Filiale** filiaal [filiˈaːl] *n*
**Film** film [ˈfɪlm]
**Filter** filter [fɪltər]
**finden** vinden [ˈvɪndən] ⟨vond,
gevonden⟩
**finster** duister [ˈdœistər], somber
[ˈsɔmbər]
**Firma** firma [ˈfɪrmaː]
**Fisch** vis [vɪs]
**fischen** vissen [ˈvɪsən]
**fit** fit [fɪt]
**flach** vlak [vlɑk], plat [plɑt], *(Wasser)*
ondiep [ɔnˈdip]
**Flame/Flämin** Vlaming/Vlaamse
[ˈvlaːmɪŋ/vlaːmsə]
**flämisch** Vlaams [vlaːms]
**Flamme** vlam [vlɑm]

**Flasche** fles [flɛs]
**Fleck(en)** vlek [vlɛk]
**Fleisch** vlees [vleːs] *n*
**fleißig** ijverig [ˈɛivərəx], vlijtig [vlɛitəx]
**flicken** verstellen [vərˈstɛlən], lappen
[ˈlɑpən]
**Fliege** vlieg [vlix]
**fliegen** vliegen [ˈvlixən] ⟨vloog,
gevlogen⟩
**fließen** stromen [ˈstroːmən]
**Flirt** flirt [flʌrt], avontuurtje
[aːvɔnˈtyːrcə] *n*
**Fluß** rivier [riˈviːr]
**flüssig** vloeibaar [ˈvluibaːr]
**folgen** volgen [ˈvɔlxən]
**fordern** eisen [ˈɛisən] ⟨eiste, geëist⟩
**Forderung** eis [ɛis]; *(finanzielle)*
vordering [ˈvɔrdərɪŋ]
**Form** vorm [vɔrm]
**Format** formaat [fɔrˈmaːt] *n*
**Formular** formulier [fɔrmyˈliːr] *n;* **ein
~ ausfüllen** een formulier invullen
[ən fɔrmyˈliːr ˈɪnvʌlən]
**fort** weg [wɛx]
**Fortschritt** vooruitgang [voːrˈœitxɑŋ]
**fortsetzen** voortzetten [ˈvoːrtsɛtən],
vervolgen [vərˈvɔlxən]
**forttragen** wegdragen [ˈwɛxdraːxən]
⟨droeg weg, weggedragen⟩
**Foto** foto [ˈfoːtoː]
**Fotoapparat** fototoestel
[ˈfoːtoːtustɛl] *n*
**fotografieren** fotograferen
[foːtoːxraːˈfeːrən]
**Fracht** vracht [vrɑxt]
**Frage** vraag [vraːx]
**fragen** vragen [ˈvraːxən] ⟨vroeg,
gevraagd⟩
**Frankreich** Frankrijk [ˈfrɑŋkrɛik]
**Franzose** Fransman [ˈfrɑnsman]
**Französin** Française [frɑnˈsɛːzə]
**französisch** Frans [frɑns]
**Frau** vrouw [vrɔu]; *(Anrede; vor
Namen)* mevrouw [məˈvrɔu]
**Fräulein** juffrouw [ˈjʌfrɔu] *(veraltet)*
**frei** vrij [vrɛi]; *(gratis)* gratis [ˈxraːtɪs];
**im Freien** in de openlucht [ɪn də
oːpəˈlʌxt]
**fremd** vreemd [vreːmt]
**Fremde, der** ~ vreemdeling
[ˈvreːmdəlɪŋ]; **die** ~ vreemdelinge
[ˈvreːmdəlɪŋə]
**Freude** vreugde [ˈvrøːxdə]
**freuen, s. ~ auf/über** zich verheugen
op/over [zɪx vərˈhøːxən ɔp/oːvər]
**Freund** vriend [vrint]; *(fester ~)*
vriend [ˈvrint]

**freundlich** vriendelijk ['vrindələk]
**Freundlichkeit** vriendelijkheid
['vrindələkhɛit]
**Freundschaft** vriendschap
['vrintsxap]
**Friede** vrede ['vre:də]
**frieren** het koud hebben [ət 'kout
hɛbən]; **es friert** het vriest [ət 'vrist]
⟨vroor, gevroren⟩
**frisch** (kühl) fris [frɪs];
(Lebensmittel) vers [vɛrs];
(Wäsche) schoon [sxo:n]
**froh** blij [blɛi]
**früh** vroeg [vrux]
**früher** (eher) eerder ['e:rdər];
(damals) vroeger ['vruxər]
**frühstücken** ontbijten [ɔnd'bɛitən]
**fühlen** voelen ['vulən]
**führen** leiden ['lɛidən]
**Führer** (für Fremde) gids [xɪts]
**füllen** vullen ['vʌlən]
**Fundbüro** bureau voor gevonden
voorwerpen [by'ro: vo:r xə'vɔndə
'vo:rwɛrpən]
**Funke** vonk [vɔŋk]
**funktionieren** funktioneren
[fʌŋkʃo:'ne:rən]
**für** voor [vo:r]
**Furcht** vrees [vre:s], angst [aŋst]
**fürchten** vrezen ['vre:zən]; **s. ~ vor**
bang zijn voor ['baŋ zɛin vo:r]
**fürchterlich** verschrikkelijk
[vər'sxrɪkələk], vreselijk ['vre:sələk]
**Fußgänger** voetganger
**Futter** voer [vu:r] n

# G

**gähnen** geeuwen ['xe:wən], gapen
['xa:pən]
**Gang** (Auto) versnelling [vər'snɛlɪŋ];
(Durchgang; Essen; Flur) gang [xaŋ]
**ganz** (gesamt) adj geheel [xə'he:l];
(vollständig) heel [he:l]; adv
helemaal [he:lə'ma:l]
**Ganze, das** ~ het geheel [ət xə'he:l],
alles ['aləs]
**gar nicht** helemaal niet [he:lə'ma:l
nit]
**Garage** garage [xa:'ra:ʒə]
**Garantie** garantie [xa:'rantsi]
**Garten** tuin [tœin]
**Gast** gast [xast]
**Gastfreundschaft** gastvrijheid
[xast'frɛihɛit]
**Gastgeber** gastheer ['xasthe:r]

**Gasthaus, Gasthof** hotel [ho:'tɛl] n,
restaurant [rɛsto:'rant] n
**Gebäude** gebouw [xə'bouw] n
**geben** geven ['xe:vən] ⟨gaf, gegeven⟩
**Gebet** gebed [xə'bɛt] n
**geboren** geboren [xə'bo:rən]
**Gebrauch** gebruik [xə'brœik] n
**gebrauchen** gebruiken [xə'brœikən]
**gebräuchlich** gebruikelijk
[xə'brœikələk]
**Gebühren** kosten ['kɔstən] pl
**Geburt** geboorte [xə'bo:rtə]
**gebürtig aus** geboren in [xə'bo:rən ɪn]
**Geburtstag** verjaardag [vər'ja:rdax];
(amtlich) geboortedatum
[xə'bo:rtədatəm]
**Gedanke** gedachte [xə'daxtə]
**Geduld** geduld [xə'dʌlt] n
**geduldig** geduldig [xə'dʌldəx]
**Gefahr** gevaar [xə'va:r] n
**gefährlich** gevaarlijk [xə'va:rlək]
**gefallen** bevallen [bə'valən] ⟨beviel,
bevallen⟩
**Gefallen, jdm einen ~ tun** iemand
een plezier doen [imant ən plə'zi:r
dun]
**Gefälligkeit** gunst [xʌnst], dienst
[dinst]
**Gefäß** vat [vat] n, bak [bak]
**Gefühl** gevoel [xə'vul] n
**gegen** (wider) tegen ['te:xən];
(zeitlich) omstreeks ['ɔmstre:ks]
**Gegend** streek [stre:k]
**Gegenstand** (Gesprächs~)
onderwerp ['ɔndərwɛrp] n, thema
['te:ma] n; (Ding) voorwerp
['vo:rwɛrp] n, ding [dɪŋ] n
**Gegenteil** tegendeel ['te:xənde:l] n;
**im ~** integendeel [in'te:xənde:l]
**gegenüber** adv/prp tegenover
[te:xən'o:vər]
**Gegenwert** tegenwaarde
['te:xənwa:rdə]
**geheim** geheim [xə'hɛim]
**gehen** gaan [xa:n] ⟨ging, gegaan⟩;
(zu Fuß) lopen ['lo:pən] ⟨liep,
gelopen⟩; **geradeaus ~** rechtdoor
gaan [rɛxt'do:r xa:n]; **vorwärts ~**
voorwaarts gaan ['vo:rwa:rts xa:n];
**zurück ~** teruggaan ['trʌx xa:n]
**gehören** (be)horen [(bə)'ho:rən]
**Gelände** terrein [tɛ'rɛin] n
**Geld** geld [xɛlt] n
**Geldstrafe** geldboete ['xɛltbutə]
**Geldstück** geldstuk ['xɛltstʌk] n
**Gelegenheit** gelegenheid
[xə'le:xənhɛit]

**gelegentlich** adv bij gelegenheid [bɛi xəˈle:xənhɛit], soms [sɔms]
**gelten** gelden [ˈxɛldən] ⟨gold, gegolden⟩
**gemein** gemeen [xəˈme:n]; (ordinär) ordinair [ɔrdiˈnɛ:r]
**gemeinsam** gemeenschappelijk [xəˈme:nˈsxapələk]
**gemischt** gemengd [xəˈmɛŋt]
**gemütlich** gezellig [xəˈzɛləx]
**genau** precies [prəˈsis], nauwkeurig [nɔuˈkʌːrəx]
**Genauigkeit** nauwkeurigheid [nɔuˈkʌːrəxhɛit], precisie [prəˈsii]
**genehmigen** inwilligen [ˈɪnwɪləxən], toestaan [ˈtusta:n] ⟨stond toe, toegestaan⟩
**genießen** genieten [xəˈnitən] ⟨genoot, genoten⟩
**genug** genoeg [xəˈnux]
**Genuß** genot [xəˈnɔt] n
**geöffnet** geopend [xəˈo:pənt]
**gerade (1)** adj recht [ˈrɛxt]
**gerade (2)** (zeitlich) zoëven [zoːˈeːvən], juist [jœist], net [nɛt]
**geradeaus** rechtdoor [rɛxˈdo:r]
**Geräusch** geluid [xəˈlœit] n
**gerecht** rechtvaardig [rɛxtˈvaːrdəx]; (richtig) billijk [ˈbɪlək]
**Gericht (1)** (Essen) gerecht [xəˈrɛxt] n, schotel [ˈsxoːtəl]
**Gericht (2)** (Justiz) rechtbank [ˈrɛxdbaŋk], gerecht(shof) [xəˈrɛxt(shɔf)] n
**gering** gering [xəˈrɪŋ]; ~er minder [ˈmɪndər]
**gern** graag [xraːx]; **nicht** ~ niet graag [nit ˈxraːx], ongaarne [ˈɔŋxaːrnə]
**Geruch** reuk [røːk], geur [xʌːr]
**Gesang** gezang [xəˈzaŋ] n
**Geschäft** (Laden) winkel [ˈwɪŋkəl]; (Handel) zaak [zaːk]
**geschehen** gebeuren [xəˈbøːrən]; **was ist** ~? wat is er gebeurd? [wat ɪz ər xəˈbʌːrt]
**Geschenk** geschenk [xəˈsxɛŋk] n, cadeau [kaːˈdoː] n
**Geschichte** geschiedenis [xəˈsxidənɪs]
**geschickt** handig [ˈhandəx]
**geschlossen** gesloten [xəˈsloːtən]
**Geschmack** smaak [smaːk]
**Geschwindigkeit** snelheid [ˈsnɛlhɛit]
**Gesellschaft** (Firma) maatschappij [maːtsxaˈpɛi]; gezelschap [xəˈzɛlsxap] (n)
**Gespräch** gesprek [xəˈsprɛk] n
**gesund** gezond [xəˈzɔnt]

**Gesundheit** gezondheid [xəˈzɔnthɛit]
**getrennt** apart [aːˈpart]
**gewähren** toestaan [ˈtusta:n] ⟨stond toe, toegestaan⟩, inwilligen [ˈɪnwɪləxən]
**gewaltig** geweldig [xəˈwɛldəx]
**Gewebe** weefsel [ˈweːfsəl] n
**Gewicht** gewicht [xəˈwɪxt] n
**Gewinn** winst [wɪnst]
**gewinnen** winnen [ˈwɪnən] ⟨won, gewonnen⟩
**gewiß** zeker [ˈze:kər]
**gewissenhaft** nauwgezet [nɔuxəˈzɛt], precies [prəˈsis]
**Gewitter** onweer [ˈɔnweːr] n
**gewöhnen, s. ~ an** wennen aan [ˈwɛnən aːn]
**Gewohnheit** gewoonte [xəˈwoːntə]
**gewöhnlich** (üblich) gewoonlijk [xəˈwoːnlək]; (ordinär) gewoontjes [xəˈwoːncəs]
**gewohnt sein** gewend zijn [xəˈwɛnt sɛin]
**gibt, es** ~ er is [ɛr ˈɪs] sg, er zijn [ɛr ˈzɛin] pl
**Gift** gif(t) [xɪf(t)] n
**giftig** giftig [ˈxɪftəx]
**Gipfel** top [tɔp], kruin [krœin]
**Gips** gips [xɪps] n
**Gitarre** gitaar [xiˈtaːr]
**Gitter** hek [hɛk] n Glas (Material; Trink~) glas [xlɑs] n
**glänzen** glanzen [ˈxlɑnzən], schitteren [ˈsxɪtərən]
**glänzend** schitterend [ˈsxɪtərənt]
**glatt** glad, effen [xlɑt, ˈɛfən]
**Glaube** geloof [xəˈloːf] n
**glauben** geloven [xəˈloːvən]
**gleich (1)** adj gelijk [xəˈlɛik]
**gleich (2)** (sofort) meteen [məˈte:n]
**gleichen** lijken op [ˈlɛikən ɔp] ⟨leek, geleken⟩, (ge)lijken [xəˈlɛikən] ⟨geleek, geleken⟩
**gleichfalls** ook zo [ˈo:k so:]
**gleichwertig** gelijkwaardig [xəlɛikˈwaːrdəx]
**gleichzeitig** gelijktijdig [xəlɛikˈtɛidəx]
**Glück** geluk [xəˈlʌk] n; **viel** ~! veel geluk [veːl xəˈlʌk], sterkte [ˈstɛrktə], succes [sʌkˈsɛs]
**glücklich** gelukkig [xəˈlʌkəx]
**Glückwunsch** felicitatie [feːlisiˈta:tsi]
**Glut** gloed [xlut]
**Gott** God [xɔt]; ~ **sei Dank!** God zij dank! [ˈxɔt sɛi ˈdaŋk], gelukkig! [xəˈlʌkəx]
**Grad** graad [xraːt] (akad.) titel [ˈtitəl]

**gratis** gratis [ˈxraːtəs]
**gratulieren** feliciteren [feˑliˑsiˈteˑrən], gelukwensen [xəˈlʌkwɛnsən] ⟨wenste geluk, gelukgewenst⟩
**Grenze** grens [xrɛns]
**Griff** *(Hand~)* greep [xreːp], handvat [ˈhantfat] *n*
**groß** groot [xroːt]
**großartig** groots [xroːts], grandioos [xrandiˈjoːs]
**Größe** *(Ausdehnung)* grootte [ˈxroːtə]; *(geistige)* grootheid [ˈxroːtheit]; *(Kleidung, Schuhe)* maat [maːt]
**Großmutter** grootmoeder [ˈxroːtmudər]
**Großvater** grootvader [ˈxroːtfadər]
**Grund** grond [ˈxrɔnt]; *(Beweg~)* reden [ˈreˑdən]
**Gruppe** groep [xrup]
**grüßen** groeten [ˈxruˑtən]
**Gulden** gulden [ˈxʌldən]
**gültig** geldig [ˈxɛldəx]
**Gültigkeit** geldigheid [ˈxɛldəxheit]
**günstig** gunstig [ˈxʌnstəx]
**gut** goed [xut]
**Gutschein** waardebon [ˈwaːrdəbɔn]

# H

**haben** hebben [ˈhɛbən] ⟨had, gehad⟩
**Hahn (1)** *(Tier)* haan [haːn]
**Hahn (2)** *(Wasser~)* kraan [kraːn]
**Haken** haak [haːk]
**halb** half [half]
**Hälfte** helft [hɛlft]
**Halle** hal [hal], zaal [zaːl]
**hallo** hallo/dag [haˈloˑ/ˈdahax]
**halt!** stop! [stɔp]
**haltbar** houdbaar [ˈhoudbaːr]
**halten** *(fest~)* (vast)houden [ˈhoudən/ˈvasthoudən] ⟨hield (vast), (vast)gehouden⟩; *(dauern)* houden [ˈhoudən]; *(ste henbleiben)* stoppen [ˈstɔpən], stilstaan [ˈstɪlstaˑn] ⟨stond stil, stilgestaan⟩
**Hammer** hamer [ˈhaˑmər]
**Hand** hand [hant]
**handgemacht** met de hand gemaakt [mɛt də ˈhant xəˈmaːkt]
**Handtasche** handtasje [ˈhantaʃə] *n*
**hängen** *(auf~)* (op)hangen [ˈhaŋən/ˈɔphaŋən] ⟨hing op, opgehangen⟩
**hart** hard [hart]
**Härte** hardheid [ˈhartheit]
**hässlich** lelijk [ˈleˑlək]

**häufig** *adv* vaak [vaːk], dikwijls [ˈdɪkwəls]
**Haupteingang** hoofdingang [ˈhoːftiŋxaŋ]
**hauptsächlich** hoofdzakelijk [hoːftˈsaˑkələk]
**Hauptstadt** hoofdstad [ˈhoːftstat]
**Haus** huis [hœis] *n* ⟨huizen⟩
**Haustür** huisdeur [ˈhœizdøːr]
**heben** (op)tillen [ˈtɪlən/ˈɔptɪlən]
**Heft** schrift [sxrɪft] *n*
**heilig** heilig [ˈhɛiləx]
**Heimat** vaderland [ˈvaˑdərlant] *n*
**heimlich** stiekem [ˈstikəm]
**Heimreise** thuisreis [ˈtœisrɛis]
**Heirat** huwelijk [ˈhywələk] *n*
**heiraten** trouwen [ˈtrouwən]
**heiß** heet [heːt]
**heißen** heten [ˈheˑtən] ⟨heette, geheten⟩
**heiter** helder [ˈhɛldər]; *(Stimmung)* vrolijk [vroˑlək]
**heizen** stoken [ˈstoˑkən]
**Heizöl** stookolie [ˈstoːkoˑli]
**hektisch** druk [drʌk]
**helfen** helpen [ˈhɛlpən] ⟨hielp, geholpen⟩
**hell** licht [lɪxt]
**herabsetzen** *(Preise)* verlagen [vərˈlaːxən]
**heraufsetzen** *(Preise)* verhogen [vərˈhoˑxən]
**herausgeben** *(Geld)* overhandigen [oˑvərˈhandəxən]
**herb** *(Wein)* droog [droːx]; *(negativ)* wrang [wraŋ]
**herein!** binnen! [ˈbɪnən]
**hereinkommen** binnenkomen [ˈbɪnəkoˑmən] ⟨kwam binnen, binnengekomen⟩
**Hering** haring [ˈhaˑrɪŋ]
**Herr** heer [heːr]; *(Anrede)* mijnheer/meneer [məˈneˑr]
**herrlich** heerlijk [ˈheˑrlək]
**Herz** hart [hart] *n*
**herzlich** hartelijk [ˈhartələk]
**Herzlichkeit** hartelijkheid [ˈhartələkheit]
**heute** vandaag [vanˈdaˑx]; ~ **abend** vanavond [vaˈnaˑvɔnt]; ~ **nacht** vannacht [vaˈnaxt]; *(heutzutage)* tegenwoor dig [teˑxəˈwoˑrdəx]
**hier** hier [hiːr]
**hierher** hierheen [ˈhiˑrheˑn]
**Hilfe** hulp [hʌlp]; **Erste** ~ eerste hulp [eːrstə ˈhʌlp]
**Himmel** hemel [ˈheˑməl]

**hinaufgehen** opstijgen ['ɔpstɛixən]
⟨steeg op, opgestegen⟩
**hinausgehen** naar buiten gaan [naːr
ˈbœitə xaːn]
**hindern** hinderen ['hɪndərən]
**hineingehen** naar binnen gaan [naːr
ˈbɪnə xaːn]
**hinlegen** neerleggen ['neːrlɛxən]; **s. ~**
gaan liggen [xaːn ˈlɪxən]
**hinsetzen, s. ~** gaan zitten [xaːn
ˈzɪtən]
**hinten** aan de achterkant [aːn də
ˈaxtərkant]
**hinter** achter ['axtər]
**hinterlassen** achterlaten ['axtərlaːtən]
⟨liet achter, achtergelaten⟩
**hinterlegen** deponeren
[deːpoːˈneːrən]
**hinuntergehen** naar beneden gaan
[naːr bəˈneːdə xaːn]
**hinzufügen** eraan toevoegen [ɛr aːn
ˈtu vuxən]
**Hobby** hobby ['hɔbi]
**hoch** hoog [hoːx]; **auf hoher See** op
volle zee [ɔp ˈvɔlə ˈzeː]
**höchstens** hoogstens ['hoːxstəns]
**Hochzeit** (Feier) bruiloft ['brœilɔft]
**Hof** (Platz) binnenplaats ['bɪnəplaːts];
(Bauern~) boerderij [buˈrdəˈrɛi];
(königl. ~) hof [hɔf] n
**hoffen** hopen ['hoːpən]
**höflich** beleefd [bəˈleːft], hoffelijk
['hɔfələk]
**Höflichkeit** beleefdheid [bəˈleːfthɛit],
attentie [aˈtɛntsi]
**Höhe** hoogte ['hoːxtə]
**Höhepunkt** hoogtepunt
['hoːxtəpʌnt] n
**holen** halen [haːlən]
**Holland** Nederland ['neːdərlant]
**Holländer/Holländerin** Nederlander/
Nederlandse ['neːdərlandər/
neːdərlantsə]
**holländisch** Nederlands
['neːdərlants]
**Holz** hout [hɔut] n
**Honorar** honorarium
[hoːnoːˈraːrijəm] n, salaris
[saːˈlaːrəs] n
**hören** horen ['hoːrən]; (zu~)
luisteren (naar) ['lœistərən (naːr)]
**Hotel** hotel [hoːˈtɛl] n
**hübsch** mooi [moːi], knap [knap]
**Hügel** heuvel ['hə˞vəl]
**Hund** hond [hɔnt]
**hundert** honderd ['hɔndərt]; ~**mal**
honderd keer [hɔndərt ˈkeːr]

**Hunger** honger ['hɔŋər]; ~ **haben**
honger hebben ['hɔŋər hɛbən]
**hungrig sein** trek hebben (in) [trɛk
ˈhɛbən (ɪn)] ⟨had, gehad⟩
**husten** hoesten ['hustən]
**Hütte** hut [hʌt], keet [keːt]

# I

**ich** ik [ɪk]
**Idee** idee [iˈdeː] n
**ihr (1)** pers prn nom pl jullie ['jʌli];
dat sing (betont) haar [haːr];
(unbetont) ze [zə]
**ihr (2)** poss prn sing haar ['haːr]; pl
hun [hʌn]
**Imbiß** snack [snɛk], hapje (eten)
['hapjə (eːtən)]
**immer** altijd ['altɛit]
**imstande sein** in staat zijn [ɪn staːt
zɛin]
**in** dat in [ɪn]; ~ **den Niederlanden** in
Nederland [ɪn 'neːdərlant]; acc naar
[naːr]; **ins Haus** naar binnen [naːr
ˈbɪnən]
**inbegriffen** inbegrepen
['ɪmbəxreːpən]
**informieren** informeren
[ɪnfɔrˈmeːrən]
**Inhalt** inhoud ['ɪnhɔut]
**Inland** binnenland ['bɪnəlant] (n)
**innen** binnen ['bɪnən]
**Innere, das** ~ binnenste ['bɪnənstə] n,
inwendige [ɪn'wɛndəxə] n; (Seele)
innerlijk [ɪnərlək] n
**innerhalb** binnen ['bɪnən]
**Insekt** insekt [ɪnsɛkt] (n)
**Insel** eiland ['ɛilant] n
**Inserat** advertentie [atərˈtɛntsi]
**interessant** interessant [ɪntərɛˈsant]
**Interesse** interesse [ɪntəˈrɛsə],
belangstelling [bəˈlaŋstɛlɪŋ]
**interessieren, s. ~ (für)** zich
interesseren (voor) [zɪx ɪntərɛˈseːrən
(voːr)]
**international** internationaal
[ɪntərnaˈʃoːˈnaːl]
**inzwischen** intussen [ɪnˈtʌsən]
**irgend etwas** (zo maar) iets [('zoː
maːr) its]
**irgendwie** op één of andere manier
[ɔp ˈeːn ɔf andərə maˈniːr]
**irgendwo** ergens ['ɛrxəns]
**irgendwohin** ergens heen [ɛrxəns ˈheːn]
**irren, s. ~** zich vergissen [zɪx
fərˈxɪsən]

**Irrtum** vergissing [vɛrˈxɪsɪŋ]
**Italien** Italië [iˈtaːlijə]
**Italiener** Italiaan [italiˈjaːn]

# J

**Jahr** jaar [jaːr] *n*
**Jahreszeit** jaargetijde [ˈjaːrxətɛidə] *n*
**jährlich** jaarlijks [ˈjaːrləks]
**je** *(jemals)* ooit [oːit]
**jeder** *adj* ieder(e) [ˈiːdər(ə)], elk(e) [ɛlk/ˈɛlkə]; *prn* iedereen [ˈiːdəreːn]
**jedesmal** elke keer [ɛlkə ˈkeːr]
**jedoch** echter [ˈɛxtər]
**jemals** ooit [oːit]
**jemand** iemand [ˈimant]
**jene** die (daar) [di (daːr)], dat (daar) [dat (daːr)]
**jenseits** aan de andere kant [aːn də andərə ˈkant]
**jetzt** nu [ny]
**jucken** jeuken [jøːkən]
**Jugend** jeugd [ˈjøːxt]
**Jugoslawe** Joegoslaaf [juxoˈslaːf]
**Jugoslawien** Joegoslavië [juxoˈslaːvijə]
**Jugoslawin** Joegoslaafse [juxoˈslaːfsə]
**jung** jong [jɔŋ]
**Junge** jongen [ˈjɔŋən]
**Junggeselle** vrijgezel [vrɛixəˈzɛl]

# K

**Kabine** *(Schiff)* hut [hʌt], cabine [kaˈbinə]; *(zum Baden)* badhokje [ˈbathɔkjə] *n*
**Kaffee** koffie [ˈkɔfi]
**Kahn** schuit [sxœit], boot [boːt]
**Kakerlake** kakkerlak [ˈkakərlak]
**kalt** koud [kɔut]
**Kanal** kanaal [kaːˈnaːl] *n*
**Kapelle** *(Gebäude)* kapel [kaːˈpɛl]; *(Musik~)* kapel [kaːˈpɛl], orkest [ɔrˈkɛst] *n*, band [bɛnt]
**kaputt** kapot [kaːˈpɔt], stuk [stʌk]
**Karte** *(Eintritts~, Fahr~)* kaartje [ˈkaːrɕə] *n*; *(Land~, Post~, Speise~)* kaart [kaːrt]
**Kasse** kas [kas], kassa [ˈkasaː]; *(Schalter)* loket [loːˈkɛt] *n*
**Katze** kat [kat]
**Kauf** koop [koːp]
**kaufen** kopen [ˈkoːpən] ⟨kocht, gekocht⟩

**Käufer** koper [ˈkoːpər]
**Kaufhaus** warenhuis [ˈwaːrəhœis] *n*
**Kaugummi** kauwgom [ˈkɔuxəm]
**kaum** nauwelijks [ˈnɔuwələks]
**Kaution** onderpand [ˈɔndərpant] *n*, garantie [xaːˈrantsi]
**kein** geen [xeːn]
**keiner** niemand [ˈnimant]
**keinesfalls** in geen geval [ɪŋ ˈxeːn xəˈval]
**kennen** kennen [ˈkɛnən]
**kennenlernen** leren kennen [leːrən ˈkɛnən]
**Kenntnis** kennis [ˈkɛnɪs]
**Kennzeichen** kenmerk [ˈkɛnmɛrk] *n; (Auto)* kenteken [ˈkɛnteːkən] *n*
**Keramik** keramiek [keːraːˈmik]
**Kerze** kaars [kaːrs]
**Kette** ketting [ˈkɛtɪŋ]
**Kind** kind [ˈkɪnt] *n* ⟨kinderen⟩
**Kissen** kussen [ˈkʌsən] *n*
**Kiste** kist [kɪst], koffer [ˈkɔfər]
**Klang** klank [klaŋk]
**klar** helder [ˈhɛldər], klaar [klaːr]
**Klasse** klas [klas]
**Kleidung** kleding [ˈkleːdɪŋ]
**klein** klein [klɛin]
**Klima** klimaat [kliˈmaːt] *n*
**Klingel** bel [bɛl]
**klingeln** bellen [ˈbɛlən]
**klug** verstandig [vɛrˈstandəx], knap [knap]
**knipsen** knippen [ˈknɪpən], *(Foto)* kieken [ˈkikən]
**Knopf** knop [knɔp]; **(auf) einen ~ drücken** op een knop drukken [ɔp ən ˈknɔp drʌkən]
**Knoten** knoop [knoːp]
**kochen** *(Wasser; Essen)* koken [ˈkoːkən]; *(Kaffee, Tee)* zetten [ˈzɛtən]
**Koffer** koffer [ˈkɔfər]
**Kohle** kool [koːl]
**Kollege** collega [kɔˈleːxaː]
**kommen** komen [ˈkoːmən] ⟨kwam, gekomen⟩
**Kompaß** kompas [kɔmˈpas] *n*
**Kondom** condoom [kɔnˈdoːm] *n*
**können** kunnen [ˈkʌnən] ⟨kon, gekund⟩; *(gelernt haben)* kennen [ˈkɛnən]
**Konsulat** consulaat [kɔnsyˈlaːt] *n*
**konsultieren** consulteren [kɔnsəlˈteːrən]
**Kontakt** contact [kɔnˈtakt] *n*
**kontrollieren** controleren [kɔntroːˈleːrən]

**Kopie** kopie [koːˈpi]
**Korb** mand [mɑnt], korf [kɔrf]
**Körper** lichaam [ˈlɪxaːm] *n*
**korrekt** correct [kɔˈrɛkt]
**Kosten** kosten [ˈkɔstən] *pl*
**kosten** kosten [ˈkɔstən]
**kostenlos** kosteloos [ˈkɔstəloːs]
**kostspielig** duur [dyːr]
**Kraft** kracht [krɑxt]
**kräftig** krachtig [ˈkrɑxtəx]
**krank** ziek [zik]
**Krankenwagen** ziekenauto/
ziekenwagen [ˈzikənɔutoː/
ˈzikəwaːxən]
**kreativ** creatief [kreˈjaːˈtif]
**Kredit** krediet [krəˈdit] *n*
**Kreuzung** *(Straße)* kruispunt
[ˈkrœispənt] *n*
**Krieg** oorlog [ˈoːrlɔx]
**kritisieren** bekritiseren [bəkritiˈzeːrən]
**Küche** keuken [ˈkøːkən]
**Kuh** koe [ku] ⟨koeien⟩
**kühl** koel [kul], kil [kɪl]
**Kultur** cultuur [kʌlˈtyːr]
**Kummer** verdriet [vərˈdrit] *n*
**kümmern, s. ~ um** zorgen voor
[ˈzɔrxən voːr]
**Kunde** klant [klɑnt]
**Kurs** *(Richtung; Wechsel~)* koers
[kuːrs]; *(Unterricht)* cursus [ˈkʌrzəs]
**Kurve** bocht [bɔxt]
**kurz** kort [kɔrt]
**kurzfristig** op korte termijn [ɔp kɔrtə tɛrˈmɛin]
**Kuß** kus [kʌs]
**küssen** kussen [ˈkʌsən]
**Küste** kust [kʌst]

# L

**lachen** lachen [ˈlɑxən] ⟨lachte, gelachen⟩
**lächerlich** belachelijk [bəˈlɑxələk]
**Laden** winkel [ˈwɪŋkəl]
**Lage** *(Situation)* toestand [ˈtustɑnt]; *(eines Ortes)* ligging [ˈlɪxɪŋ]
**Lampe** lamp [lɑmp]
**Land** land [lɑnt] *n*; *(Bundesland)* deelstaat [ˈdeːlstaːt]; *(Gegensatz zur Stadt)* platteland [plɑtəˈlɑnt] *n*
**Landgut** landgoed [ˈlɑntxut] *n*
**Landhaus** landhuis [ˈlɑnthœis] *n*
**Landsmann** landgenoot [ˈlɑntxənoːt] *n*
**lang** lang [lɑŋ]
**Länge** lengte [ˈlɛŋtə]
**langsam** langzaam [ˈlɑŋsaːm]

**langweilig** vervelend [vərˈveːlənt], saai [saːi]
**Lärm** lawaai [laːˈwaːi] *n*
**lassen** laten [ˈlaːtən] ⟨liet, gelaten⟩
**lästig** lastig [ˈlɑstəx], hinderlijk [ˈhɪndərlək]
**laufen** lopen [ˈloːpən] ⟨liep, gelopen⟩
**Laune** humeur [hyˈmʌːr] *n*
**laut** luid [lœit], hard [hɑrt]; **~ sprechen** luid spreken [lœit ˈspreːkən] ⟨sprak, gesproken⟩
**läuten** luiden [ˈlœidən]
**Lautsprecher** luidspreker [ˈlœitspreːkər]
**Leben** leven [ˈleːvən] *n*
**leben** leven [ˈleːvən]
**lebend** levend [ˈleːvənt]
**Lebensmittel** *pl* levensmiddelen [ˈleːvənsmɪdələn] *pl*
**lebhaft** levendig [ˈleːvəndəx], druk [drʌk]
**Leder** leer [leːr] *n*
**ledig** ongetrouwd [ɔŋxəˈtrɔut], ongehuwd [ɔŋxəˈhyˈwt]
**leer** leeg [leːx]
**legen** leggen [ˈlɛxən]
**lehren** leren [ˈleːrən], onderwijzen [ɔndərˈwɛizən] ⟨onderwees, onderwezen⟩
**leicht** *(einfach)* gemakkelijk [xəˈmakələk]; *(Gewicht)* licht [lɪxt]
**leider** helaas [heːˈlaːs]
**leihen** lenen [ˈleːnən]
**leise** zacht [zɑxt]; **~ sprechen** zachtjes spreken [ˈzɑxjəs spreːkən]
**Leiter/in** *(Person)* leider/leidster [ˈlɛidər/ˈlɛitstər]; *(Sache)* ladder [ˈladər]
**Leitung** *(Führung, Telefon, Gas, Wasser)* leiding [ˈlɛidɪŋ]
**lernen** leren [ˈleːrən]
**lesen** lezen [ˈleːzən] ⟨las, gelezen⟩
**letzte** laatste [ˈlaːtstə]; **~ Woche** verleden/vorige week [vərˈleːdən/ˈvɔrəxə weːk]
**leuchtend** schitterend [ˈsxɪtərənt]
**Leuchtturm** vuurtoren [ˈvyːrtoːrən]
**leugnen** ontkennen [ɔntˈkɛnən], loochenen [ˈloːxənən]
**Leute** mensen [ˈmɛnsən]
**Licht** licht [lɪxt] *n*; **~ anmachen** het licht aandoen [ət ˈlɪxt ˈaːndun] ⟨deed aan, aangedaan⟩
**lieb** lief [lif]
**Liebe** liefde [ˈlivdə]
**lieben** houden van [ˈhɔudən van] ⟨hield, gehouden⟩

**liebenswürdig** vriendelijk ['vrindələk]
**Liebenswürdigkeit** vriendelijkheid ['vrindələkhɛit]
**lieber** liever ['liːvər]; ~ **haben** liever hebben ['liːvər hɛbən]
**Liebling** lieveling ['liːvəlɪŋ]
**Lied** lied [liːt] *n*
**liefern** leveren ['leːvərən]
**liegen** liggen ['lɪxən] ⟨lag, gelegen⟩
**liegenlassen** *(vergessen)* laten liggen [laːtə 'lɪxən]
**Linie** lijn [lɛin]
**linke(r, -s)** linker [lɪŋkər], links ['lɪŋks]
**links** links ['lɪŋks]
**Liste** lijst [lɛist]
**loben** loven ['loːvən]
**Loch** gat [xaːt] *n* ⟨gaten⟩
**logisch** logisch ['loːxis]
**Lohn** loon [loːn] *n*
**Lokal** *(Gaststätte)* café [kaː'feː] *n*, restaurant [rɛsto:'rɑnt] *n*
**löschen** blussen ['blʌsən]
**lösen** losmaken ['lɔsmaːkən], bevrijden [bə'vrɛidən]
**Luft** lucht [lʌxt]
**lüften** luchten ['lʌxtən], ventileren [vɛnti'leːrən]
**Luftzug** tocht [tɔxt]
**Lüge** leugen ['løːxən]
**Lust** zin [zɪn]; **Lust auf etwas** zin in [zɪn ɪn]
**lustig** vrolijk ['vroːlək]; *(erheiternd)* grappig ['xrɑpəx]
**luxuriös** luxueus [lyksy'wøːs]
**Luxus** luxe ['lyksə], weelde ['weːldə]

# M

**machen** doen [dun] ⟨deed, gedaan⟩; *(herstellen)* maken ['maːkən]; ~ **lassen** laten maken [laːtə 'maːkən]
**Mädchen** meisje ['mɛiʃə] *n*
**mager** mager ['maːxər]
**Mahlzeit** maaltijd ['maːltɛit]
**Mal** maal [maːl], keer [keːr]; **einmal** één keer [ən 'keːr], eens [eːns]; **jedesmal** elke keer ['ɛlkə keːr]; **zweimal** twee keer ['tweː 'keːr]
**malen** schilderen ['sxɪldərən]
**man** men [mɛn]
**Mangel** gebrek [xə'brɛk] *n*
**Mann** man [mɑn]
**männlich** mannelijk ['mɑnələk]
**Mannschaft** *(Sport)* team [tiːm] *n*; *(Fußball)* elftal ['ɛlftɑl] *n*; *(Schiff)* bemanning [bə'mɑnɪŋ]

**Mappe** *(Akten~)* tas [tɑs], map [mɑp]
**Marke** *(Brief~)* zegel ['zeːxəl]; *(Handels~)* merk [mɛrk] *n*
**Maschine** machine [maː'ʃinə]
**Maß** maat [maːt]
**mäßig** matig ['maːtəx]
**Material** materiaal [maːtəri'jaːl] *n*
**Meer** zee [zeː]
**mehr** meer [meːr]; ~ **als** meer dan ['meːr dɑn]; ~ **oder weniger** min of meer ['mɪn ɔf meːr]
**mein** *(betont)* mijn [mɛin]; *(unbetont)* m'n [mən]
**meinen** *verb* menen ['meːnən]; *(jdn/etw)* bedoelen [bə'dulən]
**meinetwegen** wat mij betreft [wɑt 'mɛi bətrɛft]
**Meinung** mening ['meːnɪŋ]; **der ~ sein** van mening zijn [vɑn 'meːnɪŋ zɛin]; **meiner ~ nach** naar mijn mening [naːr 'mɛin meːnɪŋ], volgens mij ['vɔlxəns mɛi]
**melden** melden ['mɛldən]
**Menge** menigte ['meːnəxtə]; **eine ~** een hoop [ən 'hoːp]
**Mensch** mens [mɛns]
**menschlich** menselijk ['mɛnsələk]
**merken** merken ['mɛrkən], gewaarworden [xə'waːrwɔrdən] ⟨werd gewaar, gewaargeworden⟩; **s. etw ~** onthouden [ɔnt'houdən] ⟨onthield, onthouden⟩
**Messe** *(rel.)* mis [mɪs]; *(Ausstellung)* jaarbeurs ['jaːrbʌrs]
**messen** meten ['meːtən] ⟨mat, gemeten⟩
**mich** *(betont)* mij [mɛi]; *(unbetont)* me [mə]
**Miete** huur [hyːr]
**mieten** huren ['hyːrən]
**mild** mild [mɪlt], zacht [zɑxt]
**mindestens** minstens ['mɪnstəns]
**minus** min [mɪn]; *(Temperatur)* onder nul ['ɔndər nʌl]
**Minute** minuut [mi'nyt]
**mir** *(betont)* mij [mɛi]; *(unbetont)* me [mə]
**Mißbrauch** misbruik ['mɪsbrœik] *n*
**mißbrauchen** misbruiken [mɪs'brœikən]
**mißtrauen** wantrouwen ['wɑntrouwən]
**Mißverständnis** misverstand ['mɪsvərstɑnt] *n*
**mißverstehen** niet goed begrijpen [nit xut bə'xrɛipən] ⟨begreep, begrepen⟩

**mit** met [mɛt]
**mitbringen** meebrengen
['me:brɛŋən] 〈bracht mee,
meegebracht〉
**Mitleid** medelijden ['me:dəlɛidən] *n*
**mitnehmen** meenemen ['me:ne:mən]
〈nam mee, meegenomen〉
**Mittag** middag ['mɪdɑx]
**Mitte** midden ['mɪdən] *n*
**mitteilen** mededelen ['me:dede:lən]
**Mitteilung** mededeling ['me:dede:lɪŋ]
**Mittel** middel ['mɪdəl] *n*
**Mitternacht** middernacht
[mɪdər'nɑxt]; **um** ~ om middernacht
[ɔm mɪdər'nɑxt]
**Möbel** meubel [møˈbəl] *n*
**möblieren** meubileren [mø:bi'le:rən]
**Mode** mode ['mo:də]
**modern** modern [mo:'dɛrn]
**mögen** *(gern haben)* houden van
['hɔudə van] 〈hield, gehouden〉;
*(wünschen)* graag willen [xra:x
'wɪlən]
**möglich** mogelijk ['mo:xələk]; **so bald
wie** ~ zo gauw mogelijk [zo 'gɔu
'mo:xələk]
**Möglichkeit** mogelijkheid
['mo:xələkhɛit]
**Mole** havenhoofd ['ha:vənho:ft] *n*,
pier [pi:r]
**Moment** moment [momɛnt] *n*
**Monat** maand [ma:nt]
**monatlich** *adj* maandelijks
['ma:ndələks]; *adv* maandelijks
['ma:ndələks], per maand [pɛr
'ma:nt]
**Mond** maan [ma:n]
**Morgen** morgen ['mɔrxən], ochtend
['ɔxtənt]; **am** ~ 's ochtends
['sɔxtənts]
**Möwe** meeuw ['me:w]
**Mücke** mug [mʌx]
**müde** moe [mu], vermoeid [vər'muit];
~ **werden** moe worden ['mu wɔrdən]
**Mühe** moeite ['muitə]; **s.** ~ **geben**
zich inspannen [zɪx 'ɪnspɑnən],
moeite doen ['muitə dun]
**Müll** vuilnis [vœilnəs] *n*, afval ['ɑfɑl] *n*
**Mülltonne** vuilnisbak ['vœilnəsbɑk]
**münden** *(Fluß)* uitmonden
['œitmɔndən]; *(Straße)* uitlopen
['œitlo:pən] 〈liep uit, uitgelopen〉,
uitkomen ['œitko:mən] 〈kwam uit,
uitgekomen〉
**Mündung** monding ['mɔndɪŋ]
**Münze** munt ['mʌnt]
**Musik** muziek [my'zik]

**müssen** moeten ['mutən] 〈moest,
gemoeten〉
**Muster** patroon [pa:'tro:n] *n; (Probe)*
staal [sta:l] *n*
**Mutter** moeder ['mudər]

# N

**nach** *(zeitlich)* na [na:]; *(räumlich)*
naar [na:r]; ~ **Holland** naar
Nederland [na:r 'ne:dərlɑnt];
~ **Utrecht** naar Utrecht [na:r 'ytrɛxt]
**Nachbar/in** buurman/buurvrouw
['by:rmɑn/by:rvrɔu]
**nachgehen** *(Uhr)* achterlopen
['ɑxtərlo:pən] 〈liep achter,
achtergelopen〉
**nachher** later ['la:tər], naderhand
[na:dər'hɑnt]
**nachlässig** nalatig [na:'la:təx], slordig
['slɔrdəx]
**Nachmittag** middag ['mɪdɑx],
namiddag [na:'mɪdɑx]
**nachprüfen** narekenen ['na:re:kənən]
**Nachricht** bericht [bə'rɪxt] *n;* ~**en**
nieuws [ni:ws] *n sing*
**nachsehen** nakijken ['na:ɛikən] 〈keek
na, nagekeken〉
**nächste** (eerst)volgende ['vɔlxəndə/
e:rst'fɔlxəndə]
**Nacht** nacht [nɑxt]; **bei** ~ 's nachts
['snɑxts]; **heute nacht** vannacht
[vɑ'nɑxt]
**Nachteil** nadeel ['na:de:l] *n*
**nackt** naakt [na:kt]
**Nadel** naald ['na:lt]
**Nagel (1)** *(Stift)* spijker ['spɛikər]
**Nagel (2)** *(Finger~)* nagel ['na:xəl]
**nahe** dichtbij [dɪx'bɛi], vlakbij
[vlɑg'bɛi]; ~ **bei** nabij [na:'bɛi]
**Nähe** nabijheid [na:'bɛihɛit], buurt
['by:rt]; **in der** ~ **von** in de buurt van
[ɪn də 'by:rt vɑn]
**nähern, s.** ~ naderen ['na:dərən],
dichterbij komen [dɪxtər'bɛi ko:mən]
〈kwam, gekomen〉
**nahrhaft** voedzaam ['vutsa:m]
**Nahrung** voeding ['vudɪŋ]
**Nahrungsmittel** *pl*
voedingsmiddelen ['vudɪŋsmɪdələn]
**Name** naam [na:m]
**naß** nat [nɑt]
**Nation** natie ['na:tsi]
**Natur** natuur [na:'ty:r]
**natürlich** natuurlijk [na:'ty:rlək]

**Nebel** mist [mɪst]
**Nebelbänke** mistbanken
['mɪstbɑŋkən] *pl*
**neben** naast [nɑːst]
**neblig** mistig [mɪstəx]
**Neffe** neef [neːf]
**negativ** negatief [neˑxɑˈtif]
**nehmen** nemen [ˈneˑmən] ⟨nam,
genomen⟩
**nennen** noemen [ˈnumən]
**nervös** zenuwachtig [ˈzeˑnywɑxtəx],
nerveus [nɛrˈvøˑs]
**nett** aardig [ˈɑːrdəx]
**Netz** net [nɛt] *n*
**neu** nieuw [niːw]
**neugierig** nieuwsgierig
[niːwsˈxiˑrəx]
**Neuheit** nieuwigheid [ˈniˑwəxhɛit],
iets nieuws [its niws]
**Neuigkeit** nieuwtje [ˈniˑwcə] *n*,
nieuws [niːws] *n*
**neulich** onlangs [ɔnˈlɑŋs]
**nicht** niet [nit]; ~ **einmal** niet één
keer [nit ˈeˑn keˑr], niet eens [nit
eˑns]; ~ **wahr**? nietwaar? [nitˈwɑːr];
**gar** ~ helemaal niet [heˑləˈmɑːl nit];
**noch** ~ nog niet [nɔx nit]
**Nichte** nicht [nɪxt]
**nichts** niets [nits]; **sonst** ~ verder
niets [vɛrdər ˈnits]
**nie** nooit [noˑit]
**nieder, niedrig** laag [lɑːx]
**Niederlande** Nederland [ˈneˑdərlɑnt]
**Niederländer/in** Nederlander/
Nederlandse [ˈneˑdərlɑndər/
ˈneˑdərlɑntsə]
**niederländisch** Nederlands
[ˈneˑdərlɑnts]
**niemand** niemand [ˈnimɑnt]
**niesen** niesen [ˈnisən]
**nirgends** nergens [ˈnɛrxəns]
**noch** nog [nɔx]; ~ **immer** nog steeds
[nɔx ˈsteˑts]; ~ **nicht** nog niet [ˈnox
nit]
**Nonne** non [nɔn]
**Norden** noorden [ˈnoˑrdən] *n*
**nördlich** noordelijk [ˈnoˑrdələk];
~ **von** ten noorden van [tɛn ˈnoˑrdən
vɑn]
**Nordsee** Noordzee [ˈnoˑrtseˑ]
**normal** normaal [nɔrˈmɑːl]
**normalerweise** normaal gesproken
[nɔrˈmɑːl xəˈsproˑkən]
**Notfall, im** ~ in geval van nood [ɪŋ
xəˈvɑl vɑn noˑt]
**notieren** noteren [noˑˈteˑrən]
**nötig** nodig [ˈnoˑdəx]

**notwendig** noodzakelijk
[noˑtˈsɑˑkələk]
**Notwendigkeit** noodzakelijkheid
[noˑtˈsɑˑkələkhɛit]
**nüchtern** nuchter [ˈnʌxtər]
**numerieren** nummeren [ˈnʌmərən]
**Nummer** nummer [ˈnʌmər] *n*
**nun** nu [ny]
**nur** slechts [slɛxts]
**nützlich** nuttig [ˈnʌtəx]
**nutzlos** nutteloos [ˈnʌtəloˑs]

# O

**ob** of [ɔf]
**oben** boven [ˈboˑvən]; **dort** ~
daarboven [dɑˑrˈboˑvən]; **nach** ~
naar boven [nɑˑrˈboˑvən]
**obwohl** hoewel [huˈwɛl]
**oder** of [ɔf]
**Ofen** kachel [ˈkɑxəl]; *(Backofen)*
oven [ˈoˑvən]
**offen** open [ˈoˑpən]
**öffentlich** publiek [pyˈblik]; *adv* in het
openbaar [ɪn ət oˑpənˈbɑˑr]
**offiziell** officieel [ɔfiˈʃeˑl]
**öffnen** openen [ˈoˑpənən]
**Öffnungszeit** openingstijd
[ˈoˑpənɪŋstɛit]
**oft** vaak [vɑˑk], dikwijls [ˈdɪkwɛils,
ˈdɪkwəls]
**ohne** zonder [ˈzɔndər]
**ohnmächtig** bewusteloos
[bəˈwʌstəloˑs]
**Öl** olie [ˈoˑli]
**Onkel** oom [oˑm]
**operieren** opereren [oˑpəˈreˑrən]
**Orden** *(rel.)* orde [ˈɔrdə];
*(Auszeichnung)* onderscheiding
[ɔndərˈsxɛidɪŋ]
**ordentlich** *(geordnet)* ordelijk
[ˈɔrdələk], net [ˈnɛt]; *(Mensch)*
fatsoenlijk [fɑtˈsunlək]
**Ordnung** orde [ˈɔrdə], regeling
[ˈreˑxəlɪŋ]
**Ort** plaats [plɑːts]
**Ortschaft** plaatsje [ˈplɑːtʃə] *n*
**Osten** oosten [ˈoˑstən] *n*
**Österreich** Oostenrijk [ˈoˑstərɛik]
**Österreicher/in** Oostenrijker/
Oostenrijkse [ˈoˑstərɛikər/
ˈoˑstərɛiksə]
**Ozean** oceaan [oˑseˑˈjɑˑn]

# P

**Paar** paar [pɑːr] *n*
**paar, ein** ~ een paar [ən ˈpɑːr]
**Päckchen** pakje [ˈpakjə] *n*
**packen** pakken [ˈpakən]
**Packung** verpakking [vərˈpakɪŋ]
**Paket** pakket [pɑˈkɛt] *n*
**Panorama** panorama [pɑːnoːˈrɑːmɑː] *n*
**Park** park [pɑrk] *n*
**parken** parkeren [pɑrˈkeːrən]
**Party** party [ˈpɑrti]
**Paß** *(Ausweis)* paspoort [ˈpɑspoːrt] *n*
**Passage** passage [pɑˈsɑːʒə]
**passen** passen [ˈpasən]
**passieren** *(vorbeigehen)* passeren [pɑˈseːrən]; *(geschehen)* gebeuren [xəˈbʌːrən]
**Pauschale** vast bedrag [vɑst bəˈdrɑx] *n*
**Pelz** bont [bɔnt] *n*
**Peripherie** periferie [peːrifəˈriː]
**Person** persoon [pɛrˈsoːn]
**Personal** personeel [pɛrsoːˈneːl] *n*
**Personalien** *pl* personalia [pɛrsoːˈnɑːliɑː] *pl*
**persönlich** persoonlijk [pɛrˈsoːnlək]
**Pfad** pad [pɑt] *n*
**Pfand** (onder)pand [pɑntˈɔndərpɑnt] *n*; *(Flaschen)* statiegeld [ˈstɑːtsixɛlt] *n*
**Pfeife** fluitje [ˈflœicə] *n*; *(Tabaks~)* pijp [pɛip]
**Pflanze** plant [plɑnt]
**Pflicht** plicht [plɪxt]
**pflücken** plukken [ˈplʌkən]
**Plakat** aanplakbiljet [ˈɑmplɑɡbɪljɛt] *n*
**Plan** plan [plɑn] *n*; *(Stadt~)* plattegrond [plɑtəˈxrɔnt]
**Plastik** plastic [plɛstək] *(n)*
**Platte** *(zum Anrichten)* schotel [ˈsxoːtəl]; *(Schall~)* plaat [plɑːt]
**Platz** *(in der Stadt)* plein [plɛin] *n*; *(Raum; Sitz)* plaats [plɑːts]
**platzen** klappen [ˈklɑpən]
**plötzlich** *adv* plotseling [ˈplɔtsəlɪŋ]
**plus** plus [plʌs], *(Temperatur)* boven nul [ˈboːvə nʌl]
**Polder** polder [ˈpɔldər]
**Politik** politiek [poːliˈtik]
**positiv** positief [poːsiˈtif]
**Post** post [pɔst]; *(Postamt)* postkantoor [ˈpɔstkɑntoːr] *n*; **auf die** ~ op de post [ɔp də pɔst]
**praktisch** praktisch [ˈprɑktis]
**Predigt** preek [preːk]
**Preis** prijs [prɛis]
**Priester** priester [ˈpristər]

**prima** prima [ˈprimɑː]
**privat** privé [priˈve], particulier [pɑrtikyˈliːr]
**pro** voor [voːr]
**Probe** proef [pruf]
**Produkt** produkt [proːˈdʌkt] *n*
**Programm** programma [proːˈxrɑmɑː] *n*
**Prospekt** prospektus [prɔsˈpɛktəs]
**protestieren** protesteren [proːtɛsˈteːrən]
**provisorisch** provisorisch [proːviˈzoːris]
**Prozent** procent [proːˈsɛnt] *n*
**Prozentsatz** percentage [pɛrsɛnˈtɑːʒə] *n*
**Prozession** processie [proːˈsɛsi]
**prüfen** *(Examen)* examineren [ɛksɑːmiˈneːrən]; *(Qualität)* toetsen [ˈtutsən]
**Prüfung** *(Examen)* examen [ɛkˈsɑːmən] *n*; *(Qualität)* onderzoek [ˈɔndərzuk] *n*
**Publikum** publiek [pyˈblik] *n*
**Pulver** poeder [ˈpudər] *n*; *(mil)* kruit [krœit] *n*
**Punkt** punt [pʌnt] *n*; *(Satzzeichen)* punt [pʌnt] *m*
**pünktlich** stipt [stɪpt], nauwkeurig [nɔuwˈkøːrəx]
**Puppe** pop [pɔp]
**putzen** poetsen [ˈputsən], schoonmaken [ˈsxoːnmɑːkən]

# Q

**Qualität** kwaliteit [kwaːliˈtɛit]
**Qualle** kwal [kwɑl]
**Quelle** bron [brɔn]
**quer durch** dwars door [dwɑrs doːr]
**quittieren** kwiteren [kwiˈteːrən]
**Quittung** kwitantie [kwiˈtɑnsi]

# R

**Rabatt** korting [ˈkɔrtɪŋ]
**Radio** radio [ˈrɑːdijoː]
**Rand** rand [rɑnt]
**rasch** snel [snɛl], vlug [vlʌx]
**Rasen** grasveld [ˈxrɑsfɛlt] *n*, gazon [xɑːˈzɔn] *n*
**rasieren** scheren [ˈsxeːrən] ⟨schoor, geschoren⟩
**Rat** raad [rɑːt]; **jdn um** ~ **fragen** iemand om raad vragen [imɑnt ɔm ˈrɑːt frɑːxən]

**raten** *(Rat erteilen)* raad geven [ˈraːt xeːvən] ⟨gaf, gegeven⟩; *(er~)* raden [ˈraːdən] ⟨raadde/ried, geraden⟩
**Rauch** rook [roːk]
**rauchen** roken [ˈroːkən]
**Raum** *(Platz)* ruimte [ˈrœimtə]; *(Zimmer)* kamer [ˈkaːmər], vertrek [vərˈtrɛk] *n*
**rechnen** rekenen [ˈreːkənən]
**Rechnung** rekening [ˈreːkənɪŋ]
**Recht** recht [rɛxt] *n*
**recht haben** gelijk hebben [xəˈlɛik ˈhɛbən]
**rechte(r, -s)** rechter [ˈrɛxtər], rechts [rɛxts]
**rechts** rechts [rɛxts]
**rechtzeitig** *adv* tijdig [ˈtɛidəx], bijtijds [bɛiˈtɛits]
**reden** praten [praːtən], spreken [spreːkən] ⟨sprak, gesproken⟩
**regelmäßig** regelmatig [reːxəlˈmaːtəx], geregeld [xəˈreːxəlt]
**regeln** regelen [ˈreːxələn]
**Regierung** regering [rəˈxeːrɪŋ]
**regnen** regenen [ˈreːxənən]
**reich** rijk [rɛik]
**reichen** *(genug~)* genoeg zijn [xəˈnux sɛin]; *(geben)* (aan)reiken [ˈrɛikən/ˈaːnrɛikən], aangeven [ˈaːŋxeːvən] ⟨gaf aan, aangegeven⟩; *(s. erstrecken)* zich uitstrekken [zɪx ˈœitstrɛkən]
**reichlich** rijkelijk [ˈrɛikələk]
**Reichtum** rijkdom [ˈrɛikdɔm]
**reif** rijp [rɛip]
**Reihe** rij [rɛi]; **an der ~ sein** aan de beurt zijn [aːn də ˈbʌːrt sɛin]
**reinigen** schoonmaken [ˈsxoːmaːkən]; *(chemisch)* stomen [ˈstoːmən]
**Reinigung** *(Geschäft)* stomerij [stoːməˈrɛi]
**Reise** reis [rɛis]; **auf ~n** op reis [ɔp ˈrɛis]
**Reiseführer** gids [xɪts]
**Reisegesellschaft** reisgezelschap [ˈrɛisxəzɛlsxɑp] *n*, reisgroep [ˈrɛisxrup]
**reisen** reizen [ˈrɛizən]
**Reisende, der** ~ reiziger [ˈrɛizəxər]; **die** ~ reizigster [ˈrɛizəxstər]
**Reiseroute** reisroute [ˈrɛisrutə]
**reißen** *(ziehen)* trekken [ˈtrɛkən] ⟨trok, getrokken⟩; *(kaputtgehen)* scheuren [ˈsxʌːrən]
**Reklame** reclame [rəˈklaːmə]
**reklamieren** reclameren [reːklaːˈmeːrən]

**rennen** rennen [ˈrɛnən]
**Reparatur** reparatie [reːpaːˈraːtsi]
**reparieren** repareren [reːpaːˈreːrən]
**reservieren** reserveren [reːsɛrˈveːrən]
**Rest** rest [rɛst], restant [rɛsˈtant] *n*, overschot [ˈoːvərsxɔt] *n*
**Restaurant** restaurant [rɛstoːˈrant] *n*
**retten** redden [ˈrɛdən]
**Revue** *(Vorstellung)* revue [rəˈvy]
**richtig** *(Gegensatz zu falsch)* juist [jœist], waar [ˈwaːr]; *(geeignet)* geschikt [xəˈsxɪkt]
**richtigstellen** rechtzetten [ˈrɛxtsɛtən]
**Richtung** richting [ˈrɪxtɪŋ]
**riechen** ruiken [ˈrœikən] ⟨rook, geroken⟩
**Riegel** *(Verschluß)* grendel [ˈxrɛndəl], *(Schokoladen~)* reep [reːp]
**Riemen** riem [rim]
**Ring** ring [rɪŋ]
**Risiko** risico [ˈrisikoː] *n*
**Rohr** buis [bœis], pijp [pɛip]
**Route** route [ˈrutə]
**Rucksack** rugzak [ˈrʌxsɑk]
**Rücksicht** consideratie [kɔnsidəˈraːtsi]
**rücksichtslos** nietsontziend [ˈniːtsɔntsint], meedogenloos [meːˈdoːxəloːs]
**rückwärts** achteruit [ɑxtəˈrœit]
**rufen** roepen [ˈrupən] ⟨riep, geroepen⟩
**Ruhe** rust [ˈrʌst]; *(seelisch)* kalmte [ˈkɑlmtə]; *(Stille)* stilte [ˈstɪltə]
**ruhen** *(aus~)* rusten [ˈrʌstən]
**ruhig** rustig [ˈrʌstəx], stil [stɪl]
**rund** rond [rɔnt]
**Runde** rondje [ˈrɔncə] *n*

# S

**Saal** zaal [zaːl]
**Sache** *(Ding; Angelegenheit)* zaak [zaːk]
**Sack** zak [zɑk]
**sagen** zeggen [ˈzɛxən] ⟨zei, gezegd⟩
**Saison** seizoen [sɛiˈzun] *n*; **außerhalb der** ~ buiten het seizoen [bœitən ət sɛiˈzun]
**sammeln** *(Briefmarken etc.)* verzamelen [vərˈzaːmələn]; *(auf~)* oprapen [ˈɔpraːpən]
**Sammlung** verzameling [vərˈzaːməlɪŋ]
**satt** verzadigd [vərzaːdəxt]; **es satt haben** het beu zijn [ət bøː zɛin]

A/Z

**Satz** zin [zɪn]; *(Sprung)* sprong [sprɔŋ]
**sauber** schoon [sxo:n], helder ['hɛldər]
**sauer** zuur [zy:r]
**Schachtel** doos [do:s]; *(Zigaretten)* pakje ['pakjə] *n*
**schade, es ist** ~ het is jammer [ət ɪs 'jamər]; **wie** ~! wat jammer! [wat 'jamər]
**schaden** schaden ['sxa:dən], kwaad doen [kwa: dun]
**Schaden** schade ['sxa:də]; *(Nachteil)* nadeel ['na:de:l] *n*
**Schadenersatz** schadevergoeding ['sxa:dəvərˌxudɪŋ]
**schädlich** schadelijk ['sxa:dələk]
**Schaf** schaap [sxa:p] *n*
**schaffen** scheppen ['sxɛpən] ⟨schiep, geschapen⟩
**Schalter** *(Bahnhof, Bank)* loket [lo:'kɛt] *n; (el)* schakelaar [sxa:kə'la:r]
**scharf** *(Messer)* scherp [sxɛrp], *(Essen)* heet [he:t]
**Schatten** schaduw ['sxa:dyw]
**schätzen** *(gut finden)* waarderen [wa:r'de:rən]; *(taxieren)* schatten ['sxatən]
**schauen** kijken ['kɛikən] ⟨keek, gekeken⟩
**Schaufenster** etalage [e:ta:'la:ʒə]
**Scheibe (1)** *(Fenster)* ruit [rœit]
**Scheibe (2)** *(Brot)* snee [sne:]; *(Wurst, Käse)* schijfje ['sxɛifjə] *n*, plakje ['plakjə] *n*
**Schein (1)** *(Geld)* biljet [bɪl'jɛt] *n*
**Schein (2)** *(Anschein)* schijn [sxɛin]
**scheinen** schijnen ['sxɛinən] ⟨scheen, geschenen⟩
**schenken** schenken ['sxɛŋkən] ⟨schonk, geschonken⟩
**Schere** schaar [sxa:r]
**Scherz** grapje ['xrapjə] *n*
**schicken** sturen [sty:rən]
**schieben** schuiven ['sxœivən] ⟨schoof, geschoven⟩
**schießen** schieten ['sxitən] ⟨schoot, geschoten⟩
**Schild** bord [bɔrt] *n*
**Schilf** riet [rit] *n*
**schimpfen** schelden [sxɛldən] ⟨scholdt, gescholden⟩
**Schirm** paraplu [pa:ra:'ply]
**Schlaf** slaap [sla:p]
**schlafen** slapen ['sla:pən] ⟨sliep, geslapen⟩

**Schlag** slag [slɑx], klap [klɑp]
**schlagen** *(auch Uhr)* slaan [sla:n] ⟨sloeg, geslagen⟩
**Schlamm** slik [slɪk] *n*, modder ['mɔdər]
**Schlange** *(Tier)* slang [slɑŋ]; *(Menschen~)* rij [rɛi]; *(Auto~)* file ['filə]; ~ **stehen** in de rij staan [ɪn də 'rɛi sta:n]
**schlank** slank [slɑŋk]
**schlau** slim [slɪm], sluw [slyw]
**Schlauch** binnenband ['bɪnəbant]; *(Wasser~)* slang [slɑŋ]
**schlecht** slecht [slɛxt]
**Schleuse** sluis [slœis]
**schließen** sluiten ['slœitən] ⟨sloot, gesloten⟩
**schlimm** erg [ɛrx], slecht [slɛxt]
**Schloß (1)** *(Gebäude)* slot [slɔt] *n*, kasteel [kas'te:l] *n*
**Schloß (2)** *(Tür)* slot [slɔt] *n*
**Schluck** slok [slɔk]
**Schluß** *(Ende)* slot [slɔt] *n*
**schmal** smal [smal]
**schmecken** smaken ['sma:kən]
**schmerzen** pijn doen ['pɛin dun] ⟨deed; gedaan⟩
**schmerzhaft** pijnlijk ['pɛinlək]
**schminken, s.** ~ zich opmaken [zɪx 'ɔpma:kən]
**schmuggeln** smokkelen [smɔkələn]
**Schmutz** vuil [vœil] *n*
**schmutzig** vuil [vœil], smerig ['sme:rəx]
**schnarchen** snurken ['snʌrkən]
**schneiden** snijden ['snɛidən] ⟨sneed, gesneden⟩
**schneien** sneeuwen ['sne:wən]
**schnell** snel [snɛl], vlug [vlʌx]
**Schnelligkeit** snelheid ['snɛlhɛit]
**Schnellimbiß** snack [snɛk]
**Schnur** snoer [snu:r] *n*
**Schnürsenkel** veter [fe:tər]
**schon** al [al]
**schön** mooi ['mo:i]
**Schönheit** schoonheid ['sxo:nhɛit]
**schrecklich** verschrikkelijk [vər'sxrɪkələk]
**schreiben** schrijven ['sxrɛivən] ⟨schreef, geschreven⟩
**schreien** schreeuwen ['sxre:wən]
**Schrift** *(Hand~)* schrift [sxrɪft] *n*
**schriftlich** schriftelijk ['sxrɪftələk]
**Schritt** pas [pas], stap [stap]
**Schuh** schoen [sxun]
**Schuhcreme** schoensmeer ['sxunsme:r]

**Schuld** schuld [sxʌlt]
**schulden** schuldig zijn [ˈsxʌldəx sɛin]
**Schule** school [sxoːl]
**Schuß** schot [sxɔt] *n*
**Schutz** bescherming [bəˈsxɛrmɪŋ]
**schwach** zwak [zwɑk]
**Schwäche** zwakte [ˈzwɑktə]
**Schwager** zwager [ˈzwaːxər]
**Schwägerin** schoonzus(ter)
[ˈsxoːnzəs(tər)]
**schwanger** zwanger [ˈzwɑŋər]
**Schweigen** zwijgen [ˈzwɛixən] *n*
**schweigen** zwijgen [ˈzwɛixən]
⟨zweeg, gezwegen⟩
**Schweiz** Zwitserland [ˈzwɪtsərlɑnt]
**Schweizer/in** Zwitser/Zwitserse
[ˈzwɪtsər(sə)]
**schwer** *(Gewicht)* zwaar [zwaːr];
*(Krankheit)* ernstig [ˈɛrnstəx];
*(schwierig)* moeilijk [ˈmuilək]
**Schwester** zus(ter) [zʌs/zʌstər]; *(Kranken~)* verpleegster [vərˈpleːxstər],
zuster [ˈzʌstər]; *(Ordens~)* (klooster-)
zuster [ˈ(kloːstər)zʌstər]
**schwierig** moeilijk [ˈmuilək], lastig
[ˈlɑstəx]
**Schwierigkeit** moeilijkheid
[ˈmuiləkhɛit]
**schwimmen** zwemmen [ˈzwɛmən]
⟨zwom, gezwommen⟩
**schwindeln** oneerlijk zijn [ɔnˈeːrlək
zɛin]; **mich schwindelt** ik ben
duizelig [ɪg bɛn ˈdœizələx]
**Schwindler** bedrieger [bəˈdrixər]
**schwindlig** duizelig [ˈdœizələx]
**schwitzen** zweten [ˈzweːtən],
transpireren [trɑnspiˈreːrən]
**See (1)** *(Meer)* f zee [zeː] **auf hoher ~**
in volle zee [ɪn ˈvɔlə zeː], buitengaats
[bœitəˈxaːts]
**See (2)** *(Binnengewässer)* m meer
[meːr] *n*
**Seeigel** zeeëgel [ˈzeːeːxəl]
**sehen** zien [zin] ⟨zag, gezien⟩
**sehr** zeer [zeːr], erg [ɛrx]
**Seil** touw [tɔuw] *n*, kabel [ˈkaːbəl]
**sein (1)** *verb* zijn [zɛin] ⟨was,
geweest⟩
**sein (2)** *(betont) poss prn* zijn [zɛin];
*(unbetont)* z'n [zən]
**seit** *prp/conj* sinds [sɪnts], sedert
[ˈseːdərt]; ~ **wann?** sinds wanneer?
[sɪnts waˈneːr]
**seitdem** *adv* sindsdien [sɪntsˈdin]
**Seite** zij(de) [zɛi/zɛidə], kant [kɑnt];
*(Buch~)* bladzij(de) [ˈblɑtsɛi(də)],
pagina [ˈpaːxinaː]

**Sekunde** seconde [səˈkɔndə]
**selbst, von ~** vanzelf [vɑnˈzɛlf]
**Selbstbedienung** zelfbediening
[zɛlfbədinɪŋ]
**selten** *adj* zeldzaam [ˈzɛltsaːm]; *adv*
zelden [ˈzɛldən]
**senden** *(schicken)* zenden [ˈzɛndən]
⟨zond, gezonden⟩
**Sendung** *(Radio, Fernsehen)*
uitzending [ˈœitsendɪŋ]
**servieren** serveren [sɛrˈveːrən]
**setzen** zetten [ˈzɛtən], plaatsen
[ˈplaːtsən]; **s. ~** gaan zitten [xaːn
ˈzɪtən]
**Sex** seks [sɛks]
**sicher** *(gewiß) adv* zeker [ˈzeːkər];
*(geschützt)* veilig [ˈvɛiləx]
**Sicherheit** *(Gewißheit)* zekerheid
[ˈzeːkərhɛit]; *(Schutz)* veiligheid
[ˈvɛiləxhɛit]; *(Garantie)* garantie
[xaːˈrɑntsi]
**Sicherung** *(el)* zekering [ˈzeːkərɪŋ]
**Sicht** zicht [zɪxt] *n*, visie [ˈvizi]
**sichtbar** zichtbaar [ˈzɪxtbaːr]
**sie** *nom sg* zij [zɛi]; *acc sing* haar
[haːr]; *nom pl* zij [zɛi]; *acc pl*
*(Person)* hen [hɛn]; *(unbetont*
*überall)* ze [zə]
**Sie** u [y]
**Signal** signaal [siˈnjaːl] *n*
**singen** zingen [ˈzɪŋən] ⟨zong,
gezongen⟩
**Sinn** *(Bedeutung)* zin [zɪn]
**Sitz** zitplaats [ˈzɪtplaːts]; *(einer*
*Firma)* adres [aːˈdrɛs] *n*, standplaats
[ˈstɑntplaːts]
**sitzen** zitten [ˈzɪtən] ⟨zat, gezeten⟩
**so** zo [zoː]
**sofort** direct [diˈrɛkt], meteen
[məˈteːn]
**sogar** zelfs [zɛlfs]
**Sohn** zoon [zoːn]
**solange als** zolang [zoːˈlɑŋ]
**solch** zo'n [zoːn], zulk [zʌlk]
**sollen** moeten [ˈmutən], zullen
[ˈzʌlən] ⟨zou, -⟩
**Sonder ...** extra ... [ˈɛkstra], speciale
[speˈʃaːlə]
**sondern** maar [maːr]; **nicht nur ...**
~ **auch** niet alleen ... , maar ook [nit
aˈleːn ... maːr ˈoːk]
**Sonne** zon [zɔn]
**Sonnenaufgang, bei ~** bij
zonsopgang [bɛi zɔnsˈɔpxɑŋ]
**Sonnenbrille** zonnebril [ˈzɔnəbrɪl]
**Sonnenuntergang, bei ~** bij
zonsondergang [bɛi zɔnsˈɔndərxɑŋ]

**sonnig** zonnig ['zɔnəx]
**sonst** anders ['andərs]; *(außerdem)* verder ['vɛrdər]
**Sorge** zorg [zɔrx]
**sorgen,** ~ **für** zorgen voor [zɔrxən 'voːr]; **s.** ~ **um** zich zorgen maken over [zɪx 'zɔrxən maːkən 'oːvər]
**Sorgfalt** zorg [zɔrx], zorgvuldigheid [zɔrx'fʌldəxhɛit]
**sorgfältig** zorgvuldig [zɔrx'fʌldəx]
**Sorte** soort [soːrt]
**Spanien** Spanje ['spanjə]
**Spanier** Spanjaard ['spanjaːrt]
**sparen** sparen ['spaːrən]
**Spaß** *(Scherz)* grap [xrap], scherts [sxɛrts]; *(Vergnügen)* plezier [plə'ziːr] *n*
**spät** laat [laːt]
**später** later ['laːtər], straks [straks]
**spazierengehen** gaan wandelen [xaːn 'wandələn] ⟨ging, gegaan⟩
**Spaziergang** wandeling ['wandəlɪŋ]; **einen** ~ **machen** een wandeling maken [ən 'wandəlɪŋ maːkən]
**Sperre** controle [kɔn'troːlə]
**Spesen** kosten ['kɔstən], onkosten ['ɔŋkɔstən]
**speziell** speciaal [spe'ʃaːl]
**spielen** spelen ['speːlən]
**Spielzeug** speelgoed ['speːlxut] *n*
**Spiritus** *(Brenn~)* spiritus ['spiritəs]
**spitz** spits [spɪts]
**Spitze** spits ['spɪts], punt ['pʌnt]; *(Gebirge)* top [tɔp]; *(Gewebe)* kant [kant]
**Sport** sport [spɔrt]
**Sprache** taal [taːl]
**sprechen** spreken ['spreːkən] ⟨sprak, gesproken⟩
**springen** springen ['sprɪŋən] ⟨sprong, gesprongen⟩
**Spur** spoor [spoːr] *n*; *(Verkehr)* rijstrook ['rɛistroːk]
**Staat** staat [staːt]
**Stadt** stad [stat] ⟨steden⟩
**Stadtplan** (stads)plattegrond [platə'xrɔnt/statsplatəxrɔnt]
**stammen** stammen ['stamən]
**Stange** stang [staŋ]
**stark** *(kräftig)* sterk [stɛrk]; *(beleibt)* corpulent [kɔrpy'lɛnt]; *(dick)* dik [dɪk]
**Stärke** sterkte ['stɛrktə]; *(Dicke)* dikte ['dɪktə]
**starten** starten ['startən]
**statt** in plaats van [ɪm plaːts 'fan]
**stattfinden** plaatsvinden ['plaːtsfɪndən] ⟨vond plaats, plaatsgevonden⟩

**Staub** stof [stɔf] *n*
**stechen** steken ['steːkən] ⟨stak, gestoken⟩
**Stecknadel** speld [spɛlt]
**Steg** steiger ['stɛixər]
**stehen** staan [staːn] ⟨stond, gestaan⟩
**stehenbleiben** *(anhalten)* blijven staan [blɛivən 'staːn] ⟨bleef staan, is blijven staan⟩
**stehlen** stelen ['steːlən] ⟨stal, gestolen⟩
**steigen** stijgen ['stɛixən] ⟨steeg, gestegen⟩
**steil** steil [stɛil]
**Stein** steen [steːn]
**steinig** steenachtig ['steːnaxtəx]
**Stelle** *(Ort)* plaats [plaːts]; *(Arbeit)* betrekking [bə'trɛkɪŋ]; baan [baːn]
**stellen** neerzetten ['neːrzɛtən]
**Stellung** positie [poː'zitsi]; *(An~)* betrekking [bə'trɛkɪŋ]
**Stempel** stempel ['stɛmpəl] *n*
**sterben** sterven ['stɛrvən] ⟨stierf, gestorven⟩
**Stern** ster [stɛr]
**stets** steeds [steːts], altijd ['altɛit]
**still** stil [stɪl]
**Stimme** stem [stɛm]
**stimmen** kloppen ['klɔpən]
**stinken** stinken ['stɪŋkən] ⟨stonk, gestonken⟩
**Stock(werk)** verdieping [vər'dipɪŋ], etage [eː'taːʒə]
**Stoff** stof [stɔf]
**stören** storen ['stoːrən]
**Störung** storing ['stoːrɪŋ]
**Stoß (1)** *(Schubs)* schok [sxɔk], stoot [stoːt]
**Stoß (2)** *(Stapel)* stapel ['staːpəl]
**stoßen** stoten ['stoːtən] ⟨stootte, gestoten⟩
**Strafe** straf [straf]; *(Geld~)* boete ['butə]
**Strahl** straal [straːl]
**Strand** strand [strant] *n*
**Straße** *(innerorts)* straat [straːt], weg [wɛx]; **auf der** ~ op straat [ɔp 'straːt]; *(Land~)* straatweg ['straːtwɛx]
**Strauß** *(Blumen)* boeket [bu'kɛt] *n*
**Strecke** afstand ['afstant], traject [tra'jɛkt] *n*; *(Bahn~)* baanvak ['baːnvak] *n*
**Streichholz** lucifer ['lysifɛr]
**Streichholzschachtel** lucifersdoosje ['lysifɛrsdoːʃə] *n*
**Streit** ruzie ['ryzi]

**streiten** ruzie maken ['ryzi 'ma:kən]
**streng** streng [strɛŋ]
**Strom** *(auch el)* stroom [stro:m]
**Strömung** stroming ['stro:mɪŋ]
**Stück** stuk [stʌk] *n;* **ein ~ Brot** een stuk brood [ən stʌk 'bro:t]
**studieren** studeren [sty'de:rən]
**Stuhl** stoel [stul]
**Stunde** uur [y:r] *n;* **eine halbe ~** een half uur [ən halv 'y:r]; **eine Viertel~** een kwartier [ən kwar'ti:r]; **alle zwei ~n** om het uur ['ɔm ət 'y:r]; *(Unterrichts~)* les(uur) [lɛs/'lɛsy:r]
**Sturm** storm [stɔrm]
**Sturz** val [val]
**stürzen** *(fallen)* vallen ['valən] ⟨viel, gevallen⟩
**suchen** zoeken ['zukən] ⟨zocht, gezocht⟩
**Süden** zuiden ['zœidən] *n*
**südlich** zuidelijk ['zœidələk]; **~ von** ten zuiden van [tɛn 'zœidən van]
**Summe** som [sɔm]
**Sumpf** moeras [my'ras] *n*
**süß** zoet [zut]
**Swimmingpool** zwembad ['zwɛmbat] *n*
**sympathisch** sympathiek [sɪmpa:'tik]

# T

**Tabak** tabak [ta:'bak]; *(zum Drehen)* shag [ʃɛk]
**Tag** dag [dax]; **alle ~e** elke dag ['ɛlkə dax]; **bei ~** overdag [o:vər'dax]
**tanken** tanken ['tɛŋkən]
**Tante** tante ['tantə]
**Tanz** dans [dans]
**Tasche** *(Hosen~)* zak [zak]; *(Hand~)* tas [tas]
**Tat** daad [da:t]; **in der ~** inderdaad [ɪndər'da:t]
**Tätigkeit** bezigheid ['be:zəxhɛit]
**Tatsache** feit ['fɛit] *n*
**tauschen** ruilen ['rœilən]
**täuschen, s. ~** zich vergissen [zɪx fər'xɪsən]
**Taxi** taxi ['taksi]
**Teil** deel [de:l] *n*
**teilen** delen ['de:lən]
**teilnehmen (an)** deelnemen (aan) ['de:lne:mən (a:n)] ⟨nam deel, deelgenomen⟩
**telefonieren** telefoneren [te:ləfo:'ne:rən]
**Teller** bord [bɔrt] *n*
**Termin** termijn [tɛr'mɛin]; *(Verabredung)* afspraak ['afspra:k]

**teuer** duur [dy:r]
**tief** diep [dip]; *(niedrig)* laag [la:x]
**Tier** dier [di:r] *n*
**Tip** tip [tɪp], *(Trinkgeld)* fooi [fo:i]
**Tisch** tafel ['ta:fəl]; **bei ~** aan tafel [a:n 'ta:fəl]
**Tochter** dochter ['dɔxtər]
**Tod** dood [do:t]
**Toilette** toilet [twa:'lɛt] *n,* W. C. [we:'se:]
**Toilettenpapier** toiletpapier [twa:'lɛtpa:pi:r] *n*
**Ton (1)** *(Klang)* toon [to:n]; *(Betonung)* klemtoon [klɛmto:n]; *(Farbe)* schakering [sxa:'ke:rɪŋ], tint [tɪnt]
**Ton (2)** *(Bodenart)* klei [klɛi], leem [le:m] *n*
**Tonwaren** aardewerk ['a:rdəwɛrk] *n*
**Topf** *(Koch~)* pan [pan]; *(Blumen~)* pot [pɔt]
**Tor** *(Einfahrt)* poort [po:rt]; *(auf dem Spielfeld)* doel [dul] *n;* *(Gewinnpunkt)* doelpunt ['dulpʌnt] *n,* goal [go:l]
**tot** dood [do:t]
**Tour** uitstapje ['œitstapjə] *n*
**Tourist/in** toerist/toeriste [tu'rɪst(ə)]
**Tracht** klederdracht ['kle:dərdraxt]
**tragen** dragen ['dra:xən] ⟨droeg, gedragen⟩
**Träger** *(Gepäck~)* kruier [krœiər]
**transportieren** transporteren [transpɔr'te:rən]
**Traum** droom [dro:m]
**träumen** dromen ['dro:mən]
**traurig** verdrietig [vər'dritəx]
**treffen** treffen ['trɛfən] ⟨trof, getroffen⟩
**trennen** scheiden ['sxɛidən] ⟨scheidde, gescheiden⟩
**Treppe** trap [trap]
**treu** trouw [trɔu]
**trinkbar** drinkbaar ['drɪŋba:r]
**trinken** drinken ['drɪŋkən] ⟨dronk, gedronken⟩
**trocken** droog [dro:x]
**trocknen** drogen ['dro:xən]
**Tropfen** druppel ['drʌpəl]
**tropfen** druppen ['drʌpən]
**trotz** ondanks ['ɔndanks]
**trotzdem** *adv* desondanks ['dɛsɔn'daŋks]; *conj* hoewel [hu'wɛl]
**trüb** *(Flüssigkeit)* troebel ['trubəl]; *(Wetter)* triest [trist], betrokken [bə'trɔkən]
**tschüß** tot kijk [tɔt kɛik], tot ziens [tɔt sins]

**Tube** tube ['tybə]
**Tuch** *(Gegenstand)* doek [duk];
 *(Material)* doek [duk] *n*
**tüchtig** flink [flɪŋk]
**Tulpe** tulp [tʌlp]
**tun** doen [dun] ⟨deed, gedaan⟩
**Tunnel** tunnel ['tʌnəl]
**Tür** deur [dʌ:r]; *(Auto)* portier
 [pɔr'ti:r] *n*
**Tüte** *(kleine)* zakje ['zɑkjə] *n;*
 *(größere)* zak [zɑk]
**typisch** typisch ['tipis]

# U

**übel** slecht [slɛxt]; **mir ist** ~ ik ben
 misselijk [ɪg bɛn 'mɪsələk]
**üben** oefenen ['ufənən]
**über** *dat* boven ['bo:vən]; *acc* over
 ['o:vər]
**überall** overal [o:vər'al]
**überbringen** overbrengen
 ['o:vərbrɛŋən] ⟨bracht over,
 overgebracht⟩
**überfallen** overvallen [o:vər'valən]
 ⟨overviel, overvallen⟩
**überflüssig** overbodig [o:vər'bo:dəx]
**überfüllt** overvol ['o:vərvɔl]
**Übergang** overgang ['o:vərxɑŋ]
**übergeben** overhandigen
 [o:vər'hɑndəxən]
**überholen** *(schneller gehen, fahren)*
 inhalen ['ɪnha:lən]; *(mit dem Auto)*
 passeren [pɑ'se:rən]; *(neu machen)*
 reviseren [re:vi'ze:rən]
**übernachten** overnachten
 [o:vər'nɑxtən]
**übernehmen** op zich nemen ['ɔp sɪx
 'ne:mən] ⟨nam, genomen⟩
**überqueren** oversteken
 ['o:vərste:kən] ⟨stak over,
 overgestoken⟩
**überrascht** verrast [və'rast]
**überreden** overreden [o:və're:dən],
 overhalen ['o:vərha:lən] ⟨haalde
 over, overgehaald⟩
**überschreiten** overschrijden
 [o:vər'sxrɛidən] ⟨overschreed,
 overschreden⟩
**Übersee** overzee [o:vər'ze:]
**übersetzen (1)** vertalen [vər'ta:lən]
**übersetzen (2)** *(Schiff)* overzetten
 ['o:vərzɛtən]
**übertragbar** overdraagbaar
 [o:vər'dra:xba:r]; *(Krankheit)*
 besmettelijk [bə'smɛtələk]

**übertrieben** overdreven
 [o:vər'dre:vən]
**überweisen** overboeken
 ['o:vərbukən], overmaken
 ['o:vərma:kən]
**überzeugen** overtuigen
 [o:vər'tœixən]
**üblich** gebruikelijk [xə'brœikələk],
 gewoon [xə'wo:n]
**übrig** over(ig) ['o:vər(əx)]
**übrigbleiben** overblijven
 ['o:vərblɛivən] ⟨bleef over,
 overgebleven⟩
**übrigens** overigens ['o:vərəxəns]
**Übung** oefening ['ufənɪŋ]
**Ufer** *(Fluß)* oever ['uvər]; *(Meer)* kust
 [kʌst]
**Uhr** *(Armband~)* horloge [hɔr'lo:ʒə]
 *n; (Wand~)* klok [klɔk]
**um** *prp (räumlich; zeitlich)* om [ɔm];
 *(räumlich)* om … heen [ɔm …
 'he:n]; *(zeitlich)* ongeveer om
 [ɔŋxə've:r ɔm]; *(gegen)* omstreeks
 [ɔm'stre:ks]
**umarmen** omarmen [ɔm'ɑrmən]
**umgekehrt** *adj* omgekeerd
 ['ɔmxəke:rt]; **in** ~**er Richtung** de
 andere kant op [də andərə 'kɑnt ɔp];
 *adv* andersom [ɑndər'zɔm]
**umkehren** omkeren ['ɔmke:rən]
**Umrechnung** omrekening
 ['ɔmre:kənɪŋ]
**umsehen, s.** ~ omkijken ['ɔmkɛikən]
 ⟨keek om, omgekeken⟩
**umsonst** *(gratis)* gratis [xra:tɪs], voor
 niets [vo:r 'nits]; *(vergebens)*
 tevergeefs [təvər'xe:fs]
**Umstände** omstandigheden
 [ɔm'stɑndəxhe:dən]
**umsteigen** overstappen
 ['o:vərstapən]
**umtauschen** (om)ruilen
 [('ɔm)'rœilən], *(Geld)* wisselen
 ['wɪsələn]
**Umweg** omweg ['ɔmwɛx]
**Umwelt** milieu [mil'jø:] *n*
**umziehen** *(Wohnung wechseln)*
 verhuizen [vər'hœizən]; **s.** ~ zich
 verkleden [zɪx vər'kle:dən]
**unangenehm** onaangenaam
 [ɔn'a:ŋxəna:m]
**unanständig** onbehoorlijk
 [ɔmbə'ho:rlək], onfatsoenlijk
 [ɔnfat'sunlək]
**unbedingt** *adv* beslist [bə'slɪst],
 absoluut [ɑpso:'lyt]
**unbekannt** onbekend [ɔmbə'kɛnt]

**unbequem** ongemakkelijk [ɔŋxə'makələk]

**unbeständig** onbestendig [ɔmbə'stɛndəx], *(Wetter)* wisselvallig [wɪsəl'valəx]

**unbestimmt** onbestemd [ɔmbəs'tɛmt], onbepaald [ɔmbə'pa:lt]

**und** en [ɛn]; ~ **so weiter** enzovoort(s) [ɛnzo:'vo:rt(s)]

**undankbar** ondankbaar [ɔn'daŋkba:r]

**unecht** onecht [ɔ'nɛxt]

**unentbehrlich** onontbeerlijk [ɔnɔnd'be:rlək]

**unentschlossen** besluiteloos [bə'slœitəlo:s]

**unerfahren** onervaren [ɔnɛr'va:rən]

**unerfreulich** onaangenaam [ɔn'a:ŋxəna:m]

**unerträglich** onverdragelijk [ɔnvər'dra:xələk]

**unerwartet** onverwacht [ɔnvər'waxt]

**unerwünscht** ongewenst [ɔŋxə'wɛnst]

**unfähig** onbekwaam [ɔmbə'kwa:m]; *(außerstande)* niet in staat [nit ɪn 'sta:t]

**Unfall** ongeluk ['ɔŋxələk] *n*

**unfreundlich** onvriendelijk [ɔn'vrindələk]

**ungeeignet** ongeschikt [ɔŋxə'sxɪkt]

**ungefähr** ongeveer [ɔŋxə've:r]

**ungemütlich** ongezellig [ɔŋxə'zɛləx], onbehagelijk [ɔmbə'ha:xələk]

**ungenau** onnauwkeurig [ɔnnouw'kʌ:rəx]

**ungenügend** onvoldoende [ɔnvɔl'dundə]

**ungerecht** onrechtvaardig [ɔnrɛxt'va:rdəx]

**Ungerechtigkeit** onrechtvaardigheid [ɔnrɛxt'va:rdəxhɛit]

**ungern** niet graag ['nit xra:x]

**ungewiß** onzeker [ɔn'ze:kər]

**ungewöhnlich** ongewoon [ɔŋxə'wo:n]

**unglaublich** ongelooflijk [ɔŋ'xlo:flək], niet te geloven [nit tə xə'lo:vən]

**Unglück** ongeluk ['ɔŋxələk] *n*

**unglücklich** ongelukkig [ɔŋxə'lʌkəx]

**unglücklicherweise** jammer genoeg ['jamər xənux]

**ungültig** ongeldig [ɔŋ'xɛldəx]

**ungünstig** ongunstig [ɔŋ'xʌnstəx]

**unhöflich** onbeleefd [ɔmbə'le:ft]

**Unkosten** onkosten ['ɔŋkɔstən] *pl*

**unmittelbar** direct [di'rɛkt]

**unmodern** ouderwets [oudər'wɛts], uit de tijd [œid də 'tɛit]

**unmöglich** onmogelijk [ɔ'mo:xələk]

**unnötig** onnodig [ɔn'o:dəx]

**unnütz** nutteloos ['nʌtəlo:s]

**Unordnung** wanorde ['wanɔrdə], rommel ['rɔməl]

**unpraktisch** onpraktisch [ɔm'praktis]

**Unrecht** onrecht ['ɔnrɛxt] *n*

**unrecht haben** het mis hebben [ət mɪs 'hɛbən]

**unregelmäßig** onregelmatig [ɔnre:xəl'ma:təx]

**unruhig** onrustig [ɔn'rʌstəx]

**uns** ons [ɔns]

**unschuldig** onschuldig [ɔn'sxʌldəx]

**unser** onze ['ɔnzə]; *n* ons [ɔns]

**unsicher** onzeker [ɔn'ze:kər]

**unten** beneden [bə'ne:dən]; **dort** ~ daar beneden [da:r bə'ne:dən], daarginds [da:r'xɪns]

**unter** onder ['ɔndər]; *(zwischen)* tussen ['tʌsən]; ~ **anderem** onder andere [ɔndər 'andərə]

**unterbrechen** onderbreken [ɔndər'bre:kən] 〈onderbrak, onderbroken〉

**Unterführung** onderdoorgang [ɔndər'do:rxɑŋ]

**unterhalb** beneden [bə'ne:dən], onder ['ɔndər]

**unterhalten, s.** ~ zich onderhouden [zɪx ɔndər'houdən] 〈onderhield, onderhouden〉, praten ['pra:tən]

**unterhaltend** onderhoudend [ɔndər'houdənt], amusant [a:my'sant]

**Unterhaltung** *(Gespräch)* conversatie [kɔnvər'sa:tsi]; *(Vergnügen)* amusement [a:mysə'mɛnt] *n*

**Unterkunft** onderdak ['ɔndərdak] *n*

**Unternehmen** onderneming [ɔndər'ne:mɪŋ]

**unterrichten** *(informieren)* inlichten ['ɪnlɪxtən], op de hoogte brengen [ɔb də 'ho:xtə brɛŋən] 〈bracht, gebracht〉; *(Schule)* onderwijzen [ɔndər'wɛizən] 〈onderwees, onderwezen〉

**unterscheiden** onderscheiden [ɔndər'sxɛidən] 〈onderscheed, onderscheeden〉; **s.** ~ **von** zich onderscheiden van [zɪx ɔndər'sxɛidən van]

**Unterschied** verschil [vər'sxɪl] *n*

**unterschreiben** ondertekenen [ɔndər'te:kənən]

**Unterschrift** handtekening
['hante·kənɪŋ]
**Unterstützung** ondersteuning
[ɔndər'stø:nɪŋ]
**untersuchen** onderzoeken
[ɔndər'zukən] ⟨onderzocht,
onderzocht⟩
**unterwegs** onderweg [ɔndər'wɛx], op
weg [ɔp wɛx]
**unverbindlich** vrijblijvend
[vrɛi'blɛivənt]
**unvermeidlich** onvermijdelijk
[ɔnvər'mɛidələk]
**unvollständig** onvolledig
[ɔnvɔ'le:dəx]
**unvorsichtig** onvoorzichtig
[ɔnvo:r'zɪxtəx]
**unwahrscheinlich** onwaarschijnlijk
[ɔnwa:r'sxɛinlək]
**unwichtig** onbelangrijk
[ɔmbə'laŋrɛik]
**unwohl** niet goed [nit 'xut], onwel
[ɔn'wɛl]
**unzufrieden** ontevreden
[ɔntə'vre:dən]
**Urlaub** vakantie [va:'kɑntsi]
**Ursache** oorzaak ['o:rza:k]
**Urteil** oordeel ['o:rde:l] *n*
**urteilen** oordelen ['o:rde:lən]

# V

**Vater** vader ['va:dər]
**Vaterland** vaderland ['va:dərlɑnt] *n*
**verabreden, s.** ~ afspreken
['ɑfspre:kən] ⟨sprak af, afgesproken⟩
**Verabredung** afspraak ['ɑfspra:k]
**verabschieden, s.** ~ afscheid nemen
['ɑfsxɛit ne:mən]
**verändern** veranderen [vər'ɑndərən]
**Veränderung** verandering
[vər'ɑndərɪŋ]
**veranstalten** organiseren
[ɔrxa:ni'se:rən]
**Veranstaltung** manifestatie
[ma:nifɛs'ta:tsi], evenement
[e:vənə'mɛnt] *n*
**verantwortlich** verantwoordelijk
[vərɑnt'wo:rdələk]
**Verband** verband [vər'bɑnt] *(n)*
**Verbandszeug** verbandmateriaal
[vər'bɑntma:tərija:l]
**verbessern** verbeteren [vər'be:tərən]
**verbieten** verbieden [vər'bidən]
⟨verbood, verboden⟩

**verbinden** *(auch tele, med)*
verbinden [vər'bɪndən] ⟨verbond,
verbonden⟩
**Verbindung** *(Zug, tele)* verbinding
[vər'bɪndɪŋ]
**Verbot** verbod [vər'bɔt] *n*
**verboten!** verboden! [vər'bo:dən]
**Verbrauch** verbruik [vər'brœik] *n*
**verbrauchen** verbruiken [vər'brœikən]
**verbrennen** verbranden
[vər'brɑndən]
**verbringen** *(Zeit)* doorbrengen
['do:rbrɛŋən] ⟨bracht door,
doorgebracht⟩
**Verdacht** verdenking [vər'dɛŋkɪŋ],
argwaan ['ɑrxwa:n]
**verderben** bederven [bə'dɛrvən]
⟨bedierf, bedorven⟩
**verdienen** verdienen [vər'dinən]
**Verdienst (1)** *m (Geld)* verdienste
[vər'dɪnstə], loon [lo:n] *n*
**Verdienst (2)** *n* verdienste(lijkheid)
[vər'dɪnstə(ləkhɛit)]
**verdorben** bedorven [bə'dɔrvən];
*(faul)* rot [rɔt]
**Verein** vereniging [vər'e:nəxɪŋ]
**vereinbaren** overeenkomen
[o:vər'e:nko:mən] ⟨kwam overeen,
overeengekomen⟩
**Verfassung** *(pol)* grondwet
['xrɔntwɛt]; *(Zustand)* toestand
['tustɑnt]
**verfehlen** missen [mɪsən]
**Vergangenheit** verleden [vər'le:dən]
*n*, verleden tijd [vər'le:dən tɛit]
**vergehen** *(Zeit)* verstrijken
[vər'strɛikən] ⟨verstreek, verstreken⟩
**vergessen** vergeten [vər'xe:tən]
⟨vergat, vergeten⟩
**vergewaltigen** verkrachten
[vər'krɑxtən]
**Vergleich** vergelijking [vɛrxə'lɛikɪŋ];
*(jur)* vergelijk [vɛrxə'lɛik] *n*
**vergleichen** vergelijken [vɛrxə'lɛikən]
⟨vergeleek, vergeleken⟩
**Vergnügen** genoegen [xə'nuxən] *n*
**Verhandlung** onderhandeling
[ɔndər'hɑndəlɪŋ]
**verheimlichen** verheimelijken
[vər'hɛimələkən]
**verheiratet (mit)** getrouwd (met)
[xə'trouwt (mɛt)], gehuwd (met)
[xə'hy:wt (mɛt)]
**verhindern** verhinderen
[vər'hɪndərən]
**Verhütungsmittel** voorbehoedmiddel ['vo:rbəhutmɪdəl] *n*

**verirren, s.** ~ verdwalen [vər'dwa:lən]

**Verkauf** verkoop ['vɛrko:p/vər'ko:p]

**verkaufen** verkopen [vər'ko:pən]

**Verkehr** verkeer [vər'ke:r] *n*

**verkehren** *(Verkehrsmittel)* verkeren [vɛrkə:rən]; *(Personen)* omgaan ['ɔmxa:n] ⟨ging om, omgegaan⟩

**Verkehrsbüro** bureau voor vreemdelingenverkeer [by'ro: vo:r 'vre:mdəliŋənvərke:r]

**verlangen** verlangen [vər'laŋən]; *(fordern)* eisen ['ɛisən] ⟨eiste, geëist⟩

**verlängern** verlengen [vər'lɛŋən]

**verlassen** verlaten [vər'la:tən] ⟨verliet, verlaten⟩

**Verletzte, der, die** ~ gewonde [xə'wɔndə]

**verlieren** verliezen [vər'lizən] ⟨verloor, verloren⟩

**verloben, s.** ~ **mit** zich verloven met [zɪx vər'lo:vən mɛt]

**Verlobte, der/die** ~ verloofde [vər'lo:vdə]

**Verlust** verlies [vər'lis] *n*

**vermeiden** vermijden [vər'mɛidən] ⟨vermeed, vermeden⟩

**vermieten** verhuren [vər'hy:r]

**Vermittler** bemiddelaar [bə'mɪdəla:r]

**vermuten** vermoeden [vər'mudən]

**Vermutung** vermoeden [vər'mudən] *n*

**vernachlässigen** verwaarlozen [vər'wa:rlo:zən]

**vernünftig** verstandig [vər'standəx]

**verpacken** verpakken [vər'pakən]

**Verpackung** verpakking [vər'pakɪŋ]

**Verpflegung** kost [kɔst]

**verpflichtet sein** verplicht zijn [vər'plɪxt zɛin]

**Verpflichtung** verplichting [vər'plɪxtɪŋ]

**verrechnen, s.** ~ zich verrekenen [zɪx fə're:kənən]

**verreisen** wegreizen ['wɛxrɛizən]

**verrückt** gek [xɛk]

**versäumen** *(verpassen)* verzuimen [vər'zœimən]

**verschaffen** verschaffen [vər'sxafən] ⟨verschoof, verschoven⟩, bezorgen [bə'zɔrxən]

**verschieben** *(zeitlich)* verzetten [vər'zɛtən]

**verschieden** verschillend [vər'sxɪlənt]

**verschließen** (af)sluiten ['slœitən/ 'afslœitən] ⟨sloot (af), (af)gesloten⟩

**Verschluß** sluiting ['slœitɪŋ]

**verschwinden** verdwijnen [vər'dwɛinən] ⟨verdween, verdwenen⟩

**Versehen, aus** ~ per vergissing [pər vər'xɪsɪŋ]

**versenden** verzenden [vər'zɛndən] ⟨verzond, verzonden⟩

**versichern** verzekeren [vər'ze:kərən]

**Versicherung** verzekering [vər'ze:kərɪŋ]

**versorgen mit** voorzien van [vo:r'zin van]

**verspäten, s.** ~ te laat komen [tə 'la:t ko:mən] ⟨kwam, gekomen⟩

**Versprechen** belofte [bə'lɔftə]

**versprechen** beloven [bə'lo:vən]

**Verstand** verstand [vər'stant] *n*

**verständigen, jdn** ~ op de hoogte brengen [ɔp də 'ho:xtə brɛŋən], inlichten ['ɪnlɪxtən]; **s.** ~ het eens worden [ət 'e:ns wɔrdən]; *(sprachlich)* zich verstaanbaar maken [zɪx vər'sta:nba:r ma:kən]

**verstecken** verstoppen [vər'stɔpən]

**verstehen** begrijpen [bə'xrɛipən] ⟨begreep, begrepen⟩; *(akustisch)* verstaan [vər'sta:n] ⟨verstond, verstaan⟩

**verstopft** verstopt [vər'stɔpt]

**Versuch** poging ['po:xɪŋ]

**versuchen** proberen [pro:'be:rən]; *(Speisen)* proeven ['pruvən]

**vertauschen** verruilen [və'rœilən], verwisselen [vər'wɪsələn]

**verteidigen** verdedigen [vər'de:dəxən]

**verteilen** verdelen [vər'de:lən]

**Verteilung** verdeling [vər'de:lɪŋ], distributie [dɪstri'bytsi]

**Vertrag** contract [kɔn'trakt] *n*, verdrag [vər'drɑx] *n*

**vertragen** verdragen [vərdra:xən] ⟨verdroeg, verdragen⟩

**Vertrauen** vertrouwen [vər'trɔuwən] *n*

**vertrauen auf** vertrouwen op [vər'trɔuwən ɔp]

**vertrauensvoll** vol vertrouwen [vɔl vər'trɔuwən]

**verunglücken** verongelukken [vər'ɔŋxələkən]

**verursachen** veroorzaken [vər'o:rza:kən]

**Verwaltung** bestuur [bə'sty:r] *n*, administratie [atmini'stra:tsi]

**verwandt** verwant [vər'wɑnt]; ~ **mit** familie van [fa:'mili van]

**verwechseln** verwisselen [vər'wɪsələn]
**verwenden** gebruiken [xə'brœikən]
**Verwendung** gebruik [xə'brœik] *n*
**verwirklichen** verwezenlijken [vər'we:zələkən]
**Verzeichnis** lijst [lɛist], catalogus [ka:'ta:lo:xəs]
**verzeihen** vergeven [vər'xe:vən] ⟨vergaf, vergeven⟩
**verzögern** vertragen [vər'tra:xən]
**verzollen** declareren [de:kla:'re:rən]
**verzweifelt** wanhopig [wan'ho:pəx]
**viel** veel [ve:l]
**vielleicht** misschien [mɪ'sxin]
**vielmehr** eerder ['e:rdər], liever ['livər]
**viereckig** vierkant ['vi:rkant]
**Viertel, ein** ~ één kwart ['e:n 'kwart], één vierde ['e:n 'vi:rdə]; *(Stadt)* wijk [wɛik]
**Villa** villa ['vɪla:]
**Vogel** vogel ['vo:xəl]
**Volk** volk [vɔlk] *n*
**voll** vol [vɔl]
**vollenden** voltooien [vɔl'to:jən]
**vollkommen** volkomen [vɔl'ko:mən], volmaakt [vɔl'ma:kt]
**Vollmacht** volmacht ['vɔlmaxt]
**vollständig** helemaal [he:lə'ma:l], volledig [vɔ'le:dəx]
**Volt** volt [vɔlt]
**von** *(Herkunft)* van [van]; *(Passiv)* door [do:r]
**vor** *(räumlich; zeitlich)* voor [vo:r]; *(in der Vergangenheit)* geleden [xə'le:dən]; ~ **5 Jahren** 5 jaar geleden [vɛif ja:r xə'le:dən]; ~ **allem** vooral [vo:'ral]
**voraus, im** ~ bij voorbaat [bɛi 'vo:rba:t]
**vorbei** voorbij [vo:r'bɛi], afgelopen ['afxəlo:pən]
**vorbeigehen** voorbijgaan [vo:r'bɛixa:n] ⟨ging, gegaan⟩, langsgaan ['laŋsxa:n]
**vorbeikommen** langskomen ['laŋsko:mən] ⟨kwam langs, langsgekomen⟩
**vorbereiten** voorbereiden ['vo:rbərɛidən]
**vorbestellen** bespreken [bə'spre:kən] ⟨besprak, besproken⟩, reserveren [re:sɛr've:rən]
**Vorfahrt** voorrang ['vo:raŋ]
**Vorfall** voorval ['vo:rval] *n*, gebeurtenis [xə'bʌ:rtənis]

**vorgehen** *(Uhr)* voorlopen ['vo:rlo:pən] ⟨liep voor, voorgelopen⟩
**Vorhang** gordijn [xɔr'dɛin] *n*; *(Theater)* doek [duk] *(n)*
**vorher** van tevoren [van tə'vo:rən], eerst [e:rst]
**vorläufig** voorlopig [vo:r'lo:pəx]
**vorletzte(r, -s)** eennalaatst ['e:na:la:tst]
**Vormittag** ochtend ['ɔxtənt], morgen ['mɔrxən]
**vorn** vooraan ['vo:ra:n]; **nach** ~ naar voren [na:r 'vo:rən]
**vornehm** voornaam [vo:r'na:m], deftig ['dɛftəx]
**Vorort** buitenwijk ['bœitəwɛik],
**Vorrat** voorraad ['vo:ra:t]
**Vorschlag** voorstel ['vo:rstɛl] *n*
**vorschlagen** voorstellen ['vo:rstɛlən]
**Vorschrift** voorschrift ['vo:rsxrɪft] *n*
**Vorsicht** voorzichtigheid [vo:r'zɪxtəxhɛit]; ~**!** voorzichtig! [vo:r'zɪxtəx]; **pas op!** [pas 'ɔp]
**vorsichtig** voorzichtig [vo:r'zɪxtəx]
**vorstellen** voorstellen ['vo:rstɛlən]
**Vorstellung** *(Begriff; Theater)* voorstelling ['vo:rstɛlɪŋ]
**Vorteil** voordeel ['vo:rde:l] *n*
**vorteilhaft** voordelig [vo:r'de:ləx]
**vorüber** voorbij [vo:r'bɛi]
**vorübergehen** voorbijgaan [vo:r'bɛixa:n] ⟨ging voorbij, voorbijgegaan⟩
**vorübergehend** tijdelijk ['tɛidələk]
**Vorwand** voorwendsel ['vo:rwɛntsəl] *n*
**vorwärts** vooruit [vo:r'rœit], voorwaarts ['vo:rwa:rts]
**vorzeigen** tonen ['to:nən]
**vorziehen** *(lieber haben)* verkiezen [vər'kizən] ⟨verkoos, verkozen⟩
**Vorzug** voorkeur ['vo:rkʌ:r]; *(Vorteil)* voordeel ['vo:rde:l] *n*

# W

**Waage** weegschaal ['we:xsxa:l]
**wach** wakker ['wakər]; ~ **werden** wakker worden ['wakər wɔrdən]
**wachsen** groeien ['xrujən]
**wagen** durven ['dʌrvən]
**Wagen** wagen ['wa:xən], auto ['ɔuto:, 'o:to:]
**wählen** *(auch pol, tele)* kiezen ['kizən] ⟨koos, gekozen⟩
**wahr** waar [wa:r]

**während** *prp* tijdens ['tɛidəns], gedurende [xə'dyrəndə]; *conj* terwijl [tər'wɛil]

**Wahrheit** waarheid ['wa:rhɛit]

**wahrscheinlich** waarschijnlijk [wa:r'sxɛinlək]

**Wahrscheinlichkeit** waarschijnlijkheid [wa:r'sxɛinləkhɛit]

**Wand** wand [want], muur [my:r]

**wandern** trekken ['trɛkən] ⟨trok, getrokken⟩

**Ware** waar [wa:r], goederen ['xudərən] *pl*

**warm** warm [warm]

**Wärme** warmte ['warmtə]

**wärmen** verwarmen [vər'warmən]

**warnen (vor)** waarschuwen (voor) ['wa:rsxywən (vo:r)]

**warten** wachten ['waxtən]

**was** wat [wat]; ~ **für ein/eine ... ?** wat voor (een) ... ? ['wat vo:r (ən)]

**Wäsche** (*Bett*~) beddegoed ['bɛdəxut] *n*; (*Unter*~) ondergoed ['ondərxut] *n*; (*zum Waschen*) wasgoed ['wasxut] *n*

**waschen** wassen ['wasən] ⟨waste, gewassen⟩

**Wasser** water ['wa:tər] *n*

**Watt** wad [wat] *n*

**Wechsel** (*Veränderung*) verandering [vər'andərɪŋ]; (*Austausch*) uitwisseling ['œitwisəlɪŋ]

**Wechselgeld** wisselgeld ['wisəlxɛlt] (*n*)

**wechseln** (*Geld*) wisselen ['wisələn]

**wecken** wekken ['wɛkən]

**Wecker** wekker ['wɛkər]

**weder ... noch** noch ... noch [nɔx ... nɔx]

**Weg** weg [wɛx]

**weg** weg [wɛx]

**wegen** wegens ['we:xəns]

**weggehen** weggaan ['wɛxa:n] ⟨ging weg, weggegaan⟩

**wegnehmen** wegnemen ['wexne:mən] ⟨nam weg, weggenomen⟩

**wegschicken** wegsturen ['wexstyrən]

**weiblich** vrouwelijk ['vrouwələk]

**weich** week [we:k], zacht [zaxt]; (*Ton, Farbe*) zacht [zaxt]

**weigern, s.** ~ weigeren ['wɛixərən]

**Weihnachten** Kerstmis ['kɛrstməs]

**weil** omdat [ɔm'dat]

**weinen** huilen ['hœilən]

**Weise** (*Art*) manier [ma:'ni:r]

**weit** (*Gegenteil von eng*) breed [bre:t]; (*entfernt*) ver weg [vɛr'wɛx]

**Welt** wereld ['we:rəlt]

**wenden** keren ['ke:rən], draaien ['dra:jən]; **s. an jdn** ~ zich tot iemand richten [zix tɔt imant 'rixtən]

**wenig** weinig ['wɛinəx]; **ein** ~ (**von**) een beetje (van) [ən 'be:cə (van)]; ~**er** minder ['mɪndər]; **das** ~**ste** het minst [ət 'mɪnst]

**wenigstens** minstens ['mɪnstəns], tenminste [tə'mɪnstə]

**wenn** (*Bedingung*) als [als], indien [ɪn'din]; (*zeitlich*) wanneer [wa'ne:r], als [als]

**werden** worden ['wɔrdən] ⟨werd, geworden⟩; (*Futur*) zullen ['zʌlən] ⟨zou, -⟩

**werfen** gooien ['xo:jən], werpen ['wɛrpən] ⟨wierp, geworpen⟩

**Werkstatt** werkplaats ['wɛrkpla:ts]

**werktags** op werkdagen [ɔp 'wɛrgda:xən], doordeweeks [do:rdə'weks]

**wert, viel** ~ **sein** veel waard zijn [ve:l 'wa:rt sɛin]

**Wert** waarde ['wa:rdə]

**wertlos** waardeloos ['wa:rdəlo:s]

**Wertsachen** waardevolle spullen ['wa:rdəvɔlə 'spʌlən] (*pl*)

**Wespe** wesp [wɛsp]

**Westen** westen ['wɛstən] *n*

**westlich** westelijk ['wɛstələk]; ~ **von** ten westen van [tɛn 'wɛstə van]

**Wettbewerb** wedstrijd ['wɛtstrɛit]; (*Handel*) concurrentie [kɔŋky'rɛntsi]

**Wette** weddenschap ['wɛdənsxap]

**wetten** wedden ['wɛdən]

**Wetter** weer [we:r] *n*; **bei diesem** ~ bij dit weer [bɛi 'dɪt we:r]

**wichtig** belangrijk [bə'laŋrɛik]

**wie** (*Frage*) hoe [hu]; (*Vergleich*) als [als]

**wieder** weer [we:r]

**wiederbekommen** terugkrijgen ['trʌxkrɛixən] ⟨kreeg terug, teruggekregen⟩

**wiedergeben** teruggeven ['trʌxe:vən] ⟨gaf terug, teruggegeven⟩

**wiederholen** herhalen [hɛr'ha:lən]

**wiederkommen** terugkomen ['trʌxko:mən] ⟨kwam terug, teruggekomen⟩

**wiedersehen** terugzien ['trʌxsin] ⟨zag terug, teruggezien⟩; **auf W**~**!** tot ziens! [tɔt 'sins]

**wiegen** wegen ['we:xən] ⟨woog, gewogen⟩

**Wiese** wei(de) [wɛi/ˈwɛidə]
**wild** wild [wɪlt]
**Wild** wild [wɪlt] *n*
**willkommen** welkom [ˈwɛlkɔm]
**windig** winderig [ˈwɪndərəx]
**Winkel** *(Ecke)* hoek [huk]
**winken** wenken [ˈwɛŋkən], wuiven [ˈwœivən]
**wir** *(betont)* wij [wɛi]; *(unbetont)* we [wə]
**wirklich** werkelijk [ˈwɛrkələk]
**Wirklichkeit** werkelijkheid [ˈwɛrkələkhɛit]
**wirksam** werkzaam [ˈwɛrksɑːm], effectief [ɛfɛkˈtif]
**Wirkung** werking [ˈwɛrkɪŋ], effect [ɛˈfɛkt] *n*
**Wirt** waard [wɑːrt]
**wissen** weten [ˈweːtən] ⟨wist, geweten⟩
**Wissen** kennis [ˈkɛnəs]
**Witz** mop [mɔp], grap [xrɑp]
**Woche** week [weːk]; **in einer ~** over een week [oːvər ən ˈweːk]
**wochentags** op werkdagen [ɔp ˈwɛrgdɑːxən], door de week [doːr də ˈweːk]
**wöchentlich** wekelijks [ˈweːkələks]
**wohl** *(vermutlich)* wel [wɛl]
**Wohl** welzijn [ˈwɛlzɛin]; **zum Wohle!** gezondheid! [xəzɔnthɛit], proost! [proːst]
**Wohlbefinden** welzijn [ˈwɛlzɛin] *n*
**wohlhabend** welgesteld [wɛlxəˈstɛlt]
**wohlwollend** welwillend [wɛlˈwɪlənt]
**wohnen** wonen [ˈwoːnən]
**Wohnort,** ~**sitz** woonplaats [ˈwoːmplɑːts]
**Wohnung** woning [ˈwoːnɪŋ], flat [flɛt]; **möblierte ~** gemeubileerde woning [xəmøːbiˈleːrdə ˈwoːnɪŋ]
**Wolkenkratzer** wolkenkrabber [ˈwɔlkəkrɑbər]
**wollen** willen [ˈwɪlən]
**Wort** woord [woːrt] *n*
**wunderbar** fantastisch [fanˈtɑstis], wonderbaarlijk [wɔndərˈbɑːrlək]
**wundern, s.** ~ **(über)** zich verbazen (over) [zɪx fərˈbɑːzən (oːvər)]
**Wunsch** wens [wɛns]
**wünschen** wensen [ˈwɛnsən]
**Wurf** worp [wɔrp]
**Würfel** dobbelstenen [ˈdɔbəlsteːnən] *pl*, *(Zucker)* klontje [ˈklɔncə] *n*
**Wurm** wurm [wʌrm]
**Wut** woede [ˈwudə]
**wütend** woedend [ˈwudənt]; ~ **werden** woedend worden [ˈwudənt wɔrdən]

# Z

**Zahl** getal [xəˈtɑl] *n*, aantal [ˈɑːntɑl] *n*
**zahlen** betalen [bəˈtɑːlən]
**zählen** tellen [ˈtɛlən]
**zahlreich** talrijk [ˈtɑlrɛik]
**Zahlung** betaling [bəˈtɑːlɪŋ]
**Zange** tang [tɑŋ]
**zanken, s.** ~ ruzie maken [ˈryzi mɑːkən]
**zart** *(weich)* teer [teːr], week [weːk]; *(~fühlend)* zacht [zɑxt], teder [ˈteːdər]
**zärtlich** teder [ˈteːdər]
**Zeichen** teken [ˈteːkən] *n*
**zeichnen** tekenen [ˈteːkənən]
**zeigen** tonen [ˈtoːnən]; *(hinweisen)* wijzen [ˈwɛizən] ⟨wees, gewezen⟩
**Zeit** tijd [tɛit]; **zur** ~ momenteel [moˈmɛnˈteːl]; **von** ~ **zu** ~ van tijd tot tijd [van ˈtɛit tɔt ˈtɛit]
**Zeitlang, eine** ~ een tijdlang [ən ˈtɛitlɑŋ]
**Zeitung** krant [krɑnt]
**zentral** centraal [sɛnˈtrɑːl]
**Zentrum** centrum [ˈsɛntrəm] *n*
**zerbrechen** (stuk)breken [ˈbreːkən/ˈstɑgbreːkən] ⟨brak (stuk), (stuk)gebroken⟩
**zerbrechlich** breekbaar [ˈbreːgbɑːr]
**zerreißen** kapotscheuren [kaˈpɔtsxʌːrən]
**zerstören** verwoesten [vərˈwustən]
**Zeuge** getuige [xəˈtœixə]
**Zeugnis** getuigenis [xəˈtœixənɪs] *n;* *(Bescheinigung)* rapport [rɑˈpɔrt] *n*
**ziehen** trekken [ˈtrɛkən] ⟨trok, getrokken⟩
**Ziel** doel [dul] *n*
**ziemlich** tamelijk [ˈtɑːmələk]
**Zigarette** sigaret [sixaːˈrɛt]
**Zigarillo** cigarillo [sigaːˈrɪloː]
**Zigarre** sigaar [siˈxaːr]
**zögern** aarzelen [ˈɑːrzələn]
**Zoll** douane [duˈɑːnə]
**Zollkontrolle** grenscontrole [ˈxrɛnskɔntrɔlə]
**zornig** boos [boːs]
**zu (1)** *(Richtung)* naar [nɑːr], bij [bɛi]; *(mit adj)* te [tə]; ~ **sehr** te erg [tə ˈɛrx]
**zu (2)** *(geschlossen)* dicht [dɪxt]
**zubereiten** (toe)bereiden [bəˈrɛidən/ˈtubərɛidən]
**zudecken** toedekken [ˈtudɛkən]
**zuerst** eerst [eːrst]
**Zufall** toeval [ˈtuvɑl] *n*

**zufällig** toevallig [tuˈvɑləx]
**zufrieden** tevreden [təˈvreːdən]
**Zugang** toegang [ˈtuxɑŋ]
**zugreifen** z'n slag slaan [zən slɑx
slɑːn] ⟨sloeg, geslagen⟩
**zugunsten** ten gunste (van) [tɛn
ˈxʌnstə (vɑn)]
**zuhören, jdm** ~ naar iemand
luisteren [nɑːr imɑnt ˈlœistərən]
**Zukunft** toekomst [ˈtukɔmst]
**zukünftig** toekomstig [tuˈkɔmstəx]
**zulassen** *(erlauben)* toestaan
[ˈtustɑːn] ⟨stond toe, toegestaan⟩
**zulässig** toegestaan [ˈtuxəstɑːn]
**zuletzt** tenslotte [tɛnˈslɔtə]
**zumachen** dichtdoen [ˈdɪxdun] ⟨deed
dicht, dichtgedaan⟩
**zunächst** allereerst [ɑlərˈeːrst]
**zunehmen** toenemen [ˈtuneːmən]
⟨nam toe, toegenomen⟩
**zurück** terug [trʌx]
**zurückfahren** terugrijden [ˈtrʌxrɛidən]
⟨reed terug, teruggereden⟩
**zurückkehren** terugkeren
[ˈtrʌxkeːrən]
**zurücklassen** achterlaten [ˈɑxtər-
lɑːtən] ⟨liet achter, achtergelaten⟩
**zurückweisen** afwijzen [ˈɑfwɛizən]
⟨wees af, afgewezen⟩
**zurückzahlen** terugbetalen
[ˈtrʌxbətɑːlən]
**zurückziehen, s.** ~ zich terugtrekken
[zɪx ˈtrʌxtrɛkən] ⟨trok terug,
teruggetrokken⟩
**zusagen** *(Einladung)* aannemen
[ˈɑːneːmən] ⟨nam aan, aangeno-
men⟩; *(versprechen)* toezeggen
[ˈtuzɛxən] ⟨zei toe, toegezegd⟩

**zusammen** samen [ˈsɑːmən]
**zusammenrechnen** optellen
[ˈɔptɛlən]
**Zusammenstoß** botsing [ˈbɔtsɪŋ]
**zusätzlich** aanvullend [ˈɑːnvʌlənt],
extra [ˈɛkstrɑː]
**zuschauen** kijken (naar) [ˈkɛikən
(nɑːr)] ⟨keek, gekeken⟩
**Zuschauer** toeschouwer [ˈtusxɔuwər]
**zuschließen** sluiten [ˈslœitən] ⟨sloot,
gesloten⟩
**Zustand** toestand [ˈtustɑnt]
**zuständig** verantwoordelijk
[vərɑntˈwoːrdələk]
**zusteigen** (onderweg) instappen
[(ɔndərˈwɛx) ˈɪnstɑpən]
**zustimmen** toestemmen [ˈtustɛmən]
**zuverlässig** betrouwbaar
[bəˈtrɔubɑːr]
**zuviel** teveel [təˈveːl]
**Zwang** dwang [dwɑŋ]
**Zweck** doel [dul] *n*
**zwecklos** doelloos [ˈduloːs], zinloos
[ˈzɪnloːs]
**zweckmäßig** doelmatig [dulˈmɑːtəx]
**Zweifel** twijfel [ˈtwɛifəl]; **ohne** ~
ongetwijfeld [ɔnxəˈtwɛifəlt]
**zweifelhaft** twijfelachtig
[ˈtwɛifəlɑxtəx]
**zweifellos** ongetwijfeld [ɔnxəˈtwɛifəlt]
**zweifeln, an etw** ~ twijfelen aan iets
[ˈtwɛifələn ɑːn its]
**zweite(r, -s)** tweede [ˈtweːdə]
**zweitens** ten tweede [tɛn ˈtweːdə]
**zwingen** dwingen [ˈdwɪŋən] ⟨dwong,
gedwongen⟩
**zwischen** tussen [ˈtʌsən]
**Zwischenfall** incident [ɪnsiˈdɛnt] *n*

# Wörterbuch Niederländisch–Deutsch

# A

**aan** [aːn] *(räumlich)* an
**aanbieden** [ˈaːnˈbidən] ⟨bood aan, aangeboden⟩ anbieten; bieten
**aanbevelen** [ˈaːnbəveːlən] ⟨beval aan, aanbevolen⟩ empfehlen
**aanbeveling** [ˈaːnbəveːlɪŋ] Empfehlung
**aanbieden** [ˈaːnbidən] ⟨bood aan, aangeboden⟩ anbieten
**aanblik** [ˈaːnblɪk] Ansicht
**aandoen** [ˈaːndunn] ⟨deed aan, aangedaan⟩ *(Licht)* anmachen
**aanduiding** [ˈaːndœidɪŋ] Bezeichnung
**aangelegenheid** [aːŋxəˈleːxənhɛit] Angelegenheit
**aangenaam** [ˈaːŋxənaːm] angenehm; bequem
**aangeven** [ˈaːŋxeːvən] ⟨gaf aan, aangegeven⟩ *(geben)* reichen
**aangifte** [ˈaːŋxɪftə] Angabe; *(Polizei)* Anzeige
**aangrijpen** [ˈaːŋxrɛipən] ⟨greep aan, aangegrepen⟩ ergreifen
**aanhanger** [ˈaːnhɑŋər] Anhänger
**aanhouden** [ˈaːnhɑudən] ⟨hield aan, aangehouden⟩ anhalten
**zich aankleden** [zɪx ˈaːŋkleːdən] s. anziehen
**aankloppen** [ˈaːŋklɔpən] anklopfen
**aankomen** [ˈaːŋkoːmən] ⟨kwam aan, aangekomen⟩ eintreffen
**aankomst** [ˈaːŋkɔmst] Ankunft, *(Zug, Schiff)* Einfahrt
**aankijken** [ˈaːŋkɛikən] ⟨keek aan, aangekeken⟩ ansehen
**aanleiding** [ˈaːnlɛidɪŋ] *(Gelegenheit)* Anlaß
**aanmelden** [ˈaːnmɛldən] anmelden
**aanmerkelijk** [aːˈmɛrkələk] beträchtlich
**aannemen** [ˈaːneːmən] ⟨nam aan, aangenomen⟩ annehmen; *(Einladung)* zusagen
**aanplakbiljet** [ˈaːmplɑɡbɪljɛt] *n* Plakat
**aanraken** [ˈaːnraːkən] berühren
**aanraking** [ˈaːnraːkɪŋ] Berührung
**aanreiken** [ˈaːnrɛikən] ⟨reikte aan, aangereikt⟩ *(geben)* reichen
**aanslaan** [ˈaːnslaːn] ⟨sloeg aan, aangeslagen⟩ anspringen

**aansteken** [ˈaːnsteːkən] ⟨stak aan, aangestoken⟩ anzünden
**aansteker** [ˈaːnsteːkər] Feuerzeug
**aantal** [ˈaːntɑl] *n* Zahl
**aantekening** [ˈaːnteːkənɪŋ] Aufzeichnung
**aantrekken** [ˈaːntrɛkən] ⟨trok aan, aangetrokken⟩ *(Kleidungsstück)* anziehen
**aanvullend** [ˈaːnvʌlənt] zusätzlich
**aanwenden** [ˈaːnwɛndən] anwenden
**aanwending** [ˈaːnwɛndɪŋ] Anwendung
**aanwezig** [aːnˈweːzəx] anwesend
**aanwezig zijn** [aːnˈweːzəx sɛin] dasein
**aarde** [ˈaːrdə] Erde
**aardewerk** [ˈaːrdəwɛrk] *n* Tonwaren
**aardig** [ˈaːrdəx] nett
**aarzelen** [ˈaːrzələn] zögern
**absent** [ɑpˈsɛnt] abwesend
**absoluut** [ɑpsoˈlyt] *adv* unbedingt
**accelereren** [ɑksəleˈreːrən] *(Auto)* beschleunigen
**acclimatiseren, zich** ~ [zɪx ɑklimaːtiˈseːrən] s. akklimatisieren
**achter** [ˈɑxtər] hinter
**aan de achterkant** [aːn də ˈɑxtərkɑnt] hinten
**achterlaten** [ˈɑxtərlaːtən] ⟨liet achter, achtergelaten⟩ hinterlassen, zurücklassen
**achterlopen** [ˈɑxtərloːpən] ⟨liep achter, achtergelopen⟩ *(Uhr)* nachgehen
**achteruit** [ɑxtəˈrœit] rückwärts
**adem** [ˈaːdəm] Atem
**administratie** [ɑtminiˈstraːtsi] Verwaltung
**adres** [aːˈdrɛs] *n* Adresse; Anschrift; *(Firma)* Sitz
**adresseren** [aːˈdrɛsəˈreːrən] adressieren
**advertentie** [ɑtvərˈtɛnsi] Anzeige, Inserat
**af** [vaˈnɑf] ab
**afbeelding** [ˈɑvbeːldɪŋ] Bild, Abbildung
**afbreken** [ˈɑvbreːkən] ⟨brak af, afgebroken⟩ abbrechen
**afdingen** [ˈɑvdɪŋən] ⟨dong af, afgedongen⟩ feilschen

**afgelegen** [ˈɑfxələ:xən] abgelegen
**afgelopen** [ˈɑfxəlo:pən] vorbei
**afgeven** [ˈɑfxe:vən] ⟨gaf af, afgegeven⟩ abgeben; **ter verzending afgeven** [tɛr vərˈzɛndɪŋ ˈɑfxe:vən] *(Gepäck, Post)* aufgeben
**afhalen** [ˈɑfhɑ:lən] abholen
**afhandelen** [ˈɑfhɑndələn] erledigen
**afkorting** [ˈɑfkɔrtɪŋ] Abkürzung
**afladen** [ˈɑflɑ:dən] ⟨laadde af, afgeladen⟩ abladen
**aflopen** [ˈɑflo:pən] ⟨liep af, afgelopen⟩ ablaufen
**afmaken** [ˈɑvmɑ:kən] beenden
**afnemen** [ˈɑfne:mən] ⟨nam af, afgenomen⟩ abnehmen
**afrit** [ˈɑfrɪt] Ausfahrt
**afscheid** [ˈɑfsxɛit] *n* Abschied
**afscheid nemen** [ˈɑfsxɛit ne:mən] s. verabschieden
**afsluiten** [ˈɑfslœiten] ⟨sloot af, afgesloten⟩ abschließen, verschließen
**afspraak** [ˈɑfsprɑ:k] Termin, Verabredung
**afspreken** [ˈɑfspre:kən] ⟨sprak af, afgesproken⟩ s. verabreden
**afstand** [ˈɑfstɑnt] Abstand; Entfernung; Strecke
**afval** [ˈɑfɑl] *n* Abfall
**afwezig** [ɑfweˈzəx] abwesend
**afwijzen** [ˈɑfwɛizən] ⟨wees af, afgewezen⟩ ablehnen, zurückweisen
**afzetten** abstellen
**agentschap** [ɑ:ˈxɛntsxɑp] *n* Agentur
**al** [ɑl] bereits, schon
**algemeen** [ɑlxəˈme:n] allgemein; **in het algemeen** [ˈɪn ət ɑlxəˈme:n] im allgemeinen
**algen** [ˈɑlxən] *pl* Algen
**alinea** [ɑˈlineːɑ:] *(Text)* Absatz
**alle** [ˈɑlə] *(sämtliche)* alle
**alleen** [ɑˈle:n] allein
**allereerst** [ɑlərˈe:rst] zunächst
**alles** [ˈɑləs] alles; das Ganze
**als** [ɑls] *(zeitlich)* wenn; *(Bedingung)* wenn, falls; *(Vergleich)* wie
**alsof** [ɑlˈzɔf] als ob
**alstublieft** [ɑlstyˈbli:ft] bitte
**altijd** [ˈɑltɛit] immer, stets
**ambassade** [ɑmbɑˈsɑ:də] *(dipl. Vertretung)* Botschaft
**ambtelijk** [ˈɑmtələk] amtlich
**amusant** [ɑ:myˈsɑnt] unterhaltend
**amusement** [ɑ:myseˈmɛnt] *n (Vergnügen)* Unterhaltung
**amuseren, zich** ~ [ˈzɪx ɑ:myˈze:rən] s. amüsieren

**andere** [ˈɑndərə] andere; **onder andere** [ɔndər ˈɑndərə] unter anderem
**de andere kant op** [də ɑndərə ˈkɑnt ɔp] in umgekehrter Richtung
**anderhalf** [ɑndərˈhɑlf] anderthalb
**anders** [ˈɑndərs] anders; sonst
**andersom** [ɑndərˈzɔm] *adv* in umgekehrter Richtung
**angst** [ɑŋst] Angst, Furcht
**annonce** [ɑˈnɔ̃:sə] *(Inserat)* Anzeige
**annuleren** [ɑnyˈle:rən] *(Fahr-, Flugkarten)* abbestellen
**antwoord** [ˈɑntwo:rt] *n* Antwort
**antwoorden** [ˈɑntwo:rdən] antworten; erwidern
**apart** [ɑːˈpɑrt] einzeln, getrennt
**apparaat** [ɑpɑˈrɑ:t] *n* Apparat
**arbeid** [ˈɑrbɛit] Arbeit
**argwaan** [ˈɑrxwɑ:n] Verdacht
**arm** [ɑrm] arm
**artikel** [ɑrˈtikəl] *n* Artikel
**Atlantische Oceaan** [ɑtˈlɑntisə o:səˈjɑ:n] Atlantik
**attent** [ɑˈtɛnt] aufmerksam
**attentie** [ɑˈtɛntsi] Aufmerksamkeit, Höflichkeit
**auto** [ˈɔuto:] Auto, Wagen
**automaat** [ɔutoˈmɑ:t] (Waren-)Automat
**automatisch** [ɔutoˈmɑ:tis] automatisch
**autorijden** [ˈɔuto:ˈo:tɔrɛidən] Auto fahren
**avond** [ˈɑ:vɔnt] Abend
**avontuur** [ɑ:vɔnˈty:r] *n* Abenteuer
**avontuurtje** [ɑ:vɔnˈty:rcə] *n* kleines Abenteuer, Flirt

# B

**baai** [bɑ:i] Bucht
**baan** [bɑ:n] Stelle
**baanvak** [ˈbɑ:nvɑk] *n (Bahn)* Strecke
**baby** [ˈbe:bi] Baby
**bad** [bɑt] *n* Bad
**baden** [ˈbɑ:dən] baden
**badhokje** [ˈbɑthɔkjə] *n* (zum Baden) Kabine
**badplaats** [ˈbɑtplɑ:ts] Badeort
**bak** [bɑk] Gefäß
**bakken** [ˈbɑkən] ⟨bakte, gebakken⟩ *(in der Pfanne)* braten

**bal** [bɑl] *(zum Spielen)* Ball; *n (Fest)* Ball

**band** [bɑnt] *n (aus Stoff)* Band; *m (Buch)* Band ; *(Musik)* Kapelle

**bang zijn voor** [ˈbɑŋ zɛin voːr] befürchten, s. fürchten vor

**bank** [bɑŋk] Bank

**batterij** [bɑtəˈrɛi] Batterie

**beantwoorden** [bəˈɑntwoːrdən] beantworten

**bed** [bɛt] *n* Bett; **naar bed gaan** [naːr ˈbɛt xaːn] zu Bett gehen

**bedanken** [bəˈdɑŋkən] danken

**beddegoed** [ˈbɛdəxut] *n (Bett)* Wäsche

**bedekken** [bəˈdɛkən] bedecken

**bederven** [bəˈdɛrvən] ⟨bedierf, bedorven⟩ verderben

**bedienen** [bəˈdinən] bedienen

**bediening** [bəˈdiniŋ] Bedienung

**bedoelen** [bəˈdulən] beabsichtigen; *(jdn/etw)* meinen

**bedoeling** [bəˈduliŋ] Absicht

**bedorven** [bəˈdɔrvən] verdorben

**bedrag** [bəˈdrɑx] *n* Betrag; **vast bedrag** [vɑst bəˈdrɑx] *n* Pauschale

**bedragen** [bəˈdraːxən] ⟨bedroeg, bedragen⟩ betragen

**bedriegen** [bəˈdrixən] ⟨bedroog, bedrogen⟩ betrügen

**bedrieger** [bəˈdrixər] Schwindler

**bedrinken, zich ~** [zɪx bəˈdrɪŋkən] ⟨bedronk, bedronken⟩ s. betrinken

**bedrog** [bəˈdrɔx] *n* Betrug

**beetje, een beetje** [ən ˈbeːcə] ein bißchen; **een beetje (van)** [ən ˈbeːcə (vɑn)] ein wenig (von)

**begane grond** [bəˈxaːnə xrɔnt] Erdgeschoß

**begeleiden** [bəxəˈlɛidən] begleiten

**begeleiding** [bəxəˈlɛidɪŋ] Begleitung

**begin** [bəˈxɪn] *n* Anfang, Beginn

**beginnen** [bəˈxɪnən] ⟨begon, is begonnen⟩ anfangen, beginnen

**begrijpen** [bəˈxrɛipən] ⟨begreep, begrepen⟩ verstehen; **niet goed begrijpen** [nit xut bəˈxrɛipən] mißverstehen

**begroeten** [bəˈxrutən] begrüßen

**behalve** [bəˈhɑlvə] außer

**behandelen** [bəˈhɑndələn] bearbeiten; behandeln

**behandeling** [bəˈhɑndəlɪŋ] Behandlung

**behoren** [bəˈhoːrən] gehören

**behouden** [bəˈhoudən] ⟨behield, behouden⟩ erhalten, bewahren

**behulpzaam zijn, iemand** [ˈimɑnt bəˈhʌlpsaːm zɛin] jdm behilflich sein

**beide** [ˈbɛidə] beide

**bekend** [bəˈkɛnt] bekannt

**bekend zijn** [bəˈkɛnt sɛin] bekannt sein

**beker** [ˈbeːkər] Becher

**bekijken** [bəˈkɛikən] ⟨bekeek, bekeken⟩ anschauen, betrachten

**beklagen** [bəˈklaːxən] bedauern

**bekritiseren** [bəkritiˈzeːrən] kritisieren

**bekwaam** [bəˈkwaːm] fähig, tüchtig

**bel** [bɛl] Klingel

**belachelijk** [bəˈlɑxələk] lächerlich

**belangrijk** [bəˈlɑŋrɛik] bedeutend, wichtig

**belangstelling** [bəˈlɑŋstɛlɪŋ] Interesse

**beledigen** [bəˈleːdəxən] beleidigen

**belediging** [bəˈleːdəxɪŋ] Beleidigung

**beleefd** [bəˈleːft] höflich

**beleefdheid** [bəˈleːfthɛit] Höflichkeit

**Belg** [bɛlx] Belgier

**België** [ˈbɛlxijə] Belgien

**believen, naar ~** [naːr bəˈlivən] nach Belieben

**bellen** [ˈbɛlən] klingeln

**belofte** [bəˈlɔftə] Versprechen

**belonen** [bəˈloːnən] belohnen

**beloning** [bəˈloːnɪŋ] Belohnung

**beloven** [bəˈloːvən] versprechen

**bemanning** [bəˈmɑnɪŋ] *(Schiff)* Mannschaft

**bemiddelaar** [bəˈmɪdəlaːr] Vermittler

**benaming** [bəˈnaːmɪŋ] Bezeichnung

**beneden** [bəˈneːdən] unten, unterhalb; **daar beneden** [daːr bəˈneːdən] dort unten; **naar beneden** [naːr bəˈneːdən] abwärts; **naar beneden gaan** [naːr bəˈneːdə xaːn] hinuntergehen

**benzine** [bɛnˈzinə] Benzin

**beoordelen** [bəˈoːrdeːlən] beurteilen

**bereid** [bəˈrɛit] bereit

**bereiden, toebereiden** [bəˈrɛidən/ ˈtubəreidən] zubereiten

**bereiken** [bəˈrɛikən] erreichen

**berekenen** [bəˈreːkənən] berechnen

**berg** [bɛrx] Berg

**bergaf(waarts)** [bɛrxˈɑf(waːrts)] bergab

**bergop(waarts)** [bɛrxˈɔp(waːrts)] bergauf

**bericht** [bəˈrɪxt] *n* Bericht; Nachricht

**bericht zenden** [bəˈrɪxt sɛndən] ⟨zond bericht, bericht gezonden⟩ benachrichtigen

**beroemd** [bə'rumt] berühmt
**beroep** [bə'rup] *n* Beruf
**beschadigen** [bə'sxɑːdəxən] beschädigen
**beschadiging** [bə'sxɑːdəxɪŋ] Beschädigung
**beschermen** [bə'sxɛrmən] beschützen
**bescherming** [bə'sxɛrmɪŋ] Schutz
**beschrijven** [bə'sxrɛivən] ⟨beschreef, beschreven⟩ beschreiben
**beslissen** [bə'slɪsən] entscheiden
**beslist** [bə'slɪst] *adv* bestimmt; unbedingt
**besluit** [bə'slœit] *n* Entschluß
**besluiteloos** [bə'slœitəloːs] unentschlossen
**besluiten** [bə'slœitən] ⟨besloot, besloten⟩ beschließen; s. entschließen
**besmettelijk** [bə'smɛtələk] *(Krankheit)* übertragbar, ansteckend
**bespoedigen** [bə'spudəxən] beschleunigen
**bespreken** [bə'sprekən] ⟨besprak, besproken⟩ vorbestellen; **een plaats bespreken/reserveren** [ən 'plɑːts bəspreːkən/reːsɛr'veːrən] einen Platz belegen
**bestaan** [bə'stɑːn] ⟨bestond, bestaan⟩ *(existieren)* bestehen
**bestaan uit** [bə'stɑːn œit] bestehen aus
**beste** [bɛstə] beste(r, -s)
**bestuur** [bə'styːr] *n* Verwaltung
**bestuurder** [bə'styːrdər] Fahrer
**betalen** [bə'tɑːlən] zahlen; bezahlen
**betaling** [bə'tɑːlɪŋ] Zahlung
**betekenen** [bə'teːkənən] bedeuten
**betekenis** [bə'teːkənɪs] Bedeutung; **van betekenis** [vɑn bə'teːkənɪs] bedeutend
**beter** ['beːtər] besser
**betoverend** [bə'toːvərənt] bezaubernd
**betreden** [bə'treːdən] ⟨betrad, betreden⟩ *verb* betreten
**betreft, wat ~** [wɑt bə'trɛft] betreffend
**betrekking** [bə'trɛkɪŋ] *(Arbeit)* Stelle, Stellung
**betrekking hebben op** [bə'trɛkɪŋ hɛbən ɔp] s. beziehen auf
**betrokken** [bə'trɔkən] *(Wetter)* trüb
**betrouwbaar** [bə'trɑubaːr] zuverlässig
**beu, het beu zijn** [ət bøː zɛin] es satt haben

**beurt, aan de beurt zijn** [ɑːn də 'bʌːrt sɛin] an der Reihe sein
**bevallen** [bə'vɑlən] ⟨beviel, bevallen⟩ gefallen; gebären
**bevatten** [bə'vɑtən] enthalten
**bevestigen** [bə'vɛstəxən] bestätigen
**bevinden, zich ~** [zɪx bə'vɪndən] ⟨bevond, bevonden⟩ s. befinden
**bevoegd** [bə'vuxt] berechtigt
**bevorderen** [bə'vɔrdərən] befördern
**bevredigd** [bə'vreːdəxt] befriedigt
**bevriend zijn** [bə'vrint sɛin] befreundet sein
**bevrijden** [bə'vrɛidən] befreien; lösen
**bewaken** [bə'wɑːkən] bewachen
**bewaren** [bə'wɑːrən] aufbewahren; erhalten
**bewegen** [bə'weːxən] ⟨bewoog, bewogen⟩ bewegen
**beweging** [bə'weːxɪŋ] Bewegung
**beweren** [bə'weːrən] behaupten
**bewerken** [bə'wɛrkən] bearbeiten
**bewijs** [bə'wɛis] *n* Beweis
**bewijzen** [bə'wɛizən] ⟨bewees, bewezen⟩ beweisen
**bewonderen** [bə'wɔndərən] bewundern
**bewoner** [bə'woːnər] Bewohner
**bewust** [bə'wʌst] bewußt
**bewusteloos** [bə'wʌstəloːs] ohnmächtig
**bezet** [bə'zɛt] *(Platz, voll)* besetzt
**bezichtigen** [bə'zɪxtəxən] besichtigen
**bezig (met)** ['beːzəx (mɛt)] beschäftigt (mit)
**bezigheid** ['beːzəxhɛit] Tätigkeit
**bezit** [bə'zɪt] *n* Besitz
**bezitten** [bə'zɪtən] ⟨bezat, bezeten⟩ besitzen
**bezitter** [bə'zɪtər] Besitzer
**bezoek** [bə'zuk] *n* Besuch
**bezoeken** [bə'zukən] ⟨bezocht, bezocht⟩ besuchen
**bezorgd** [bə'zɔrxt] besorgt
**bezorgen** [bə'zɔrxən] besorgen; verschaffen
**bezwaar** [bə'zwɑːr] *n* Beschwerde
**bidden** [bɪdən] ⟨bad, gebeden⟩ beten
**bij** [bɛi] Biene; *(nahe)* bei; *(Richtung)* zu
**bij gelegenheid** [bɛi xə'leː:xənhɛit] *adv* gelegentlich
**bij het eten** [bɛi ət 'eːtən] beim Essen
**bijkomen** ['bɛikoːmən] ⟨kwam bij, bijgekomen⟩ s. erholen
**bijlage** ['bɛilaːxə] *(Brief)* Anlage

**bijna** [ˈbɛina:] beinahe, fast
**bijten** [ˈbɛitən] ⟨beet, gebeten⟩ beißen
**bijtijds** [bɛiˈtɛits] *adv* rechtzeitig
**bijvoorbeeld** [bɛiˈvoːrbeːlt] zum Beispiel
**bijzonderheid** [biˈzɔndərhɛit] Einzelheit
**biljet** [bɪlˈjɛt] *n* (Geld-)Schein
**billijk** [ˈbɪlək] *(richtig)* gerecht
**binden** [ˈbɪndən] ⟨bond, gebonden⟩ binden
**binnen** [ˈbɪnən] drin(nen); innen; innerhalb; **binnen!** herein!; **naar binnen** [naːr ˈbɪnən] ins Haus; **naar binnen gaan** [naːr ˈbɪnə xaːn] hineingehen
**binnenband** [ˈbɪnəbant] Schlauch
**binnenkomen** [ˈbɪnəkoːmən] ⟨kwam binnen, binnengekomen⟩ eintreten, hereinkommen; Eintritt
**binnenkort** [bɪnəˈkɔrt] demnächst
**binnenland** [ˈbɪnəlant] *n* Inland
**binnenplaats** [ˈbɪnəplaːts] *(Platz)* Hof
**binnenreizen** [ˈbɪnərɛizən] einreisen
**binnenste** [ˈbɪnənstə] *n* das Innere
**binnentreden** [ˈbɪnətreːdən] ⟨trad binnen, binnengetreden⟩ betreten
**bitter** [ˈbɪtər] bitter
**blad** [blat] *n* Blatt
**bladzij(de)** [ˈblatsɛi(də)] *(Buch)* Seite
**bleek** [bleːk] bleich
**blij** [blɛi] froh
**blijkbaar** [ˈblɛigbaːr] *adv* anscheinend
**blijven** [ˈblɛivən] ⟨bleef, gebleven⟩ bleiben
**blijven bij** [ˈblɛivə bɛi] ⟨bleef, gebleven⟩ bestehen auf
**blik** [blɪk] Blick; *n* (Konserven-)Dose
**blikje** [ˈblɪkjə] *n (Konserve)* Büchse
**bliksem** [ˈblɪksəm] *(Wetter)* Blitz
**blind** [blɪnt] blind
**blinken** [ˈblɪŋkən] ⟨blonk, geblonken⟩ blinken
**bloeien** [ˈbluːjən] blühen
**bloem** [blum] Blume
**bloembol** [ˈblumbɔl] Blumenzwiebel
**blussen** [ˈblʌsən] löschen
**bocht** [bɔxt] Bucht; Kurve
**bodem** [ˈboːdəm] Boden
**boek** [buk] *n* Buch
**boekdeel** [ˈbugdeːl] *n (Buch)* Band
**boeken** [ˈbukən] *(Platz)* buchen
**boeket** [buˈkɛt] *n* (Blumen-)Strauß
**boer** [buːr] *(Landwirt)* Bauer
**boerderij** [buːrdəˈrɛi] Bauernhof; Hof
**boete** [ˈbutə] *(Geld-)*Strafe
**bond** [bɔnt] Bund, Vereinigung
**bont** [bɔnt] bunt; Pelz

**boodschap** [ˈboːtsxap] Besorgung
**boodschappen doen** [ˈboːtsxapə dun] Besorgungen machen; einkaufen
**boom** [boːm] Baum
**boord, aan boord gaan,** [aːn ˈboːrt xaːn] ⟨ging, gegaan⟩ an Bord gehen
**boos** [boːs] böse; zornig
**boot** [boːt] Boot; Kahn
**bord** [bɔrt] *n* Schild; Teller
**borstel** [ˈbɔrstəl] Bürste
**borstelen** [ˈbɔrstələn] bürsten
**bos** [bɔs] *(Blumen, Schlüssel)* Bund; *n* Wald
**botsing** [ˈbɔtsɪŋ] Zusammenstoß
**bouwen** [ˈbɔuwən] bauen
**boven** [ˈboːvən] oben; über; **daar boven** [daːr ˈboːvən] dort oben; **naar boven** [naːr boːvən] aufwärts; nach oben
**bovendien** [boːvəˈdin] außerdem
**braden** [ˈbraːdən] ⟨braadde, gebraden⟩ braten
**brand** [brant] Brand
**brandbaar** [ˈbrandbaːr] feuergefährlich
**brandblusser** [ˈbrandblasər] Feuerlöscher
**branden** [ˈbrandən] brennen
**brandmelder** [ˈbrandmɛldər] Feuermelder
**brandweer** [ˈbrantweːr] Feuerwehr
**breed** [breːt] breit; *(Gegenteil von eng)* weit
**breekbaar** [ˈbreːgbaːr] zerbrechlich
**breken** [ˈbreːkən] ⟨brak, gebroken⟩ brechen; **(stuk)breken** [ˈbreːkən/ ˈstʌgbreːkən] ⟨brak (stuk), (stuk)gebroken⟩ zerbrechen
**brengen** [ˈbrɛŋən] ⟨bracht, gebracht⟩ bringen
**brief** [brif] Brief
**briefwisseling** [ˈbrifwɪsəlɪŋ] Briefwechsel
**bril** [brɪl] Brille
**broer** [bruːr] Bruder
**bron** [brɔn] Brunnen; Quelle
**brood** [broːt] *n* Brot; **een stuk brood** [ən stʌk ˈbroːt] ein Stück Brot
**bruiloft** [ˈbrœilɔft] *(Feier)* Hochzeit
**bruin** [brœin] braun
**buigen** [ˈbœixən] ⟨boog, gebogen⟩ biegen
**buis** [bœis] Rohr
**buiten** [ˈbœitən] außen; draußen; außerhalb; außer; **van buiten** [van ˈbœitən] von außen; *adv* äußerlich; **naar buiten gaan** [naːr ˈbœitə xaːn] hinausgehen

**buitengaats** [bœitə'xɑ:ts] auf hoher See

**buitengewoon** ['bœitəxə'wo:n] außergewöhnlich

**buitenland** ['bœitəlɑnt] n Ausland; **in/naar het buitenland** [ɪn/nɑ:r ət 'bœitəlɑnt] im/ins Ausland

**buitenlander** ['bœitəlɑndər] Ausländer

**buitenlands** ['bœitəlɑnts] ausländisch

**buitenwijk** ['bœitəwɛik] Vorort

**bureau** [by'ro:] n (Dienststelle) Amt; Büro

**bus** [bʌs] Büchse; Dose

**buurman/buurvrouw** ['by:rmɑn/ 'by:rvrɔu] Nachbar/in

**buurt** ['by:rt] Nähe; **in de buurt van** [ɪn də 'by:rt vɑn] in der Nähe von

# C

**cabine** [kɑ'binə] (Schiff) Kabine

**cadeau** [kɑ'do:] n Geschenk

**café** [kɑ'fe:] n (Gaststätte) Lokal

**catalogus** [kɑ'tɑ:lo:xəs] Verzeichnis

**centraal** [sɛn'trɑ:l] zentral

**centrum** ['sɛntrəm] n Zentrum

**chauffeur** [ʃo'fʌ:r] Chauffeur; Fahrer

**chef** [ʃɛf] Chef

**cigarillo** [sigɑ:'rɪlo:] Zigarillo

**collega** [kɔ'le:xɑ:] Kollege

**concurrentie** [kɔŋky'rɛntsi] (Handel) Wettbewerb

**condoom** [kɔn'do:m] n Kondom

**consideratie** [kɔnsidə'rɑ:tsi] Rücksicht

**consulaat** [kɔnsy'lɑ:t] n Konsulat

**consulteren** [kɔnsəl'te:rən] konsultieren

**contact** [kɔn'tɑkt] n Berührung; Kontakt

**contant betalen** [kɔn'tɑnt bə'tɑ:lən] bar zahlen

**contract** [kɔn'trɑkt] n Vertrag

**controle** [kɔn'tro:lə] Kontrolle; Sperre

**controleren** [kɔntro:'le:rən] kontrollieren

**conversatie** [kɔnvər'sɑ:tsi] (Gespräch) Unterhaltung

**corpulent** [kɔrpy'lɛnt] (beleibt) stark

**correct** [kɔ'rɛkt] korrekt

**correspondentie** [kɔrɛspɔn'dɛntsi] Briefwechsel

**creatief** [kre:jɑ:'tif] kreativ

**cultuur** [kʌl'ty:r] Kultur

**cursus** ['kʌrzəs] (Unterricht) Kurs

# D

**daad** [dɑ:t] Tat

**daar** [dɑ:r] (Ort) da, dort

**daarboven** [dɑ:r'bo:vən] dort oben

**daarginds** [dɑ:r'xɪns] dort unten

**daarheen** [dɑ:r'he:n] dorthin

**daarna** [dɑ:r'nɑ:] danach

**daarom** ['dɑ:rɔm] (Grund) daher, deshalb

**daartoe** [dɑ:r'tu] (zusätzlich) dazu

**dag** [dɑx] Tag; **hallo/dag** [hɑ'lo:/ 'dɑhɑx] hallo; **elke dag** ['ɛlkə dɑx] alle Tage

**dame** ['dɑ:mə] Dame

**dan** [dɑn] (bei Vergleich) als; (Zeit) da; dann; **beter dan** ['be:tər dɑn] besser als; **niets dan** ['nits dɑn] nichts als

**dank** [dɑŋk] Dank

**dankbaar** ['dɑŋbɑ:r] dankbar

**danken** ['dɑŋkən] danken

**dans** [dɑns] Tanz

**dat** (Demonstrativpronomen) das; daß

**dat (daar)** [dɑt (dɑ:r)] jene

**datum** ['dɑ:təm] Datum

**declareren** [de:klɑ:'re:rən] verzollen

**deel** [de:l] n Teil; **(boek)deel** [('bug)de:l] n m (Buch) Band

**deelnemen (aan)** ['de:lne:mən (ɑ:n)] ⟨nam deel, deelgenomen⟩ teilnehmen (an)

**deelneming** ['de:lne:mɪŋ] Beileid

**deelstaat** ['de:lstɑ:t] (Bundes-)Land

**defect** [də'fɛkt] defekt

**definitief** [de:fini'tif] endgültig

**deftig** ['dɛftəx] vornehm

**deken** ['de:kən] (Bett-)Decke

**delen** ['de:lən] teilen

**denken aan** [dɛŋkən ɑ:n] ⟨dacht, gedacht⟩ denken an

**deponeren** [de:po:'ne:rən] hinterlegen

**derde** ['dɛrdə] dritte(r, -s); **ten derde** [tən 'dɛrdə] drittens; **één derde** ['e:n 'dɛrdə] n ein Drittel

**desondanks** ['dɛsɔn'dɑŋks] adv trotzdem

**destijds** [dɛs'tɛits] damals

**detail** [de:'tɑi] *n* Einzelheit
**deur** [dʌ:r] Tür
**deze** ['de:zə] diese, dieser, dieses
**dezelfde** [də'zɛlfdə] derselbe
**dia** ['dija:] Dia
**diagnose** [dijɑx'no:zə] Diagnose
**dicht** [dɪxt] *(Nebel)* dicht; geschlossen, zu
**dichtbij** [dɪxt'bɛi] dicht dabei, nahe
**dichtdoen** ['dɪxdun] ⟨deed dicht, dichtgedaan⟩ zumachen
**dichterbij komen** [dɪxtər'bɛi ko:mən] ⟨kwam, gekomen⟩ s. nähern
**die (daar)** [di (dɑ:r)] jene
**dienen** ['dinən] dienen
**dienst** [dinst] Dienst; Gefälligkeit
**diep** [dip] tief
**dier** [di:r] *n* Tier
**dik** [dɪk] dick; stark
**dikte** ['dɪktə] *(Dicke)* Stärke
**dikwijls** ['dɪkwəls] *adv* häufig, oft
**ding** [dɪŋ] *n* Ding, Gegenstand
**direct** [di'rɛkt] direkt, sofort, unmittelbar
**directeur** [dirɛk'tʌ:r] Direktor
**directie** [di'rɛksi] Direktion
**distributie** [dɪstri'bytsi] Verteilung
**dit** [dɪt] *(bei Sache)* diese, dieser, dieses; *(Demonstrativpronomen)* das
**dobbelstenen** ['dɔbəlste:nən] *pl* Würfel
**dochter** ['dɔxtər] Tochter
**doctor** ['dɔktər] *(akad. Grad)* Doktor
**doek** [duk] *n (Material, Gegenstand)* Tuch; *(Theater)* Vorhang
**doel** [dul] *n (auf dem Spielfeld)* Tor; Ziel; Zweck
**doelloos** ['dulo:s] zwecklos
**doelmatig** [dul'mɑ:təx] zweckmäßig
**doelpunt** ['dulpʌnt] *n (Gewinnpunkt)* Tor
**doen** [dun] ⟨deed, gedaan⟩ machen, tun
**dokter** ['dɔktər] *(Arzt)* Doktor
**dokument** [do:ky'mɛnt] *n* Dokument
**dom** [dɔm] blöd(e), dumm
**donker** ['dɔŋkər] dunkel
**dood** [do:t] Tod, tot
**door** [do:r] durch; *(Passiv)* von
**doorbrengen** ['do:rbrɛŋən] ⟨bracht door, doorgebracht⟩ *(Zeit)* verbringen
**doordeweeks** [do:rdə'we:ks] werktags
**doorgang** ['do:rxɑŋ] Durchgang
**doorreis** ['do:reis] Durchreise
**doortocht** ['do:rtɔxt] Durchfahrt
**doorvaart** ['do:rvɑ:rt] Durchfahrt
**doos** [do:s] Schachtel
**dorp** [dɔrp] *n* Dorf

**dorst** [dɔrst] Durst
**dorst hebben** ['dɔrst hɛbən] Durst haben
**dorstig** [dɔrstəx] durstig
**douane** [du'ɑ:nə] Zoll
**draad** [drɑ:t] Draht; Faden
**draaien** ['drɑ:jən] drehen; wenden
**dragen** ['drɑ:xən] ⟨droeg, gedragen⟩ tragen
**dringend** ['drɪŋənt] dringend
**drinkbaar** ['drɪŋbɑ:r] trinkbar
**drinken** ['drɪŋkən] ⟨dronk, gedronken⟩ trinken
**drogen** ['dro:xən] trocknen
**dromen** ['dro:mən] träumen
**dronken** [drɔŋkən] betrunken
**droog** [dro:x] trocken; *(Wein)* herb
**droom** [dro:m] Traum
**druk** [drʌk] hektisch; lebhaft
**drukken** ['drʌkən] drücken; stoßen; **op een knop drukken** [ɔp ən 'knɔp drʌkən] (auf) einen Knopf drücken
**druppel** ['drʌpəl] Tropfen
**druppen** ['drʌpən] tropfen
**dubbel** ['dʌbəl] doppelt
**duidelijk** ['dœidələk] deutlich
**duister** ['dœistər] finster
**Duits** ['dœits] deutsch
**Duitse** ['dœitsə] die Deutsche
**Duitser** ['dœitsər] der Deutsche
**Duitsland** ['dœitslɑnt] Deutschland
**duizelig** ['dœizələx] schwindlig; **ik ben duizelig** [ɪg bɛn 'dœizələx] mich schwindelt
**dun** [dʌn] dünn
**duren** ['dyrən] dauern
**durven** ['dʌrvən] wagen
**dus** [dʌs] also, deshalb
**duur** [dy:r] Dauer; kostspielig, teuer
**dwang** [dwɑŋ] Zwang
**dwars door** [dwɑrs do:r] quer durch
**dwingen** ['dwɪŋən] ⟨dwong, gedwongen⟩ zwingen

# E

**echt** [ɛxt] echt
**echter** ['ɛxtər] jedoch
**echtgenoot** ['ɛxtxəno:t] Ehemann
**echtgenote** ['ɛxtxəno:tə] Ehefrau
**echtpaar** ['ɛxtpɑ:r] *n* Ehepaar
**een** [ən] *art* ein; **een tijdlang** [ən 'tɛitlɑŋ] eine Zeitlang
**één** [e:n] eins; **één keer** [ən 'ke:r] einmal; **niet één keer** [nit 'e:n ke:r] nicht einmal

**eennalaatst** ['e:na:la:tst] vorletzte(r, -s)

**eens** [e:ns]; **elke keer** ['ɛlkə ke:r] jedesmal; **eens** [e:ns] einmal; **het eens worden** [ət e:ns 'wordən] sich einigen, s. verständigen; **het eens zijn** [ət 'e:ns sɛin] einig sein

**eenvoudig** [e:n'vʌudəx] einfach

**eenzaam** ['e:nza:m] einsam

**eer** [e:r] Ehre

**eerbied** ['e:rbit] Achtung

**eerder** ['e:rdər] eher; früher; vielmehr

**eerst** [e:rst] vorher, zuerst

**eerste** [e:rstə] erste(r, -s); **ten eerste** [tən 'e:rstə] erstens

**eerste hulp** [e:rstə 'hʌlp] Erste Hilfe

**eerste klas** [e:rstə 'klas] erstklassig

**eerstvolgende** ['e:rst'fɔlxəndə] nächste

**eetbaar** ['e:tba:r] eßbar

**eetlust** [e:'tlʌst] Appetit

**effect** [ɛ'fɛkt] n Wirkung

**effectief** [ɛfɛk'tif] wirksam

**effen** ['ɛfən] glatt

**ei** [ɛi] n ⟨eieren⟩ Ei

**eigen** ['ɛixən] eigen

**eigenaar** ['ɛixəna:r] Besitzer, Eigentümer

**eigenlijk** ['ɛixələk] eigentlich

**eigenschap** ['ɛixənsxap] Eigenschaft

**eiland** ['ɛilant] n Insel

**einde** ['ɛində] n Ende

**eindelijk** ['ɛindələk] endlich

**eindigen** ['ɛindəxən] enden; beenden; abschließen

**eis** [ɛis] Forderung

**eisen** ['ɛisən] ⟨eiste, geëist⟩ fordern; verlangen

**elektrisch** [e:'lɛktris] elektrisch

**elftal** ['ɛlftal] n (Fußball-)Mannschaft

**elkaar** [əl'ka:r] einander

**elk(e)** [ɛlk/ɛlkə] adj jeder

**elke dag** ['ɛlkə dɑx] alle Tage

**elke keer** [ɛlkə 'ke:r] jedesmal

**en** [ɛn] und

**Engeland** ['ɛŋəlant] England

**Engels** ['ɛŋəls] englisch

**Engelsman/Engelse** ['ɛŋəlsman/ 'ɛŋəlsə] Engländer/in

**enig** ['e:nəx] einzig

**enige** ['e:nəxə] einige

**enkel** ['ɛŋkəl] einzig

**enkele** ['ɛŋkələ] einige

**enthousiast (over)** [antu'ʒast (o:vər)] begeistert (von)

**enzovoort(s)** [ɛnzo:'vo:rt(s)] und so weiter

**er is** [ɛr 'ɪs] sing es gibt

**er zijn** [ɛr 'zɛin] pl es gibt

**erg** [ɛrx] sehr, schlimm

**ergens** ['ɛrxəns] irgendwo

**ergens anders** ['ɛrgəns 'andərs] anderswo

**ergeren, zich ergeren over** [zɪx 'ɛrxərən 'o:vər] s. ärgern über

**erkennen** [ɛr'kɛnən] einsehen; erkennen

**ernstig** ['ɛrnstəx] ernst; (Krankheit) schwer

**ervaren** [ɛr'va:rən] adj erfahren

**ervaring** [ɛr'va:rɪŋ] Erfahrung

**etage** [e:'ta:ʒə] Stock(werk)

**etalage** [e:ta:'la:ʒə] Schaufenster

**eten** ['e:tən] ⟨at, gegeten⟩ essen; Essen; **bij het eten** [bɛi ət 'e:tən] beim Essen

**Europa** [ʌ'ro:pa:] Europa

**Europeaan** [ʌ:ro:pe:'ja:n] Europäer

**Europees** [ʌ:ro:'pe:s] europäisch

**evenement** [e:vənə'mɛnt] n Veranstaltung

**eventueel** [e:vɛnty'we:l] eventuell

**examen** [ɛk'sa:mən] n Examen, Prüfung

**examineren** [ɛksa:mi'ne:rən] (Examen) prüfen

**excuseert u mij** [ɛkskyʹze:rt y mɛi] entschuldigen Sie bitte!

**expres** [ɛks'prɛs] extra, absichtlich

**extra** ['ɛkstra:] extra, zusätzlich

**extra ...** ['ɛkstra] Sonder ...

**ezel** ['e:zəl] Esel

# F

**fabriek** [fa:'brik] Fabrik

**fair** [fɛ:r] fair

**familie** [fa:'mili] (Verwandtschaft) Familie

**familie van** [fa:'mili van] verwandt mit

**fantastisch** [fan'tastis] wunderbar

**fatsoenlijk** [fat'sunlək] (Mensch) ordentlich

**feest** [fe:st] n Fest

**feestdag** ['fe:sdax] Feiertag

**feit** ['fɛit] n Tatsache

**felicitatie** [fe:lisi'ta:tsi] Glückwunsch

**feliciteren** [fe:lisi'te:rən] gratulieren

**fijn** [fɛin] angenehm; fein

**file** ['filə] (Auto-)Schlange

**filiaal** [fili'a:l] n Filiale

**film** ['fɪlm] Film

**filter** [ˈfɪltər] Filter
**firma** [ˈfɪrmaː] Firma
**fit** [fɪt] fit
**flat** [flɛt] Wohnung
**fles** [flɛs] Flasche
**flink** [flɪŋk] tüchtig
**flirt** [flʌrt] Flirt
**flits** [flɪts] *(Foto)* Blitz
**fluitje** [ˈflœica] *n* Pfeife
**fontein** [fɔnˈtɛin] Springbrunnen
**fooi** [foːi] Trinkgeld
**formaat** [fɔrˈmaːt] *n* Format
**formulier** [fɔrmyˈliːr] *n* Formular
**foto** [ˈfoːtoː] Bild, Foto
**fotograferen** [foːtoːxraːˈfeːrən] fotografieren
**fototoestel** [ˈfoːtoːtustɛl] *n* Fotoapparat
**fout** [fout] falsch; Fehler
**Frankrijk** [ˈfrɑŋkrɛik] Frankreich
**Frans** [frɑns] französisch
**Fransman** [ˈfrɑnsmɑn] Franzose
**Française** [frɑnˈsɛːzə] Französin
**fris** [frɪs] frisch, kühl
**funktioneren** [fʌŋkʃoːˈneːrən] funktionieren

# G

**gaan** [xaːn] ⟨ging, gegaan⟩ gehen;
**rechtdoor gaan** [rɛxtˈdoːr xaːn] geradeaus gehen; **aan boord gaan** [aːn
ˈboːrt xaːn]; **gaan liggen** [xaːn ˈlɪxən]
s. hinlegen; **gaan zitten** [xaːn ˈzɪtən]
s. (hin)setzen
**gadeslaan** [ˈxaːdəslaːn] ⟨sloeg gade,
gadegeslagen⟩ beobachten
**gang** [xɑŋ] Gang
**gapen** [ˈxaːpən] gähnen
**garage** [xaːˈraːʒə] Garage
**garantie** [xaːˈrɑntsi] Garantie; Kaution; Sicherheit
**gast** [xɑst] Gast
**gastheer** [ˈxɑsthɛːr] Gastgeber
**gastvrijheid** [xɑstˈfrɛihɛit] Gastfreundschaft
**gat** [xaːt] *n* ⟨gaten⟩ Loch
**gauw** [xou] bald; **zo gauw mogelijk** [zoː
ˈxou ˈmoːxələk] so bald wie möglich
**gazon** [xaːˈzɔn] *n* Rasen
**gebed** [xəˈbɛt] *n* Gebet
**gebeuren** [xəˈbøːrən] s. ereignen; geschehen; passieren; **wat is er gebeurd?** [wɑt ɪz ɛr xəˈbʌrt] was ist
geschehen?
**gebeurtenis** [xəˈbʌrtənɪs] Ereignis;
Vorfall

**geboorte** [xəˈboːrtə] Geburt
**geboortedatum** [xəˈboːrtədatəm]
*(amtlich)* Geburtstag
**geboren** [xəˈboːrən] geboren
**geboren in** [xəˈboːrən ɪn] gebürtig aus
**gebouw** [xəˈbouw] *n* Gebäude
**gebrek** [xəˈbrɛk] *n* Mangel; Fehler
**gebruik** [xəˈbrœik] *n* Gebrauch, Verwendung; Anwendung
**gebruik maken van** [xəˈbrœik maːkən
vɑn] *(Verkehrsmittel)* benutzen
**gebruikelijk** [xəˈbrœikələk] gebräuchlich, üblich
**gebruiken** [xəˈbrœikən] anwenden,
benutzen, gebrauchen, verwenden
**gedachte** [xəˈdɑxtə] Gedanke
**gedrag** [xəˈdrɑx] *n* Benehmen
**geduld** [xəˈdʌlt] *n* Geduld
**geduldig** [xəˈdʌldəx] geduldig
**gedurende** [xəˈdyrəndə] *prp* während
**geen** [xeːn] kein
**geen (flauw) idee!** [xeːn (ˈflou) iˈdeː]
keine Ahnung!
**geeuwen** [ˈxeːwən] gähnen
**gegevens, nadere gegevens** [naːdərə
xəˈxeːvəns] nähere Angaben
**geheel** [xəˈheːl] *(gesamt)* ganz;
**het geheel** [ət xəˈheːl] das Ganze
**geheim** [xəˈhɛim] geheim
**gehuwd (met)** [xəˈhyːwt (mɛt)] verheiratet (mit)
**gek** [xɛk] verrückt
**gekleurd** [xəˈklʌrt] farbig
**geld** [xɛlt] *n* Geld
**geldboete** [ˈxɛltbutə] Geldstrafe
**gelden** [ˈxɛldən] ⟨gold, gegolden⟩
gelten
**geldig** [ˈxɛldəx] gültig
**geldigheid** [ˈxɛldəxhɛit] Gültigkeit
**geldstuk** [ˈxɛltstʌk] *n* Geldstück
**geleden** [xəˈleːdən] *(in der Vergangenheit)* vor; **5 jaar geleden** [vɛif jaːr
xəˈleːdən] vor 5 Jahren
**gelegenheid** [xəˈleːxənhɛit] Gelegenheit
**gelijk** [xəˈlɛik] *adj* gleich
**gelijk hebben** [xəˈlɛik ˈhɛbən] recht
haben
**gelijken** [xəˈlɛikən] ⟨geleek, geleken⟩
gleichen
**gelijksoortig** [xələˈikˈsoːrtəx] ähnlich
**gelijktijdig** [xəlɛikˈtɛidəx] gleichzeitig
**gelijkwaardig** [xəlɛikˈwaːrdəx] gleichwertig
**geloof** [xəˈloːf] *n* Glaube
**geloven** [xəˈloːvən] glauben; **niet te
geloven** [nit tə xəˈloːvən] unglaublich

**geluid** [xə'lœit] *n* Geräusch
**geluk** [xə'lʌk] *n* Glück; **veel geluk**
[ve:l xə'lʌk] viel Glück!
**gelukkig** [xə'lʌkəx] glücklich; **geluk-**
**kig!** Gott sei Dank!
**gelukwensen** [xə'lʌkwɛnsən] ⟨wenste
geluk, gelukgewenst⟩ gratulieren
**gemakkelijk** [xə'makələk] leicht, einfach
**gemakzucht** [xə'maksʌxt] Bequemlichkeit
**gemeen** [xə'me:n] gemein
**gemeenschappelijk**
[xə'me:n'sxapələk] gemeinsam
**gemengd** [xə'mɛŋt] gemischt
**gemiddeld** [xə'mɪdəlt] durchschnittlich
**genieten** [xə'nitən] ⟨genoot, genoten⟩
genießen
**genoeg** [xə'nux] genug
**genoeg zijn** [xə'nux sɛin] (aus)rei-
chen
**genoegen** [xə'nuxən] *n* Vergnügen
**genot** [xə'nɔt] *n* Genuß
**geopend** [xə'o:pənt] geöffnet
**gerecht** [xə'rɛxt] *n (Essen)* Gericht
**gerechtigd** [xə'rɛxtəxt] berechtigt
**gerecht(shof)** [xə'rɛxt(shɔf)] *n (Justiz)*
Gericht
**gereed** [xə're:t] bereit; fertig
**geregeld** [xə're:xəlt] regelmäßig
**gerieflijkheid** [xə'riflǝkhɛit] Bequemlichkeit
**gering** [xə'rɪŋ] gering
**geschenk** [xə'sxɛŋk] *n* Geschenk
**geschiedenis** [xə'sxidənɪs] Geschichte
**geschikt** [xə'sxɪkt] *(geeignet)* richtig
**gesloten** [xə'slo:tən] geschlossen
**gesprek** [xə'sprɛk] *n* Gespräch
**getal** [xə'tal] *n* Zahl
**getrouwd (met)** [xə'trouwt (mɛt)] verheiratet (mit)
**getuige** [xə'tœixə] Zeuge
**getuigenis** [xə'tœixənɪs] *n* Zeugnis
**geur** [xʌ:r] Geruch
**gevaar** [xə'va:r] *n* Gefahr
**gevaarlijk** [xə'va:rlǝk] gefährlich
**geval** [xə'val] *n* Fall; Vorfall; **in geen**
**geval** [ɪŋ 'xe:n xə'val] keinesfalls; **in**
**ieder/elk geval** [in iдər/ɛlk xə'val] auf
alle Fälle; **voor het geval dat** [vo:r ət
xə'val 'dat] für alle Fälle
**geven** ['xe:vən] ⟨gaf, gegeven⟩ geben
**gevoel** [xə'vul] *n* Gefühl
**bureau voor gevonden voorwerpen**
[by'ro: vo:r xə'vɔndə 'vo:rwɛrpən]
Fundbüro

**gewaarworden** [xə'wa:rwɔrdən]
⟨werd gewaar, gewaargeworden⟩
merken
**geweldig** [xə'wɛldəx] gewaltig
**gewend zijn** [xə'wɛnt sɛin] gewohnt
sein
**gewicht** [xə'wɪxt] *n* Gewicht
**gewonde** [xə'wɔndə] der, die Verletzte
**gewoon** [xə'wo:n] üblich
**gewoonlijk** [xə'wo:nlək] *(üblich)*
gewöhnlich
**gewoonte** [xə'wo:ntə] Gewohnheit
**gewoontjes** [xə'wo:ncəs] gewöhnlich, ordinär
**gezang** [xə'zaŋ] *n* Gesang
**gezellig** [xə'zɛləx] gemütlich
**gezelschap** [xə'zɛlsxap] *n* Gesellschaft
**gezin** [xə'zɪn] *n* Familie
**gezond** [xə'zɔnt] gesund
**gezondheid** [xə'zɔnthɛit] Gesundheit;
**gezondheid!** [xəzɔnthɛit] zum
Wohle!
**geëmancipeerd** [xæe:mɑnsi'pe:rt]
emanzipiert
**geïllumineerd** [xæilymi'ne:rt] *(fest-*
*lich)* beleuchtet
**gids** [xɪts] Fremdenführer; Reiseführer
**gif(t)** [xɪf(t)] *n* Gift
**giftig** ['xɪftəx] giftig
**ginds** [xɪnts] drüben
**gips** [xɪps] *n* Gips
**gitaar** [xi'ta:r] Gitarre
**glad** [xlɑt] glatt
**glanzen** ['xlɑnzən] glänzen
**glas** [xlɑs] *n* Glas
**gloed** [xlut] Glut
**goal** [go:l] *(Gewinnpunkt)* Tor
**God** [xɔt] Gott
**God zij dank!** ['xɔt sɛi 'dɑŋk] Gott sei
Dank!
**goed** [xut] gut; **niet goed** [nit 'xut]
unwohl
**goederen** ['xudərən] *pl* Ware
**goedkeuring** ['xutkʌ:rɪŋ] Beifall
**goedkoop** [xut'ko:p] billig
**gooien** ['xo:jən] werfen
**gordijn** [xɔr'dɛin] *n* Vorhang
**graad** [xra:t] *(akad.)* Grad
**graag** [xra:x] gern; **niet graag** [nit
'xra:x] nicht gern, ungern
**graag gedaan** [xra: xə'da:n] *(Ant-*
*wort auf Dank)* bitte
**graag willen** [xra:x 'wɪlən] *(wün-*
*schen)* mögen

**grandioos** [xrɑndiˈjoːs] großartig
**grap** [xrɑp] *(Scherz)* Spaß, Witz
**grapje** [ˈxrɑpjə] *n* Scherz
**grappig** [ˈxrɑpəx] *(erheiternd)* lustig
**grasveld** [ˈxrɑsfɛlt] *n* Rasen
**gratis** [ˈxraːtəs] frei; gratis; umsonst
**greep** [xreːp] (Hand-)Griff
**grendel** [ˈxrɛndəl] *(Verschluß)* Riegel
**grens** [xrɛns] Grenze
**grenscontrole** [ˈxrɛnskɔntroːlə] Zollkontrolle
**groeien** [ˈxrujən] wachsen
**groep** [xrup] Gruppe
**groeten** [ˈxrutən] grüßen
**grond** [ˈxrɔnt] Boden, Grund
**grondwet** [ˈxrɔntwɛt] *(pol)* Verfassung
**groot** [xroːt] groß
**grootheid** [ˈxroːtheit] *(geistige)* Größe
**grootmoeder** [ˈxroːtmudər] Großmutter
**groots** [xroːts] großartig
**grootte** [ˈxroːtə] *(Ausdehnung)* Größe
**grootvader** [ˈxroːtfadər] Großvater
**gulden** [ˈxʌldən] Gulden
**gunst** [xʌnst] Gefälligkeit; **ten gunste
(van)** [tɛn ˈxʌnstə (van)] zugunsten
**gunstig** [ˈxʌnstəx] günstig

# H

**haak** [haːk] Haken
**haan** [haːn] *(Tier)* Hahn
**haar** [ˈhaːr] *poss prn sing* ihr; *dat
sing (betont)* ihr; *acc sing* sie
**haast** [haːst] Eile; *adv* beinahe
**haast hebben** [ˈhaːst hɛbən] es eilig
haben
**haasten, zich** ~ [zɪx ˈhaːstən] s. beeilen
**haastig** [ˈhaːstəx] eilig
**hak** [hɑk] *(Schuh)* Absatz
**hal** [hɑl] Halle
**halen** [haːlən] holen
**half** [hɑlf] halb
**hallo** [hɑˈloː] hallo
**hamer** [ˈhaːmər] Hammer
**hand** [hɑnt] Hand; **met de hand gemaakt** [mɛt də ˈhɑnt xəˈmaːkt] handgemacht
**handig** [ˈhɑndəx] geschickt
**handtasje** [ˈhɑntɑʃə] *n* Handtasche
**handtekening** [ˈhɑnteːkənɪŋ] Unterschrift
**handvat** [ˈhɑntfɑt] *n* (Hand-)Griff
**hangen** [ˈhɑŋən] ⟨hing, gehangen⟩
*(auf-)*hängen

**hapje (eten)** [ˈhɑpjə (eːtən)] Imbiß
**hard** [hɑrt] hart; laut
**hardheid** [ˈhɑrtheit] Härte
**haring** [ˈhaːrɪŋ] Hering
**hart** [hɑrt] *n* Herz
**hartelijk** [ˈhɑrtələk] herzlich
**hartelijkheid** [ˈhɑrtələkheit] Herzlichkeit
**havenhoofd** [ˈhaːvənhoːft] *n* Mole
**hebben** [ˈhɛbən] ⟨had, gehad⟩ haben
**heel** [heːl] *(vollständig)* ganz
**heen, ergens** ~ [ɛrxəns ˈheːn] irgendwohin
**heer** [heːr] Herr
**heerlijk** [ˈheːrlək] herrlich
**heet** [heːt] heiß; *(Essen)* scharf
**heilig** [ˈheiləx] heilig
**hek** [hɛk] *n* Gitter
**helaas** [heːˈlaːs] leider
**helder** [ˈhɛldər] klar, sauber, heiter
**helemaal** [heːləˈmaːl] *adv* ganz, vollständig
**helemaal niet** [heːləˈmaːl nit] gar
nicht, durchaus nicht
**helft** [hɛlft] Hälfte
**helpen** [ˈhɛlpən] ⟨hielp, geholpen⟩
helfen
**hemel** [ˈheːməl] Himmel
**hen** [hɛn] *acc pl (Person)* sie
**herhalen** [hɛrˈhaːlən] wiederholen
**herinneren, iemand aan iets** ~
[imant aːn its hɛrˈinərən] jdn an etw
erinnern; **zich herinneren** [zɪx
hɛrˈinərən] s. erinnern
**herinnering** [hɛrˈinərɪŋ] Andenken
**herkennen** [hɛrˈkɛnən] erkennen
**herstel** [hɛrˈstɛl] *(n)* Erholung
**het** [hɛt] *(Artikel)* das
**het mis hebben** [ət mɪs ˈhɛbən] unrecht haben
**heten** [ˈheːtən] ⟨heette, geheten⟩ heißen
**hetzelfde** [hətˈsɛlfdə] dasselbe
**heuvel** [ˈhøːvəl] Hügel
**hier** [hiːr] hier
**hierheen** [ˈhiːrheːn] hierher
**hinderen** [ˈhɪndərən] hindern
**hinderlijk** [ˈhɪndərlək] lästig
**hobby** [ˈhɔbi] Hobby
**hoe** [hu] *(Frage)* wie
**hoek** [huk] Ecke, Winkel
**hoesten** [ˈhustən] husten
**hoewel** [huˈwɛl] obwohl; *conj* trotzdem
**hof** [hɔf] *n (königl.)* Hof
**hoffelijk** [ˈhɔfələk] höflich
**hond** [hɔnt] Hund

**honderd** [ˈhɔndərt] hundert

**honderd keer** [hɔndərt ˈkeːr] hundertmal

**honger** [ˈhɔŋər] Hunger

**honger hebben** [ˈhɔŋər hɛbən] Hunger haben

**honorarium** [hoːnoːˈraːrijəm] *n* Honorar

**hoofdingang** [ˈhoːftɪŋxɑŋ] Haupteingang

**hoofdstad** [ˈhoːftstɑt] Hauptstadt

**hoofdzakelijk** [hoːftˈsaːkələk] hauptsächlich

**hoog** [hoːx] hoch

**hoogstens** [ˈhoːxstəns] höchstens

**hoogte** [ˈhoːxtə] Höhe; **op de hoogte brengen** [ɔp də ˈhoːxtə brɛŋən] jdn verständigen, Bescheid geben; informieren, unterrichten

**hoogtepunt** [ˈhoːxtəpʌnt] *n* Höhepunkt

**hoop, een hoop** [ən ˈhoːp] eine Menge

**hopen** [ˈhoːpən] hoffen

**horen** [ˈhoːrən] hören; gehören

**horloge** [hɔrˈloːʒə] *n* (Armband-)Uhr

**hotel** [hoːˈtɛl] *n* Hotel; Gasthaus, -hof

**houdbaar** [ˈhɔudbaːr] haltbar

**houden** [ˈhɔudən] behalten; dauern, halten

**houden van** [ˈhɔudən vɑn] ⟨hield, gehouden⟩ lieben; **houden van** [ˈhɔudə vɑn] ⟨hield, gehouden⟩ gern haben, mögen

**hout** [hɔut] *n* Holz

**huilen** [ˈhœilən] weinen

**huis** [hœis] *n* ⟨huizen⟩ Haus

**huisdeur** [ˈhœizdøːr] Haustür

**hulp** [hʌlp] Hilfe

**humeur** [hyˈmʌːr] *n* Laune

**hun** [hʌn] pl ihr

**huren** [ˈhyːrən] mieten

**hut** [hʌt] Hütte; *(Schiff)* Kabine

**huur** [hyːr] Miete

**huwelijk** [ˈhywələk] *n* Ehe, Heirat

# I

**idee** [iˈdeː] *n* Idee

**identiteitsbewijs** [idɛntiˈtɛitsbəwɛis] *n* (Personal-)Ausweis

**idioot** [idiˈjoːt] blöd(e)

**in ieder geval** [in idər xəˈvɑl] auf alle Fälle

**ieder(e)** [ˈidər(ə)] *adj* jeder

**iedereen** [ˈidəreːn] *prn* jeder

**iemand** [ˈimɑnt] jemand

**iets** [its] etwas; **(zo maar) iets** [(ˈzoː maːr) its] irgend etwas

**ijs** [ɛis] *n* (Speise-)Eis

**ijverig** [ˈɛivərəx] fleißig

**ijzel** [ˈɛizəl] (Glatt-)Eis

**ijzer** [ˈɛizər] *n* Eisen

**ik** [ɪk] ich

**in** [ɪn] in

**in het bijzonder** [ɪn ət biˈzɔndər] besonders

**inbegrepen** [ˈɪmbəxreːpən] inbegriffen

**incident** [ɪnsiˈdɛnt] *n* Zwischenfall

**inderdaad** [ɪndərˈdaːt] in der Tat

**indien** [ɪnˈdin] falls, wenn

**indruk** [ˈɪndrʌk] Eindruck

**ineens** [ɪnˈeːns] einmal

**informatie** [ɪnfɔrˈmaːtsi] Auskunft

**informeren** [ɪnfɔrˈmeːrən] informieren

**informeren naar** [ɪnfɔrˈmeːrə naːr] s. erkundigen nach

**ingang** [ˈɪŋxɑŋ] Eingang

**inhalen** [ˈɪnhaːlən] *(schneller gehen, fahren)* überholen

**inheems** [ɪnˈheːms] einheimisch

**inhoud** [ˈɪnhɔut] Inhalt

**inhouden** [ˈɪnhɔudən] ⟨hield in, ingehouden⟩ enthalten

**inkopen** [ˈɪŋkoːpən] ⟨kocht in, ingekocht⟩ einkaufen

**inlichten** [ˈɪnlɪxtən] benachrichtigen, verständigen; informieren, unterrichten

**inlichting** [ˈɪnlɪxtɪŋ] Auskunft

**innerlijk** [ˈɪnərlək] *n (Seele)* das Innere

**inpakken** [ˈɪmpɑkən] einpacken

**inpolderen** [ˈɪmpɔldərən] eindeichen

**inrit** [ˈɪnrɪt] Einfahrt

**inschakelen** [ˈɪnsxaːkələn] einschalten

**insekt** [ɪnsɛkt] *(n)* Insekt

**inslaan** [ˈɪnslaːn] ⟨sloeg in, ingeslagen⟩ einbiegen

**insluiten** [ˈɪnslœitən] ⟨sloot in, ingesloten⟩ einschließen

**inspannen, zich ~** [zɪx ˈɪnspɑnən] s. bemühen, s. Mühe geben

**inspanning** [ˈɪnspɑnɪŋ] Anstrengung

**installatie** [ɪnstaːˈlaːtsi] *(el)* Anlage

**instantie; (overheids)instantie** [(ˈoːvərheits)ɪnˈstɑntsi] Behörde

**instappem, (onderweg) instappen** [(ɔndərˈwex) ˈɪnstɑpən] zusteigen

**instemming** [ˈɪnstɛmɪŋ] Beifall; Einverständnis

**integendeel** [ɪn'te:xənde:l] im Gegenteil

**interessant** [ɪntərɛ'sɑnt] interessant

**interesse** [ɪntə'rɛsə] Interesse

**interesseren, zich ~ (voor)** [zɪx ɪntərɛ'se:rən (voːr)] s. interessieren (für)

**internationaal** [ɪntərnaːʃoː'naːl] international

**intussen** [ɪn'tʌsən] inzwischen

**invoer** ['ɪnvuːr] Einfuhr

**invullen, een formulier ~** [ən fɔrmy'li:r 'ɪnvʌlən] ein Formular ausfüllen

**inwendige** [ɪn'wɛndəxə] n das Innere

**inwikkelen** ['ɪnwɪkələn] einwickeln

**inwilligen** ['ɪnwɪləxən] einwilligen; genehmigen; gewähren

**inlichtingen inwinnen** ['ɪnlɪxtɪŋən 'ɪnwɪnən] Auskunft einholen

**inwoner** ['ɪnwoːnər] Einwohner

**inzage, ter ~** [tɛr 'ɪnzaːxə] zur Ansicht

**Italiaan** [itali'jaːn] Italiener

**Italië** [i'taːlijə] Italien

# J

**jaar** [jaːr] n Jahr

**jaarbeurs** ['jaːrbʌːrs] (Ausstellung) Messe

**jaargetijde** ['jaːrxətɛidə] n Jahreszeit

**jaarlijks** ['jaːrləks] jährlich

**jammer, het is ~** [ət ɪs 'jɑmər] es ist schade; **wat jammer!** [wɑt 'jɑmər] wie schade!

**jammer genoeg** ['jɑmər xənux] unglücklicherweise

**je** [jə] poss prn (unbetont) dein; euer; pers prn (unbetont) du; dir; dich

**jeugd** ['jøːxt] Jugend

**jeuken** [jøːkən] jucken

**jij** [jɛi] (betont) du

**jong** [jɔŋ] jung

**jongen** ['jɔŋən] Junge

**jou** [jɔu] (betont) dir; dich

**jouw** [jɔu] (betont) dein

**juffrouw** ['jʌfrɔu] (veraltet) Fräulein

**juist** [jœist] (Gegensatz zu falsch) richtig; (zeitlich) gerade

**jullie** ['jʌli] pers prn nom pl ihr; euer; euch

# K

**kaars** [kaːrs] Kerze

**kaart** [kaːrt] (Land-, Post-, Speise-) Karte

**kaartje** ['kaːrcə] n (Eintritts-, Fahr-) Karte

**kabel** ['kaːbəl] Seil

**kachel** ['kaxəl] Ofen

**kakkerlak** ['kakərlak] Kakerlake

**kalmeren** [kɑl'me:rən] s. beruhigen

**kalmte** ['kɑlmtə] (seelisch) Ruhe

**kamer** ['kaːmər] Raum, Zimmer

**kanaal** [kaː'naːl] n Kanal; **het Kanaal** [hɛt kaː'naːl] Ärmelkanal

**kant** [kɑnt] Seite; (Gewebe) Spitze; **aan de andere kant** [aːn də andərə 'kɑnt] jenseits

**kantoor** [kɑn'toːr] n (Dienststelle) Amt; Büro

**kapel** [kaː'pɛl] (Musik, Gebäude) Kapelle

**kapot** [kaː'pɔt] kaputt

**kapotscheuren** [kaː'pɔtsxʌːrən] zerreißen

**kas** [kas] Kasse

**kassa** ['kasaː] Kasse

**kasteel** [kas'te:l] n (Gebäude) Schloß

**kat** [kɑt] Katze

**kauwgom** ['kɔuxəm] Kaugummi

**keer** [ke:r] Mal; **een andere keer** [ən 'andərə ke:r] ein andermal

**keet** [ke:t] Hütte

**kenmerk** ['kɛnmɛrk] n Kennzeichen

**kennen** ['kɛnən] kennen; (gelernt haben) können

**kennis** ['kɛnəs] der, die Bekannte; Bekanntschaft; Kenntnis; Wissen

**kennissenkring** ['kɛnəsəkrɪŋ] Bekanntschaft

**kenteken** ['kɛntəkən] n (Auto-)Kennzeichen

**keramiek** [keːraː'mik] Keramik

**keren** ['ke:rən] wenden

**Kerstmis** ['kɛrstməs] Weihnachten

**ketting** ['kɛtɪŋ] Kette

**keuken** ['køːkən] Küche

**keus** [køːs] Auswahl

**keuze** [køːzə] Auswahl

**kieken** ['kikən] (Foto) knipsen

**kiezen** ['kizən] ⟨koos, gekozen⟩ wählen (auch pol, tele)

**kijken** ['kɛikən] ⟨keek, gekeken⟩ schauen; **kijken (naar)** ['kɛikən (naːr)] zuschauen

**kil** [kɪl] kühl

**kind** [ˈkɪnt] *n* ⟨kinderen⟩ Kind
**kist** [kɪst] Kiste
**klaar** [klaːr] klar; bereit; fertig!
**klacht** [klɑxt] Beanstandung; Beschwerde
**klagen (over)** [bəˈklaːxən (oːvər)]
s. beschweren (über), s. beklagen
(über)
**klank** [ˈklɑŋk] Klang
**klant** [klɑnt] Kunde; *(Taxi)* Fahrgast
**klap** [klɑp] Schlag
**klappen** [ˈklɑpən] platzen
**klas** [klɑs] Klasse
**klederdracht** [ˈkleːdərdrɑxt] Tracht
**kleding** [ˈkleːdɪŋ] Kleidung
**klei** [klɛi] *(Bodenart)* Ton
**klein** [klɛin] klein
**kleindochter** [ˈklɛindɔxtər] Enkel
**kleinkind** [ˈklɛiŋkɪnt] *n* Enkel
**kleinzoon** [ˈklɛinzoːn] Enkel
**klemtoon** [klɛmtoːn] Betonung; Ton
**kleur** [klʌːr] Farbe
**klimaat** [kliˈmaːt] *n* Klima
**klok** [klɔk] (Wand-)Uhr
**klontje** [ˈklɔncə] *n (Zucker)* Würfel
**klooster** [kloːstər] Kloster;
**(klooster)zuster** [ˈ(kloːstər)zʌstər]
(Ordens-)Schwester
**kloppen** [ˈklɔpən] stimmen
**knap** [knɑp] hübsch; klug
**knippen** [ˈknɪpən] knipsen
**knipperen** *(Auto)* blinken
**knoop** [knoːp] Knoten
**knop** [knɔp] Knopf
**koe** [ku] ⟨koeien⟩ Kuh
**koel** [kul] kühl
**koers** [kuːrs] *(Richtung; Wechsel-)*
Kurs
**koffer** [ˈkɔfər] Kiste; Koffer
**koffie** [ˈkɔfi] Kaffee
**koffieshop** [ˈkɔfiʃɔp] Café
**koken** [ˈkoːkən] kochen
**komen** [ˈkoːmən] ⟨kwam, gekomen⟩
kommen
**kompas** [kɔmˈpɑs] *n* Kompaß
**kool** [koːl] Kohle
**koop** [koːp] Kauf
**koor** [koːr] *n* Chor
**kopen** [ˈkoːpən] ⟨kocht, gekocht⟩ kaufen
**koper** [ˈkoːpər] Käufer
**kopie** [koːˈpi] Kopie
**korf** [kɔrf] Korb
**kort** [kɔrt] kurz; **op korte termijn**
[ɔp kɔrtə tɛrˈmɛin] kurzfristig
**korting** [ˈkɔrtɪŋ] Rabatt
**kost** [kɔst] Verpflegung

**kosteloos** [ˈkɔstəloːs] kostenlos
**kosten** [ˈkɔstən] *pl* Kosten; Gebühren; Spesen, Ausgaben; kosten
**koud** [kɔut] kalt; **het koud hebben**
[ət ˈkɔut hɛbən] frieren
**kraan** [kraːn] (Wasser-)Hahn; Kran
**kracht** [krɑxt] Kraft
**krachtig** [ˈkrɑxtəx] kräftig
**krant** [krɑnt] Zeitung
**krediet** [krəˈdit] *n* Kredit
**kroegentocht** [ˈkruxətɔxt] *(Kneipenzug)* Bummel
**kruier** [krœiər] Gepäckträger
**kruin** [krœin] Gipfel
**kruispunt** [ˈkrœispənt] *n (Straße)*
Kreuzung
**kruit** [krœit] *n (mil)* Pulver
**krijgen** [ˈkrɛixən] ⟨kreeg, gekregen⟩
bekommen; erhalten
**kunnen** [ˈkʌnən] ⟨kon, gekund⟩ können
**kus** [kʌs] Kuß
**kussen** [ˈkʌsən] Kissen; küssen
**kust** [kʌst] Küste; Meeresufer
**kwaad doen** [kwaː dun] schaden
**kwal** [kwɑl] Qualle
**kwalijk, neemt u me niet** ∼ [neːmt y
mə nit ˈkwaːlək] ich bitte um Entschuldigung
**kwaliteit** [kwaːliˈtɛit] Qualität
**kwart, één** ∼ [ˈeːn ˈkwɑrt] ein Viertel
**kwartier, een** ∼ [ən kwɑrˈtiːr] eine
Viertelstunde
**kwitantie** [kwiˈtɑnsi] Quittung
**kwiteren** [kwiˈteːrən] quittieren

# L

**laag** [laːx] nieder, niedrig; tief
**laat** [laːt] spät; **te laat komen** [tə ˈlaːt
koːmən] ⟨kwam te laat, te laat geko-
men⟩ s. verspäten
**laatste** [ˈlaːtstə] letzte
**lachen** [ˈlaxən] ⟨lachte, gelachen⟩ lachen
**ladder** [ˈlɑdər] *f* Leiter
**lamp** [lɑmp] (Glüh-)Birne; Lampe
**land** [lɑnt] *n* Land
**landgenoot** [ˈlɑntxənoːt] Landsmann
**landgoed** [ˈlɑntxut] *n* Landgut
**landhuis** [ˈlɑnthœis] *n* Landhaus
**lang** [lɑŋ] lang
**langs** [lɑŋs] entlang
**langsgaan** [ˈlɑŋsxaːn] vorbeigehen

**langskomen** ['lɑŋskoːmən] ⟨kwam langs, langsgekomen⟩ vorbeikommen

**langzaam** ['lɑŋsaːm] langsam

**lappen** ['lɑpən] flicken

**lastig** ['lɑstəx] lästig; schwierig

**lastig vallen** ['lɑstəx falən] ⟨viel, gevallen⟩ belästigen

**laten** ['laːtən] ⟨liet, gelaten⟩ lassen

**laten afhalen** ['laːtən 'ɑfhaːlən] ⟨liet, laten⟩ abholen lassen

**laten liggen** [laːtə 'lɪxən] liegenlassen

**laten maken** [laːtə 'maːkən] machen lassen

**later** ['laːtər] nachher, später

**lawaai** [laː'waːi] n Lärm

**leeftijd** [leːftɛit] Alter

**leeg** [leːx] leer

**leem** [leːm] n (Bodenart) Ton

**leer** [leːr] n Leder

**leggen** ['lɛxən] legen

**legitimatie** [leːxitiˈmaːtsi] (Personal-) Ausweis

**leiden** ['lɛidən] führen

**leider/leidster** ['lɛidər/lɛitstər] Leiter/in

**leiding** ['lɛidɪŋ] (el, tele, Gas, Wasser) Leitung

**lelijk** ['leːlək] häßlich

**lenen** ['leːnən] leihen

**lengte** ['lɛŋtə] Länge

**leren** ['leːrən] lehren; lernen

**leren kennen** [leːrən ˈkɛnən] kennenlernen

**les(uur)** [lɛs/lɛsyːr] (Unterrichts-) Stunde

**let op!** [lɛt ˈɔp] Achtung!

**letten (op)** ['lɛtən (ɔp)] achtgeben (auf); **letten op** ['lɛtən ɔp] beachten

**leugen** ['løːxən] Lüge

**leven** ['leːvən] Leben; leben

**levend** ['leːvənt] lebend

**levendig** ['leːvəndəx] lebhaft

**levensmiddelen** ['leːvənsmɪdələn] pl Lebensmittel

**leveren** ['leːvərən] liefern

**lezen** ['leːzən] ⟨las, gelezen⟩ lesen

**lichaam** ['lɪxaːm] n Körper

**licht** [lɪxt] hell, Licht; (Gewicht) leicht; **het licht aandoen** [ət 'lɪxt 'aːndun] ⟨deed aan, aangedaan⟩ Licht anmachen

**lied** [liːt] n Lied

**lief** [liːf] lieb

**liefde** ['liːvdə] Liebe

**lieveling** ['liːvəlɪŋ] Liebling

**liever** ['liːvər] eher, lieber; vielmehr

**liever hebben** ['liːvər hɛbən] lieber haben

**lift** [lɪft] Fahrstuhl

**liggen** ['lɪxən] ⟨lag, gelegen⟩ liegen

**ligging** ['lɪxɪŋ] Lage (eines Ortes)

**linker** ['lɪŋkər] linke(r, -s)

**links** ['lɪŋks] links, linke(r, -s)

**lint** [lɪnt] n (aus Stoff) Band

**logisch** ['loːxis] logisch

**loket** [loːˈkɛt] n Kasse; (Bahnhofs-, Bank-)Schalter

**loochenen** ['loːxənən] leugnen

**loon** [loːn] n (Geld) Verdienst, Lohn

**lopen** ['loːpən] ⟨liep, gelopen⟩ (zu Fuß) gehen; laufen

**losmaken** ['lɔsmaːkən] lösen

**lossen** ['lɔsən] abladen

**loven** ['loːvən] loben

**lucht** [lʌxt] Luft

**luchten** ['lʌxtən] lüften

**lucifer** ['lysifər] Streichholz

**lucifersdoosje** ['lysifərsdoːʃə] n Streichholzschachtel

**lui** [lœi] faul

**luid** [lœit] laut

**luiden** ['lœidən] läuten

**luidspreker** ['lœitspreːkər] Lautsprecher

**luisteren (naar)** ['lœistərən (naːr)] (zu)hören; **naar iemand luisteren** [naːr imɑnt 'lœistərən] jdm zuhören

**luxe** ['lyksə] Luxus

**luxueus** [lyksyˈwøːs] luxuriös

**lijken op** ['lɛikən op] ⟨leek, geleken⟩ gleichen

**lijn** [lɛin] Linie

**lijst** [lɛist] Liste, Verzeichnis

# M

**m'n** [mən] (unbetont) mein

**maal** [maːl] Mal

**maaltijd** ['maːltɛit] Mahlzeit

**maan** [maːn] Mond

**maand** [maːnt] Monat; **per maand** [pɛr 'maːnt] adv monatlich

**maandelijks** ['maːndələks] adj, adv monatlich

**maar** [maːr] aber; sondern

**maat** [maːt] Maß; (Kleidung, Schuhe) Größe

**maatschappij** [maːtsxɑˈpɛi] (Firma) Gesellschaft

**machine** [maːˈʃinə] Maschine

**mager** ['ma:xər] mager
**maken** ['ma:kən] *(herstellen)* machen
**makkelijk** ['makələk] bequem; einfach
**man** [man] Mann
**mand** [mant] Korb
**manier** [ma:'ni:r] Art, Weise; **op één of andere manier** [ɔp 'e:n ɔf andərə ma'ni:r] irgendwie
**manifestatie** [ma:nifɛs'ta:tsi] Veranstaltung
**mannelijk** ['manələk] männlich
**map** [map] (Akten-)Mappe
**marchanderen** [marʃan'de:rən] feilschen
**materiaal** [ma:təri'ja:l] *n* Material
**matig** ['ma:təx] mäßig
**me** [mə] *(unbetont)* mir, mich
**mededelen** ['me:dəde:lən] mitteilen
**mededeling** ['me:dəde:lɪŋ] Mitteilung
**medelijden** ['me:dəlɛidən] *n* Mitleid; **medelijden hebben met** ['me:dəlɛidən 'hɛbən mɛt] bedauern; Mitleid haben mit
**meebrengen** ['me:brɛŋən] ⟨bracht mee, meegebracht⟩ mitbringen
**meedogenloos** [me:'do:xəlo:s] rücksichtslos
**meenemen** ['me:ne:mən] ⟨nam mee, meegenomen⟩ mitnehmen
**meer** [me:r] mehr; *(Binnengewässer)* See
**meer dan** ['me:r dan] mehr als
**meeuw** ['me:w] Möwe
**meisje** ['mɛiʃə] *n* Mädchen
**melden** ['mɛldən] melden
**men** [mɛn] man
**meneer/mijnheer** [mə'ne:r] *(Anrede)* Herr
**menen** ['me:nən] meinen
**menigte** ['me:nəxtə] Menge
**mening** ['me:nɪŋ] Ansicht; Meinung; **naar mijn mening** [na:r 'mɛin me:nɪŋ] meiner Meinung nach; **van mening zijn** [van 'me:nɪŋ zɛin] der Meinung sein
**mens** [mɛns] Mensch
**menselijk** ['mɛnsələk] menschlich
**mensen** ['mɛnsən] Leute
**merk** [mɛrk] *n* (Handels-)Marke
**merken** ['mɛrkən] bemerken, merken
**met** [mɛt] mit
**meteen** [mət'e:n] sofort; gleich; direkt
**meten** ['me:tən] ⟨mat, gemeten⟩ messen
**meubel** [mø:bəl] *n* Möbel

**meubileren** [mø:bi'le:rən] möblieren
**mevrouw** [mə'vrɔu] Frau
**middag** ['mɪdax] Mittag; Nachmittag
**middel** ['mɪdəl] *n* Mittel
**midden** ['mɪdən] *n* Mitte
**middernacht** [mɪdər'naxt] Mitternacht; **om middernacht** [ɔm mɪdər'naxt] um Mitternacht
**mij** [mɛi] *(betont)* mich, mir
**mijn** [mɛin] *(betont)* mein
**mijnheer/meneer** [mə'ne:r] *(Anrede)* Herr
**mild** [mɪlt] mild
**milieu** [mil'jø:] *n* Umwelt
**min** [mɪn] minus
**min of meer** ['mɪn ɔf me:r] mehr oder weniger
**minder** ['mɪndər] geringer; weniger
**het minst** [ət 'mɪnst] das wenigste
**minstens** ['mɪnstəns] mindestens, wenigstens
**minuut** [mi'nyt] Minute
**mis** [mɪs] *(rel.)* Messe
**misbruik** ['mɪsbrœik] *n* Mißbrauch
**misbruiken** [mɪs'brœikən] mißbrauchen
**misschien** [mɪ'sxin] vielleicht
**misselijk, ik ben ~** [ɪg bɛn 'mɪsələk] mir ist übel
**missen** ['mɪsən] verfehlen
**mist** [mɪst] Nebel
**mistbanken** ['mɪstbaŋkən] *pl* Nebelbänke
**mistig** [mɪstəx] neblig
**misverstand** ['mɪsvərstant] *n* Mißverständnis
**modder** ['mɔdər] Schlamm
**mode** ['mo:də] Mode
**modern** [mo:'dɛrn] modern
**moe** [mu] müde
**moe worden** ['mu wɔrdən] müde werden
**moeder** ['mudər] Mutter
**moeilijk** ['muilək] schwer, schwierig
**moeilijkheid** ['muiləkhɛit] Schwierigkeit
**moeite** ['muitə] Mühe
**moeite doen** ['muitə dun] s. Mühe geben
**moeras** [mu'ras] *n* Sumpf
**moeten** ['mutən] ⟨moest, gemoeten⟩ müssen, sollen
**mogelijk** ['mo:xələk] möglich; **mogelijk maken** ['mo:xələk ma:kən] ermöglichen
**mogelijkheid** ['mo:xələkhɛit] Möglichkeit

**mogen** ['mo:xən] ⟨mocht, gemogen⟩ dürfen
**moment** [moment] *n* Moment
**momenteel** [mo:mɛn'te:l] zur Zeit
**monding** ['mɔndɪŋ] Mündung
**mooi** [mo:i] hübsch; schön
**mop** [mɔp] Witz
**morgen** ['mɔrxən] Morgen; Vormittag; morgen
**mug** [mʌx] Mücke
**munt** ['mʌnt] Münze
**muur** [my:r] Wand
**muziek** [my'zik] Musik

# N

**na** [na:] *(zeitlich)* nach
**naakt** [na:kt] nackt
**naald** ['na:lt] Nadel
**naam** [na:m] Name
**naar** [na:r] an, auf, in, nach, zu; **naar beneden** [na:r bə'ne:dən] abwärts; **naar het postkantoor** [na:r ət 'pɔstkanto:r] auf die Post; **naar het schijnt** [na:r ət 'sxɛint] anscheinend; **naar mijn mening** [na:r 'mɛin me:nɪŋ] meiner Meinung nach
**naast** [na:st] neben
**nabij** [na:'bɛi] nahe bei
**nabijheid** [na:'bɛihɛit] Nähe
**nacht** [nɑxt] Nacht
**nadeel** ['na:de:l] *n* Nachteil; Schaden
**naderen** ['na:dərən] s. nähern
**naderhand** [na:dər'hɑnt] nachher
**nagel** ['na:xəl] (Finger-)Nagel
**nakijken** ['na:ɛikən] ⟨keek na, nagekeken⟩ nachsehen
**nalatig** [na:'la:təx] nachlässig
**namiddag** [na:'mɪdɑx] Nachmittag
**narekenen** ['na:re:kənən] nachprüfen
**nat** [nɑt] naß
**natie** ['na:tsi] Nation
**natuur** [na:'ty:r] Natur
**natuurlijk** [na:'ty:rlək] natürlich
**nauw** [nɔu] eng
**nauwelijks** ['nɔuwələks] kaum
**nauwgezet** [nɔuxə'zɛt] gewissenhaft
**nauwkeurig** ['nɔu'kʌ:rəx] genau; pünktlich
**nauwkeurigheid** [nɔu'kʌ:rəxhɛit] Genauigkeit
**navolgen** ['na:vɔlxən] befolgen
**Nederland** ['ne:dərlɑnt] Holland, Niederlande; **in Nederland** [ɪn 'ne:dərlɑnt] in den Niederlanden

**Nederlander/Nederlandse** ['ne:dərlɑndər/ne:dərlɑntsə] Niederländer/in, Holländer/in
**Nederlands** ['ne:dərlɑnts] holländisch, niederländisch; **in het Nederlands** [ɪn ət 'ne:dərlɑnts] niederländisch
**neef** [ne:f] Cousin; Neffe
**neemt u me niet kwalijk!** [ne:mt y mə nit 'kwa:lək] entschuldigen Sie bitte!
**neerleggen** ['ne:rlɛxən] hinlegen
**neerzetten** ['ne:rzɛtən] stellen
**negatief** [ne:xa:'tif] negativ
**nemen** ['ne:mən] ⟨nam, genomen⟩ nehmen; *(Foto)* aufnehmen; **op zich nemen** ['ɔp sɪx 'ne:mən] ⟨nam, genomen⟩ übernehmen
**nergens** ['nɛrxəns] nirgends
**nerveus** [nɛr'vø:s] nervös
**net** ['nɛt] Netz; *(geordnet)* ordentlich; *(zeitlich)* gerade
**nicht** [nɪxt] Nichte
**niemand** ['nimant] keiner; niemand
**niesen** ['nisən] niesen
**niet** [nit] nicht
**niet alleen … , maar ook** [nit a'le:n ... ma:r 'o:k] nicht nur … sondern auch
**niet eens** [nit e:ns] nicht einmal
**niets** [nits] nichts; **voor niets** [vo:r 'nits] gratis, umsonst
**nietsontziend** ['ni:tsɔntsint] rücksichtslos
**nietwaar?** [nit'wa:r] nicht wahr?
**nieuw** [ni:w] neu
**nieuwigheid** ['ni:wəxhɛit] Neuheit
**nieuws** [ni:ws] *n* Nachricht; Neuigkeit; **iets nieuws** [its niws] Neuheit
**nieuwsgierig** [ni:ws'xi:rəx] neugierig
**nieuwtje** ['ni:wcə] *n* Neuigkeit
**noch … noch** [nɔx ... nɔx] weder … noch
**nodig** ['no:dəx] nötig
**nodig hebben** ['no:dəx hɛbən] benötigen, brauchen
**noemen** ['numən] nennen
**nog** [nɔx] noch
**nog niet** ['nɔx nit] noch nicht
**nog steeds** [nɔx 'ste:ts] noch immer
**non** [nɔn] Nonne
**nood, in geval van** ~ [ɪŋ xə'val van no:t] im Notfall
**noodzakelijk** [no:t'sa:kələk] notwendig
**noodzakelijkheid** [no:t'sa:kələkhɛit] Notwendigkeit
**nooit** [no:it] nie
**noordelijk** ['no:rdələk] nördlich

**noorden** [ˈnoːrdən] *n* Norden
**ten noorden van** [tɛn ˈnoːrdən van] nördlich von
**Noordzee** [ˈnoːrtseː] Nordsee
**normaal** [nɔrˈmaːl] normal
**normaal gesproken** [nɔrˈmaːl xəˈsproːkən] normalerweise
**noteren** [noːˈteːrən] notieren
**nu** [ny] nun, jetzt; **tot nu toe** [tɔt ˈny tu] bis jetzt
**nuchter** [ˈnʌxtər] nüchtern
**nul, boven ~** [ˈboːvə nʌl] *(Temperatur)* plus; **onder nul** [ˈɔndər nʌl] minus
**nummer** [ˈnʌmər] *n* Nummer
**nummeren** [ˈnʌmərən] numerieren
**nutteloos** [ˈnʌtəloːs] nutzlos, unnütz
**nuttig** [ˈnʌtəx] nützlich

# O

**observeren** [ɔpsɛrˈveːrən] beobachten
**oceaan** [oːseːˈjaːn] Ozean
**ochtend** [ˈɔxtənt] Morgen; Vormittag
**oefenen** [ˈufənən] üben
**oefening** [ˈufənɪŋ] Übung
**oever** [ˈuvər] *(Fluß)* Ufer
**of** [ɔf] ob; oder
**of … of** [ɔf … ɔf] entweder … oder
**officieel** [ɔfiˈʃeːl] amtlich; offiziell
**ogenblik** [ˈoːxəmblɪk] *n* Augenblick
**olie** [ˈoːli] Öl
**om** [ɔm] *prp (räumlich; zeitlich)* um; *(zeitlich)* gegen; *(Grund)* aus; **om … heen** [ɔm … ˈheːn] *(räumlich)* um; **om het uur** [ˈɔm ət ˈyːr] alle zwei Stunden
**omarmen** [ɔmˈarmən] umarmen
**omdat** [ɔmˈdɑt] da, weil
**omgaan** [ˈɔmxaːn] ⟨ging om, omgegaan⟩ *(Personen)* verkehren
**omgekeerd** [ˈɔmxəkeːrt] *adj* umgekehrt
**omkeren** [ˈɔmkeːrən] umkehren
**omkijken** [ˈɔmkɛikən] ⟨keek om, omgekeken⟩ s. umsehen
**omrekening** [ˈɔmreːkənɪŋ] Umrechnung
**omruilen** [ˈɔmrœilən] umtauschen
**omstandigheden** [ɔmˈstandəxheːdən] Umstände
**omstreeks** [ɔmˈstreːks] *(zeitlich)* um, gegen
**omweg** [ˈɔmwɛx] Umweg

**onaangenaam** [ɔnˈaːnxənaːm] unangenehm; unerfreulich
**onbehagelijk** [ɔmbəˈhaːxələk] ungemütlich
**onbehoorlijk** [ɔmbəˈhoːrlək] unanständig
**onbekend** [ɔmbəˈkɛnt] unbekannt
**onbekwaam** [ɔmbəˈkwaːm] unfähig
**onbelangrijk** [ɔmbəˈlaŋrɛik] unwichtig
**onbeleefd** [ɔmbəˈleːft] unhöflich
**onbepaald** [ɔmbəˈpaːlt] unbestimmt
**onbestemd** [ɔmbəsˈtɛmt] unbestimmt
**onbestendig** [ɔmbəˈstɛndəx] unbeständig
**ondankbaar** [ɔnˈdaŋkbaːr] undankbar
**ondanks** [ˈɔndaŋks] trotz
**onder** [ˈɔndər] unter, unterhalb
**onderbreken** [ɔndərˈbreːkən] ⟨onderbrak, onderbroken⟩ unterbrechen
**onderdak** [ˈɔndərdak] *n* Unterkunft
**onderdoorgang** [ˈɔndərˈdoːrxaŋ] Unterführung
**ondergoed** [ˈɔndərxut] *n* Unterwäsche
**onderhandeling** [ɔndərˈhandəlɪŋ] Verhandlung
**onderhouden, zich ~** [zɪx ɔndərˈhoudən] ⟨onderhield, onderhouden⟩ s. unterhalten
**onderhoudend** [ɔndərˈhoudənt] unterhaltend
**onderneming** [ɔndərˈneːmɪŋ] Unternehmen
**onderpand** [ˈɔndərpant] *n* Kaution, Pfand
**onderscheiden** [ɔndərˈsxɛidən] unterscheiden; **zich onderscheiden van** [zɪx ɔndərˈsxɛidən van] s. unterscheiden von
**onderscheiding** [ɔndərˈsxɛidɪŋ] *(Auszeichnung)* Orden
**ondersteuning** [ɔndərˈstøːnɪŋ] Unterstützung
**ondertekenen** [ɔndərˈteːkənən] unterschreiben
**ondervinding** [ɔndərˈvɪndɪŋ] Erfahrung
**onderweg** [ɔndərˈwɛx] unterwegs
**onderwerp** [ˈɔndərwɛrp] *n* (Gesprächs-)Gegenstand
**onderwijzen** [ɔndərˈwɛizən] ⟨onderwees, onderwezen⟩ lehren, unterrichten
**onderzoek** [ˈɔndərzuk] *n (Qualität)* Prüfung
**onderzoeken** [ɔndərˈzukən] ⟨onderzocht, onderzocht⟩ untersuchen

**ondiep** [ɔn'dip] *(Wasser)* flach
**onecht** [ɔ'nɛxt] unecht
**oneerlijk zijn** [ɔn'e:rlək zɛin] schwindeln
**onervaren** [ɔnɛr'va:rən] unerfahren
**onfatsoenlijk** [ɔnfat'sunlək] unanständig
**ongaarne** ['ɔŋxa:rnə] nicht gern
**ongehuwd** [ɔŋxə'hy:wt] ledig
**ongeldig** [ɔŋ'xɛldəx] ungültig
**ongelooflijk** [ɔŋ'xlo:flək] unglaublich
**ongeluk** ['ɔŋxələk] *n* Unfall; Unglück
**ongelukkig** [ɔŋxə'lʌkəx] unglücklich
**ongemakkelijk** [ɔŋxə'makələk] unbequem
**ongerust** [ɔnxə'rʌst] beunruhigt; **zich ongerust maken** [zɪx ɔnxə'rʌst ma:kən] s. beunruhigen
**ongeschikt** [ɔŋxə'sxɪkt] ungeeignet
**ongetrouwd** [ɔŋxə'trɔut] ledig
**ongetwijfeld** [ɔŋxə'twɛifəlt] ohne Zweifel; zweifellos
**ongeveer** [ɔŋxə've:r] ungefähr, etwa; **ongeveer om** [ɔŋxə've:r ɔm] *(zeitlich)* etwa um
**ongewenst** [ɔŋxə'wɛnst] unerwünscht
**ongewoon** [ɔŋxə'wo:n] ungewöhnlich
**ongezellig** [ɔŋxə'zɛləx] ungemütlich
**ongunstig** [ɔŋ'xʌnstəx] ungünstig
**onkosten** ['ɔŋkɔstən] *pl* Spesen, Unkosten
**onlangs** [ɔn'laŋs] neulich
**onmogelijk** [ɔ'mo:xələk] unmöglich
**onnauwkeurig** [ɔnɔuw'kʌ:rəx] ungenau
**onnodig** [ɔn'o:dəx] unnötig
**onontbeerlijk** [ɔnɔnd'be:rlək] unentbehrlich
**onpraktisch** [ɔm'praktis] unpraktisch
**onrecht** ['ɔnrɛxt] *n* Unrecht
**onrechtvaardig** [ɔnrɛxt'va:rdəx] ungerecht
**onrechtvaardigheid** [ɔnrɛxt'va:rdəxhɛit] Ungerechtigkeit
**onregelmatig** [ɔnre:xəl'ma:təx] unregelmäßig
**onrustig** [ɔn'rʌstəx] unruhig
**ons** [ɔns] *n* uns, unser
**onschuldig** [ɔn'sxʌldəx] unschuldig
**ontbreken** [ɔnt'bre:kən] ⟨ontbrak, ontbroken⟩ fehlen
**ontbijten** [ɔnd'bɛitən] frühstücken
**ontdekken** [ɔn'dɛkən] entdecken
**ontevreden** [ɔntə'vre:dən] unzufrieden

**onthaal** [ɔnt'ha:l] *n* Aufnahme, Empfang
**onthouden** [ɔnt'hɔudən] ⟨onthield, onthouden⟩ s. etw merken
**ontkennen** [ɔnt'kɛnən] leugnen
**ontmoeten** [ɔnt'mutən] begegnen
**ontroerd** [ɔnt'ru:rt] *(Gefühl)* bewegt
**ontspannen, zich** ~ [zɪx ɔnt'spanən] s. erholen
**ontvangen** [ɔŋt'faŋən] ⟨ontving, ontvangen⟩ empfangen
**ontvangst** [ɔnt'faŋst] Aufnahme; Empfang; Erhalt
**ontwikkelen** [ɔnt'wɪkələn] bilden; entwickeln
**ontwikkeling** [ɔnt'wɪkəlɪŋ] Entwicklung
**onverdragelijk** [ɔnvər'dra:xələk] unerträglich
**onvermijdelijk** [ɔnvər'mɛidələk] unvermeidlich
**onverwacht** [ɔnvər'waxt] unerwartet
**onvoldoende** [ɔnvɔl'dundə] ungenügend
**onvolledig** [ɔnvɔ'le:dəx] unvollständig
**onvoorzichtig** [ɔnvo:r'zɪxtəx] unvorsichtig
**onvriendelijk** [ɔn'vrindələk] unfreundlich
**onwaarschijnlijk** [ɔnwa:r'sxɛinlək] unwahrscheinlich
**onweer** ['ɔnwe:r] *n* Gewitter
**onwel** [ɔn'wɛl] unwohl
**onze** ['ɔnzə] unser
**onzeker** [ɔn'ze:kər] ungewiß, unsicher
**oog** [o:x] *n* Auge
**oogst** [o:xst] Ernte
**ooit** [o:it] je; jemals
**ook** [o:k] auch
**ook niet** ['o:k nit] auch nicht
**ook zo** ['o:k so:] gleichfalls
**oom** [o:m] Onkel
**oordeel** ['o:rde:l] *n* Urteil
**oordelen** ['o:rde:lən] urteilen
**oorlog** ['o:rlɔx] Krieg
**oorzaak** ['o:rza:k] Ursache
**oosten** ['o:stən] *n* Osten
**Oostenrijk** ['o:stərɛik] Österreich
**Oostenrijker/Oostenrijkse** ['o:stərɛikər/o:stərɛiksə] Österreicher/in
**op** ['ɔp] auf; **op weg** [ɔp wɛx] unterwegs; **op zondag** [ɔp 'sɔndax] am Sonntag
**opbellen** ['ɔbɛlən] anrufen

**open** [ˈoːpən] offen, auf

**openbaar, in het ~** [ɪn ət oːpənˈbaːr] *adv* öffentlich

**openbreken** [ˈoːpəbreːkən] ⟨brak open, opengebroken⟩ aufbrechen

**opendoen** [ˈoːpədun] ⟨deed open, opengedaan⟩ aufmachen

**openen** [ˈoːpənən] öffnen

**openingstijd** [ˈoːpənɪŋsteit] Öffnungszeit

**openlucht, in de ~** [ɪn də oːpəˈlʌxt] im Freien

**openmaken** [ˈoːpəmaːkən] ⟨maakte open, opengemaakt⟩ aufmachen

**opereren** [oːpəˈreːrən] operieren

**ophangen** [ˈɔphaŋən] ⟨hing op, opgehangen⟩ aufhängen

**ophouden** [ˈɔphʌudən] ⟨hield op, opgehouden⟩ aufhören; jdn aufhalten; **zich ophouden** [zɪx ˈɔphʌudən] s. aufhalten

**opladen** [ˈɔplaːdən] aufladen

**opleggen** [ˈɔplɛxən] auflegen

**opleiding** [ˈɔpleidɪŋ] Ausbildung

**oplettend** [ɔpˈlɛtənt] aufmerksam

**oplichten** [ˈɔplɪxtən] betrügen

**opmaken, zich ~** [zɪx ˈɔpmaːkən] s. schminken

**opmerken** [ˈɔpmɛrkən] ⟨merkte op, opgemerkt⟩ bemerken, sagen

**opname** [ˈɔpnaːmə] *(Foto)* Aufnahme

**oponthoud** [ˈɔpɔnthʌut] *n (Zug)* Aufenthalt

**oppassen** [ˈɔpasən] achtgeben (auf)

**oppompen** [ˈɔpɔmpən] aufpumpen

**oprapen** [ˈɔpraːpən] (auf)sammeln

**oproepen** [ˈɔprupən] ⟨riep op, opgeroepen⟩ aufrufen

**opschrijven** [ˈɔpsxreivən] ⟨schreef op, opgeschreven⟩ aufschreiben

**opschuiven** [ˈɔpsxœivən] ⟨schoof op, opgeschoven⟩ aufschieben

**opstaan** [ˈɔpstaːn] ⟨stond op, opgestaan⟩ aufstehen

**opstellen** [ˈɔpstɛlən] aufstellen

**opstijgen** [ˈɔpsteixən] ⟨steeg op, opgestegen⟩ hinaufgehen

**optellen** [ˈɔptɛlən] zusammenrechnen

**optillen** [ˈɔptɪlən] heben

**optrekken** [ˈɔptrɛkən] *(Auto)* beschleunigen

**opvoeding** [ˈɔpfudɪŋ] Erziehung

**opvolgen** [ˈɔpvɔlxən] befolgen

**opwaarts** [ˈɔpwaːrts] aufwärts

**opzeggen** [ˈɔpsɛxən] *(Zimmer)* abbestellen; kündigen

**opzet, met ~** [mɛt ˈɔpsɛt] absichtlich

**opzettelijk** [ɔpˈsɛtələk] *adv* absichtlich

**opzichter** [ˈɔpsixtər] Aufseher, Wächter

**orde** [ˈɔrdə] Ordnung; *(rel.)* Orden

**ordelijk** [ˈɔrdələk] *(geordnet)* ordentlich

**ordinair** [ɔrdiˈnɛːr] *(ordinär)* gemein

**organiseren** [ɔrxaːniˈseːrən] veranstalten

**orkest** [ɔrˈkɛst] *n* (Musik-)Kapelle

**oud** [ʌut] alt

**ouders** [ˈʌudərs] *pl* Eltern

**ouderwets** [ʌudərˈwɛts] unmodern

**oven** [ˈoːvən] (Back-)Ofen

**over** [ˈoːvər] *acc* über

**over een week** [oːvər ən ˈweːk] in einer Woche

**overal** [oːvərˈal] überall

**overblijven** [ˈoːvərbleivən] ⟨bleef over, overgebleven⟩ übrigbleiben

**overbodig** [oːvərˈboːdəx] überflüssig

**overboeken** [ˈoːvərbukən] überweisen

**overbrengen** [ˈoːvərbrɛŋən] ⟨bracht over, overgebracht⟩ ausrichten; überbringen

**overdag** [oːvərˈdax] bei Tag

**overdraagbaar** [oːvərˈdraːxbaːr] übertragbar

**overdreven** [oːvərˈdreːvən] übertrieben

**overeenkomen** [oːvərˈeːnkoːmən] ⟨kwam overeen, overeengekomen⟩ vereinbaren

**overeenkomstig** [oːvəreːŋˈkɔmstəx] ähnlich; entsprechend

**overgang** [ˈoːvərxaŋ] Übergang

**overhalen** [ˈoːvərhaːlən] ⟨haalde over, overgehaald⟩ überreden

**overhandigen** [oːvərˈhandəxən] übergeben; *(Geld)* herausgeben

**over(ig)** [ˈoːvər(əx)] übrig

**overigens** [ˈoːvərəxəns] übrigens

**overkant, aan de ~** [aːn də ˈoːvərkant] drüben

**overmaken** [ˈoːvərmaːkən] überweisen

**overnachten** [oːvərˈnaxtən] übernachten

**overreden** [oːvəˈreːdən] ⟨overreedde, overreed⟩ überreden

**overschot** [ˈoːvərsxɔt] *n* Rest

**overschrijden** [oːvərˈsxreidən] ⟨overschreed, overschreden⟩ überschreiten

**overstappen** [ˈoːvərstapən] umsteigen

**oversteken** [ˈoːvərsteːkən] ⟨stak over, overgestoken⟩ überqueren

overtuigen [o:vər'tœixən] überzeugen
overvallen [o:vər'valən] 〈overviel, overvallen〉 überfallen
overvol ['o:vərvɔl] überfüllt
overzee [o:vər'ze:] Übersee
overzetten ['o:vərzɛtən] (Schiff) übersetzen

# P

paar [pa:r] n Paar; **een paar** [ən 'pa:r] ein paar; ein Paar
pad [pat] n Pfad
pagina ['pa:xina:] (Buch) Seite
pakje ['pakjə] n Päckchen; (Zigaretten) Schachtel
pakken ['pakən] packen
pakket [pa'kɛt] n Paket
paktouwtje ['paktouсə] n Bindfaden
pan [pan] (Koch) Topf
panorama [pa:no:'ra:ma:] n Panorama
paraplu [pa:ra:'ply] Schirm
park [park] n Park
parkeren [par'ke:rən] parken
particulier [partiky'li:r] privat
party ['parti] Party
pas [pas] Schritt; adv erst
pas op! [pas 'ɔp] Achtung!, Vorsicht!
paspoort ['paspo:rt] n (Ausweis) Paß
passage [pa'sa:ʒə] Passage
passagier [pasa'ʒi:r] Fahrgast
passen ['pasən] passen; **(aan)passen** [('a:m)pasən] anprobieren
passen op ['pasən ɔp] aufpassen (auf)
passeren [pa'se:rən] (vorbeigehen) passieren; (mit dem Auto) überholen
patroon [pa:'tro:n] n Muster
peer [pe:r] Birne
percentage [pərsɛn'ta:ʒə] n Prozentsatz
periferie [pe:rifə'ri:] Peripherie
personalia [pɛrso:'na:lija:] n pl Personalien
personeel [pɛrso:'ne:l] n Personal
persoon [pɛr'so:n] Person
persoonlijk [pɛr'so:nlək] persönlich
pier [pi:r] Mole
pijn doen ['pɛin dun] schmerzen
pijnlijk ['pɛinlək] schmerzhaft
pijp [pɛip] Rohr; (Tabaks-)Pfeife
plaat [pla:t] Schallplatte
plaats [pla:ts] Ort, Stelle, Platz; **in plaats van** [im pla:ts 'fan] statt, anstatt

plaatsen ['pla:tsən] setzen
plaatsje ['pla:tʃə] n Ortschaft
plaatsvinden ['pla:tsfindən] 〈vond plaats, plaatsgevonden〉 stattfinden
plafond [pla:'fɔn] n (Zimmer) Decke
plakje ['plakjə] n (Wurst, Käse) Scheibe
plan [plan] n Plan; **van plan zijn** [van 'plan zɛin] beabsichtigen
plant [plant] Pflanze
plantsoen [plant'sun] n (Grün-)Anlage
plastic [plɛstək] (n) Plastik
plat [plat] eben, flach
plattegrond [platə'xrɔnt] (Stadt-)Plan; **(stads)plattegrond** ['(stats)platəxrɔnt] Stadtplan
platteland [platə'lant] n (Gegensatz zur Stadt) Land
plechtig ['plɛxtəx] feierlich
plein [plein] n (in der Stadt) Platz
plezier [plə'zi:r] n Spaß, Vergnügen; **iemand een plezier doen** [imant ən plə'zi:r dun] jdm einen Gefallen tun
plicht [plixt] Pflicht
plotseling ['plɔtsəliŋ] adv plötzlich
plukken ['plakən] pflücken
plus [plʌs] plus
poeder ['pudər] n Pulver
poetsen ['putsən] putzen
poging ['po:xiŋ] Versuch
polder ['pɔldər] Polder
politiek [po:li'tik] Politik
poort [po:rt] (Einfahrt) Tor
pop [pɔp] Puppe
portefeuille [pɔrtə'fœijə] Brieftasche
portier [pɔr'ti:r] n (Auto) Tür
positie [po:'zitsi] Stellung
positief [po:si'tif] positiv
post [pɔst] Post; **op de post doen** [ɔp də 'pɔs dun] 〈deed, gedaan〉 (Briefe) einwerfen
posten ['pɔstən] (Briefe) einwerfen
postkantoor ['pɔstkanto:r] n Post; **naar het postkantoor** [na:r ət 'pɔstkanto:r] auf die Post; **op het postkantoor** [ɔp ət 'pɔstkanto:r] auf der Post
pot [pɔt] (Blumen-)Topf
praktisch ['praktis] praktisch
praten ['pra:tən] reden; s. unterhalten
precies [prə'sis] genau; gewissenhaft
precisie [prə'sii] Genauigkeit
preek [pre:k] Predigt
priester ['pristər] Priester
prima ['prima:] erstklassig; prima

**privé** [priˈveː] privat
**proberen** [proˈbeːrən] versuchen
**procent** [proˈsɛnt] *n* Prozent
**processie** [proˈsɛsi] Prozession
**produceren** [proˈdyˈseːrən] erzeugen
**produkt** [proˈdʌkt] *n* Erzeugnis, Produkt
**proef** [pruf] Probe
**proeven** [ˈpruvən] *(Speisen)* versuchen
**programma** [proːˈxrɑmaː] *n* Programm
**proost!** [proːst] zum Wohle!
**prospektus** [prɔsˈpɛktəs] Prospekt
**protesteren** [proːtɛsˈteːrən] protestieren
**provisorisch** [proviˈzoːris] provisorisch
**prijs** [prɛis] Preis
**publiek** [pyˈblik] Publikum; öffentlich
**punt** [pʌnt] *m* Punkt; Spitze
**put** [pʌt] Brunnen

# R

**raad** [raːt] Rat; **raad geven** [ˈraːt xeːvən] ⟨gaf, gegeven⟩ Rat erteilen; **iemand om raad vragen** [imɑnt ɔm ˈraːt fraːxən] jdn um Rat fragen
**raden** [ˈraːdən] ⟨raadde/ried, geraden⟩ (er)raten
**radio** [ˈraːdijoː] Radio
**rand** [rɑnt] Rand
**rapport** [rɑˈpɔrt] *n* Zeugnis
**receptie** [rəˈsɛpsi] *(Hotel)* Empfang
**recht** [ˈrɛxt] *adj* gerade; Recht
**rechtbank** [ˈrɛxdbɑŋk] *(Justiz)* Gericht
**rechtdoor** [rɛxˈdoːr] geradeaus
**rechtdoor gaan** [rɛxˈdoːr xaːn] geradeaus gehen
**rechts** [rɛxs] rechts
**rechtstreeks** [ˈrɛxtstreːks] *adj* direkt
**rechtvaardig** [rɛxtˈvaːrdəx] gerecht
**rechtzetten** [ˈrɛxtsɛtən] richtigstellen
**reclame** [rəˈklaːmə] Reklame
**reclameren** [reːklaːˈmeːrən] reklamieren
**rector** [ˈrɛktɔr] *(Gymnasium)* Direktor
**redden** [ˈrɛdən] retten
**reden** [ˈreːdən] Anlaß, Grund; Beweggrund; **om deze reden** [ɔm ˈdeːzə ˈreːdən] aus diesem Grund
**reductie** [rəˈdʌksi] Ermäßigung
**reeds** [reːts] bereits

**regelen** [ˈreːxələn] regeln; **een zaak regelen** [ən zaːk ˈreːxələn] eine Angelegenheit erledigen
**regeling** [ˈreːxəlɪŋ] Ordnung
**regelmatig** [reːxəlˈmaːtəx] regelmäßig
**regenen** [ˈreːxənən] regnen
**regering** [rəˈxeːrɪŋ] Regierung
**reis** [rɛis] Reise; **op reis** [ɔp ˈrɛis] auf Reisen; **tijdens de reis** [ˈtɛidəns də ˈrɛis] auf der Reise
**reisgezelschap** [ˈrɛisxəzɛlsxɑp] *n* Reisegesellschaft
**reisgroep** [ˈrɛisxrup] Reisegesellschaft
**reisroute** [ˈrɛisrutə] Reiseroute
**reizen** [ˈrɛizən] reisen
**reiziger** [ˈrɛizəxər] der Reisende
**reizigster** [ˈrɛizəxstər] die Reisende
**rekenen** [ˈreːkənən] rechnen
**rekening** [ˈreːkənɪŋ] Rechnung
**rennen** [ˈrɛnən] rennen
**reparatie** [reːpaːˈraːtsi] Reparatur
**repareren** [reːpaːˈreːrən] reparieren
**reserveren** [reːsɛrˈveːrən] reservieren; *(Platz)* buchen, vorbestellen; **een plaats bespreken/reserveren** [ən ˈplaːts bəspreːkən/reːsɛrˈveːrən] einen Platz belegen
**reservoir** [reːzɛrˈvwaːr] *n* Behälter
**respect** [rɛsˈpɛkt] *n* Achtung
**rest** [rɛst] Rest
**restant** [rɛsˈtɑnt] *n* Rest
**restaurant** [rɛstoːˈrɑnt] *n* Gasthaus; Lokal; Restaurant
**resultaat** [reːzɑlˈtaːt] *n* Ergebnis
**reuk** [røːk] Geruch
**reviseren** [reːviˈzeːrən] *(neu machen)* überholen
**revue** [rəˈvy] Revue, Vorstellung
**richten, zich tot jemand ~** [zix tɔt imɑnt ˈrɪxtən] s. an jdn wenden
**richting** [ˈrɪxtɪŋ] Richtung
**riem** [rim] Riemen
**riet** [rit] *n* Schilf
**rij** [rɛi] Reihe; (Menschen-)Schlange; **in de rij staan** [ɪn də ˈrɛi staːn] Schlange stehen
**rijden** [ˈrɛidən] ⟨reed, gereden⟩ fahren
**rijk** [rɛik] reich
**rijkdom** [ˈrɛikdɔm] Reichtum
**rijkelijk** [ˈrɛikələk] reichlich
**rijp** [rɛip] reif
**rijstrook** [ˈrɛistroːk] *(Verkehr)* Spur
**ring** [rɪŋ] Ring
**risico** [ˈrisikoː] *n* Risiko
**rit** [rɪt] Fahrt

rivier [riˈviːr] Fluß
roepen [ˈrupən] ⟨riep, geroepen⟩ rufen
roken [ˈroːkən] rauchen
rommel [ˈrɔməl] Unordnung
rond [rɔnt] rund
rondje [ˈrɔncə] n Runde
rook [roːk] Rauch
rot [rɔt] (Obst) faul, verdorben
rots [rɔts] Fels
route [ˈrutə] Route
rugzak [ˈrʌxsak] Rucksack
ruiken [ˈrœikən] ⟨rook, geroken⟩ riechen
ruilen [ˈrœilən] tauschen; (om)ruilen [(ˈɔm)ˈrœilən] umtauschen
ruimte [ˈrœimtə] (Platz) Raum
ruit [rœit] (Fenster-)Scheibe
rust [ˈrʌst] Ruhe
rusten [ˈrʌstən] (aus)ruhen
rustig [ˈrʌstəx] ruhig
ruzie [ˈryzi] Streit
ruzie maken [ˈryzi maːkən] s. zanken, streiten

## S

saai [saːi] langweilig
salaris [saːˈlaːrəs] n Honorar
samen [ˈsaːmən] zusammen
schaap [sxaːp] n Schaf
schaar [sxaːr] Schere
schade [ˈsxaːdə] Schaden
schadelijk [ˈsxaːdələk] schädlich
schaden [ˈsxaːdən] schaden
schadevergoeding [ˈsxaːdəvərˈxudɪŋ] Schadenersatz
schaduw [ˈsxaːdyw] Schatten
schakelaar [sxaːkəˈlaːr] (el) Schalter
schakering [sxaːˈkeːrɪŋ] (Farbe) Ton
schatten [ˈsxatən] schätzen, taxieren
schattig [ˈsxatəx] entzückend
scheiden [ˈsxɛidən] ⟨scheidde, gescheiden⟩ trennen
schelden [sxɛldən] ⟨schold, gescholden⟩ schimpfen
schenken [ˈsxɛŋkən] ⟨schonk, geschonken⟩ schenken
scheppen [ˈsxɛpən] ⟨schiep, geschapen⟩ schaffen
scheren [ˈsxeːrən] ⟨schoor, geschoren⟩ rasieren
scherp [sxɛrp] (Messer) scharf
scherts [sxɛrts] Scherz, Spaß

scheuren [ˈsxʌːrən] (kaputtgehen) reißen
schieten [ˈsxitən] ⟨schoot, geschoten⟩ schießen
schijfje [ˈsxɛifjə] n (Wurst, Käse) Scheibe
schijn [sxɛin] (An-)Schein
schijnen [ˈsxɛinən] ⟨scheen, geschenen⟩ scheinen; naar het schijnt [naːr ət ˈsxɛint] adv anscheinend
schilderen [ˈsxɪldərən] malen
schilderij [sxɪldəˈrɛi] n Bild, Gemälde
schitteren [ˈsxɪtərən] glänzen
schitterend [ˈsxɪtərənt] glänzend, leuchtend
schoen [sxun] Schuh
schoensmeer [ˈsxunsmeːr] Schuhcreme
schok [sxɔk] (Schubs) Stoß
school [sxoːl] Schule
schoon [sxoːn] (Wäsche) frisch; sauber
schoonheid [ˈsxoːnhɛit] Schönheit
schoonmaken [ˈsxoːmaːkən] putzen, reinigen
schoonzus(ter) [ˈsxoːnzəs(tər)] Schwägerin
schot [sxɔt] n Schuß
schotel [ˈsxoːtəl] (Essen) Gericht; (zum Anrichten) Platte
schreeuwen [ˈsxreːwən] schreien
schrift [sxrɪft] n (Hand-)Schrift; Heft
schriftelijk [ˈsxrɪftələk] schriftlich
schrikken [ˈsxrɪkən] ⟨schrok, geschrokken⟩ (erschrocken sein) erschrekken; laten schrikken [laːtə ˈsxrɪkən] erschrecken
schrijven [ˈsxrɛivən] ⟨schreef, geschreven⟩ schreiben
schuit [sxœit] Kahn
schuiven [ˈsxœivən] ⟨schoof, geschoven⟩ schieben
schuld [sxʌlt] Schuld
schuldig zijn [ˈsxʌldəx sɛin] schulden
seconde [səˈkɔndə] Sekunde
sedert [ˈseːdərt] prp/conj seit
seizoen [sɛiˈzun] n Saison; buiten het seizoen [bœitən ət sɛiˈzun] außerhalb der Saison
seks [sɛks] Sex
serveren [sɛrˈveːrən] servieren
shag [ʃɛk] Tabak (zum Drehen)
sigaar [siˈxaːr] Zigarre
sigaret [sixaːˈrɛt] Zigarette
signaal [siˈnjaːl] n Signal
sinds [sɪnts] prp/conj seit
sindsdien [sɪntsˈdin] adv seitdem

**slaan** [sla:n] ⟨sloeg, geslagen⟩ *(auch Uhr)* schlagen

**slaap** [sla:p] Schlaf; **in slaap vallen** [ɪn sla:p ˈvalən] ⟨viel, gevallen⟩ einschlafen

**slag** [slɑx] Schlag; **z'n slag slaan** [zən slɑx sla:n] ⟨sloeg, geslagen⟩ zugreifen

**slang** [slaŋ] *(Tier)* Schlange; *(Wasser)* Schlauch

**slank** [slaŋk] schlank

**slapen** [ˈsla:pən] ⟨sliep, geslapen⟩ schlafen

**slecht** [slɛxt] schlecht; schlimm; übel

**slechts** [slɛxts] nur

**slik** [slɪk] *n* Schlamm

**slim** [slɪm] schlau

**slok** [slɔk] Schluck

**slordig** [ˈslɔrdəx] nachlässig

**slot** [slɔt] *n (Tür, Gebäude)* Schloß; *(Ende)* Schluß

**sluis** [slœis] Schleuse

**sluiten** [ˈslœitən] ⟨sloot, gesloten⟩ schließen; zuschließen

**sluiting** [ˈslœitɪŋ] Verschluß

**sluw** [slyw] schlau

**smaak** [sma:k] Geschmack

**smaken** [ˈsma:kən] schmecken

**smal** [smɑl] schmal

**smerig** [ˈsme:rəx] schmutzig

**smokkelen** [ˈsmɔkələn] schmuggeln

**snack** [snɛk] Imbiß; Schnellimbiß

**snee** [sne:] *(Brot)* Scheibe

**sneeuwen** [ˈsne:wən] schneien

**snel** [snɛl] schnell, rasch

**snelheid** [ˈsnɛlhɛit] Geschwindigkeit; Schnelligkeit

**snijden** [ˈsnɛidən] ⟨sneed, gesneden⟩ schneiden

**snoer** [snu:r] *n* Schnur

**snurken** [ˈsnʌrkən] schnarchen

**som** [sɔm] Summe

**somber** [ˈsɔmbər] finster

**soms** [sɔms] *adv* gelegentlich

**soort** [so:rt] Art; Sorte

**souvenir** [suvəˈni:r] *n* Andenken

**Spanjaard** [ˈspɑnja:rt] Spanier

**Spanje** [ˈspɑnjə] Spanien

**sparen** [ˈspa:rən] sparen

**speciaal** [spe:ˈʃa:l] speziell

**speciale** [spe:ˈʃa:lə] Sonder . . .

**speelgoed** [ˈspe:lxut] *n* Spielzeug

**speld** [spɛlt] Stecknadel

**spelen** [ˈspe:lən] spielen

**spellen** [ˈspɛlən] buchstabieren

**spijker** [ˈspɛikər] *(Stift)* Nagel

**spijt** [spɛit] Bedauern

**spiritus** [ˈspiritəs] (Brenn-)Spiritus

**spits** [spɪts] spitz, Spitze

**spoedig** [ˈspudəx] bald

**spoor** [spo:r] *n* Spur

**sport** [spɔrt] Sport

**spreken** [ˈspre:kən] ⟨sprak, gesproken⟩ reden, sprechen; **luid spreken** [lœit ˈspre:kən] ⟨sprak, gesproken⟩ laut sprechen; **zachtjes spreken** [ˈzaxjəs spre:kən] leise sprechen

**springen** [ˈsprɪŋən] ⟨sprong, gesprongen⟩ springen

**sprong** [sprɔŋ] Sprung, Satz

**staal** [sta:l] *n (Probe)* Muster

**staan** [sta:n] ⟨stond, gestaan⟩ stehen; **blijven staan** [blɛivən ˈsta:n] ⟨bleef staan, is blijven staan⟩ anhalten, stehenbleiben

**staan op** [ˈsta:n ɔp] ⟨stond, gestaan⟩ bestehen auf

**staat** [sta:t] Staat; **in staat** [ɪn ˈsta:t] *(imstande)* fähig; **niet in staat** [nit ɪn ˈsta:t] *(außerstande)* unfähig; **in staat zijn** [ɪn sta:t zɛin] imstande sein

**stad** [stɑt] ⟨steden⟩ Stadt

**stadsplattegrond** [plɑtəˈxrɔnt/ ˈstɑtsplɑtəxrɔnt] Stadtplan

**stammen** [ˈstɑmən] stammen

**standplaats** [ˈstɑntpla:ts] Sitz *(einer Firma)*

**stang** [stɑŋ] Stange

**stap** [stɑp] Schritt

**stapel** [ˈsta:pəl] Stapel, Stoß

**starten** [ˈstɑrtən] starten

**statiegeld** [ˈsta:tsixɛlt] *n* (Flaschen-)Pfand

**steeds** [ste:ts] stets

**steen** [ste:n] Stein

**steenachtig** [ˈste:nɑxtəx] steinig

**steiger** [ˈstɛixər] Steg

**steil** [stɛil] steil

**steken** [ˈste:kən] ⟨stak, gestoken⟩ stechen

**stelen** [ˈste:lən] ⟨stal, gestolen⟩ stehlen

**stem** [stɛm] Stimme

**stempel** [ˈstɛmpəl] *n* Stempel

**ster** [stɛr] Stern

**sterk** [stɛrk] *(kräftig)* stark

**sterkte** [ˈstɛrktə] Stärke; **sterkte!** viel Glück!

**sterven** [ˈstɛrvən] ⟨stierf, gestorven⟩ sterben

**stevig** [ˈste:vəx] *(hart)* fest

**stiekem** [ˈstikəm] heimlich

**stijgen** [ˈstɛixən] ⟨steeg, gestegen⟩ steigen

**stil** [stɪl] ruhig, still
**stilstaan** ['stɪlstaːn] ⟨stond stil, stilgestaan⟩ halten, stehenbleiben
**stilte** ['stɪltə] *(Stille)* Ruhe
**stinken** ['stɪŋkən] ⟨stonk, gestonken⟩ stinken
**stipt** [stɪpt] pünktlich
**stoel** [stul] Stuhl
**stof** [stɔf] Staub; Stoff
**stoken** ['stoːkən] heizen
**stomen** ['stoːmən] *(chemisch)* reinigen
**stomerij** [stoːmə'rɛi] *(Geschäft)* Reinigung
**stookolie** ['stoːkoːli] Heizöl
**stoot** [stoːt] Schubs; Stoß
**stop!** [stɔp] halt!
**stoppen** ['stɔpən] anhalten, halten, stehenbleiben
**storen** ['stoːrən] stören
**storing** ['stoːrɪŋ] Störung
**storm** [stɔrm] Sturm
**stoten** ['stoːtən] ⟨stootte, gestoten⟩ stoßen
**straal** [straːl] Strahl
**straat** [straːt] *(innerorts)* Straße; **op straat** [ɔp 'straːt] auf der Straße
**straatweg** ['straːtwɛx] *(Land-)*Straße
**straf** [straf] Strafe
**straks** [straks] später
**strand** [strant] *n* Strand
**streek** [streːk] Gegend
**streng** [strɛŋ] streng
**strijkijzer** ['strɛikɛizər] *n* Bügeleisen
**stromen** ['stroːmən] fließen
**stroming** ['stroːmɪŋ] Strömung
**strook** [stroːk] *(Formular, Scheck)* Abschnitt
**stroom** [stroːm] *(auch el)* Strom
**struik** [strœik] Busch
**studeren** [sty'deːrən] studieren
**stuk** [stʌk] *n* kaputt; Stück
**stukbreken** ['stʌgbreːkən] ⟨brak stuk, stukgebroken⟩ zerbrechen
**sturen** [sty'rən] schicken
**succes** [sʌk'sɛs] *n* Erfolg; **succes!** [sʌk'sɛs] viel Glück!
**sympathiek** [sɪmpaː'tik] sympathisch

# T

**taal** [taːl] Sprache
**tabak** [taː'bak] Tabak
**tafel** ['taːfəl] Tisch; **aan tafel** [aːn 'taːfəl] bei Tisch
**talrijk** ['talrɛik] zahlreich

**tamelijk** ['taːmələk] ziemlich
**tang** [taŋ] Zange
**tank** [tɛŋk] Behälter
**tanken** ['tɛŋkən] tanken
**tante** ['tɑntə] Tante
**tas** [tɑs] (Hand-)Tasche; (Akten-)Mappe
**taxi** ['tɑksi] Taxi
**te** [tə] *(mit adj)* zu
**te erg** [tə 'ɛrx] sehr
**team** [tiːm] *n (Sport)* Mannschaft
**tearoom** ['tiːruːm] Café
**teder** ['teːdər] *(fühlend)* zart, zärtlich
**teer** [teːr] zart, weich
**tegen** ['teːxən] *(wider)* gegen; **ertegen zijn** [ɛr'teːxən zɛin] dagegen sein
**tegendeel** ['teːxəndeːl] *n* Gegenteil
**tegenover** [teːxən'oːvər] *adv/prp* gegenüber
**tegenovergesteld** [teːxə'noːvərxəstɛlt] entgegengesetzt
**tegenwaarde** ['teːxənwaːrdə] Gegenwert
**tegenwoordig** [teːxə'woːrdəx] heutzutage
**teken** ['teːkən] *n* Zeichen
**tekenen** ['teːkənən] zeichnen
**telefoneren** [teːləfoː'neːrən] telefonieren
**teleurgesteld** [tə'lʌːrxəstɛlt] enttäuscht
**tellen** ['tɛlən] zählen
**ten tweede** [tɛn 'tweːdə] zweitens
**tenminste** [tə'mɪnstə] wenigstens
**tenslotte** [tɛn'slɔtə] zuletzt; schließlich
**termijn** [tɛr'mɛin] Termin
**terrein** [tɛ'rɛin] *n* Gelände
**terug** [trʌx] zurück
**terugbetalen** ['trʌxbətaːlən] zurückzahlen
**teruggaan** ['trʌx xaːn] zurückgehen
**teruggeven** ['trʌxxeːvən] ⟨gaf terug, teruggegeven⟩ wiedergeben
**terugkeren** ['trʌxkeːrən] zurückkehren
**terugkomen** ['trʌxkoːmən] ⟨kwam terug, teruggekomen⟩ wiederkommen
**terugkrijgen** ['trʌxkrɛixən] ⟨kreeg terug, teruggekregen⟩ wiederbekommen
**terugrijden** ['trʌxrɛidən] ⟨reed terug, teruggereden⟩ zurückfahren
**terugtrekken, zich** ~ [zɪx 'trʌxtrɛkən] ⟨trok terug, teruggetrokken⟩ s. zurückziehen

A/Z

**terugzien** ['trʌxsin] ⟨zag terug, terug-gezien⟩ wiedersehen
**terwijl** [tər'wɛil] *conj* während
**teveel** [tə've:l] zuviel
**tevergeefs** [təvər'xe:fs] vergebens, umsonst
**van tevoren** [van tə'vo:rən] vorher
**tevreden** [tə'vre:dən] zufrieden; be-friedigt
**thema** ['te:ma] *n* (Gesprächs-)Gegen-stand
**thuis** [tœis] daheim
**thuisreis** ['tœisrɛis] Heimreise
**tijd** [tɛit] Zeit; **uit de tijd** [œid də 'tɛit] unmodern; **verleden tijd** [vər'le:dən tɛit] Vergangenheit; **van tijd tot tijd** [van 'tɛit tɔt 'tɛit] von Zeit zu Zeit
**tijdelijk** ['tɛidələk] vorübergehend
**tijdens** ['tɛidəns] *prp* während
**tijdig** ['tɛidəx] *adv* rechtzeitig
**tint** [tɪnt] *(Farbe)* Ton
**tip** [tɪp] Tip
**titel** ['titəl] *(akad.)* Grad
**toch** [tɔx] doch
**tocht** [tɔxt] Luftzug
**tochtje** ['tɔxcə] *n (Tour)* Fahrt
**toebereiden** ['tubərɛidən] zubereiten
**toedekken** ['tudɛkən] zudecken
**toegang** ['tuxaŋ] Zugang
**toegangsprijs** ['tuxaŋsprɛis] Eintritts-preis
**toegestaan** ['tuxəsta:n] zulässig
**toekomst** ['tukɔmst] Zukunft
**toekomstig** [tu'kɔmstəx] zukünftig
**toekijken** ['tukɛikən] ⟨keek toe, toege-keken⟩ ansehen
**toelating** [tu'la:tɪŋ] Zulassung
**toen** [tun] *(zeitlich)* als, da, dann; damals
**toenemen** ['tune:mən] ⟨nam toe, toe-genomen⟩ zunehmen
**toepassen** ['tupasən] *(Gesetz)* an-wenden
**toerist/toeriste** [tu'rist(ə)] Tourist/in
**toeschouwer** ['tusxɔuwər] Zuschauer
**toestaan** ['tusta:n] ⟨stond toe, toege-staan⟩ zulassen, erlauben, genehmi-gen, gewähren
**toestand** ['tustant] Zustand, Verfas-sung; Lage
**toestel** ['tustɛl] *n* Apparat
**toestemmen** ['tustemən] zustimmen
**toetsen** ['tutsən] *(Qualität)* prüfen
**toeval** ['tuval] *n* Zufall
**toevallig** [tu'valəx] zufällig

**toevoegen, eraan ~** [ɛr a:n 'tu vuxən] hinzufügen
**toezeggen** ['tuzɛxən] ⟨zei toe, toege-zegd⟩ versprechen, zusagen
**toilet** [twa:'lɛt] *n* Toilette
**toiletpapier** [twa:'lɛtpa:pi:r] *n* Toilet-tenpapier
**tonen** ['to:nən] (vor)zeigen
**toon** [to:n] *(Klang)* Ton
**top** [tɔp] Gipfel, Spitze
**tot** [tɔt] bis; **tot ziens!** [tɔt 'sins] auf Wiedersehen!; **tot kijk** [tɔt kɛik] tschüß
**touw** [tɔuw] *n* Seil
**traject** [tra'jɛkt] *n* Strecke
**transpireren** [trɑnspi're:rən] schwitzen
**transporteren** [trɑnspɔr'te:rən] trans-portieren
**trap** [trɑp] Treppe
**treffen** ['trɛfən] ⟨trof, getroffen⟩ treffen
**trek** [trɛk] Appetit; **trek hebben (in)** [trɛk 'hɛbən (ɪn)] ⟨had, gehad⟩ hun-grig sein
**trekken** ['trɛkən] ⟨trok, getrokken⟩ ziehen; reißen; wandern
**triest** [trist] *(Wetter)* trüb
**troebel** ['trubəl] *(Flüssigkeit)* trüb
**trouw** [trɔu] treu
**trouwen** ['trɔuwən] heiraten
**trouwring** ['trɔurɪŋ] Ehering
**tube** ['tybə] Tube
**tuin** [tœin] Garten
**tulp** [tʌlp] Tulpe
**tunnel** ['tʌnəl] Tunnel
**tussen** ['tʌsən] zwischen; unter
**twee keer** ['twe: 'ke:r] zweimal
**tweede** ['twe:də] zweite(r, -s)
**twijfel** ['twɛifəl] Zweifel
**twijfelachtig** ['twɛifəlɑxtəx] zweifel-haft
**twijfelen aan iets** ['twɛifələn a:n its] an etw zweifeln
**typisch** ['tipis] typisch

# U

**u** [y] Sie
**uit** [œit] *(Herkunft)* aus; **uit Amster-dam** [œit amstər'dam] aus Amster-dam
**uitdoen** ['œidun] ⟨deed uit, uitge-daan⟩ ausmachen
**uitdrukkelijk** [œi'drʌkələk] *adv* aus-drücklich
**uitdrukking** ['œidrʌkɪŋ] Ausdruck
**uiteindelijk** [œi'tɛindələk] am Ende

**uiterlijk** [ˈœitərlək] *adj* äußerlich
**uitgaan** [ˈœitxaːn] ⟨ging uit, uitgegaan⟩ ausgehen
**uitgang** [ˈœitxɑŋ] Ausgang
**uitgaven** [ˈœitxaːvən] *pl* Ausgaben
**uitgebreid** [ˈœitxəbreit] ausführlich
**uitgeput** [ˈœitxepət] erschöpft
**uitgesloten** [ˈœitxəsloːtən] ausgeschlossen
**uitgeven** [ˈœitxeːvən] ⟨gaf uit, uitgegeven⟩ ausgeben
**uitkleden, zich ~** [zɪx ˈœitkleːdən] s. ausziehen
**uitkomen** [ˈœitkoːmən] ⟨kwam uit, uitgekomen⟩ münden
**uitleggen** [ˈœitlexən] erklären
**uitlopen** [ˈœitloːpən] ⟨liep uit, uitgelopen⟩ *(Straße)* münden
**uitmonden** [ˈœitmɔndən] *(Fluß)* münden
**uitnodigen** [ˈœitnoːdəxən] auffordern; einladen
**uitnodiging** [ˈœitnoːdəxɪŋ] Einladung
**uitoefenen** [ˈœitufənən] *(Beruf)* ausüben
**uitpakken** [ˈœitpɑkən] auspacken
**uitreizen** [ˈœitreizən] ausreisen
**uitrit** [ˈœitrɪt] Ausfahrt
**uitrusten** [ˈœitrəstən] s. ausruhen
**uitrusting** [ˈœitrʌstɪŋ] Ausstattung
**uitscheiden** [ˈœitsxeidən] ⟨scheidde/scheed uit, uitgesche(i)den⟩ aufhören
**uitslag** [ˈœitslɑx] Ergebnis
**uitspraak** [ˈœitspraːk] Aussprache
**uitspreken** [ˈœitspreːkən] ⟨sprak uit, uitgesproken⟩ aussprechen
**uitstapje** [ˈœitstɑpjə] *n* Tour
**uitstekend** [œitˈsteːkənt] ausgezeichnet
**uitstel** [ˈœitstɛl] *n* Aufschub
**uitstellen** [ˈœitstɛlən] aufschieben
**uitstrekken, zich ~** [zɪx ˈœitstrɛkən] *(s. erstrecken)* reichen
**uittrekken** [ˈœitrɛkən] ⟨trok uit, uitgetrokken⟩ *(Kleidungsstück)* ausziehen
**uitverkoop** [ˈœitfərkoːp] Ausverkauf
**uitvinden** [ˈœitfɪndən] ⟨vond uit, uitgevonden⟩ erfinden
**uitvoeren** [ˈœitfurən] erledigen; *(Arbeit)* ausführen
**uitvoerig** [œitˈfuːrəx] ausführlich
**uitwisselen** [ˈœitwɪsələn] austauschen
**uitwisseling** [ˈœitwɪsəlɪŋ] Austausch; Wechsel

**uitzending** [ˈœitsɛndɪŋ] *(Radio, Fernsehen)* Sendung
**uitzicht** [ˈœitsɪxt] *n* Aussicht
**uitzien, er ~** [ɛr ˈœitsin] ⟨zag uit, uitgezien⟩ aussehen
**uitzoeken** [ˈœitsukən] ⟨zocht uit, uitgezocht⟩ aussuchen
**uitzondering** [ˈœitsɔndərɪŋ] Ausnahme
**uur** [yːr] *n* Stunde; **een half uur** [ən halv ˈyːr] eine halbe Stunde

# V

**vaak** [vaːk] oft; *adv* häufig
**vaart** [vaːrt] *(Schiff)* Fahrt
**vader** [ˈvaːdər] Vater
**vaderland** [ˈvaːdərlɑnt] *n* Heimat, Vaterland
**vakantie** [vaˈkɑntsi] Ferien, Urlaub; **in de vakantie** [ɪn də vaˈkɑntsi] in den Ferien; **op/met vakantie gaan** [ɔp/mɛt vaˈkɑntsi xaːn] in Ferien fahren
**val** [vɑl] Sturz
**vallen** [ˈvɑlən] ⟨viel, gevallen⟩ fallen, stürzen
**vals** [vɑls] *(betrügerisch)* falsch
**van** [vɑn] *(Herkunft)* von, aus; *(Material)* **een jurk van zijde** [ən ˈjʌrk fɑn ˈzeidə] ein Kleid aus Seide
**vanaf** [vaˈnɑf] ab
**vanavond** [vaˈnaːvɔnt] heute abend
**vandaag** [vanˈdaːx] heute
**vangen** [ˈvɑŋən] ⟨ving, gevangen⟩ fangen
**vannacht** [vaˈnɑxt] heute nacht
**vanzelf** [vanˈzɛlf] von selbst
**varen** [ˈvaːrən] ⟨voer, gevaren⟩ *(Schiff)* fahren
**vast** [vɑst] *(dauernd)* fest
**vastbesloten zijn** [vɑstbəˈsloːtə zɛin] entschlossen sein
**vasthouden** [ˈvɑsthɔudən] ⟨hield vast, vastgehouden⟩ *(fest)*halten
**vastzetten** [ˈvɑstsɛtən] festsetzen
**vat** [vɑt] *n* Gefäß
**veel** [veːl] viel
**veer** [veːr] *(auch elastisch)* Feder
**veilig** [ˈveiləx] *(geschützt)* sicher
**veiligheid** [ˈveiləxɛit] *(Schutz)* Sicherheit
**vel** [vɛl] *(n)* Fell
**veld** [vɛlt] *(n)* Feld

**ventileren** [vɛntiˈleːrən] lüften
**ver weg** [vɛrˈwɛx] *(entfernt)* weit
**veraf** [vɛrˈɑf] entfernt
**veranderen** [vərˈɑndərən] (ver)ändern
**verandering** [vərˈɑndərɪŋ] Veränderung; Wechsel
**verantwoordelijk** [vərɑntˈwoːrdələk] verantwortlich, zuständig
**verband** [vərˈbɑnt] *(n)* Verband
**verbandmateriaal** [vərˈbɑntmaːtəriaːl] Verbandszeug
**verbazen (over), zich ~** [zɪx fərˈbaːzən (oːvər)] s. wundern (über)
**verbeteren** [vərˈbeːtərən] verbessern
**verbieden** [vərˈbiːdən] ⟨verbood, verboden⟩ verbieten
**verbinden** [vərˈbɪndən] ⟨verbond, verbonden⟩ *(auch tele, med)* verbinden
**verbinding** [vərˈbɪndɪŋ] *(Zug, tele)* Verbindung
**verblijf** [vərˈblɛif] *n* Aufenthalt
**verblijven** [vərˈblɛivən] ⟨verbleef, verbleven⟩ s. aufhalten
**verbod** [vərˈbɔt] *n* Verbot
**verboden!** [vərˈboːdən] verboten!
**verboden toegang!** [vərˈboːdə ˈtuːxɑŋ] Eintritt verboten!
**verbranden** [vərˈbrɑndən] verbrennen
**verbruik** [vərˈbrœik] *n* Verbrauch
**verbruiken** [vərˈbrœikən] verbrauchen
**verdedigen** [vərˈdeːdəxən] verteidigen
**verdelen** [vərˈdeːlən] verteilen
**verdeling** [vərˈdeːlɪŋ] Verteilung
**verdenking** [vərˈdɛŋkɪŋ] Verdacht
**verder** [ˈvɛrdər] *(außerdem)* sonst
**verder niets** [vɛrdər ˈnits] sonst nichts
**verdienen** [vərˈdinən] verdienen
**verdienste** [vərˈdinstə] *m (Geld)* Verdienst
**verdienste(lijkheid)** [vərˈdinstə(ləkhɛit)] *n* Verdienst
**verdieping** [vərˈdipɪŋ] Stock(werk)
**verdrag** [vərˈdrɑx] *n* Vertrag
**verdragen** [vərˈdraːxən] ⟨verdroeg, verdragen⟩ ertragen; vertragen
**verdriet** [vərˈdrit] *n* Kummer
**verdrietig** [vərˈdritəx] traurig
**verdwalen** [vərˈdwaːlən] s. verirren
**verdwijnen** [vərˈdwɛinən] ⟨verdween, verdwenen⟩ verschwinden
**vereniging** [vərˈeːnəxɪŋ] Verein
**verf** [vɛrf] Farbe *(zum Anstreichen)*
**verfrissing** [vərˈfrɪsɪŋ] Erfrischung

**vergelijk** [vɛrxəˈlɛik] *n (jur)* Vergleich
**vergelijken** [vɛrxəˈlɛikən] ⟨vergeleek, vergeleken⟩ vergleichen
**vergelijking** [vɛrxəˈlɛikɪŋ] Vergleich
**vergeten** [vərˈxeːtən] ⟨vergat, vergeten⟩ vergessen
**vergeven** [vərˈxeːvən] ⟨vergaf, vergeven⟩ verzeihen
**vergissen, zich ~** [zɪx fərˈxɪsən] s. irren, s. täuschen
**vergissing** [vərˈxɪsɪŋ] Irrtum; **per vergissing** [pɛr vərˈxɪsɪŋ] aus Versehen
**vergoeden** [vərˈxudən] *(Schaden)* ersetzen
**vergoeding** [vərˈxudɪŋ] *(Schaden)* Ersatz
**vergunning** [vərˈxʌnɪŋ] Erlaubnis
**verheimelijken** [vərˈhɛiməløkən] verheimlichen
**verheugd (over)** [vərˈhøːxt (oːvər)] erfreut (über)
**verheugen op/over, zich ~** [zɪx vərˈhøːxən ɔp/oːvər] s. freuen auf/über
**verhinderen** [vərˈhɪndərən] verhindern
**verhogen** [vərˈhoːxən] *(Preise)* erhöhen, heraufsetzen
**verhuizen** [vərˈhœizən] *(Wohnung)* umziehen; ausziehen
**verhuren** [vərˈhyːr] vermieten
**verjaardag** [vərˈjaːrdɑx] Geburtstag
**verkeer** [vərˈkeːr] *n* Verkehr
**verkeren** [vərkeˈr] Umgang haben; *(Verkehrsmittel)* verkehren
**verkiezen** [vərˈkizən] ⟨verkoos, verkozen⟩ vorziehen, lieber haben
**verklaren** [vərˈklaːrən] *(angeben)* erklären; **(schriftelijk) verklaren** [(ˈsxrɪftələk) vərˈklaːrən] bescheinigen
**verklaring** [vərˈklaːrɪŋ] Angabe
**verkleden, zich ~** [zɪx vərˈkleːdən] s. umziehen
**verkoop** [ˈvɛrkoːp/vərˈkoːp] Verkauf
**verkopen** [vərˈkoːpən] ⟨verkocht, verkocht⟩ verkaufen
**verkrachten** [vərkrɑxtən] vergewaltigen
**verkrijgbaar** [vərˈkrɛixbaːr] erhältlich
**verkrijgen** [vərˈkrɛixən] ⟨verkreeg, verkregen⟩ erlangen
**verlagen** [vərˈlaːxən] *(Preise)* herabsetzen
**verlangen** [vərˈlɑŋən] verlangen
**verlaten** [vərˈlaːtən] ⟨verliet, verlaten⟩ verlassen
**verleden** [vərˈleːdən] *n* Vergangenheit

**verleden week** [vər'le:dən we:k] letzte Woche

**verlengen** [vər'lɛŋən] verlängern

**verlicht** [vər'lɪxt] *(festlich)* beleuchtet

**verlies** [vər'lis] *n* Verlust

**verliezen** [vər'lizən] ⟨verloor, verloren⟩ verlieren

**verlof** [vər'lɔf] *n* Erlaubnis

**verloofde** [vər'lo:vdə] der, die Verlobte

**verloven met, zich** ~ [zɪx vər'lo:vən mɛt] s. verloben mit

**vermageren** [vər'ma:xərən] *(dünner werden)* abnehmen

**vermijden** [vər'mɛidən] ⟨vermeed, vermeden⟩ vermeiden

**vermoeden** [vər'mudən] vermuten; Vermutung; Ahnung

**vermoeid** [vər'muit] müde

**vermoeiend** [vər'mujənt] anstrengend

**vernemen** [vər'ne:mən] ⟨vernam, vernomen⟩ erfahren

**vernieuwen** [vər'niwən] erneuern

**veronderstelling** [vərɔndər'stɛlɪŋ] Annahme, Vermutung

**verongelukken** [vər'ɔŋxələkən] verunglücken

**verontschuldigen** [vərɔnt'sxʌldəxən] entschuldigen; **zich verontschuldigen** [zɪx vərɔnt'sxʌldəxən] s. entschuldigen

**verontschuldiging** [vərɔnt'sxʌldəxiŋ] Entschuldigung

**veroorloven** [vər'o:rlo:vən] erlauben

**veroorzaken** [vər'o:rza:kən] verursachen

**verpakken** [vər'pakən] verpacken

**verpakking** [vər'pakiŋ] Verpackung; Packung

**verpleegster** [vər'ple:xstər] (Kranken-)Schwester

**verplicht zijn** [vər'plɪxt zɛin] verpflichtet sein

**verplichting** [vər'plɪxtiŋ] Verpflichtung

**verrast** [və'rast] überrascht

**verrekenen, zich** ~ [zɪx fə're:kənən] s. verrechnen

**verrekijker** ['vɛrəkɛikər] Fernglas

**verruilen** [və'rœilən] vertauschen

**verrukt** [və'rʌkt] entzückt

**vers** [vɛrs] *(Lebensmittel)* frisch

**verschaffen** [vər'sxafən] beschaffen; verschaffen

**verschil** [vər'sxɪl] *n* Unterschied

**verschillend** [vər'sxɪlənt] verschieden

**verschrikkelijk** [vər'sxrɪkələk] fürchterlich, schrecklich

**verschijnen** [vər'sxɛinən] ⟨verscheen, verschenen⟩ erscheinen

**versnelling** [vər'snɛlɪŋ] *(Auto)* Gang

**verstaan** [vər'sta:n] ⟨verstond, verstaan⟩ *(akustisch)* verstehen

**verstaanbaar maken, zich** ~ [zɪx vər'sta:nba:r ma:kən] *(sprachlich)* s. verständigen

**verstand** [vər'stant] *n* Verstand

**verstandig** [vər'standəx] klug; vernünftig

**verstellen** [vər'stɛlən] flicken

**verstoppen** [vər'stɔpən] verstecken

**verstopt** [vər'stɔpt] verstopft

**verstrijken** [vər'strɛikən] ⟨verstreek, verstreken⟩ *(Zeit)* vergehen

**verstrekken, gegevens** ~ [xə'xe:vəns fər'strɛkən] Angaben machen

**vertalen** [vər'ta:lən] übersetzen

**vertellen** [vər'tɛlən] erzählen

**vertragen** [vər'tra:xən] verzögern

**vertraging** [vər'tra:xiŋ] *(Zug)* Aufenthalt; Aufschub

**vertrek** [vər'trɛk] *n* Abreise; *(Zimmer)* Raum

**vertrekken (naar)** [vər'trɛkən (na:r)] ⟨vertrok, vertrokken⟩ abreisen (nach)

**vertrekken (van)** [vər'trɛkən ('van)] ⟨vertrok, vertrokken⟩ abfahren (von)

**vertrouwen** [vər'trɔuwən] *n* Vertrauen; **vol vertrouwen** [vɔl vər'trɔuwən] vertrauensvoll

**vertrouwen op** [vər'trɔuwən ɔp] vertrauen auf

**vervangen** [vər'vaŋən] ⟨verving, vervangen⟩ ersetzen

**vervelend** [vər've:lənt] langweilig

**vervoeren** [vər'vurən] *(Fracht etc.)* befördern

**vervolgen** [vər'vɔlxən] fortsetzen

**verwaarlozen** [vər'wa:rlo:zən] vernachlässigen

**verwachten** [vər'waxtən] erwarten

**verwant** [vər'want] verwandt

**verwarmen** [vər'warmən] wärmen

**verwerven** [vər'wɛrvən] ⟨verwierf, verworven⟩ erlangen

**verwezenlijken** [vər'we:zələkən] verwirklichen

**verwisselen** [vər'wɪsələn] vertauschen; verwechseln

**verwoesten** [vər'wustən] zerstören

**verzadigd** [vərza:dəxt] satt

**verzamelen** [vər'za:mələn] *(Briefmarken etc.)* sammeln

**verzameling** [vərˈzaːməlɪŋ] Sammlung

**verzekeren** [vərˈzeːkərən] versichern

**verzekering** [vərˈzeːkərɪŋ] Versicherung

**verzenden** [vərˈzɛndən] ⟨verzond, verzonden⟩ versenden; *(Fracht etc.)* befördern

**verzetten** [vərˈzɛtən] *(zeitlich)* verschieben

**verzoek** [vərˈzuk] *n* Bitte

**verzoeken, iemand om iets ~** [ˈimant ɔm its fərˈzukən] ⟨verzocht, verzocht⟩ jdn um etw bitten

**verzuimen** [vərˈzœimən] verpassen, versäumen

**vet** [vɛt] fett

**veter** [feːtər] Schnürsenkel

**vierde, één ~** [ˈeːn ˈviːrdə] ein Viertel

**vierkant** [ˈviːrkɑnt] viereckig

**villa** [ˈvɪlaː] Villa

**vinden** [ˈvɪndən] ⟨vond, gevonden⟩ finden

**vis** [vɪs] Fisch

**visie** [ˈvizi] Sicht

**visite** [viˈsitə] Besuch

**vissen** [ˈvɪsən] angeln, fischen

**Vlaams** [vlaːms] flämisch

**vlak** [vlɑk] flach; eben

**vlakbij** [vlɑɡˈbɛi] nahe

**vlakte** [ˈvlɑktə] Ebene

**vlam** [vlɑm] Flamme

**Vlaming/Vlaamse** [ˈvlaːmɪŋ/vlaːmsə] Flame/Flämin

**vlees** [ˈvleːs] *n* Fleisch; **gebraden vlees** [xəˈbraːdə vleːs] *n* Braten

**vlek** [vlɛk] Fleck(en)

**vlieg** [vlix] Fliege

**vliegen** [ˈvlixən] ⟨vloog, gevlogen⟩ fliegen

**vlijtig** [ˈvlɛitəx] fleißig

**vloeibaar** [ˈvluibaːr] flüssig

**vloer** [vluːr] (Fuß-)Boden

**vlug** [vlʌx] rasch, schnell

**vochtig** [ˈvɔxtəx] feucht

**voeding** [ˈvudɪŋ] Nahrung

**voedingsmiddelen** [ˈvudɪŋsmɪdələn] *n pl* Nahrungsmittel

**voedzaam** [ˈvutsaːm] nahrhaft

**voelen** [ˈvulən] fühlen

**voer** [vuːr] *n* Futter

**voetganger** Fußgänger

**vogel** [ˈvoːxəl] Vogel

**vol** [vɔl] voll

**volgen** [ˈvɔlxən] folgen

**volgende, (eerst)volgende** [ˈvɔlxəndə/(eːrst)ˈfɔlxəndə] nächste

**volgens mij** [ˈvɔlxəns mɛi] meiner Meinung nach

**volk** [vɔlk] *n* Volk

**volkomen** [vɔlˈkoːmən] vollkommen

**volledig** [vɔˈleːdəx] vollständig

**volmaakt** [vɔlˈmaːkt] vollkommen

**volmacht** [ˈvɔlmɑxt] Vollmacht

**volstrekt niet** [vɔlˈstrɛkt nit] durchaus nicht

**volt** [vɔlt] Volt

**voltooien** [vɔlˈtoːjən] vollenden

**volwassene** [vɔlˈwasənə] Erwachsene(r)

**vonk** [vɔŋk] Funke

**voor** [voːr] für, pro; *(räumlich; zeitlich)* vor; **wat for (een) …?** [ˈwɑt voːr (ən)] was für ein/eine …?; **voor niets** [voːr ˈnits] umsonst

**vooraan** [ˈvoːraːn] vorn

**vooral** [voːˈrɑl] von allem

**voorbaat, bij ~** [bɛi ˈvoːrbaːt] im voraus

**voorbeeld** [ˈvoːrbeːlt] *n* Beispiel

**voorbehoedmiddel** [ˈvoːrbəhutmɪdəl] *n* Verhütungsmittel

**voorbereiden** [ˈvoːrbərɛidən] vorbereiten

**voorbij** [voːrˈbɛi] vorbei, vorüber

**voorbijgaan** [voːrˈbɛixaːn] ⟨ging, gegaan⟩ vorbeigehen; **voorbijgaan** ⟨ging voorbij, voorbijgegaan⟩ vorübergehen

**voordat** [voːrdɑt] bevor

**voordeel** [ˈvoːrdeːl] *n* Vorteil; Vorzug

**voordelig** [voːrˈdeːləx] vorteilhaft

**voorgevoel** [ˈvoːrxəvul] *n* Ahnung

**voorkeur** [ˈvoːrkʌr] Vorzug

**voorlopen** [ˈvoːrloːpən] ⟨liep voor, voorgelopen⟩ *(Uhr)* vorgehen

**voorlopig** [voːrˈloːpəx] vorläufig

**voornaam** [voːrˈnaːm] vornehm

**voorraad** [ˈvoːraːt] Vorrat

**voorrang** [ˈvoːrɑŋ] Vorfahrt

**voorschrift** [ˈvoːrsxrɪft] *n* Vorschrift

**voorstel** [ˈvoːrstɛl] *n* Vorschlag

**voorstellen** [ˈvoːrstɛlən] vorschlagen; vorstellen; **iemand voorstellen** [ˈimant ˈfoːrstɛlən] jdn mit jdm bekannt machen

**voorstelling** [ˈvoːrstɛlɪŋ] Vorstellung

**voortbrengen** [ˈvoːrtbrɛŋən] ⟨bracht voort, voortgebracht⟩ erzeugen

**voortzetten** [ˈvoːrtsɛtən] fortsetzen

**vooruit** [voːˈrœit] vorwärts

**vooruitgang** [voːrˈœitxɑŋ] Fortschritt

**voorval** [ˈvoːrvɑl] *n* Fall; Vorfall

**voorwaarde** ['vo:rwa:rdə] Bedingung

**voorwaarts** ['vo:rwa:rts] vorwärts

**voorwaarts gaan** ['vo:rwa:rts xa:n] vorwärts gehen

**voorwendsel** ['vo:rwɛntsəl] *n* Vorwand

**voorwerp** ['vo:rwɛrp] *n* Ding, Gegenstand

**voorzichtig** [vo:r'zɪxtəx] vorsichtig; **voorzichtig!** Vorsicht!

**voorzichtigheid** [vo:r'zɪxtəxhɛit] Vorsicht

**voorzien van** [vo:r'zin van] versorgen mit

**vordering** ['vɔrdərɪŋ] *(finanziell)* Forderung

**voren, naar ~** [na:r 'vo:rən] nach vorn

**vorige week** ['vɔrəxə we:k] letzte Woche

**vorm** [vɔrm] Form

**vormen** ['vɔrmən] bilden

**vraag** [vra:x] Frage

**vracht** [vraxt] Fracht

**vragen** ['vra:xən] ⟨vroeg, gevraagd⟩ fragen; auffordern

**vrede** ['vre:də] Friede

**vreemd** [vre:mt] fremd; eigenartig

**vreemdeling** ['vre:mdəlɪŋ] der Fremde

**vreemdelinge** ['vre:mdəlɪŋə] die Fremde

**vreemdelingenverkeer, bureau voor ~** [by'ro: vo:r 'vre:mdəlɪŋəvərke:r] Verkehrsbüro

**vrees** [vre:s] Furcht

**vreselijk** ['vre:sələk] fürchterlich

**vreugde** ['vrø:xdə] Freude

**vrezen** ['vre:zən] (be)fürchten

**vriend** [vrint] Freund

**vriendelijk** ['vrindələk] freundlich; liebenswürdig

**vriendelijkheid** ['vrindələkhɛit] Freundlichkeit; Liebenswürdigkeit

**vriendschap** ['vrintsxap] Freundschaft

**vriest, het ~** [ət 'vrist] ⟨vroor, gevroren⟩ es friert

**vrij** [vrɛi] frei

**vrijblijvend** [vrɛi'blɛivənt] unverbindlich

**vrijgezel** [vrɛixə'zɛl] Junggeselle

**vroeg** [vrux] früh

**vroeger** ['vruxər] damals, früher

**vrolijk** ['vro:lək] lustig; heiter

**vrouw** [vrɔu] Frau

**vrouwelijk** ['vrɔuwələk] weiblich

**vuil** [vœil] Schmutz; schmutzig

**vuilnis** ['vœilnɪs] *n* Abfall, Müll

**vuilnisbak** ['vœilnəsbak] Mülltonne

**vullen** ['vʌlən] füllen

**vuur** [vy:r] *n* Feuer

**vuurtoren** ['vy:rto:rən] Leuchtturm

**vuurwerk** ['vy:rwɛrk] *n* Feuerwerk

# W

**waar** [wa:r] wahr, *(Gegensatz zu falsch)* richtig; Ware

**waard** [wa:rt] Wirt

**waard zijn, veel ~** [ve:l 'wa:rt sɛin] viel wert sein

**waarde** ['wa:rdə] Wert

**waardebon** ['wa:rdəbɔn] Gutschein

**waardeloos** ['wa:rdəlo:s] wertlos

**waarderen** [wa:r'de:rən] *(gut finden)* schätzen

**waardevolle spullen** ['wa:rdəvɔlə 'spʌlən] *pl* Wertsachen

**waarheid** ['wa:rhɛit] Wahrheit

**waarschuwen (voor)** ['wa:rsxywən (vo:r)] warnen (vor)

**waarschijnlijk** [wa:r'sxɛinlək] wahrscheinlich

**waarschijnlijkheid** [wa:r'sxɛinləkhɛit] Wahrscheinlichkeit

**wachten** ['waxtən] warten

**wad** [wat] *n* Watt

**wagen** ['wa:xən] Wagen

**wakker** ['wakər] wach

**wakker maken** ['wakər ma:kən] aufwecken

**wakker worden** ['wakər wɔrdən] aufwachen, wach werden

**wand** [want] Wand

**wandelen, gaan ~** [xa:n 'wandələn] ⟨ging, gegaan⟩ spazierengehen

**wandeling** ['wandəlɪŋ] Spaziergang, Bummel; **een wandeling maken** [ən 'wandəlɪŋ ma:kən] einen Spaziergang machen

**wanhopig** [wan'ho:pəx] verzweifelt

**wanneer** [wa'ne:r] *(zeitlich)* wenn; **sinds wanneer?** [sɪnts wa'ne:r] seit wann?

**wanorde** ['wanɔrdə] Unordnung

**want** [want] denn

**wantrouwen** ['wantrɔuwən] mißtrauen

**warenhuis** ['wa:rəhœis] *n* Kaufhaus

**warm** [warm] warm

**warmte** ['warmtə] Wärme

**wasgoed** ['wɑsxut] *n* Wäsche *(zum Waschen)*
**wassen** ['wɑsən] ⟨waste, gewassen⟩ waschen
**wat** [wɑt] was
**wat mij betreft** [wɑt 'mɛi bətrɛft] meinetwegen
**wat voor (een) … ?** ['wɑt vo:r (ən)] was für ein/eine … ?
**wat zegt U?** [wɑt 'sɛxt y] wie bitte?
**water** ['wa:tər] *n* Wasser
**W. C.** [we:'se:] Toilette
**we** [wə] *(unbetont)* wir
**wedden** ['wedən] wetten
**weddenschap** ['wedənsxɑp] Wette
**wedstrijd** ['wɛtstrɛit] Wettbewerb
**weefsel** ['we:fsəl] *n* Gewebe
**weegschaal** ['we:xsxa:l] Waage
**week** [we:k] weich, zart; Woche; **door de week** [do:r də 'we:k] wochentags
**weelde** ['we:ldə] Luxus
**weer** [we:r] wieder; Wetter; **bij dit weer** [bɛi 'dɪt we:r] bei diesem Wetter
**weg** [wɛx] Weg; *(innerorts)* Straße; fort, weg
**wegdragen** ['wɛxdra:xən] ⟨droeg weg, weggedragen⟩ forttragen
**wegen** ['we:xən] ⟨woog, gewogen⟩ wiegen
**wegens** ['we:xəns] wegen
**weggaan** ['wɛxa:n] ⟨ging weg, weggegaan⟩ weggehen
**wegnemen** ['wɛxne:mən] ⟨nam weg, weggenomen⟩ wegnehmen
**wegreizen** ['wɛxrɛizən] verreisen
**wegrijden (van)** ['wɛxrɛidən ('vɑn)] ⟨reed weg, weggereden⟩ abfahren (von)
**wegsturen** ['wɛxstyrən] wegschicken
**wei(de)** [wɛi/wɛidə] Wiese
**weigeren** ['wɛixərən] ablehnen, s. weigern
**weinig** ['wɛinəx] wenig
**wekelijks** ['we:kələks] wöchentlich
**wekken** ['wekən] wecken
**wekker** ['wekər] Wecker
**wel** [wɛl] wohl, vermutlich
**welgesteld** [wɛlxə'stɛlt] wohlhabend
**welkom** ['wɛlkɔm] willkommen
**welwillend** [wɛl'wɪlənt] wohlwollend
**welzijn** ['wɛlzɛin] *n* Wohl; Wohlbefinden
**wenken** ['wɛŋkən] winken
**wennen aan** ['wɛnən a:n] s. gewöhnen an

**wens** [wɛns] Wunsch
**wensen** ['wɛnsən] wünschen
**wereld** ['we:rəlt] Welt
**werk** [wɛrk] *n* Arbeit
**werkdagen, op ~** [ɔp 'wɛrgda:xən] werktags, wochentags
**werkeloos** [wɛrkə'lo:s] arbeitslos
**werkelijk** ['wɛrkələk] wirklich
**werkelijkheid** ['wɛrkələkhɛit] Wirklichkeit
**werken** ['wɛrkən] arbeiten
**werking** ['wɛrkɪŋ] Wirkung
**werkplaats** ['wɛrkpla:ts] Werkstatt
**werkzaam** ['wɛrksa:m] wirksam
**werpen** ['wɛrpən] ⟨wierp, geworpen⟩ werfen
**wesp** [wɛsp] Wespe
**westelijk** ['wɛstələk] westlich
**westen** ['wɛstən] *n* Westen
**ten westen van** [tɛn 'wɛstə vɑn] westlich von
**weten** ['we:tən] ⟨wist, geweten⟩ wissen; **te weten komen** [tə 'we:tə ko:mən] erfahren
**wij** [wɛi] *(betont)* wir
**wijk** [wɛik] *(Stadt-)Viertel
**wijzen** ['wɛizən] ⟨wees, gewezen⟩ *(hinweisen)* zeigen
**wild** [wɪlt] Wild; wild
**willen** ['wɪlən] wollen
**winderig** ['wɪndərəx] windig
**winkel** ['wɪŋkəl] Geschäft, Laden
**winnen** ['wɪnən] ⟨won, gewonnen⟩ gewinnen
**winst** [wɪnst] Gewinn
**wisselen** ['wɪsələn] *(Geld)* umtauschen, wechseln
**wisselgeld** ['wɪsəlxɛlt] *(n)* Wechselgeld
**wisselvallig** [wɪsəl'valəx] *(Wetter)* unbeständig
**woede** ['wudə] Wut
**woedend** ['wudənt] wütend
**woedend worden** ['wudənt wɔrdən] wütend werden
**woelig** ['wuləx] *(Meer)* bewegt
**wolkenkrabber** ['wɔlkəkrɑbər] Wolkenkratzer
**wonderbaarlijk** [wɔndər'ba:rlək] wunderbar
**wonen** ['wo:nən] wohnen
**woning** ['wo:nɪŋ] Wohnung; **gemeubileerde woning** [xəmø:bi'le:rdə 'wo:nɪŋ] möblierte Wohnung
**woonplaats** ['wo:mpla:ts] Wohnort; Wohnsitz
**woord** [wo:rt] *n* Wort

**worden** ['wɔrdən] ⟨werd, geworden⟩ werden
**worp** [wɔrp] Wurf
**wrang** [wraŋ] *(negativ)* herb
**wuiven** ['wœivən] winken
**wurm** [wʌrm] Wurm

# Z

**z'n** [zən] *(unbetont)* sein
**zaak** [zɑːk] Sache; *(Handel)* Geschäft; Ding; Angelegenheit
**zaal** [zɑːl] Saal, Halle
**zacht** [zɑxt] weich, leise; *(Ton, Farbe)* weich; *(fühlend)* mild, zart
**zak** [zɑk] Beutel; Sack; (Hosen-)Tasche; *(größere)* Tüte
**zakje** ['zɑkjə] *n (kleine)* Tüte
**ze** [zə] *(unbetont)* ihr, sie
**zee** [zeː] Meer; **aan zee** [ɑːn 'zeː] am Meer; **op volle zee** [ɔp 'vɔlə 'zeː] auf hoher See
**zeer** [zeːr] sehr
**zeeëgel** ['zeːeːxəl] Seeigel
**zegel** ['zeːxəl] Briefmarke
**zeggen** ['zexən] ⟨zei, gezegd⟩ bemerken; sagen
**zeker** ['zeːkər] gewiß; sicher
**zekerheid** ['zeːkərhɛit] Gewißheit, Sicherheit
**zekering** ['zeːkərɪŋ] *(el)* Sicherung
**zelden** ['zɛldən] *adv* selten
**zeldzaam** ['zɛltsɑːm] *adj* selten
**zelfbediening** [zɛlfbədinɪŋ] Selbstbedienung
**zelfs** [zɛlfs] sogar
**zenden** ['zɛndən] ⟨zond, gezonden⟩ senden, schicken
**zenuwachtig** ['zeːnywɑxtəx] nervös
**zetten** ['zɛtən] *(Kaffee, Tee)* kochen; setzen
**zicht** [zɪxt] *n* Sicht
**zichtbaar** ['zɪxtbɑːr] sichtbar
**ziek** [zik] krank
**ziekenauto/ziekenwagen** ['zikənɔutoː/'zikəwɑːxən] Krankenwagen
**zien** [zin] ⟨zag, gezien⟩ sehen; **tot ziens** [tɔt sins] tschüß
**zij** [zɛi] *nom sg/pl* sie
**zij(de)** [zɛi/'zɛidə] Seite
**zijn** [zɛin] *(betont) poss prn* sein; *verb* sein
**zin** [zɪn] Satz; *(Bedeutung)* Sinn; Lust; **zin in** [zɪn ɪn] Lust auf etwas

**zingen** ['zɪŋən] ⟨zong, gezongen⟩ singen
**zinloos** ['zɪnloːs] zwecklos
**zitplaats** ['zɪtplɑːts] Sitz
**zitten** ['zɪtən] ⟨zat, gezeten⟩ sitzen; **gaan zitten** [xɑːn 'zɪtən] s. setzen
**zo** [zoː] so; **zo gauw mogelijk** [zoː 'xɑu 'moːxələk] so bald wie möglich; **zo'n** [zoːn] solch ein
**zoeken** ['zukən] ⟨zocht, gezocht⟩ suchen
**zoet** [zut] süß
**zoëven** [zoːˈeːvən] *(zeitlich)* eben, gerade
**zolang** [zoːˈlɑŋ] solange wie
**zon** [zɔn] Sonne
**zonder** ['zɔndər] ohne
**zonnebril** ['zɔnəbrɪl] Sonnenbrille
**zonnig** ['zɔnəx] sonnig
**zonsondergang, bij** ~ [bɛi zɔnsˈɔndərxaŋ] bei Sonnenuntergang
**zonsopgang, bij** ~ [bɛi zɔnsˈɔpxaŋ] bei Sonnenaufgang
**zoon** [zoːn] Sohn
**zorg** [zɔrx] Sorge; Sorgfalt
**zorgen maken over, zich** ~ [zɪx 'sɔrxən mɑːkən 'oːvər] s. sorgen um; **zorgen voor** [zɔrxən 'voːr] sorgen für, s. kümmern um
**zorgvuldig** [zɔrx'fʌldəx] sorgfältig
**zorgvuldigheid** [zɔrx'fʌldəxhɛit] Sorgfalt
**zuidelijk** ['zœidələk] südlich
**zuiden** ['zœidən] *n* Süden; **ten zuiden van** [tɛn 'zœidən vɑn] südlich von
**zulk** [zʌlk] solch
**zullen** ['zʌlən] ⟨zou, -⟩ sollen; *(Futur)* werden
**zus(ter)** [zʌs/zʌstər] Schwester; (Kranken-, Ordens-)Schwester
**zuur** [zyːr] sauer
**zwaar** [zwɑːr] *(Gewicht)* schwer
**zwager** ['zwɑːxər] Schwager
**zwak** [zwɑk] schwach
**zwakte** ['zwɑktə] Schwäche
**zwanger** ['zwɑŋər] schwanger
**zwembad** ['zwɛmbɑt] *n* Swimmingpool
**zwemmen** ['zwɛmən] ⟨zwom, gezwommen⟩ schwimmen, baden
**zweten** ['zweːtən] schwitzen
**zwijgen** ['zwɛixən] *n* Schweigen; schweigen
**Zwitser/Zwitserse** ['zwɪtsər(sə)] Schweizer/in
**Zwitserland** ['zwɪtsərlɑnt] Schweiz